U0533769

洛阳偃师区李村镇袁沟村李昭亮神道碑远景

笔者与李洪普科长在李昭亮神道碑旁

李昭亮神道碑顶部

北齐宴谢图

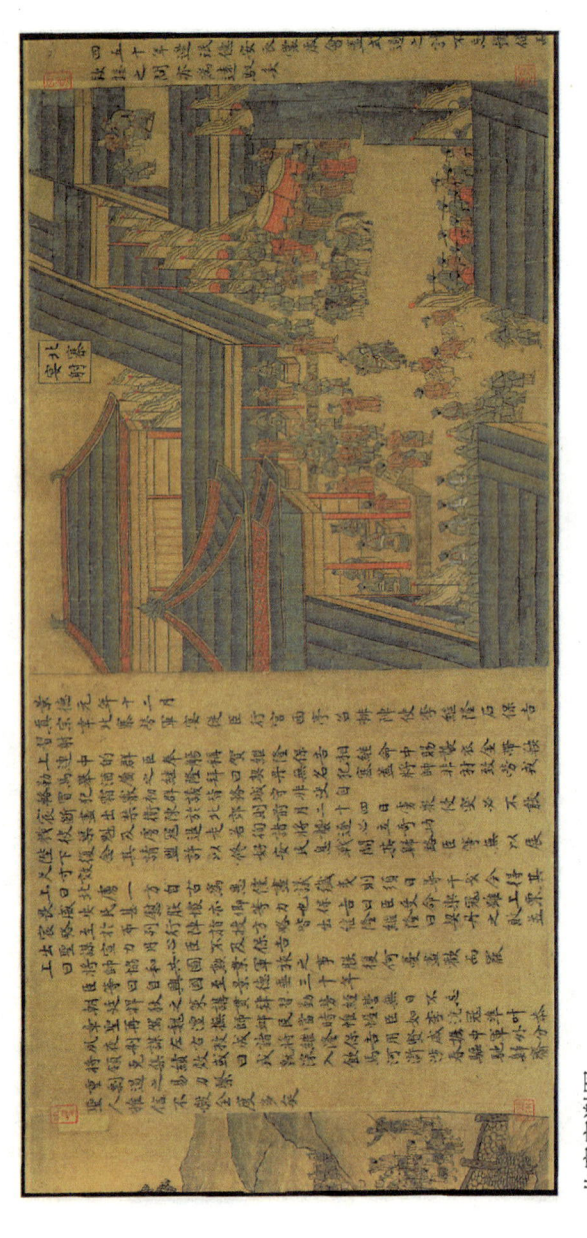

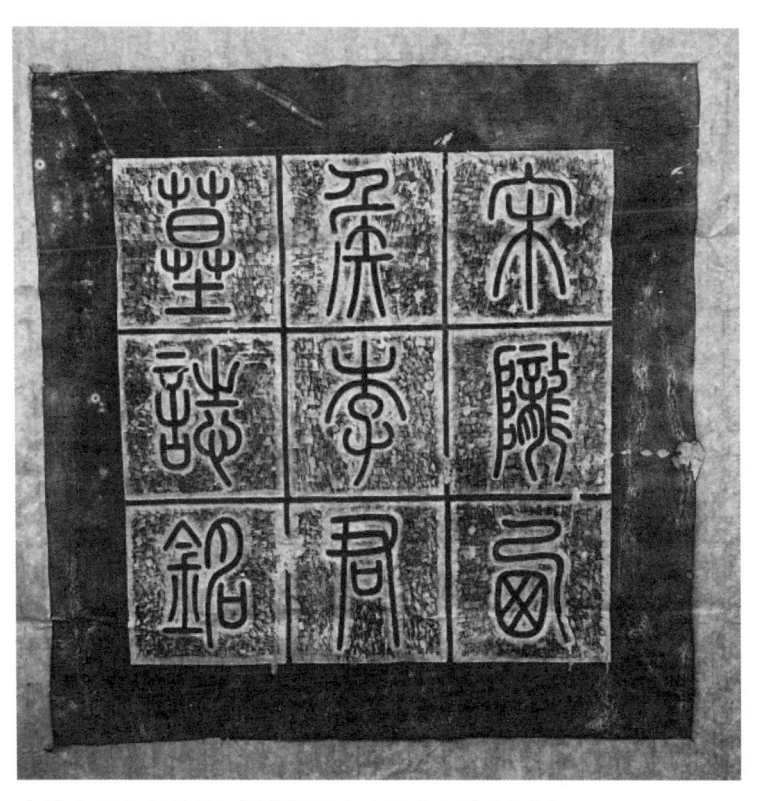

宋故左藏库副使前知隰州军州事李君墓志铭（碑名）

宋故左藏库副使前知隰州军州事李君墓志铭（墓志正文）

宋故文思副使通远军兵马都监兼在城巡检专管勾买马上护军李公墓志铭（前部）

宋故文思副使通远军兵马都监兼在城巡检专管勾买马上护军李公墓志铭（后部）

新史学丛书
谭徐锋 主编

增订本

何冠环 —— 著

攀龙附凤

北宋潞州上党李氏外戚将门研究

重庆出版集团 重庆出版社

图书在版编目（CIP）数据

攀龙附凤：北宋潞州上党李氏外戚将门研究 / 何冠环著. -- 增订本. -- 重庆：重庆出版社, 2025. 3.
ISBN 978-7-229-19050-7

Ⅰ. K825.2

中国国家版本馆CIP数据核字第2024GE4472号

攀龙附凤：北宋潞州上党李氏外戚将门研究（增订本）
PANLONGFUFENG:BEISONG LUZHOUSHANGDANG LISHI
WAIQIJIANGMEN YANJIU (ZENG DING BEN)

何冠环　著

出　　品：	华章同人
出版监制：	徐宪江　连　果
责任编辑：	李　翔
特约编辑：	张锡鹏
营销编辑：	史青苗　刘晓艳
责任校对：	陈　丽
责任印制：	梁善池
书籍设计：	周伟伟

重庆出版集团
重庆出版社　出版

（重庆市南岸区南滨路162号1幢）

天津淘质印艺科技发展有限公司　印刷
重庆出版集团图书发行有限公司　发行
邮购电话：010-85869375
全国新华书店经销

开本：889mm×1194mm　1/32　印张：14.75　字数：326千
2025年3月第1版　2025年3月第1次印刷
定价：89.00元

如有印装质量问题，请致电023-61520678

版权所有，侵权必究

谨以此小书敬献

先严何祖胜大人
先慈陈惠玲大人

"新史学丛书"总序

"为什么叫新史学?"

"什么是新史学丛书?"

十五年来,总有朋友会问这些问题,我也一直在思考和试图解答这些问题。

新史学是一种取向。就作品而言,举凡新视角、新史料、新叙述,只要"言之成理,持之有故",派不分中西古今,人不分新旧少壮,更不论是否成名成家,一切以作品见分晓,一切以给学术界、读书界呈现佳善的学术作品为依归,进而不断吸引更多志同道合者,用绵薄之力,促进历史学界乃至整个人文社会科学界的推陈出新。

新史学是一个过程。百余年来,新史学不断演进,如果层层堆累,甚至可以在新史学这个名号上不断加"新":新新史学、新新新史学……但这只是文字游戏而已。新史学尽管随时关注国际学术前沿,但并不热衷于追逐新潮流,也不那么关注花样翻新,更多考虑消化、吸收此前的优秀作品,不少所谓的旧书也是新视角,其实不见得被学界重视。我们不断在引进跟进,但是如何创造性转化,依然任重道远。比如梁启超先生《中国历史研究法》的不少提法,至今依然很有启发，若干理念其实跟最新的史学流派若合符节。要将新史学发扬光大，需要做一个继往开来、温故而知新的工作，无论是欧美近百年来的开创性成果，还是中土近百年以来的前辈硕学之作，比如梁启超、陈寅恪、傅斯年、李济、梁方仲等先生的杰出贡献，在在值得我们用心传承。只有在过程中去理解和创新，创新才不会沦为口号，才会变得脚踏实地，成为源头活水，愈发悠远。

新史学是一种精神。在有所传承的同时，在引进域外新观念、新方法的同时，落脚点其实是中国史学的开拓，尤其是将注意力更多聚焦年轻学人，试图在他们小荷才露尖尖角之时，就予以足够的关注，将少年心事当拿云的种种憧憬与构想化为现实，化为作品，化为积累，积跬步以至千里。与此同时，我们也充分留意历史系本科生、研究生的成长，将史学初阶读物纳入计划，形成新系列，希望由此让史学新鲜人少走弯路。新史学更愿意接受各种不同的声音，在多元互动而不是闭目塞听中走向未来，凡是真诚的声音，都能够在新史学里面得到回应。

"新史学丛书"愿意秉持这种态度，"上穷碧落下黄泉，动手动脚找材料"，倾尽一切努力，将无尽的优秀作品聚集起来，聚沙成塔，集腋成裘。十五年来，新史学品牌包括"新史学&多元对话系列""中华学人丛书""新史学文丛""新史学译丛""法国大革命史译丛""历史—社会科学译丛"，累计出版近两百种图书。作为再出发，除了"新史学&多元对话系列"保持原貌外，其他丛书统一归入"新史学丛书"，会涵括本土与引进类著作、经典旧籍的整理、初阶史学读物，甚至部分长篇论文，远近高低各不同，中心是唯"才"是举。一本好书，除了内容上佳,还需要有好的物质形式,"新史学丛书"也力求在设计美学与阅读体验上多做尝试。

这一过程想必是艰辛的,但由于其开放性,无疑会充满惊喜。我们期待在学术界、读书界的支持下,将"新史学丛书"进一步提升。新史学尽管起源于欧美,但是我们期待,通过不断的坚守,在中土树立新史学的大旗,推动历史研究、历史阅读的再深化,从史学的角度促进学术本土化。

兹事体大,敬请海内外师友不吝赐教、赐稿,各位的鼎力支持,是新史学得以发展的保证与动力。

是为序。

谭徐锋
2022年9月18日于河北旅次

目 录

绪 言　　　　　　　　　　　　　　　　　　　　　　　　　　　　001

第一章 ｜ 从龙功臣: 北宋潞州上党李氏外戚将门的起家者李处耘　　014

第二章 ｜ 功比卫、霍: 宋太宗朝外戚名将李继隆　　　　　　　　　084

第三章 ｜ 老将知兵: 李继隆与景德之役(1004年)　　　　　　　　 175

第四章 ｜ 克绍箕裘: 宋初西北边将李继和事迹考述　　　　　　　　226

第五章 ｜ 三代为将: 北宋上党李氏外戚将门第三代传人李昭亮事迹考述——

兼论宋仁宗重用外戚　　　　　　　　　　　　　　　　　273

第六章 ｜ 将门末代: 从新出土墓志铭补考李昭亮后代事迹　　　　　385

余 论　　　　　　　　　　　　　　　　　　　　　　　　　　　　405

附录一	宋辽唐河、徐河之战新考	410
附录二	宋故左藏库副使前知隰州军州事李君墓志铭	428
附录三	宋故文思副使通远军兵马都监兼在城巡检专管勾买马上护军李公墓志铭	431
附录四	北宋潞州上党李氏外戚将门世系表	434
附录五	李惟贤、李惟实后人表	436

参考书目　438

后　记　454

简体增订本后记　458

绪　言

本书名《攀龙附凤：北宋潞州上党李氏外戚将门研究》，顾名思义，研究对象是北宋一家具有外戚身份的显赫将门。历代王朝的肇建，除了所谓"天族"的皇族一姓一氏登上政治舞台及社会的顶峰外，凭着与皇族婚姻关系而获得显贵身份的外戚与功臣集团均成为新朝的新贵、新世家，取代前朝的没落王孙和沦为平民的前朝贵戚。为了笼络功臣，许多王朝的统治者都以功臣子弟作为婚配对象，东汉、宋代的开国者，就明显地施展过这一笼络功臣的政策，是故两朝的后妃、主婿（俗称驸马）多出于功臣之家。而这些来自功臣之家的后妃、主婿之族人，即宋人称为外戚、国戚或"戚里"的世家，就是本书研究的对象。

功臣有文有武，即相门与将门之别。宋代不乏后妃和主婿出于相臣之家，例如开国宰相王溥（922—982）之孙王贻永（原名贻贞，986—1056）尚太宗（939—997，976—997在位）第四女贤懿长公主（后进封郑国长公主，？—1004），真宗（968—1022，997—1022在位）沈贵妃（994—1076）为太祖（927—976，960—976在位）从龙功臣兼宰相沈义伦（909—987）孙女，神宗向皇后（1046—1101）为真宗朝宰相向敏中（949—1020）的曾孙女，他们都出身相臣之家。[1]

宋代将门众多，能攀龙附凤成为国戚的却是少数，即使北宋最有名的将门杨家将也与国戚无缘。北宋成为国戚的将门者，起家多是五代之名藩，或是宋朝的开国功臣，如宋太祖的孝明王皇后（942—963）为五代名藩王饶（899—957）之女，孝章宋皇后（952—995）是五代另一名藩宋偓（926—989）长女；而太祖三名主婿王承衍（947—998）、石保吉（954—1010）及魏咸信（949—1017）分别是太祖开国功臣王审琦（925—974）、石守信（928—984）和魏仁浦（911—969）的儿子。[2]他们不是建节之藩帅，就是官至三衙管军之高级将领或位列枢府的武臣。太宗的四女宣慈长公主（即扬国大长公主，？—1033）的主婿柴宗庆（982—1044）便是太宗朝的知枢密院事柴禹锡（943—1004）之孙。而英宗宣仁高皇后（1032—1093）则是真宗殿前都指挥使高琼（935—1006）的曾孙女。[3]比起出于相臣家的外戚，宋代出于武将

---

[1] 脱脱（1314—1355），《宋史》（北京：中华书局点校本，1977年11月），卷二百四十二《后妃传上·真宗沈贵妃》，页8619；卷二百四十三《后妃传下·神宗钦圣献肃向皇后》，页8630；卷二百四十八《公主传·太宗雍国大长公主》，页8774；卷二百四十九《王溥传》，页8801；卷四百六十四《外戚传中·王贻永》，页13561—13562。关于向皇后一族的河内向氏外戚世家，最近期的研究可参阅任立轻《宋代河内向氏家族研究》（河北大学硕士学位论文，2006年4月）。考河内向族人颇有因荫补而为武臣，但多数出仕的族人均从文臣之途仕进，故向氏不能算是外戚武将家族。

[2] 关于太祖妻族的外戚和主婿的家世仕历，可参见何冠环：《宋太祖朝的外戚武将》，载何著：《北宋武将研究》（香港：中华书局，2003年6月），页73—82；另有关宋偓的事迹，可参阅胡坤：《"近代贵盛，鲜有其比"——三代外戚武将宋偓事迹考论》，载姜锡东（主编）：《宋史研究论丛》第十二辑（保定：河北大学出版社，2011年12月），页150—174。

[3] 《宋史》，卷二百四十二，《后妃上·英宗宣仁圣烈高皇后》，页8625—8627；卷

功臣家的外戚仍占多数，最为人熟知而在北宋中后期在政治上的影响力最大的首推真定曹氏和亳州蒙城高氏，这两大外戚将家的研究目前尚方兴未艾，王善军撰于2003年的《宋代真定曹氏家族剖析》一文，是目前所见最全面翔实的单篇论文。[1]

外戚将门的历史是宋代家族史研究中的一个值得注意和开发的

(接上页) 二百四十八《公主传·太宗扬国大长公主》，页8773—8774；卷四百六十三《外戚传上·柴宗庆》，页13555—13556。

[1] 王善军大文刊出前，柳立言在1992年发表专文，对曹氏将门的第一代及第二代重要人物曹彬（931—999）、曹璨（950—1019）及曹玮（973—1030）的事迹作过考述，但曹氏族人在仁宗朝以后的事迹，特别是当曹皇后（1016—1079）正位中宫，并在英宗（1032—1067，1063—1067在位）初年垂帘听政后，对于曹氏成为外戚后的情况，柳文未有进一步论述。另柳氏并未知悉真定曹氏其实早在真宗后期已厕身外戚。据《皇宋十朝纲要》所记，在大中祥符中，曹彬女（？—1026）被选入宫为美人，六年（1013）正月进婕妤，乾兴元年（1022）四月仁宗即位后再迁婉仪。天圣四年（1026）六月卒。明道二年（1033）十二月赠淑仪，庆历四年（1044）九月赠贵仪，皇祐元年（1049）十月最后赠贤妃。王善军在柳文的基础上，对真定曹氏家族在两宋的事迹作了全面的研究。王氏之研究，原是他2003年5月在四川大学完成的博士后出站报告《宋代世家大族：个案与综合之研究》中六个个案的一个，后于韩国《历史文化研究》第十九辑（2003）刊出。承蒙王教授寄赠其刊出的论文，谨此致谢。至于因宣仁高后得立而使高氏成为外戚之情况，高路加所撰的《高姓群体的历史与传统》一书，对北宋高氏外戚将门的讨论部分也稍欠深度。参见李埴（1161—1238）（撰），燕永成（校正）：《皇宋十朝纲要校正》（北京：中华书局，2013年6月），上册，卷三《真宗·嫔妃七·贤妃曹氏》，页97；柳立言：《宋初一个武将家族的兴起——真定曹氏》，载"中央研究院"历史语言研究所出版品编辑委员会（编）：《中国近世社会文化史论文集》（台北："中央研究院"历史语言研究所，1992年6月），页39—88；王善军：《宋代世家大族：个案与综合之研究》，四川大学博士后出站报告，2003年5月，上篇，《个案研究·个案四：武功与外戚的结合——真定曹氏》，页50—67；王善军：《宋代真定曹氏家族剖析》，载《历史文化研究》第十九辑，韩国外国语大学历史文化研究所，2003年，页189—209；高路加：《高姓群体的历史与传统》（呼和浩特：内蒙古大学出版社，1997年10月），第六章《两宋高姓》，页148—170。高氏该书列有亳州蒙城高氏家族的五代世系表，有一定的参考价值。

领域，一方面是相关的史料并不匮乏，另一方面，外戚将门在研究宋代政治、军事以至社会流动等问题上都极有参考的价值，而这方面仍属丰沃之地，大有可开发的空间。

近数十年来，学者对于宋代家族史的研究成果丰硕，尤其是对士大夫家族的研究。[1]史料相对充裕，而与文臣及武将身份重叠的外戚家族研究也开始受到宋史研究者的注意。王菡于1995年出版的《潘美传》算得上是第一本论述宋代外戚将门的专著。该书除了重点论述太祖、太宗朝的开国功臣潘美（925—991）生平事迹外，还有一章专门讨论他的子女与后裔，颇为详尽地析述潘氏外戚将门的历史。不过，潘美的女儿章怀潘皇后（968—989）在真宗即位前已逝，虽然真宗在至道三年（997）六月追封她为皇后，但以此认定潘家为外戚实在颇为勉强。即使潘美的玄孙潘意（？—1104后）在崇宁三年（1104）十二月获选尚神宗幼女徐国贤靖公主（1085—1115），再厕身戚里之列，但自潘美诸子侄潘惟德、潘惟固、潘惟平、潘惟清、潘惟熙、潘惟吉（958？—1010）以下，以至诸孙潘承规及潘夙（1005—1076）等，除了潘夙因平定湖南峒蛮有事功外，其余诸人都没有什么表现和事功。而贵为主婿

---

[1] 近十多年来宋史学者于宋代士大夫家族研究的佼佼者首推家师陶晋生教授及黄宽重学长。可参阅陶晋生：《北宋士族：家族·婚姻·生活》（台北："中央研究院"历史语言研究所专刊之一〇二，2001年2月）；黄宽重：《宋代的家族与社会》（台北：东大图书公司，2006年6月）。另外，"中央研究院"历史语言研究所于1998年出版的有关中国近世家族与社会的学术讨论会论文集中也收录有十篇由中外著名学者所撰的文章。参见"中央研究院"历史语言研究所出版品编辑委员会主编：《中国近世家族与社会学术研讨会论文集》（台北："中央研究院"历史语言研究所，1998年6月），页1—262、371—474。

的潘意也无任何事迹可记。潘氏族人虽然也有官至诸司使臣及枢密副都承旨者,并有和赵宋宗室及名卿大臣通婚者,但其外戚将门的色彩已不显著,潘氏族人也无一被列入《宋史·外戚传》。严格来说,以潘美为起家者的荥阳潘氏并非宋代外戚将家的最佳例子。[1]最近,李裕民教授撰文力证所谓潘美之侄潘惟吉,其实是周世宗(921—959,

---

[1] 参见王萬(1951—2017):《潘美传》(北京:中华工商联合出版社,1995年12月),特别是该书第五章《潘美的子女及后裔》,页142—166。《宋史》,卷六《真宗纪一》,页105;卷二百四十二《后妃传上·真宗章怀潘皇后》,页8611;卷二百四十八《公主传·神宗徐国长公主》《公主传·哲宗秦国康懿长公主》,页8781—8782。徐松(1781—1848)(辑),刘琳、刁忠民、舒大刚、尹波等(校点):《宋会要辑稿》(上海:上海古籍出版社,2014年6月),第一册,《帝系八之五十五、五十六·驸马都尉杂录》,页207;第四册,《仪制十之十九·陈请封赠》,页2511。《皇宋十朝纲要校正》,上册,卷八《神宗·公主十·徐国长公主》,页260。张嵲(1096—1148):《紫微集》,文渊阁《四库全书》本,卷十五《检校少保潘正夫曾祖承允可特赠太师制》《检校少保潘正夫故祖孝存可特追封济国公制》,叶一上至二上。马端临(1254—1323)(著),上海师范大学古籍研究所暨华东师范大学古籍研究所(点校):《文献通考》(北京:中华书局点校本,2011年9月),第十一册,卷二百五十八《帝系考九》,页7024。考神宗幼女徐国贤靖公主(1081—1115)于元丰四年(1081)四月初封德国长公主,崇宁三年(1104)十二月以益国长公主出降潘美曾孙、供备库使潘孝严子潘意,封潘意左卫将军、驸马都尉。徐国贤靖公主于政和五年(1115)卒,年三十一,追封贤靖长帝姬,后复称徐国长公主。至于潘意的生卒年及以后的事迹均不详。又,笔者怀疑在政和二年(1112)尚哲宗第三女韩国公主(出嫁时封庆国长公主,后封秦国康懿长公主,?—1164)的进士潘正夫(?—1153)也和潘意一样,是潘美的后人。潘正夫的家世,群书虽没记载与潘美有何关系,但其父潘绛官右侍禁,似是因荫得官的武臣子弟。而据张嵲为潘正夫所撰的多道追封其先人官爵的制文,可知潘正夫的曾祖名潘承允,祖名潘孝存。据《宋会要·仪制》所载,潘正夫之父潘绛缘幼失所生父母,出继其亲伯父潘孝仁。考潘正夫的祖父及伯祖父,以"孝"字排辈,与潘意之父潘孝严相类,而曾祖父潘承允以"承"字排辈,又正好与潘美孙潘承规(按:潘惟熙子)相类。王萬的专著引用了多种后世的潘氏族谱,却没有提到潘正夫与潘美的关系。目前未发现潘正夫及其子孙的墓志铭,尚找不到确切的证据可以确定其为潘美的后人,以及除了潘意外,是否尚有人被选为驸马,此一问题值得进一步探究。

954—959在位）之子，而潘惟吉的孙子、在潘氏后人中军功最显的潘凤，所遗传的祖风实是柴氏而非潘氏，是故潘氏只能算得上外戚之家，其将门的色彩早已淡化。[1]至于辽史研究方面，亦早有专著出版，例如王善军的《世家大族与辽代社会》便专门探讨了辽代以外戚为代表的世家问题。[2]

论文方面，柳立言曾有专文谈及出身吴越国的钱氏外戚世家。不过，钱氏外戚起家者钱惟演（977—1034）早已改从文臣的身份仕进，要把钱氏算为外戚将家颇为勉强。[3]另外陈峰及何成也有专文讨论北宋皇室与外戚通婚的问题及王审琦外戚家族的问题。[4]台湾青年学者林俊廷在2003年5月曾写过一篇研究大纲，初步探讨以太祖开国功臣

---

[1] 据李裕民教授所说，他在2010年5月看到大唐西市博物馆仓库所藏新近出土的《潘承裕及其夫人王氏墓志》，以之考证潘惟吉确实的身世（按：潘承裕是潘惟吉子，而潘凤是承裕的长子）。该墓志还详载了潘承裕子孙的姓名。据李教授对笔者所言，潘惟吉一房子孙没有被宋室选尚公主，因其本为周世宗苗裔。参见李裕民：《周世宗皇子失踪之谜——赵匡胤政治权谋揭秘》，原刊《浙江学刊》2013年4期，后收入李著：《宋史考论二集》（北京：科学出版社，2022年2月），页18—25。

[2] 王善军于宋代家族史亦早有研究，可参阅王善军：《宋代宗族和宗族制度研究》（石家庄：河北教育出版社，2000年1月）；王善军：《世家大族与辽代社会》（北京：人民出版社，2008年12月）。

[3] 参见柳立言：《北宋吴越钱家婚宦论述》，收入柳著：《宋代的家庭和法律》（上海：上海古籍出版社，2008年7月），页109—152。关于钱氏外戚世家，最近期的研究有马天宝的硕士论文。该论文虽有图表述及钱氏世系，但主要讨论钱惟演的事迹，而对钱惟演的后人而厕身外戚的谈得不多。参见马天宝：《北宋吴越钱氏后裔——钱惟演研究》，（河北大学硕士论文，2011年6月）。

[4] 参阅陈峰：《北宋皇室与"将门"通婚现象探析》，收入陈著：《宋代军政研究》（北京：中国社会科学出版社，2010年9月），页101—110；何成：《宋代王审琦家族兴盛原因述论》，《甘肃社会科学》2001年6月期，页69—71。按：何成的文章是篇幅只有3页的简论。

枢密使吴廷祚（911—964）及其子太宗驸马吴元扆（962—1011）起家之外戚武将世家的兴衰史，可惜以后不见此文正式发表。[1]笔者近年发表过几篇考论北宋外戚将家的文章，考论几个出身于将门的外戚家族之兴衰状况，包括陈州宛丘符氏外戚将门、开封浚仪石氏外戚将门、保州保塞刘氏外戚将门。[2]本书是这方面研究的延续，亦是篇幅最大足以单独成书、最有代表性的北宋外戚将门之个案研究。

本书所论述的北宋潞州上党李氏外戚将门，诚如王善军所论："这一家族即使确出于陇西李氏高门，也已明显减少了门阀士族的特色，军功成为支撑家族势力的主要因素。"而李氏家族"入宋以后，李处耘、继隆、昭亮祖孙三代更是代代建立功业，仕至高位，处耘女又贵为宋太宗皇后，使这家族兴盛一时，成为北宋时期兼具军功和外戚特色的著名世家大族"。[3]李氏的起家者李处耘（920—966）是宋太祖

---

[1] 该文题为《从宋元墓志铭与史料差异看史料比对与还原问题——以吴廷祚一族为例研究大纲》，可从Google或百度搜寻。

[2] 可参阅何冠环：《北宋外戚将门陈州宛丘符氏考论》，《中国文化研究所学报》新刊号第十七期（2007），页13—50；何冠环：《北宋外戚将门开封浚仪石氏第三代传人石元孙事迹考述》，《新亚学报》，第三十卷（2012年5月），页99—161；何冠环：《北宋保州保塞外戚将门刘氏事迹考》，《新亚学报》，第三十一下（2013年6月），页249—311。按：以上三文后均收入笔者的论文集《北宋武将研究续编》（新北：花木兰文化事业有限公司，2016年3月），上册，页3—159。另台湾"清华大学"的苏健伦于2009年写成硕士论文《晚唐至北宋陈州符氏将门研究》，也值得参考。

[3] 值得一提的是，北宋共有两家出于潞州上党的外戚将门，除了本书所论的一家外，另一家是由太祖另一开国功臣、从乾德二年（964）正月至开宝五年（972）九月任枢密使的李崇矩（924—988）起家，而因其孙李遵勖（988—1038）在真宗大中祥符元年（1008）十二月尚太宗幼女万寿长公主（即齐国献穆大长公主，荆国大长公主，988—1051）而成为外戚的将门。按：李处耘家族早在太宗朝时因李明德皇后正位中宫而成为戚里之家，而李继隆、李继和兄弟建功立业也在太宗及真宗朝；而李崇矩家族要到真

的从龙大功臣，助太祖黄袍加身，平定李筠（？—960）及李重进（？—960）之叛，又率军平定荆襄、湖南，官至枢密副使，可惜他为另一开国元勋宰相赵普（922—992）所嫉忌，赵普借李处耘征荆襄湖南与主帅慕容延钊（913—963）相争之事，对他打压排挤，李最后有功不赏，还被贬知淄州（今山东淄博市）。李处耘咽不下这口气，不久在淄州郁郁而终。太祖顾念李处耘之大功，也歉疚当日委屈了他，就将李之次女（即太宗明德李皇后，960—1004）许配予位同王储的皇弟太宗，并且大力提拔李处耘长子李继隆（950—1005）。

太宗继位后，李皇后正位中宫，李继隆一家即从功臣子弟、将家子而成为外戚。李继隆深得太宗宠信，被授以兵柄，执掌禁旅而且屡出守西北重镇。整个太宗朝，从征服北汉、两度伐辽，以至讨伐西夏李继捧（962—1004）、李继迁（963—1004）兄弟，李继隆无役不预，他既有覆师君子馆（今河北河间市北君子馆）之污点，也有在满城（今河北保定市满城区）、唐河（亦名滱河，源出今河北保定市唐县北，南流经唐县城东，至今河北保定市定州市北）、徐河战胜辽军，夏州擒获

（接上页）宗晚年以李遵勖尚主才厕身戚里，且李遵勖父子在政治上发挥影响力也要到仁宗亲政之后。关于李崇矩潞州外戚将门的兴衰状况，笔者将另有专文论述。关于以李崇矩、李遵勖祖孙为代表的另一支潞州上党李氏外戚将门，王善军在谈论李处耘、李继隆父子一族后也提到这一家族"亦是北宋时期有影响的武将世家大族"。参见《宋史》，卷一《太祖纪一》，页16；卷三《太祖纪三》，页38；卷二百五十七《李崇矩传附李继昌传》，页8952—8956。《皇宋十朝纲要校正》，上册，卷二《太宗·公主七·荆国大长公主》，页52。李焘（1115—1184）：《续资治通鉴长编》（以下简称《长编》），第六册（北京：中华书局点校本，1980年1月），卷七十，大中祥符元年十二月丁亥朔条，页1579。王善军：《宋代世家大族：个案与综合之研究》，下篇《综合研究》，第一章《世家大族的形成和主要类型》，页97。

李继捧之战功。宋人即以他比为西汉外戚名将卫青（？—前116）及霍去病（前140—前117）。他是北宋外戚统军最成功的例子。

因李皇后在太宗死后谋废真宗，到真宗继位后，李继隆受到牵连，被真宗解除兵权，投闲置散于陈州（今河南周口市淮阳县）六年。直到景德元年（1004）李太后病逝，真宗心结解除，而辽军南侵在即，在李继隆苦苦恳求下，真宗乃重新起用李继隆，担任澶州（今河南濮阳市）驾前宋军主帅。李继隆也不负真宗所望，在澶州之役建立最后的战功，而得以功名令终，后来更在仁宗朝被选配享真宗庙庭。他是上党李氏外戚将门最重要的人物。

李继隆在真宗初年罢废时，他的幼弟李继和（963—1008）开始得到重用。李继和因建立西边重镇镇戎军（今宁夏固原市），而成为著名边将。他在西北联络蕃部以抗御西夏，其中他力主利用六谷部潘罗支（？—1004）以对付李继迁，后来收到了良好效果。景德元年，李继迁便死在潘之手上，而解除了宋廷西边的大患，宋廷不用在应付辽师举国南侵时有后顾之忧。他的御边谋议，许多都为仁宗朝的边臣所承袭。李继隆死后，他成为李氏将门的领军人物，并入朝统率禁军。只可惜得年不永。

李继隆之子李昭亮（993—1063），以李皇后之亲侄而为宋室的近支外戚，《宋史》编者即将他列入《外戚传》。作为李氏外戚将门第三代最重要的人物，他一方面秉承将门家风，出外担任边将，在内执掌禁军；另一方面又以外戚的身份，在朝中交结士大夫，迎合仁宗（1010—1063，1022—1063在位）及刘太后，左右逢源。他不像父叔有显赫的战功或事功，却有在朝为近臣的巧思。他亦有不错的运气，没有成为仁宗朝三度覆师于西边的败将。尽管受到不少文臣的批评，他却是无灾无难到公卿，以七十之高寿，位居使相而像父亲一样功名令终。他在仁宗一朝的经历，也使人看到从章献刘太后（970—1033，1022—1033摄政）到仁宗如何使用他们所亲信的外戚平衡文臣集团的力量。李昭亮就是深得刘太后及仁宗宠信的外戚之一。

李昭亮诸子的事功有限，从他的长子李惟贤（？—1064后）到其他子侄的第四代以下人物，再没有出现出类拔萃、中兴李氏将门的人物。李氏虽然仍是宗室名卿的联姻对象，但已离将门之名望越来越远。古人说富不过三代，贵似乎也过不了三代。李氏将门在第四代以后之衰落，似乎又证明了这番话。

潞州上党李氏外戚将门的相关研究，目前所见的只有河北大学贾明杰的一篇硕士学位论文《宋初名将李继隆研究》（2008年6月）。笔者在过去十年一直进行此项课题研究，已先后发表了《宋太祖的从龙功臣李处耘（920—966）》《宋太宗朝外戚名将李继隆（950—1005）》《老将知兵：宋初外戚名将李继隆（950—1005）与景德之役（1004）》《宋初西北名将李继和事迹考述》《宋辽唐河、徐河之战新考》等5篇文章，分别论述李处耘、李继隆及李继和的一生事功以及李继隆在太宗朝所参预的唐河及徐河之役的始末。经修改增订，上述各篇分别为本书第一、二、三、四章及附录一。

2011年夏，笔者获得香港研究资助局的资助，进行本书最后一部分关于李氏第三代领军人物李昭亮及其后人的研究。笔者在2012年5月底，往台北南港"中央研究院"历史语言研究所傅斯年图书馆，除了查阅该馆所藏的相关书刊外，又检阅该馆购置、供内部使用的《中国谱牒库》《中国方志库》数据库（Databases），遍阅自《慈峰李氏宗谱》以下21种从清乾隆年间至民国初年修撰的李氏宗谱或族谱，可惜并无所获，北宋潞州上党李氏的后人在以上宗谱及族谱中丝毫不见踪影。[1]而《中国方志库》所收录的各种方志里提及李处耘、李继隆、李继和及李昭亮以至李昭亮诸子的记载，全数抄录自《宋史》，并没有发现新的史料。犹幸蒙家师陶晋生院士赐告，台北"故宫博物院"藏有《宋真宗四书图》（又名《北宋景德四图卷》），其中一图《北寨宴射图》，李继隆即在图正中位置（另一人为石保吉）。该图附记云："景德元年十二月真宗幸（澶州）北寨劳军，宴从臣行宫西亭，召排阵使李继隆、石保吉习射，上连中的，群臣奉觞称贺。继隆、保吉相继命中，赐袭衣、金带、鞍勒马，举酒属之。继隆拜曰：契丹无名犯塞，盖将帅非材致劳戎……"，后蒙台北"故宫博物院"俯允，将该图复制，作为本书

---

[1] 笔者所阅览的李氏宗族谱，计有：1.李狍果：《慈峰李氏宗谱》（乾隆二十七年刻本）；2.李向荣（等）：《安徽歙县三田李氏重修宗谱》（乾隆三十六年刻本）；3.佚名：《安徽歙县甲桩李氏世系家谱》（乾隆间木活字本）；4.李慧：《三江李氏宗谱》（道光十年本）；5.李友于：《福建平潭李氏族谱》（道光磊砢山房活字本）；6.李秉人：《龙船港李氏五修族谱》（同治三年刻本）；7.李锡符：《高密李氏家谱》（同治十年石印本）；8.李鹤章：《安徽合肥李氏宗谱》（同治十一年木活字本）；9.李廷荣：《锡山李氏世谱》（光绪十三年铅印本）；10.李萼荣：《李文庄公家乘》（光绪二十八年铅印本）；11.李魁元：《李氏宗谱》（光绪二十九年刻本）；12.李嘉宾：《馆田李氏宗谱》（光绪三十三年刻本）；13.佚名：《邵东李氏三修族谱》（宣统三年刻本）；14.李承庆：《甘肃陇西李氏四修族谱》（民国二年刻本）；15.李春发：《泰宁李氏族谱》（民国三年广州中外图书铅印本）；16.李然：《竹马馆田李氏宗谱》（民国九年如在堂刻本）；17.李经方：《安徽合肥李氏五修宗谱》（民国十四年铅印本）；18.李锡纯：《江苏开沙李氏宗谱》（民国十四年刻本）；19.李家顺：《河南杞县李氏族谱》（民国十八年铅印本）；20.胡德坊：《三桥李氏宗谱》（民国十九年刻本）；21.李平阶：《义门美溪李氏家乘》（民国二十一年刻本）。

插图。

同年7月4日，笔者再专程前往洛阳市东南25千米的偃师市李村镇之南约4千米的袁沟村西、马庄村南实地察看早在1984年重新发现的李昭亮神道碑（碑文早已在1994年9月的《洛阳大学学报》和1995年第2期《中原文物》刊出）。笔者从洛阳归来后，便着手撰写本书第五章《三代为将：北宋上党李氏外戚将门第三代传人李昭亮事迹考述——兼论宋仁宗重用外戚》，该章除考论李昭亮之事迹外，更评述仁宗重用外戚的缘故和效果。

2013年2月初，笔者又在香港购得早于2010年7月出版的《洛阳地区家谱提要》一书，该书收录有洛阳市、孟津县、洛宁县、宜阳县、栾川县、巩县（即巩义市）之李氏家谱、宗谱、宗史及族志17种。可惜阅读其提要可知，无一与上党李氏外戚将门有任何关联。[1]

---

[1] 该书收录的李氏家谱、族谱、宗谱、族志、宗史提要，分别是：1.李佑勋：《洛阳蒙古族李氏家谱》（2005年4月排印本）；2.李庆和：《孟津李氏家谱》（光绪二十九年油印本）；3.李世贞：《李氏家谱》（孟津李家营）（民国二十三年手抄本）；4.李文敬：《李氏家谱》（孟津薄姬岭）（民国九年油印本）；5.李邦俊：《追远堂李氏家谱》（孟津追远堂）（1986年3月）；6.李孝悌：《李氏宗谱》（五门）（孟津）（1988年油印本）；7.李新书（等）：《李氏宗谱》（孟津马屯）（1999年油印本）；8.李东臣：《李氏族谱》（孟津李庄村）（1999年油印本）；9.李新书（等）：《李氏宗谱》（孟津）（2000年排印本）；10.李德新（等）：《李氏家谱》（孟津）（2001年铅印本）；11.佚名：《李氏族谱》（孟津）（年份不详油印本）；12.佚名：《李氏家谱》（洛宁下高村）（2001年铅印本）；13.李延生：《李氏家谱》（洛宁）（2004年排印本）；14.李振作：《李氏家谱》（洛宁）（2006年铅印本）；15.李仁义：《李氏家谱》（宜阳）（1993年油印本）；16.李鹏飞：《李氏宗史》（卢氏涧西村，含乐川、洛宁、宜阳）（2002年铅印本）；17.李文甫、李国华：《李氏族志》（巩县）（1986年油印本）。参见谢琳惠：《洛阳地区家谱提要》（北京：国家图书馆出版社，2010年7月），页31—32、41—43、50—51、58—59、62—63、95—96、100—101、103—104、112—113、125—126、180—181、189、197—198、210—211、283—285、290—291。

本书在考述李氏外戚将门历代重要人物的事迹时,也尽量旁及李氏女性人物可考之事迹。笔者曾思考再三,应否将李氏能成为外戚的关键人物太宗明德李皇后的事迹独立成章?最后仍决定依一般的做法,不将她直接纳入李氏外戚将门中人来讨论。

李氏将门的男性重要人物除李继隆的墓志铭及李昭亮的神道碑铭传世外,2023年在李氏祖茔所在的洛阳市偃师区出土了李昭亮孙二人的墓志二通:《宋故左藏库副使前知隰州军州事李君墓志铭》《宋故义思副使通远军兵马都监兼在城巡检专管勾买马上护军李公墓志铭》,让我们对李氏第四代至第六代的人物,多了一些认识。希望未来有更多的出土文献,能补充这方面的不足。

本书各章均附有独立的前言和结论,既可首尾一贯地阅读,也可抽出来独立成篇。

第一章

从龙功臣：北宋潞州上党李氏外戚将门的起家者李处耘

一、导言

本章考论宋太祖（927—976，960—976在位）的从龙大功臣、潞州上党（今山西长治市）李氏外戚将门的起家者李处耘（920—966）的生平。

宋太祖的从龙功臣可分两类。第一是太祖在禁军中亲善之高级将领，或追随太祖之心腹将校，包括慕容延钊（913—963）、韩令坤（923—968）、石守信（928—984）、王审琦（925—974）、高怀德（926—982）、张令铎（911—970）、张光翰（？—967）、赵彦徽（？—968）、罗彦环（923—969）、王彦升（917—974）、马仁瑀（933—982）、李汉超（？—977）、韩重赟（？—974）、马全义（925—962）、刘廷让（929—987）等。第二是太祖领节度使时之幕府僚佐，包括赵普（922—992）、本文主角李处耘、吕余庆（927—976）、刘熙古（903—976）、沈义伦（909—987）、王仁赡（917—982）、张彦柔（？—960后）与楚昭辅（914—982）等人。他们在宋立国后均获赐高官厚爵以酬其功。慕容延钊等诸将后来逐步被解除禁军兵权后,多获授节度使之高职,且部分成为外戚,作为投闲置散之补偿。赵普以下诸人的待遇则截然不同,他们被太祖委以重任,执掌军政大权,其中赵普与沈义伦先后拜相,吕余庆与刘熙古双双参政,而李处耘、王仁赡及楚昭辅均被擢用为枢密副使。(按:张彦柔事迹在建隆元年以后不详)

太祖幕府的文武臣僚,论才具识见,以及最为太祖信任的,首推赵普与李处耘。太祖策划陈桥兵变,参与谋议并与各方联络的,除了亲弟太宗(939—997,976—997在位)外,就是赵普和李处耘二人。赵、李二人,一文一武,在太祖即位后都受到重用,不过,二人的际遇很不同:赵普得君之专,在太祖朝独相十年,直到开宝六年(973)才失宠被罢;到太宗继位后,因向太宗输诚而得以两度复相。他在太祖、太宗两朝建树良多,对宋初政治影响殊深。李处耘勇而有谋,自客省使、宣徽北院使、宣徽南院使而为枢密副使,替太祖执掌兵符,任内外要职,他先从平李筠(?—960)及李重进(?—960),并奉命抚守扬州(今江苏扬州市);然后在乾德元年(963)以监军身份平定荆州与湖南。但因与主将慕容延钊争权,并受赵普排挤中伤,太祖为了安抚慕容延钊,就将李处耘贬为淄州(今山东淄博市)刺史。李处耘在乾德四年(966)在淄州郁郁而终,无法一展所长。

李处耘虽因英年早逝而不能像赵普那样建立更大的功业,但其家族却赖他之余荫而兴起:太祖为了补偿对李处耘作出的不公平处置,除不次提拔李处耘的长子李继隆(950—1005)外,又在开宝八年(975)为太宗聘其次女(即太宗明德李皇后,960—1004)为继室。到太宗继位后,太平兴国三年(978)时,李氏时入宫,先册为德妃,雍熙元年（984）正位中宫，成为太宗朝唯一的皇后，李家即成为帝戚。李处耘两个儿子李继隆与李继和（963—1008）在太宗及真宗（968—1022，997—1022在位）两朝均能克绍箕裘，多立功勋，成为北宋外戚武将中的佼佼者。李处耘孙李昭亮（993—1063）虽才具平平，在仁宗（1010—1063，1022—1063在位）朝仍凭父荫继统禁旅，出掌大藩，官至使相。而李处耘的外曾孙女郭氏也在仁宗即位后被册为皇后，即仁宗郭皇后（1012—1035），可称一门两后。在北宋前期的外戚家族中，以潞州上党李氏的权势与功业最盛，而潞州上党李氏也是宋代以外戚掌军最成功的范例。

二、"功臣"释义

本章的标题是"从龙功臣"，在考述李处耘的生平前，有必要对"功臣"及"从龙功臣"的涵义作一析论。

"功臣"既是通用之辞，[1]也是唐、五代以来，包括辽代的帝王授予文武高级臣僚尊贵的封号，并且成为一种特别的制度。目前所见所授的功臣称号，字数从两字到十六字，封号因应受封人的身份与功绩

---

[1] 近年有宋史学者专门研究宋代功臣配享的问题，以至考述宋代功臣的画像。在他们的著作中，所谓"功臣"是常识的涵义，即对宋室有大功的文武臣僚，而主要指得以在太庙配享各朝宋代君主，以赵普为首的高级臣僚。可参阅袁良勇：《宋代功臣配享论述》，《史学月刊》，2007年第5期，页27—34；王菁：《宋代功臣画像考述》，《河南大学学报（社会科学版）》，第51卷第6期（2011年11月），页68—75。又，近期研究宋代功臣配享问题最有成绩及深度的，是王瑞来一篇专论，参见王瑞来：《配享功臣：盖棺未必定论——略说宋朝官方的历史人物评价操作》，《史学集刊》（长春），2011年第5期（2011年9月），页31—41。

而拟定。关于唐宋功臣号制度的起源，据陈晓伟的研究，当始于唐代宗（727—779，762—779在位）宝应元年（762）五月赐有功将帅郭子仪（697—781）、李光弼（708—764）等予"宝应功臣"封号之时。[1] 传世的五代大藩将帅的墓志铭或神道碑铭，都有清楚记载他们在不同时期获授的各样功臣封号，如五代的大藩许国公王守恩（902—955），在易代之际，因效命新主，便先被后汉高祖（895—948，947—948在位）在乾祐元年（948）授予"开国佐命忠节功臣"，再被后周太祖（904—954，951—954在位）在广顺元年（951）授予"推诚奉义翊戴功臣"。[2] 另在陈桥兵变中被杀的后周马步军副都指挥使韩通（908—960），早在后晋出帝（914—964，942—946在位）天福八年（943）被授"忠贞佐圣功臣"，后周太祖广顺元年改授"输忠翊戴功臣"，到后周世宗（921—959，954—959在位）显德二年（955）又改授"推诚奉义翊戴功臣"。[3] 又如跨越五代至宋初的名藩宋偓（本名宋延偓，926—989），他先在后汉高祖天福十二年（947）九月获赐"开国奉圣功臣"，当他成为后汉高祖的驸马后，在乾祐元年后汉隐帝（931—950，948—950在位）嗣位后，以亲贵晋爵并改赐"开国奉圣保定功臣"之号。到后周

---

[1] 陈晓伟：《辽代功臣制度初探》，《辽宁工程技术大学学报（社会科学版）》，第11卷第3期（2009年5月），页280—282。

[2] 曾枣庄、刘琳（编）：《全宋文》（上海：上海辞书出版社，2006年8月），第三册，卷四十《杨廷美·故推诚奉义翊戴功臣开府仪同三司检校太师右金吾卫上将军上柱国许国公食邑五千户食实封一千三百户赠太子太师太原王公墓志铭并序·建隆元年二月》，页38—41。

[3] 《全宋文》，第三册，卷四十《陈保衡·故检校太尉同中书门下平章事使持节郓济等州观察处置等使兼侍卫亲军马步军副都指挥使仍加食邑五百户食实封二百户赠中书令韩公墓志·建隆元年二月》，页47—50。

太祖即位，宋偓向周室输诚，在广顺元年获改赐"推诚奉义翊戴功臣"之号。宋偓从后汉到后周，三度获赐功臣封号，这倒是五代常有之事。[1]

至于在北方的辽国，据陈晓伟的考证，早在辽太祖（872—926，916—926在位）天显初年（约926—927），太祖谋主韩知古（？—928后）便被授"推忠契运宣力功臣"。而最早有确切时间记载者，是辽太宗（902—947，926—947在位）天显十三年（938）获赐"通敏博达启运功臣"的左相耶律羽（890—941）。惟据《贾师训墓志》所载，贾的高祖父贾去疑从后唐奉使至辽，被辽太祖留下，因在神册三年（918）营建上京［今内蒙古赤峰市巴林左旗（林东）南波罗城］有功，累拜始平节度使，并获赐"□□奉国保定功臣"号。究竟韩知古抑贾不疑孰最先获授功臣封号，暂难确定。[2]不过，以上三人，加上韩知古之子韩匡美，当是辽朝最早获授功臣封号的辽汉大臣。

《辽史》及出土的辽代碑铭记载了不少辽、汉宗室、外戚、宰执文

---

[1] 王禹偁（954—1001）：《小畜集》，文渊阁《四库全书》本，卷二十八《右卫上将军赠侍中宋公神道碑奉敕撰》，叶一上至六上。关于宋偓的事迹，最近期的研究可参阅胡坤："近代贵盛，鲜有其比"——三代外戚武将宋偓事迹考论，载姜锡东（主编）：《宋史研究论丛》第十二辑（保定：河北大学出版社，2011年12月），页150—174。

[2] 考韩知古子、燕京统军使韩匡美亦获赐"协谋守正翊卫忠勇功臣"。从韩匡美守燕京之职务来看，他当是在辽太宗朝获赐功臣封号的。又耶律羽的儿子耶律迪烈也获授"竭节功臣"。参见陈晓伟：《辽代功臣制度初探》，页281。向南（杨森，1937—2012）（编）：《辽代石刻文编》（石家庄：河北教育出版社，1995年4月），《兴宗编·韩橁墓志·重熙六年》，页203—204；《道宗编下·贾师训墓志》，页476。向南、张国庆、李宇峰（辑注）：《辽代石刻文续编》（沈阳：辽宁人民出版社，2010年1月），《耶律羽之墓志·会同五年》，页3—4；《耶律道清墓志·太平三年》，页65—66。

武大臣获赐两字到十字的功臣封号。在辽太宗朝降辽的汉臣南京留守、卢龙节度使赵思温（？—939）便在天显十一年（936）后获授"协谋静乱翊圣功臣"，其子赵延威（即赵延宁）也获"推忠佐命翊圣功臣"封号。而在会同六年（943）后，汉臣武定军节度使耿崇美（893—948）也获赐"推忠佐命平乱翊圣功臣"之号。[1]

辽景宗（948—982，969—982在位）继位后，赐他的心腹宁江军节度使耶律贤适（928—980）"推忠协力保节功臣"。而在保宁十年（978）逝世的镇国军节度使耶律琮（928—978，即耶律合住）也获授"推忠奉国佐运功臣"。另，韩知古之子秦王韩匡嗣（918—983）也累授"推诚奉上宣力匡运协赞功臣"。[2]

辽圣宗（971—1031，982—1031在位）继位，统和元年（983）三月，国舅、同平章事萧道宁（？—985后）即以辽兴军节度使授"忠亮佐理功臣"封号。统和四年（986，即宋太宗雍熙三年），圣宗赐挫败曹彬（931—999）军有功的南院大王耶律勃古哲（？—990）以"输忠

---

[1] 向南（编）：《辽代石刻文编》，《道宗编上·赵匡禹墓志》，页299—302。脱脱（1314—1355）（纂），刘浦江（1961—2015）等（修订）：《辽史》（北京：中华书局点校修订本，2016年4月），卷七十六《赵思温传》，页1379。向南、张国庆、李宇峰（辑注）：《辽代石刻文续编》，《耿崇美墓志》，页13—15；《圣宗淑仪赠寂善大师墓志·清宁九年》，页119。考耿崇美在会同十年（947）世宗即位后，又加"推忠佐命平乱功臣"，其次子耿绍忠及第三子耿绍纪也分别获授"推诚奉国功臣"及"保忠守节功臣"。

[2] 《辽史》，卷七十九《耶律贤适传》，页1402—1403；卷八十六《耶律合住传》，页1455。向南（编）：《辽代石刻文编》，《太宗世宗穆宗景宗编·耶律琮神道碑》，页56—61。向南、张国庆、李宇峰（辑注）：《辽代石刻文续编》，《韩匡嗣墓志·统和三年》，页23—24；《韩匡嗣妻秦国太夫人墓志·统和十一年》，页30；《补编二·耶律琮神道碑·保宁十一年》，页340—344。

保节致主功臣"称号。到统和九年（991，即太宗淳化二年）十月，辽又封来附的西夏李继捧（962—1004）为西平王，并授"推忠効顺启圣定难功臣"。统和十二年（994），驸马都尉萧恒德（？—996）以平高丽有功，也获赐"启圣竭力功臣"。统和二十三年（1005）澶渊之盟订立后，圣宗又授有功的北院大王耶律室鲁（971—1014）"推诚竭节保义功臣"。另在开泰九年（1020）五月，耶律宗教（？—1020后）、耶律宗海（？—1020后）及刘晟（？—1020后）均获赐"保节功臣"之号。圣宗也授其弟秦晋国王耶律隆庆（973—1016）予"资忠弘孝神谋霸略兴国功臣"。官至枢密使、齐国王的萧孝穆（？—1043）也获授"推诚协谋致理同德佐国功臣"。另一名外戚驸马都尉、上京留守萧继远（按：《辽史》作萧继先）也获授"嘉谋弘略匡弼定霸功臣"。另外，韩匡嗣第五子、西南五面押招讨大将军韩德威（942—996）也获累赐"推诚忠亮竭节功臣"，其七弟大同军节度使耶律隆佑（947—1010，隆佑本为韩氏子）在统和二十三年也累授"推诚守义致理功臣"。又，韩德威的次子、辽兴军节度使耶律遂正（975—1027）也获授"忠勤守节功臣"。此外，东京中台省左平章事耶律元宁（939—1008）也以平高丽的战功获授"忠义奉节功臣"。[1]而据新出土的墓志所载，韩匡嗣的第四子、承

---

[1] 《辽史》，卷十《圣宗纪一》，页117；卷十三《圣宗纪四》，页154；卷十六《圣宗纪七》，页209；卷七十八《萧继先传》，页1398；卷八十一《耶律室鲁传》，页1415；卷八十二《耶律勃古哲传》，页1425；卷八十三《刘六符传》，页1457；卷八十七《萧孝穆传》，页1465；卷八十八《萧恒德传》，页1476；卷一百十五《二国外纪·西夏》，页1677。向南（编）：《辽代石刻文编》，《道宗编上·秦晋国妃墓志·咸雍五年》，页340—341；《道宗编下·萧continue温墓志》，页371。向南、张国庆、李宇峰（辑注）：《辽代石刻文续编》，《韩德威墓志·统和十五年》，页34—36；《耶律元宁墓志·统和二十六

天萧太后（953—1009）的心腹亲信、圣宗朝官至丞相的韩德让（即耶律隆运，941—1011），也获授"经天纬地匡时致力立国功臣"称号。[1]

辽兴宗（1016—1055，1031—1055在位）即位后，元老重臣南院大王耶律信宁（？—1037后）、政事令耶律求翰（？—1035后）均于重熙四年（1035）获赐"耆宿赞翊功臣"封号。而东京留守郑王萧惠（983—1056）也在重熙六年（1037）前获赐"推诚协谋竭节功臣"之号。而在重熙二十二年（1053，即宋仁宗至和元年）逝世的汉人元老重臣张俭（963—1053）也获授"贞亮弘靖保义守节耆德功臣"的封号。另一名汉人勋臣太尉、鲁国公刘二玄也获授"忠亮竭节宣力佐国功臣"（按：刘二玄父刘慎行也在圣宗朝获赐"保节功臣"）。另，官至枢密使、陈王的萧知足（按：萧知足为萧孝穆子）也获授"资忠尽节致理经邦功臣"。[2]

到辽道宗（1032—1101，1055—1101在位）一朝，宗室多人都获授功臣封号，除了他的亲弟秦越国王耶律弘世（1042—1087）获封"资忠

（接上页）年》，页43—44；《耶律隆祐墓志·统和二十九年》，页51—53；《耶律遂正墓志·太平七年》，页68—70；《萧阆墓志·咸雍七年》，页135—137；《萧阐墓志·咸雍八年》，页146—147。考萧继远的儿子吴王萧绍实也尚主为驸马都尉，也授"忠勤匡佐（一作'良佐'）功臣"。另外，萧绍忠之子北宰相萧宁也获授"忠亮功臣"。

[1] 西安市长安博物馆（编）：《长安新出墓志》（北京：文物出版社，2011年5月），《故宣武大将军韩公墓志并铭》，页340。按：此墓志的主人韩瑞（？—1269）是韩德让的后人。韩氏家族历仕辽、金、元三朝，墓志记述韩氏的世系，并记韩德让所封的功臣名号，为《辽史》所不载。

[2] 《辽史》，卷十八《兴宗纪一》，页245；卷九十三《萧惠传》，页1512。向南（编）：《辽代石刻文编》，《兴宗编·张俭墓志·重熙二十二年》，页265—272；《道宗编上·秦晋国妃墓志·咸雍五年》，页341；《道宗编下·萧德温墓志》，页371—372。

第一章 从龙功臣：北宋潞州上党李氏外戚将门的起家者李处耘　　021

保义奉上功臣"外，宗室太傅、魏国王耶律宗政（1003—1062）（按：宗政为圣宗弟耶律隆庆子）获授"资忠佐理保义翊圣同德功臣"，司徒、郑王耶律宗允（1005—1064）获授"保顺协赞推诚功臣"，司徒、上京留守、混同郡王耶律宗愿（1009—1072）获授"忠亮佐国功臣"，另属于韩知古后人的耶律遂正长子保大军节度使耶律元佐（997—1082）及次子南宰相、韩王耶律宗福（998—1071）分别获授"保义推忠功臣""竭诚奉国竭节功臣"。另一汉臣枢密使杨皙（？—1079）封赵王外，也获赐"同德保节功臣"之号。官拜三司使、太子太保的汉臣陈颢（？—1090后）也获赐"奉国功臣"。外戚方面，驸马都尉、西北路招讨使萧兴言（1032—1087）获赐"勤力功臣"。

而在清宁九年（1063）平定耶律重元（？—1063）之乱中功劳最大的宋王、北院枢密使耶律仁先（1013—1072）获授"安邦卫社尽忠平乱同德功臣"，另一大功臣北院枢密使、赵王耶律乙辛（？—1083）也获授"匡时翊圣竭忠平乱功臣"，另一功臣兰陵郡王萧陈家奴（？—1078后）以功封荆王外，又获赐"资忠保义奉国竭贞平乱功臣"。与他一同平乱有功的北院枢密副使萧惟信（？—1078后）、耶律阿思及耶律挞不也分别获赐"竭忠定乱功臣""靖乱功臣""定乱功臣"之封号。咸雍二年（1066），宣徽使、同平章事萧福延（1016—1070）亦获赐"保节□宁功臣"。到大安四年（1088），道宗又赐知北院枢密院事耶律斡特剌（？—1101后）"翼圣佐义功臣"之号，稍后加赐"宣力守正功臣"之号。到寿隆六年（1100）又加赐"奉国匡化功臣"之号。到天祚帝（1075—1128，1101—1125在位）即位，再赐"推诚赞治功臣"。而道宗所委担任天祚帝宫僚之参知政事王师儒（1053—1114）也早在大安十年（1094）获赐"佐理功臣"之号。天祚帝在位期间，获赐功臣号的还有太尉杜念（1052—1119），获授"忠亮佐理功臣"。另外，知枢密院事耶律祺也获授"尽忠同德匡时翊圣推诚功臣"。终辽之世，获赐功臣之号的辽、汉大臣甚多，汉臣中，韩知古的家族获得功臣封号而见载于文献的共有8人。另值得注意是，正如陈晓伟所说，从辽臣所获赐之功臣字号，可看到当时的政局。[1]

北宋沿袭五代以来的制度，赐有功的文武臣僚"功臣"封号。《宋会要辑稿·礼五十九》有专章叙述宋代授予文武大臣"功臣"封号的制度。该章总论云：

国朝循唐制，宰相、枢密使初拜，必赐焉。参知政事、枢密

---

[1] 《辽史》，卷八十九《杨晢传》，页1487；卷九十六《耶律挞不也传》，页1537—1538；《萧韩家奴传》，页1540；《萧惟信传》，页1541；《耶律阿思传》，页1544；卷九十七《耶律斡特剌传》，页1547—1548；卷一百十《奸臣传上·耶律乙辛》，页1634。向南（编）：《辽代石刻文编》，《道宗编上·耶律宗政墓志·清宁八年》，页305—311；《耶律宗允墓志·咸雍元年》，页319—324；《秦晋国妃墓志·咸雍五年》，页341；《耶律仁先墓志·咸雍八年》，页352—357；《天祚帝·王师儒墓志·天庆四年》，页645—647。向南、张国庆、李宇峰（辑注）：《辽代石刻文续编》，《萧福延墓志》，页131—133；《耶律宗福墓志·咸雍八年》，页141—145；《耶律宗愿墓志·咸雍八年》，页148—151；《耶律元佐墓志·大康九年》，页177—178；《萧兴言墓志·大安三年》，页188—190；《耶律弘世墓志·大安三年》，页191—194；《陈颉妻曹氏墓志（乙）·大安六年》，页200—202；《陈颉妻刘氏墓志·大安六年》，页203；《杜念墓志·天庆十年》，页304—307；《耶律祺墓志·天祚间》，页314—315。关于清宁九年平定耶律重元之乱有功臣僚获赐功臣之号的论述，可参见陈晓伟：《辽代功臣制度初探》，页281。而关于韩知古家族的研究，最近期的研究，可参见王玉亭：《从辽代韩知古家族墓志看韩氏家族契丹化的问题》，《北方文物》，2008年第1期，页59—64；王玉亭：《辽代韩德昌及其子嗣职官述略——兼论玉田韩第五代权势问题》，《北方文物》，2009年第3期，页71—75。

副使初或未赐，遇加恩乃有之。刺史已上阶勋高者，亦或得赐。（太平兴国三年，赐翰林使、饶州防御使杜彦珪"推忠宣力"；大中祥符四年，赐丰州防御使王承美"翊戴"；天禧二年，赐富州刺史向汉通"保顺"）中书、枢密则有推忠、协谋、同德、佐理，余官则推诚、保德、奉义、翊戴，掌兵则忠果、雄勇、宣力，外臣则纯诚、顺化之名。每以二字协意，或造或因，取为美称。宰相初加则六字，余并四字。其进加则二字或四字，多者有至十余字。（天圣八年，赐赵德明功臣凡二十字，国家绥宠外臣，非常数也）又有崇仁、佐运、守正、忠亮、保顺、宣德、忠正、保节、宣忠、亮节之号，文武迭用焉。

中书、枢密院所赐名，若罢免或出镇则改之，亦有不改者。（乾德二年，范质、王溥、魏仁浦罢相，淳化二年吕蒙正罢相，太平兴国八年石熙载罢枢密使，大中祥符八年寇准罢枢密使，皆不改赐功臣）又有官不当赐而特赐者。（开宝四年，秘书少监、韶州刺史王明，太平兴国八年，度支使陈从信、户部使郝正，并赐"推诚翊戴"）其诸班直、禁军将校，则赐拱卫、翊卫、卫圣诸号，遇恩累加，但改其名，不过两字。其因旧名而始被赐，及缘功宠而别为美名者，咸略记其人。又国初功臣有扶天、保庆、致理、竭忠、输诚、效义、忠力、效忠、毅勇、保塞之号，皆汉、周时所赐，今亦不录。[1]

---

[1] 《宋会要辑稿》，第四册，《礼五十九之二十一、二十二·配享功臣、赐功臣号》，页2091—2092。

另同书《礼五十九》也记载：

> 功臣，旧制自"推忠佐理"至"保运经邦"二十二字，以赐中书、枢密院臣僚；自"推忠保德"至"效顺顺化"三十八字，以赐皇子皇亲、文武官、外臣；自"拱卫翊卫"至"果毅肃卫"二十字，以赐诸班直将士、禁军。[1]

从传世的宋代文武大臣的墓志铭、神道碑铭以及其他的碑刻，以及《宋大诏令集》《宋会要辑稿》的相关记载，我们可以看到宋初四朝许多高级文武臣僚、归顺藩王、外国国主，甚至皇弟皇子，就如上文所述，均获赐字数从二字以至二十二字的各种功臣称号。如北宋开国三相范质（911—964）、王溥（922—982）、魏仁浦（911—969）在建隆元年（960）二月初五，便同获授"推忠协谋佐理功臣"的封号。[2] 同年，太祖也授与他有旧的五代名藩凤翔节度使王彦超（914—986）"推诚奉义顺德翊戴正亮功臣"称号。[3] 太祖的藩府心腹、宋朝的开国元勋、在太祖及太宗朝三度拜相的赵普在太祖朝便三度获得功臣封号：他在建隆二年（961）八月拜枢密副使时获赐"推忠佐理功臣"，到乾德元年拜枢密使后，改授"推忠协谋佐理功臣"，到开宝六年八

---

[1] 《宋会要辑稿》，第四册，《礼五十九之二十六·赐功臣号》，页2094—2095。
[2] 不著撰人（编），司义祖（校注）：《宋大诏令集》（北京：中华书局，1962年10月），卷五十九《宰相九·进官加恩别使一》《范质等进官制·建隆元年二月乙亥》，页297。
[3] 《宋会要辑稿》，第四册，《礼五十九之二十三·赐功臣号》，页2092。《宋史》，卷二百五十五《王彦超传》，页8910—8913。

月二十三日罢相时,仍获改赐"推忠佐运同德翊戴功臣"。我们从赵普的例子可以看到,功臣封号在增加字数时,可以有不同的名号,不一定只是在旧的名号上增加新字。赵普第三次加封功臣号,除了保留开头"推忠"二字外,"协谋佐理"四字就改为"佐运同德翊戴",只保留了"佐"字。这番改动是否与太祖这时对赵普有不同的评价有关,从字里行间尚看不出来。[1]

获授功臣封号而非宰执的也有多人。如另一五代强藩太原郡王王景(889—963),在建隆二年春来朝时便获赐"推诚奉义同德翊戴功臣"。[2]获得此功臣号的还有太祖的开国枢密使吴廷祚(918—971),他在罢枢后也获此功臣号。吴廷祚最后的功臣封号倒是在不改旧字号下增加新字号的,与前述赵普的例子不同。[3]

同年七月,太祖又赐二弟赵光义(太宗)和三弟赵廷美(947—

---

1 《宋会要辑稿》,第四册,《礼五十九之二十三·赐功臣号》,页2092—2093。徐自明(?—1217后)(撰),王瑞来(校补):《宋宰辅编年录校补》(北京:中华书局,1986年12月),第一册,卷一《建隆二年、三年》,页6—7。《宋大诏令集》,卷五十一《宰相一·进拜一》《赵普拜相制·乾德二年正月庚寅》,页259;卷六十五《宰相十五·罢免一·赵普罢相授使相制·开宝六年八月甲辰》,页317。
2 《宋会要辑稿》,第四册,《礼五十九之二十三·赐功臣号》,页2092。《宋史》,卷二百五十二《王景传》,页8845—8847。
3 北京图书馆金石组(编):《北京图书馆藏中国历代石刻拓本汇编》(郑州:中州古籍出版社,1990年2月),第三十七册,《千字文序》,页17。《全宋文》,第三册,卷五十一《宋琪·大宋故推诚奉义同德翊戴功臣永兴军节度管内观察处置等使特进检校太尉同中书门下三品行京兆尹上柱国濮阳郡开国公食邑三千七百户食实封一千二百户赠侍中吴公墓志铭并序·开宝五年二月》,页286—289。据拓本《千字文序》所记,吴廷祚在乾德五年(967)出镇永兴军(即京兆府,今陕西西安市)时,已带"推诚奉义翊戴功臣"六字功臣号,到他在开宝四年(971)卒时,再增两字为"推诚奉义同德翊戴功臣"。

984)功臣封号。太宗拜开封尹,廷美授兴元尹时,太祖并授他们"推忠守正保德功臣"。到乾德元年,太祖又改授二人"协谋同德保顺功臣"。值得注意的是,二人的功臣号字眼前后完全不同。[1]

是年许多高级武臣也获授功臣称号,其中,宣徽北院使、翌年继赵普出任枢密使的李崇矩(924—988)获授"推忠宣力保义功臣",安国军节度使王全斌(908—976)获授"推忠效节功臣",太祖另一从龙功臣、尚太祖妹燕国长公主(?—972)的归德军节度使高怀德(926—982)也获授"推忠协力保顺功臣"。[2]上文提到的后汉高祖驸马、镇国军节度使宋偓,是年也以向太祖输诚故,除获增食邑外,又获改授"推忠宣力保义功臣",这是宋偓第四度获赐功臣号。[3]另外两名五代名藩后周太祖驸马武胜军节度使张永德(928—1000)及后周世宗后父及太宗妻父魏王符彦卿(898—975),因献良马,亦分别获太祖赐予"推忠保义同德功臣"和"崇仁昭德宣忠保正翊亮功臣"之号。[4]这

---

[1] 《宋会要辑稿》,第四册,《礼五十九之二十三·赐功臣号》,页2092。《宋史》,卷一《太祖纪一》,页9。
[2] 《宋会要辑稿》,第四册,《礼五十九之二十三·赐功臣号》,页2092。《宋史》,卷二百五十《高怀德传》,页8821—8823;卷二百五十五《王全斌传》,页8919—8920;卷二百五十七《李崇矩传》,页8952—8953。
[3] 《宋会要辑稿》,第四册,《礼五十九之二十三·赐功臣号》,页2092。《宋史》,卷二百四十二《后妃传上·太祖孝章宋皇后》,页8607—8608;卷二百五十五《宋偓传》,页8905—8907;王禹偁:《小畜集》,卷二十八《右卫上将军赠侍中宋公神道碑奉敕撰》,叶八上至八上。宋偓在开宝元年(968)二月,以长女入宫立为皇后(即孝章宋皇后,952—995),除加恩增食邑外,又获改赐"推诚宣力同德保义功臣"八字功臣号。
[4] 《宋会要辑稿》,第四册,《礼五十九之二十三·赐功臣号》,页2092。《宋史》,卷一《太祖纪一》,页13;卷二百五十一《符彦卿传》,页8837—8840;卷二百五十五《张永德传》,页8813—8917。

一年获得赐功臣封号的,还有向宋称臣的吴越国王钱俶(929—988)及据有漳泉的平海军节度使陈洪进(914—985),钱俶获授"承家保国宣德守道忠正恭顺功臣",陈洪进则获赐"推诚顺化功臣",并铸印赐之,以他们进郊祀礼金银宝物而酬赏之。到建隆三年(962),据有瓜州(今甘肃酒泉市)和沙州(今甘肃敦煌市)的曹元忠(?—967)向太祖输诚,太祖除授他中书令、谯郡公、归义军节度使等官爵外,又加"推诚奉义保塞功臣"。值得注意的是,陈洪进在开宝四年(971),再获加授"推诚顺节忠正翊戴功臣",他的新功臣号只有前三字与旧号相同,后五字则已更易。[1]

陈洪进获加授功臣号的同年,太祖麾下的将校宣徽南院使曹彬(931—999)、马军都虞候李进卿(915—973)、步军都指挥使党进(928—978)等均获赐"推诚佐运同德宣力功臣",禁军大校李重勋(?—978)授"推诚保节宣力功臣",白进超(?—980)授"效忠宣力功臣"。值得一提的是,太祖的长子德昭(951—979)这时也获授"推诚奉节同德保顺功臣"。[2]

---

[1] 《宋会要辑稿》,第四册,《礼五十九之二十三·赐功臣号》,页2092—2093;第十六册,《蕃夷四之二十九·交趾》,页9787。《宋史》,卷一《太祖纪一》,页15;卷四百八十三《世家传六·陈洪进》,页13959—13961。

[2] 《宋会要辑稿》,第四册,《礼五十九之二十二、二十三·配享功匠、赐功臣号》,页2092—2093。《宋史》,卷二百五十八《曹彬传》,页8977—8979;卷二百六十《党进传》,页9018;卷二百七十三《李进卿传》,页9323—9324。《宋大诏令集》卷一百三《李重勋李汉琼刘遇杨美加恩制》,页381。李重勋和白进超在开宝四年的军职不详,李重勋在开宝六年接任为殿前都虞候,白进超在太平兴国二年任马军都指挥使,他们在开宝四年很有可能任左右厢都指挥使。关于李进卿、李重勋及白进超的仕历,可参阅何冠环:《论宋太祖朝武将之党争》,收入何著《北宋武将研究》(香港:中华书局,

开宝六年，太祖又授予遣使来贡的高丽王王昭（？—976, 949—976在位）"推诚顺化守节保义功臣"之号，[1]而后蜀原太子孟元喆（938—992）也获授"输诚保义翊戴功臣"，原知枢密院事、宁江军节度使伊审征（914—988），五代宿将右武卫上将军、判右街仗使焦继勋（901—978），左金吾卫大将军、兼街仗使吴虔裕（901—988）等，均授"推诚奉国翊戴功臣"。[2]同年，平南汉三将山南东道节度使潘美（925—991）、复州防御使朱宪（？—973后）、韶州刺史王明（919—991）又获授"推诚宣力同德翊戴功臣""推诚翊戴宣力功臣""推诚

（接上页）2003年6月），页56—57及注57、59；《论宋太宗朝武将之党争》，页89及注4。
1　《宋史》，卷四百八十七《外国传三·高丽》，页14035—14036。考宋廷在太宗淳化三年（992）以前多次册封高丽。太宗在淳化元年（990）加封高丽成宗王治的最后功臣封号"推诚顺化功臣"。高丽后来以辽之故，在淳化五年（994）就断绝了与宋的册封关系，没有再接受宋廷的封赐。关于宋朝对境外诸国的册封制度，可参阅黄纯艳：《宋朝对境外诸国的册封制度》，载《十至十三世纪中国的政治、文化与社会学术研讨会暨岭南宋史研究会第三届年会论文集》（香港：岭南大学历史系，2012年12月），页272—280。黄纯艳教授在该文中也注意到宋廷授予境外诸国君长功臣名号制度化的问题。在2012年12月8日的会议上，笔者宣读本节原稿（以《北宋功臣制度考释》为题的论文）时，黄教授除论及宋廷封赐境外诸国君长功臣封号的问题外，曾询及当功臣封号字数增加时，如何理解有些例子只是在原有字号增加新字，而有些例子却大幅度改易原本的字号？又改变本来字号的，是否反映宋廷对这些受封臣僚的评价有所改变？笔者在修改本文时，即参考了黄教授对该文的宝贵意见，谨此致谢。
2　《宋会要辑稿》，第四册，《礼五十九之二十三·赐功臣号》，页2093。柳开（947—1000）（撰），李可凤（点校）：《柳开集》（北京：中华书局，2015年11月），卷十五《宋故开府仪同三司检校太师赠侍中孟公墓志铭》，页201—203。《宋史》，卷二百六十一《焦继勋传》，页9042—9043；卷二百七十一《吴虔裕传》，页9286—9287；卷四百七十九《世家传二·西蜀孟氏·孟玄喆、伊审征》，页13881—13882、13884。钱若水（960—1003）（撰），燕永成（点校）：《宋太宗实录》（兰州：甘肃人民出版社，2005年11月），卷四十三，页124。王昭来贡在开宝五年，他获加食邑及功臣封号当在开宝六年初。

翊戴功臣"的功臣号。[1]太祖对一些得力边将或资深武臣也授予功臣称号,如历仕五朝的和州(今安徽马鞍山市和县)团练使孙汉筠(901—967)便被授"推忠翊戴功臣",[2]守关南(即高阳关,今河北保定市高阳县东旧城)有功的名将李汉超(?—977)也获授"推诚宣力翊戴功臣"的功臣号。[3]

太宗朝的宰相、开国元勋、两朝元老赵普在淳化三年(992)卒时获改授"兴邦佐运同德翊戴忠正功臣"的功臣号。到至道三年(997)真宗即位后,再获加赠"保运推忠效顺"六字,合共十六字。比较赵普在太祖朝最后所获的八字功臣封号"推忠佐运同德翊戴","推忠佐运同德翊戴"八字保留,其他八字是新增的。其他宰臣功臣封号可考的,计有在端拱元年(988)二月十三日与赵普同时拜相的吕蒙正(944—1011),他获授"推忠佐理功臣"的封号。[4]另在淳化二年(991)九月拜相的张齐贤(943—1014)也获授"推诚保德翊戴功臣"

---

[1] 《全宋文》,第三册,卷五十一《裴丽泽·大宋新修南海广利王庙碑铭并序·开宝六年十月》,页292—295。

[2] 《全宋文》,第三册,卷五十四《张贺·大宋故推忠翊戴功臣光禄大夫检校太保使持节和州诸军事行和州刺史充本州团练使兼御史大夫上柱国乐安郡开国侯食邑一千户孙公墓志铭并序·开宝八年五月》,页371—372。

[3] 徐铉(917—992)(撰),李振中(校注):《徐铉集校注》(北京:中华书局,2018年1月),第四册,卷二十五《碑铭·大宋推诚宣力翊戴功臣金紫光禄大夫检校司徒使持节齐州诸军事齐州刺史充本州防御使河堤等使关南兵马都监兼御史大夫上柱国陇西郡开国侯食邑一千九百户李公德政碑文》,页1119—1122。

[4] 吕祖谦(1137—1181)(编),齐治平(点校):《宋文鉴》(北京:中华书局,1992年3月),卷三十四《制·除吕蒙正中书侍郎兼户部尚书平章事制·李沆(撰)》,页524—525。《宋会要辑稿》,第四册,《礼五十九之二十四·赐功臣号》,页2093—2094。

的封号。[1]至于执政获得功臣封号的,目前可见的记载有太宗的藩邸心腹石熙载(934—984),他在太平兴国六年(981)秋擢为枢密使时,即获授"推诚翊戴功臣"的封号,同年冬以南郊恩典改授"推忠协谋佐理功臣",字号改了五字。[2]另外,在太宗至道元年(995)正月担任同知枢密院事的钱若水(960—1003)也获授功臣封号。[3]

位列三衙管军并领节度使的许多武臣,都获太宗赐予不同的功臣封号:殿前都指挥使戴兴(?—999)、马军都指挥使米信(928—994)、步军都指挥使高琼(935—1006)等获授"忠果翊戴功臣""忠果雄勇功臣"等封号。[4]而归顺的十国藩王以及外国国主,太宗也授予功臣封号。如太平兴国五年(980),归义军之曹元吉的继承人曹延禄(?—1002)因入贡,太宗除授予曹归义军节度使、中书令、敦煌王外,

---

[1] 《全宋文》,第五册,卷九十九《张齐贤二·新雕维摩经后序·推诚保德翊戴功臣金紫光禄大夫行尚书左丞上柱国清河郡开国侯食邑一千七百户食实封肆佰户张齐贤述·淳化四年八月十五日》,页385—386。张齐贤加此功臣封号当在淳化二年九月拜相时。参见《宋史》,卷五《太宗纪二》,页88。

[2] 《全宋文》,第六册,卷一百五《赵昌言·大宋故推忠协谋佐理功臣金紫光禄大夫守尚书右仆射上柱国乐陵郡开国侯食邑一千五百户食实封二百户赠侍中石公墓志铭并序·太平兴国九年四月》,页9—12。

[3] 据钱若水的墓志铭所载,他在真宗咸平六年卒时的功臣封号是"推诚保德翊戴功臣",而他的"功臣之号,凡三加焉"。他首次获得功臣封号当是在至道元年正月担任同知枢密院事时,初封的功臣封号不详。参见杨亿(974—1020):《武夷新集》,文渊阁《四库全书》本,卷九《宋故推诚保德翊戴功臣邓州管内观察使金紫光禄大夫检校司空兼御史大夫上柱国长城郡开国公食邑二千四百户食实封四百户赠户部尚书钱公墓志铭》,叶六下、九下至十下、十三上。

[4] 《宋大诏令集》,卷九十五《军职一》,《米信检校太傅加恩制·端拱元年二月十六日》《高琼进封郡公加恩制·淳化四年》《戴兴加恩制·淳化四年正月二十七日》,页348—350。

又赐他"竭诚奉化功臣"之号。考曹元忠在建隆三年向太祖输诚时,太祖所授之功臣封号为"推诚奉义保塞功臣"。比较之下,曹延禄的功臣号少了两字,其余四字也不尽相同。[1]雍熙元年(984),原吴越国王改封汉南国王的钱俶获赐"宁江镇国崇文耀武宣德守道功臣",到端拱元年,钱的功臣封号又改为"安时镇国崇文耀武宣德守道中正功臣"。太宗也在雍熙三年(986)十月,授予交趾的实际统治者黎桓(941—1005,980—1005在位)"推诚顺化功臣"的封号。[2]和太祖朝的做法一样,皇弟皇子也均获功臣封号。太宗亲弟、齐王廷美在太平兴国二年(977)三月前,已获授"协谋同德守正保顺功臣",而太宗长子卫王

---

[1] 《宋会要辑稿》,第四册,《礼五十九之二十三·赐功臣号》,页2093;第十六册,《蕃夷四之二十九·交趾》,页9786。《宋史》,卷四百九十《外国传六·沙州》,页14124。宋廷在建隆三年开始在后周的基础上册封曹元忠,到太平兴国五年就册封其子曹延禄。关于宋廷与归义军之册封关系,及宋廷赐曹元忠及曹延禄等之官爵封号,除《宋史》及《宋会要辑稿》外,现存的敦煌文书《曹延禄镇宅文》及《曹延禄醮奠文》亦有记载。相关的研究可参阅刘永明:《试论曹延禄的醮祭活动——道教与民间宗教相结合的典型》,《敦煌学辑刊》,2002年第1期(总第41期),页65—75;黄纯艳:《宋朝对境外诸国的册封制度》,页273—274。

[2] 《宋史》,卷四百八十八《外国传四·交趾》,页14060。《全宋文》,第三册,卷四十一《慎知礼·大宋故安时镇国崇文耀武宣德守道中正功臣武胜军节度邓州管内观察处置等使开府仪同三司守太师尚书令兼中书令使持节邓州诸军事邓州刺史上柱国邓王食邑九万七千户食实封一万六千八百户赐剑履上殿书诏不名追封秦国王墓志铭》,页64—69;第七册,卷一百三十一《李至·大宋故安时镇国崇文耀武宣德守道中正功臣武胜军节度使开府仪同三司守太师尚书令兼中书令使持节邓州诸军事行邓州刺史上柱国邓王食邑九万七千户实封一万六千九百户赐剑履上殿书诏不名追封秦国王谥曰忠懿神道碑铭并序》,页37—38。《宋会要辑稿》《礼五十九之二十四》。据李至(947—1001)所撰的神道碑铭所记,钱俶在太宗朝纳土归宋后,封国王者五,而八换功臣之名。又关于宋廷与交趾的册封关系,可参阅黄纯艳:《宋朝对境外诸国的册封制度》,页273—279。

德崇（即元佐，966—1027）则在太平兴国七年（982）获授"承天佐运怀忠守正功臣"，太宗次子陈王元僖（966—992）在雍熙二年（985）又获赐"崇仁保运忠正功臣"之号。[1]

真宗（968—1022，997—1022在位）一朝，宰相从吕蒙正、李沆（947—1004）、向敏中（949—1020）、毕士安（938—1005）、寇准（962—1023）、王旦（957—1027）到王钦若（962—1025）均获授六字到十字的"推忠协谋佐理功臣""推忠协谋守正佐理功臣""推忠协谋同德守正佐理功臣""推诚保德崇仁忠亮翊戴功臣""推诚保顺同德守正翊戴功臣"的功臣号。[2]任枢密使、参政一级的执政从王

---

[1] 《宋大诏令集》，卷九《谥册·太祖谥册》，页38。《宋会要辑稿》，第四册，《礼五十九之二十四·赐功臣号》，页2093。廷美在太平兴国二年三月率群臣上太祖谥册时已获授比前多两字的功臣封号，很有可能是在太平兴国元年十月太宗即位时加封的。

[2] 《宋大诏令集》，卷五十一《宰相一·进拜一》，《寇准拜同中书门下平章事集贤殿大学士加恩制·景德元年八月己未》《王旦拜集贤相制·景德三年二月戊辰》，页262—263；卷六十五《宰相十五·罢免一》，《吕蒙正罢相除太子太师莱国公加恩制·咸平六年九月甲辰》《寇准罢相除刑部尚书制·景德三年二月戊戌》《王旦罢相拜太尉制·天禧元年七月丁巳》，页320；卷六十六《宰相十六·罢免二》，《寇准罢相太子太傅归班封莱国公制·天禧四年六月丙申》，页321。杨亿《武夷新集》，卷十《墓志二·宋故推忠协谋佐理功臣光禄大夫尚书右仆射兼门下侍郎同中书门下平章事监修国史上柱国陇西郡开国公食邑三千八百户食实封一千二百户赠太尉中书令谥曰文靖李公墓志铭》，叶一上；卷十一《宋故推忠协谋佐理功臣金紫光禄大夫刑部尚书吏部侍郎同中书门下平章事监修国史上柱国太原郡开国公食邑二千户食实封四百户赠太傅中书令谥曰文简毕公墓志铭》，叶一上、六上至七上；卷十五《代刑部寇相公谢表》，叶十三下、十五下。祖无择（1006—1085）：《龙学文集》，文渊阁《四库全书》本，卷十五《大宋故推忠协谋守正佐理功臣开府仪同三司行尚书左仆射兼门下侍郎同中书门下平章事充玉清昭应宫使昭文馆大学士监修国史上柱国河内郡开国公食邑一万二千七百户食实封五千一百户赠太师谥曰文向公神道碑铭·天禧四年》，叶二上至二下［按：此篇为祖士衡（987—1025）所撰］。欧阳修（1007—1072）（撰）、李逸安（点校）：《欧阳修全集》（北京：中华书局，2001年3月），第二册，卷二十二《碑铭二首》《太尉文正王公

钦若、陈尧叟(961—1017)到丁谓(966—1037)也获赐六字的"推忠协谋佐理功臣"。[1]同样，真宗也授予众多武臣从二字至八字的"忠果功臣""忠果雄勇功臣""忠果雄勇翊戴功臣""忠果雄勇保顺功臣""忠果雄勇推诚翊戴功臣"封号，据现存的史料记载，获授的武臣计有马步军都虞候傅潜(939—1017)，殿前都指挥使王超(951—1012)、曹璨(950—1019)，马军都指挥使李继隆、葛霸(934—1008)，殿前副都指挥使刘谦(?—1009)、蔚昭敏(?—1019后)，马军副都指挥使张旻(即张耆，974—1048)、夏守赟(977—1042)，步军副都指挥使王隐(?—1008后)，殿前都虞候王汉忠(949—1002)、

（接上页）神道碑铭并序》，页344—345。《宋会要辑稿》，第四册，《礼五十九之二十四·赐功臣号》，页2093。《全宋文》，第八册，卷一百六十六《王旦一·大宋封祀坛颂·大中祥符二年七月》，页255、262；第二十二册，卷四百七十五《孙抃三》《寇忠愍公准旌忠之碑》，页383—389。寇准始获赐"推忠佐理功臣"，到景德三年二月首次罢相加刑部尚书时，增加两字改为"推诚保德翊戴功臣"，到天禧四年(1020)六月再罢相时已增至十字的"推诚协谋同德守正佐理功臣"（按：旌忠之碑则作"推诚保德崇仁忠亮翊戴功臣"）。王旦在大中祥符二年七月所带的功臣封号是"推忠协谋同德佐理功臣"，他在天禧元年九月卒时，已改为十字的"推诚保顺同德守正翊戴功臣"，增加了两字。

[1] 《全宋文》，第九册，卷一百八十三《大宋封禅朝觐坛颂并序·大中祥符二年七月》，页166；卷一百九十二《王钦若二》《河中府广孝泉记·大中祥符五年二月十五日》，页333；《大清宫崇真桥记·大中祥符九年七月一日》，页335；《陶真人灵验记》，页336；《禅社首坛颂·大中祥符元年》，页346；第十册，卷二百八《丁谓》《真宗皇帝御制赐诗跋·天禧元年正月》，页265。王钦若早在大中祥符元年(1008)任知枢密院事，已获授"推忠协谋佐理功臣"，五年二月增两字为"推忠协谋同德佐理功臣"。到大中祥符九年七月改任枢密使时，他的功臣封号已增至十字的"推忠协谋同德守正佐理功臣"。陈尧叟在大中祥符二年(1009)七月任知枢密院事时已获授"推忠协谋佐理功臣"。丁谓在天禧元年正月罢参政授平江军节度使、知升州(今江苏南京市)时，已获授"推诚保德翊戴功臣"的封号。他这一功臣封号应是他任参政时所授的。

夏守恩（？—1037），马军都虞候康保裔（？—1000后）等多人。在大中祥符元年（1008）二月，真宗以戊辰赦书，诏赐禁军诸班将校已赐"雄勇功臣"的，各加"卫圣"二字。到天禧元年（1017）四月，又再赐诸班卫"忠勇""拱极""英勇""护圣"奉庆等功臣号。[1]获赐这等功臣号的禁军将校而载之史籍的有捧日左第三军都指挥使、领高州（今广东茂名市高州市）刺史呼延必显（？—1022后），他获授"翊卫雄勇功臣"的封号。[2]

---

[1]《宋大诏令集》，卷九十六《军职二》，《李继隆高琼并检校太傅移镇加恩制·至道三年四月九日真宗即位》《王超加恩制·咸平二年十一月十三日郊祀》《王汉忠加恩制·同上》《傅潜开府仪同三司加恩制·同上》《康保裔特进加恩制·同上》《葛霸特进加恩制·同上》，页351—353；卷九十七《军职三》，《刘谦加恩制·大中祥符元年正月十三日天书降》《曹璨加恩制·同上》《王隐加恩制·同上》《刘谦移镇保静军加恩制·大中祥符元年十月十五日东封》《王隐加恩制·大中祥符元年十一月十五日》《曹璨移镇彰国加恩制·大中祥符元年十一月二十五日东封》《张旻加恩制·大中祥符五年十一月十一日圣祖降》，页355—358；卷九十八《军职四》，《曹璨特进加恩制·大中祥符七年三月九日祠亳》《蔚昭敏移镇充殿前副都指挥使加恩制·天禧三年七月十七日》《蔚昭敏加恩制·乾兴元年二月五日御楼》《夏守赟加恩制·同上》《夏守恩进检校司空咸塞军节度使侍卫亲军步军副都指挥使加恩制·乾兴元年仁宗即位》，页359—360。《宋会要辑稿》，第四册，《礼五十九之二十四·赐功臣号》，页2093—2094。按：李继隆在景德二年（1005）正月卒时的功臣封号已三易为"推诚翊戴同德功臣"，他之前两个功臣封号不载。参见杨亿：《武夷新集》，卷十《宋故推诚翊戴同德功臣山南东道节度管内观察处置桥道等使特进检校太尉同中书门下平章事使持节襄州诸军事行襄州刺史兼判许州军州事上柱国陇西郡开国公食邑一万四百户食实封三千二百户赠中书令谥曰忠武李公墓志铭》（以下简称《李继隆墓志铭》），叶十三下至十四上、二十五上。
[2] 呼延必显是太原人，宋初骁将呼延赞（？—1000）幼子，他在乾兴元年三月获加检校礼部尚书并加食邑时已有此一功臣封邑，故此封号应在真宗朝已获得。《宋史》载呼延必显官至军副都军头，当是指马步军副都军头，其生卒年不详。参见《龙学文集》，卷十五《祖士衡撰·翊卫雄勇功臣捧日左第三军都指挥使银青光禄大夫检校工部尚书使持节高州诸军事高州刺史御史大夫轻车都尉永安郡开国侯食邑一千一百户呼延必显

真宗也赐一些资历甚深的边将守臣以功臣封号，如历事数朝的宿将感德军节度观察留后安守忠（932—1000）在咸平三年（1000）来朝前便已获授"推诚翊戴功臣"之号。[1]

亲王贵戚获封功臣号的也不少。如真宗的亲兄楚王元佐（966—1027）便获赐达十八字的"推诚协恭保顺同德崇仁宣忠亮节守正翊戴功臣"，而其八弟泾王元俨（985—1044）也获授十字的"推诚保顺同德守正翊戴功臣"之号。[2]而真宗唯一在世的儿子仁宗，也先在大中祥符八年（1015）十二月十五日，年方六岁获封寿春郡王时，获赐"崇仁保运功臣"。到天禧二年（1018）二月初三改封升王时，再改授"宣德守正功臣"。同年八月十五日册为太子时，再加封为八字的"崇仁保运宣德守正功臣"。[3]贵戚中，太祖的两位驸马镇安军节度使、同平章事石

（接上页）可特授检校礼部尚书加食邑诰词·乾兴元年三月》，叶一上下。《宋史》，卷二百七十九《呼延赞传》，页9488—9499。关于呼延赞父子事迹的研究，可参阅陈峰：《从呼延赞事迹看宋初朝政路线的演变》，原刊《人文杂志》2009年第1期，现收入陈著：《宋代军政研究》（北京：中国社会科学出版社，2010年9月），页186—195。

1 安守忠是将家子，后周时已历戎行，屡当边任。他的墓志铭说他"一加四字功臣"，很可能是在真宗即位时所授的。他在真宗咸平三年四月自定州入朝，六月卒于京师，年六十九。参见《全宋文》，第十三册，卷二百六十九《张宗诲》《大宋故推诚翊戴功臣感德军节度观察留后光禄大夫检校太傅知定州军州事充本州马步军部署管内制置营田使兼御史大夫上柱国安定郡开国公食邑五千八百户食实封六百户赠太尉安公墓志铭并序·咸平三年十月》，页310—312。

2 《宋大诏令集》，卷二十六《皇伯楚王元佐兼江陵牧加恩制·乾兴元年二月仁宗即位》《皇叔泾王元俨守太尉尚书令移两镇进封定王加恩赐赞拜不名制·乾兴元年二月仁宗即位》，页136。元佐与元俨在乾兴元年二月仁宗即位时加恩，其制文称他们的功臣散官勋如故，可知他们早在乾兴元年前已获得此等功臣封号。

3 《宋大诏令集》，卷二十五《天禧二年立皇太子制·八月甲辰》，页122；卷二十六《皇子某忠正军节度使封寿春郡王制·大中祥符八年十二月辛卯》《皇子某进封升王制·天禧二年二月丁卯》，页135—136。

保吉（954—1010）及魏咸信（949—1017）均获授十字的"推忠保节同德守正翊戴功臣"。[1]而太宗的驸马吴元扆（962—1011）在大中祥符年间任知潞州时的头衔也有八字的"推忠保节同德翊戴功臣"之号。[2]

四夷君长也像太宗朝一样获授功臣封号。如在景德三年（1006）十月，真宗也授归顺的西夏主李德明（982—1032）予八字的"推忠保顺亮节翊戴功臣"之号。[3]

---

[1] 《全宋文》，第十册，卷一百九十九《李宗谔二·大宋故推忠保节同德守正翊戴功臣镇安军节度陈州管内观察处置等使开府仪同三司检校太师同中书门下平章事使持节陈州诸军事行陈州刺史兼管内劝农使上柱国驸马都尉西平郡开国公食邑一万三千户（中缺）石保吉神道碑·大中祥符三年四月》（以下简称《石保吉神道碑》），页69—74。夏竦（985—1051）：《文庄集》，文渊阁《四库全书》本，卷二十九《故保平军节度使同中书门下平章事驸马都尉赠中书令魏公墓志铭》，叶九下。赵振华：《洛阳古代铭刻文献研究》（西安：三秦出版社，2009年12月），第六编《五代宋金元碑志研究篇》，《五、北宋〈魏咸信神道碑〉考》，页673—679。考魏咸信的神道碑于1985年3月在洛阳白马寺附近出土。碑文所记的魏咸信的功臣封号与其墓志铭所记相同，只是赵振华将"推忠"误读为"持忠"。又太祖的长驸马王承衍（947—998）与乃父王审琦应当也有功臣封号，但他们的墓志铭及神道碑未见传世，故其功臣封号不详。

[2] 《全宋文》，第十六册，卷三百二十五《张仪凤·再修壶关县二圣本庙记·大中祥符五年九月》，页76—78。按：这则庙记所署的名字是"推忠保节同德翊戴功臣、武胜军节度、邓州营田观察处置等使、特进、检校太傅、使持节邓州诸军事、行邓州刺史兼御史大夫、上柱国、濮阳郡开国公、食邑六千九百户、实封二千一百户、知潞州军州兼管内劝农使、提举晋绛七州军驻□□粮兵马、□□都尉吴□□"。虽然缺"元扆"二字，但在真宗朝，吴姓驸马都尉就只有吴元扆一人，故肯定此庙记所署名的就是他。按：是则庙记题为大中祥符五年九月，据《长编》所记，吴元扆在景德四年（1007）四月自请出守大藩，真宗乃以他领武胜军节度使出知潞州，这符合庙记所系之官衔。惟吴元扆在大中祥符四年（1011）六月以山南东道节度使、知徐州（今江苏徐州市）卒于任上，则吴元扆早在大中祥符四年前已离潞州，这篇庙记的系年疑有误，待考。参见《长编》，卷六十五，景德四年四月丁丑条，页1452；卷七十六，大中祥符四年六月癸卯条，页1726。

[3] 《宋大诏令集》，卷二百三十三《赵德明拜官封西平王制·景德三年十月庚午》，

仁宗朝的情况与宋初三朝相同，以乾兴元年（1022）到庆历五年（1045）这24年的情况为例，宰臣从冯拯（958—1023）、丁谓、王曾（978—1038）、王钦若、张知白（？—1028）、张士逊（964—1049）、吕夷简（979—1044）、李迪（978—1043）、王随（973—1039）、陈尧佐（963—1044）、章得象（978—1048）、晏殊（991—1055）、杜衍（978—1057）等，均分别获授从六字到十六字的"推忠佐理功臣""推忠协谋佐理功臣""推忠协理同德佐理功臣""推忠协谋同德佐理功臣""推忠协谋同德守正佐理功臣""推忠协谋同德守正翊戴功臣""推忠协谋同德守正亮节佐理翊戴功臣""推诚保德翊戴功臣""推诚保德崇仁忠亮翊戴功臣""推诚保德崇仁忠亮守正功臣""推诚保德崇仁守正协忠亮翊戴功臣""推诚保德宣忠亮节崇仁协恭守正翊戴功臣"等功臣号。[1]而除了宰臣外，位至参知政事的臣

（接上页）页906；《赵德明进尚书令加恩制·仁宗即位》，页907。《宋会要辑稿》，第四册，《礼五十九之二十四·赐功臣号》，页2093。李德明在乾兴元年仁宗即位后又改赐"推忠宣德崇仁保顺纯诚亮节协恭守正翊戴功臣"之号。

[1] 《宋大诏令集》，卷六《景祐体天法道钦文聪武圣神孝德皇帝册文·景祐二年十一月乙未》《宝元体天法道钦文聪武圣神孝德皇帝册文·宝元元年十一月庚戌》，页25—26；卷九《真宗谥册》，页39；卷五十二《宰相二·进拜二》，《冯拯守司徒兼侍中充玉清昭应宫使昭文馆大学士监修国史加恩制·乾兴元年七月十五日》《王曾授中书侍郎同中书门下平章事集贤殿大学士会灵观使制·同上》《王钦若拜相制·天圣元年九月丙寅》《王曾进昭文制·天圣三年十二月癸丑》《张知白拜相制·天圣三年十二月癸丑》《张士逊拜相制·天圣三年十二月癸丑》《吕夷简拜集贤相·天圣七年八月己丑》，页265—268；卷五十三《宰相三·进拜三》，《张士逊拜相制·明道元年二月庚戌》《张士逊进昭文相制·明道二年四月己未》《李迪拜集贤相制·明道二年四月己未》《吕夷简拜昭文制·明道二年十月戊午》《王曾拜相制·景祐二年二月辛未》《王随拜昭文相制·景祐四年四月甲子》《陈尧佐拜集贤相制·景祐四年四月甲子》《张士逊拜昭文相制·宝元元年三月戊戌》《章得象拜集贤相制·宝元元年三月戊戌》《吕夷简再相

僚也有获授功臣封号的，如韩亿（972—1044）便被授"推诚保德功臣"。[1]而仁宗初年武臣位至管军的，也多授予各种功臣号，如殿前都挥使蔚昭敏便获授"忠果雄勇保顺翊戴功臣"，马军都指挥使王守斌（？—1025）授"忠果雄勇宣力翊戴功臣"，马军副都挥使彭睿（？—1028）及杨崇勋（976—1045）则分别获授"保顺忠果雄勇功臣"及"忠果雄勇功臣"。[2]在景祐四年（1037）前获授步军都虞候的孙继邺

(接上页) 制·康定元年五月壬戌》《吕夷简守司空余如故制·康定二年十月壬午》《吕夷简依前判枢密院事制·庆历二年七月戊午·九月丙午制改兼枢密使》，页269—272；卷六十《宰相十·进官加恩别使二》，《丁谓进司徒兼侍中制·乾兴元年二月仁宗即位》《冯拯司空兼侍中制·同前》《冯拯加恩制·十月二十七日》，页300—301；卷六十六《宰相十六·罢免二》，《张士逊罢相出知江宁府制·天圣七年二月丙寅》《王曾罢相知兖州制·天圣七年六月甲寅》《吕夷简罢相授使相判澶州制·明道二年四月》《张士逊罢相判河南府制·明道二年十月戊午》《张士逊罢相授使相判许州制》《李迪罢相进刑部尚书知亳州制·景祐二年二月戊辰》《吕夷简罢相判许州制·景祐四年四月甲子》《王曾罢相授大资政判郓州制·同前》，页321—325；卷六十七《宰相十七·罢免三》，《王随罢免建节制·宝元元年三月戊戌》《陈尧佐罢相建节判郑州制·同前》《张士逊致仕制·康定元年五月壬戌》《吕夷简守太尉加恩制·庆历三年九月戊辰》《晏殊罢相工部尚书知颍州制·庆历四年九月庚午》《杜衍罢相进丞知兖州制·庆历五年正月丙戌》《章得象罢相授使相判陈州制·庆历五年四月戊申》，页326—328。冯拯在乾兴元年九月以昭文相上真宗谥册时已有"推忠协谋同德守正佐理功臣"封号，有可能是他在乾兴元年七月拜相时加赐的。他在真宗朝有否赐功臣号，暂未考。王钦若在天圣二年又获赐"推忠协谋同德守正经邦佐理功臣"。又吕夷简在庆历三年（1043）九月初四也获授字数高达十六字的"推诚保德宣忠亮节崇仁协恭守正翊戴功臣"封号。

[1] 苏舜钦（1008—1048）（著），傅平骧、胡问陶（校注）：《苏舜钦集编年校注》（成都：巴蜀书社，1991年3月），卷八《推诚保德功臣正奉大夫守太子少傅致仕上柱国开国公食邑三千三百户食实封八百户赐紫金鱼袋赠太子太保韩公行状》，页577、582—583。

[2] 《宋大诏令集》，卷九十八《军职四》，《蔚昭敏检校太傅移镇保静军节度使殿前都指挥使加恩制·乾兴元年二月二十七日仁宗即位》《王守斌检校太保移镇感德军侍卫亲军马军都指挥使加恩制》，页361—362；卷九十九《军职五》，《殿帅王守斌罢军职移镇加恩制·天圣二年十月二十七日》《杨崇勋建节殿前副都指挥使制·同前》《彭

（979—1037）则赐"翊卫功臣"。[1]到康定元年（1040）正月，获擢为殿前都虞候的石元孙（992—1063），也获授"忠果雄勇功臣"的封号。[2]除了三衙管军外，宿将勋臣也有获授功臣称号的，如在真宗末年曾任签署枢密院事，在仁宗初年拜昭武军（即利州，今四川广元市）节度使、知天雄军（即大名府）的名将曹玮（973—1030），便获授"推诚翊戴功臣"的功臣号。[3]仁宗一朝另一值得注意的获授功臣号的案例是仁宗的叔父、后改封荆王的元俨，他在景祐至宝元年间（1038—1039）史无前例地获得加封至长达二十二字的"推诚保顺同德协恭宣忠赞治崇仁亮节守正佐运翊戴功臣"封号，在目前可见的史料中，当是宋初四

（接上页）睿建节侍卫马军副都指挥使制·同前》，页363—364。按：王守斌后擢殿帅，他的"忠果雄勇宣力翊戴功臣"封号到天圣二年十月罢军职时仍然保留。而杨崇勋继任为殿帅时，他的功臣封号仍为"忠果雄勇功臣"。

1 《全宋文》，第二十二册，卷四百七十四《孙抃二》，《宋故翊卫功臣侍卫亲军步军都虞候泾原仪渭州镇戎军驻泊马步军副都部署金紫光禄大夫检校太子宾客使持节端州诸军事端州刺史充本州防御使兼御史大夫骑都尉乐安郡开国侯食邑一千八百户食实封二百户孙公神道碑铭并序·皇祐五年》，页373—375。

2 赵君平、赵文成（编）：《河洛墓刻拾零》（北京：北京图书馆出版社，2007年7月），下册，《四九一·宋石元孙墓志》，页672。

3 曹玮是曹彬的第四子，在真宗天禧四年正月拜签署枢密院事，是年秋以依附寇准，被丁谓等排挤出朝。天圣三年（1025）春，进拜彰化军（即泾州，今甘肃平凉市泾川县）节度观察留后，稍后进拜昭武军节度使，同时"加赐褒功之号"，获得四字的功臣封号。七年（1029）改彰武军（即延州，今陕西西安市）节度使，八年（1030）正月卒。他获赐功臣封号当在天圣五年至六年间。参见宋庠（966—1066）：《元宪集》，文渊阁《四库全书》本，卷三十三《宋故推诚翊戴功臣彰武军节度延州管内观察处置等使金紫光禄大夫检校太傅使持节都督延州诸军事延州刺史兼御史大夫上柱国武威郡开国公食邑六千五百户食实封一千六百户赠侍中曹公行状》，叶一上至七下。

朝功臣号字数最多者。[1]

　　从上面的考述中，我们可以知道宋代初期的功臣制度梗概。从英宗（1032—1067，1063—1067在位）到神宗（1048—1085，1067—1085在位）前期，赐予文武臣僚功臣封号的制度仍然继续，我们随便浏览宋人的文献如《宋大诏令集》，甚至在神宗熙宁五年（1072）三月至六月来华的日僧成寻（1011—1081）所撰的《参天台五台山记》中，所提及在神宗初年的宋廷二府大臣，从参政赵抃（1008—1084）、冯京（1021—1094）至宰相富弼（1004—1083）、曾公亮（998—1078）都带有字数不同的功臣封号。据《皇宋十朝纲要》及《宋史·神宗纪二》的记载，授文武臣僚予功臣封号的制度，直至元丰元年（1078）十一月二十九日，因宰相吴充（1021—1080）及知枢密院事冯京先后上言才明诏废止。除了文臣不再加功臣之号外，武臣自管军臣僚以下至诸班将校所带功臣号尽罢。吴充的理由是：

　　　　窃以功臣非古，始唐德宗多难之余，乃赐"奉天定难"之号，不应盛世犹袭陈迹。况于重复文意，有至二十余字，加赐未

---

[1] 宋庠在景祐元年（1034）闰六月前已任知制诰，到宝元元年（1038）三月戊戌（初一）自知制诰升任翰林学士。他撰写这两篇外制文的时间当在景祐元年闰六月至宝元元年（1038）三月前。又荆王元俨原先的功臣封号共二十字，这次增加了"宣忠"二字。参见宋庠：《元宪集》，卷二十六《外制·授荆王依前守太师尚书令兼中书令行荆州扬州牧荆南淮南节度大使加食邑实封功臣制》，叶十五上至十六下。《长编》，卷一百十四，景祐元年闰六月辛酉条，页2681；卷一百十八，景祐三年二月壬戌条，页2777；卷一百十九，八月丙辰条，页2799（按：景祐三年二月及八月两条，《长编》均将宋郊讹写为其弟宋祁）；卷一百二十一，宝元三月戊戌条，页2866。

已，甚亡谓也。恭以陛下圣德神功，推而不有。即位以来，群臣引祖宗故事上徽号，至于数十而不许。顾若臣等，何功之有，而例蒙恩数，实腼面颜，乞并于结衔细位中先行减罢。[1]

神宗从善如流，当然他初生的儿子豫王价封了功臣还是夭折，也许给了他一点启示吧。唯一获得保存功臣封号的是交趾国王。[2] 不过，

---

[1] 据成寻所记，在熙宁二年（1069）四月赵抃已获授"推忠佐理功臣"，富弼已获授"推忠协谋同德守正亮节佐理功臣"。熙宁四年（1071）四月时，曾公亮已获授"推忠协谋同德守正亮节佐理翊戴功臣"，而冯京则已获授"推忠佐理功臣"。最后一个获得功臣封号的宗王臣僚，可能是神宗第六子豫王赵价（1077—1078），他在熙宁十年（1077）正月生，十二月授"崇运赞运功臣"，元丰元年正月再授武胜军节度使，封建国公。不幸的是，这个什么功劳也没有立的皇子却在同年十二月卒。笔者检阅《宋大诏令集》，元丰二年（1079）以后的文武大臣拜罢，已不见带功臣封号。而苏轼（1037—1101）后来为富弼、司马光（1019—1086）等撰写的墓志铭及行状，均没有记他们曾获授的功臣。而为官至参政、尚书左丞及特进的赵概（996—1083）所撰的神道碑，就提到赵概本来获赐"推忠保德翊戴功臣"，"元丰初，省功臣号"，于是去掉了先前赐的功臣称号。参见《皇宋十朝纲要校正》，上册，卷八《神宗·皇子十二·豫王价》，页256；卷十上《神宗》，元丰元年十一月己亥条，页299。《宋史》，卷十五《神宗纪二》，页296。《宋会要辑稿》，第四册，《礼五十九之二十三·赐功臣号》，页2094。成寻（著）、王丽萍（点校）：《新校参天台五台山记》（上海：上海古籍出版社，2009年11月），卷六，页558—559。苏轼（撰）、孔凡礼（点校）：《苏轼文集》（北京：中华书局，1986年3月），第二册，卷十六《司马温公行状》，页488—492；卷十八《富郑公神道碑》，页534—537；《赵康靖公神道碑·代张文定公作》，页539—543。

[2] 高宗在绍兴二年三月初八日，授已故的交趾国王李乾德（越南李朝仁宗，1066—1127，1072—1127在位）子李阳焕（越南李朝神宗，1116—1138，1127—1138在位）为静海军节度使、特进、检校太尉兼御史大夫、上柱国、交趾郡王，仍赐"推诚顺化功臣"。而李乾德在位时曾获封空前绝后的"推诚佐运保节忠亮同德崇仁宣力守正顺化怀躬赞治安信谨度承命济美建勋率义郭礼扬休翊戴功臣"四十字功臣号。李阳焕子李天祚（越南李朝英宗，1136—1175，1138—1175在位）也从绍兴九年到乾道六年（1170）陆续获加封"顺化崇义怀忠保信向德安远承和秉礼归仁协恭励节继美遵美履

到了南宋初年，大概时逢乱世，需要武夫卖命，宋廷又恢复了赐予有功文武大臣功臣号。高宗（1107—1187，1127—1162在位）在绍兴六年（1136）四月二十七日为赏大将韩世忠（1089—1151）淮阳之捷，就重新赐给韩世忠"扬武翊运功臣"之号，而另外两员大将刘光世（1089—1142）及张俊（1086—1154）也在绍兴九年（1139）正月初九日以金人归还河南地之功劳，分别获授"和众辅国功臣"及"安民靖难功臣"的封号。[1]

上文所提到宋代不少获赐"功臣"封号的人，如外国国主、归顺的藩王及其高级僚属，以至宋室的亲王及幼不更事的皇子，本来不符合我们一般理解的"功臣"涵义。而像李处耘这样真正对太祖建国有大功的"从龙功臣"，即《李继隆墓志铭》所云"考讳处耘，国初佐命功居第一"，以及《李昭亮神道碑铭》所说"太祖以征伐定天下，（处

（接上页）正彰善"共三十字的功臣号。参见李心传（1166—1243）（撰），辛更儒（点校）：《建炎以来系年要录》（上海：上海古籍出版社，2018年12月），第三册，卷五十二，绍兴二年三月己亥条，页946。《宋会要辑稿》，第四册，《礼五十九之二十四、二十五·赐功臣号》，页2094；《仪制十三之八·外臣追赠》，页2572。

[1] 《宋史》，卷二十八《高宗纪五》，页525；卷二十九《高宗纪六》，页538。《宋会要辑稿》，第三册，《礼四十一之二十一·临奠》，页1647；第四册，《礼五十八之七十九·王谥》，页2055；《仪制十之十一·勋臣封赠》，页2504。《建炎以来系年要录》，第四册，卷一百，绍兴六年四月甲子条，页1699；第五册，卷一百二十五，绍兴九年正月庚寅条，页2120。《全宋文》，第二百四十一册，卷五三九一《赵雄二·韩忠武王世忠中兴佐命定国元勋之碑》，页259—262。张扩（？—1147）：《东窗集》，文渊阁《四库全书》本，卷十一《安民靖难功臣太傅枢密使广国公张俊曾祖守明追封虢国公制》，叶二上下；卷十二《扬武翊运功臣太傅横海武宁安化军节度使充醴泉观使韩世忠曾祖则追封营国公制》，叶十一上。周麟之（1118—1164）：《海陵集》，文渊阁《四库全书》本，卷二十三《宋故安民靖难功臣太师静江宁武靖海军节度使清河郡王食邑一万五千七百户食实封六千六百户致仕追封循王谥忠烈张俊神道碑》，叶一上至十一下。

第一章　从龙功臣：北宋潞州上党李氏外戚将门的起家者李处耘　　043

耘)为建陇元功之首",[1]偏偏在传世的宋代文献中(按：李处耘墓志铭或神道碑铭未有传世)找不到李处耘功臣封号的记载。不过，在太祖从龙功臣中，并非只有李处耘一个不详获赐什么功臣封号，如在开宝六年九月拜相的沈义伦，虽然他的拜相制称他"有霸府之旧僚，畴佐命之功"，但目前也不详他获得了什么功臣封号。[2]

值得注意的是，李处耘是被宋廷正式列为具有从龙功臣之义的"功臣"。雍熙四年(987)九月，史官右补阙、直史馆胡旦(955—1034)上奏宋廷，请修本朝开国以来的帝纪、表、志、列传时，就明确评定李处耘是太祖开国三大功臣之首。胡旦提出应该立传的臣僚，包括"起义将帅慕容延钊等五人，管军将校张光翰等十六人，功臣李处耘等三人""攀附臣僚吕余庆等五人"。[3]其中李处耘特别被列为"功

---

[1] 《武夷新集》，卷十《李继隆墓志铭》，叶十五上下。苏健：《宋中书令李昭亮神道碑调查》，《洛阳大学学报》，第9卷第3期(1994年9月)，页50—51。

[2] 《宋大诏令集》，卷五十一《宰相一·进拜一·沈义伦拜相制·开宝六年九月》，页259。

[3] 胡旦开列应立传的亲贵臣僚，还包括追册太祖的父祖之四祖及皇后、宗室邕王光济等四人、公主陈国长公主等二人、太祖诸子魏王德昭等二人、外戚杜审琼(897—966)等三人、前宰相李谷(903—960)等三人、宰相范质等四人、前武臣韩通等三十五人、边将何继筠(921—971)等五人、机务臣僚吴廷祚等六人、前朝文臣赵上交(895—961)等七人及窦仪(914—966)等九人、事务臣僚张锡(？—961)等十二人、归明臣僚杨重熊(疑为杨重勋，？—975)等六人、归降臣僚吴(893—965)等十人、凶恶臣僚张琼(？—963)等三人、反叛李筠(？—960)等二人、反逆臣僚卢多逊(935—986)一人、方术王处讷(915—982)一人、隐逸王昭素(894—982)等二人、受命诸侯高保融(920—960)等四人、四夷受命丁璇(974—1001)等四人、僭伪诸国李景(即南唐元宗李璟，916—961)等十人。其中，何继筠等被列为边将的五人，被列为机务臣僚的枢密使吴廷祚，以及本为太祖爱将，后被擢为殿前都虞候，后又被人诬害而死的张琼，本来也算得上是太祖的从龙功臣。又，赵普没有被胡旦列入应为作传的臣僚，以他尚在世之故。参见程俱(1078—1144)(撰)、黄宝华(整理)：《麟台故

臣三人"之首。胡旦这里所说的"功臣"涵义，就是佐太祖得天下的"从龙功臣"之义，而不是上面所说的各种名目的"功臣"。

胡旦将李处耘评为三名功臣之首，李处耘后人也标榜他是太祖得国佐命的第一功臣。虽然，最后在真宗咸平二年（999）宋廷议定配享太祖庙的功臣是赵普和曹彬，而不是李处耘。[1]另外，太祖另一从龙功臣石守信，他的子孙也同样标榜其父其祖才是太祖开国的第一功臣：石的次子、太祖驸马石保吉的神道碑称其父是"辅皇宋之开基，为元勋而佐命，位崇上将，名冠列藩"；石守信的长孙石元孙（992—1063）的墓志铭也说"艺祖建极，秦王（即石守信）居佐辅功第一"。[2]当然，谁是太祖从龙第一功臣，实在见仁见智。不过，这无损李处耘作为太祖从龙功臣的身份。

（接上页）事》（残本），收入朱易安、傅璇琮（主编）：《全宋笔记》第二篇第九种（郑州：大象出版社，2006年1月），卷三下《国史》，页305—306。王应麟（1223—1296）：《玉海》，文渊阁《四库全书》本，卷四十六《淳化太祖纪》，叶五十四下；卷一百六十八《雍熙修史院》，叶十五上下。

1　《宋大诏令集》，卷一百四十二《配飨》，《赵普配飨太祖庙庭制·咸平二年二月丙申》《故枢密使检校太师兼中书令济阳郡王曹彬配飨太祖庙庭、故司空兼门下侍郎平章事赠太尉中书令薛居正、故忠武节度检校太师同平章事赠中书令潘美、故右仆射赠侍中石熙载配飨太宗庙庭制·八月二十五日》，页515。关于宋代配享太庙的文武臣僚的研究，可参阅袁良勇：《宋代功臣配享论述》，《史学月刊》，2007年第5期，页27—34。
2　《石保吉神道碑》，页70。赵君平、赵文成（编）：《河洛墓刻拾零》（北京：北京图书馆出版社，2007年7月），下册《四九一·宋石元孙墓志》，页672。

三、家世与早年经历

李处耘的先世,据杨亿为李处耘子李继隆所撰的《李继隆墓志铭》,以及冯京为李处耘孙李昭亮所撰的《李昭亮神道碑铭》载,李氏远祖占籍上党,后来才徙籍开封。李氏祖先姓名可考的,可追溯至李处耘的祖父李直。李直生卒年不详,亦未出仕。上党李氏起家的是李处耘父李肇(?—928),李肇仕后唐为都壕寨使、检校司徒。后唐明宗(886—933,926—933在位)天成三年(928)四月,义武军(即定州,今河北保定市定州市)节度使王都(?—929)叛唐,明宗命归德军(即宋州,今河南商丘市)节度使王晏球(873—932)率大军前往定州讨伐,他的副将包括横海军(即沧州,今河北沧州市)节度使安审通(?—928后)和郑州(今河南郑州市)防御使张虔钊(?—946)。李肇大概隶王晏球麾下。王都见后唐军前来,就以重贿求救于契丹奚部首领秃馁(?—929)。

是年五月,秃馁率万骑来援,突入定州。王晏球见契丹军来势凶猛,免撄其锋,就先退保定州西之曲阳县(今河北保定市曲阳县),后找到机会袭破王都与秃馁联军于嘉山(今河北保定市曲阳县东)。王都率军退守定州,王晏球率军赶至定州城下,但久攻不下。见契丹大军来援,王晏球即率大军往定州东北六十里之望都县(今河北保定市望都县)迎敌,而派部将宣徽使张延朗(?—936)退至保定州西南五十里之新乐县(今河北石家庄市新乐市)。张延朗并未坚守新乐,他率军往镇州(今河北石家庄市正定县)而去,只留下部将赵州(今河北石家庄市赵县)刺史朱建丰(?—928)将兵屯新乐城(今河北石家庄市新乐市东北)。契丹军自他道入定州,与王都里外夹击,夜袭新乐,大破后唐军并杀朱建丰。当后唐军兵败,诸将奔溃时,李肇却率本部奋勇作战,结果力战而亡。[1]

李肇共有三子,李处耘居次。李处耘字正元,生于后梁末帝(888—923,913—923在位)贞明六年(920),他的生母为赵氏。[2]李处耘像亡父一样骁勇,尤其善射。后晋出帝开运三年(946),他随长兄李处畴(?—960后)至开封(今河南开封市)。是年十二月,彰德军(即相州,今河南安阳市)节度使张彦泽(?—947)叛晋降辽,且引军入开封,自封丘门斩关而入。他纵士卒剽掠,教都城为之一空。当乱兵抢掠李处耘所居之闾里时,李挺身而出,独当里门,先后射杀十数人,乱兵无敢当者,至夜而退。第二天拂晓,乱兵再来,李处耘再杀数人。就在李处耘与乱兵酣斗时,他的亲人提兵来援,才得以解围,李氏的

---

[1] 参见司马光:《资治通鉴》(北京:中华书局点校本,1956年6月),卷二百七十六《后唐纪五》,页9017—9019;《宋史》,卷二百五十七《李处耘传》,页8960;《武夷新集》,卷十《李继隆墓志铭》,叶十五上;苏健:《宋中书令李昭亮神道碑调查》,页50。李肇仕后唐的官位,《宋史》仅称"军校"。《李继隆墓志铭》所记的"都壕寨使",大概只是他从征王都时的军中职务,至于"检校司徒",是五代时军校普遍的加官,不是什么要职。李肇后来因孙李继隆之故,获追赠为尚书令。杨亿误将李肇从征王都的年月系于后唐庄宗(885—926,923—926在位)同光中(二年或三年,924或925)。笔者认为,《李继隆墓志铭》所记李肇"讨王都于中山,会北戎赴援,王师失律,诸帅奔溃,不任其耻,独率麾下,力战而殁"的事,当在张延朗错误地分兵赴镇州,而留朱建丰守新乐,致为契丹所乘而兵败的同时。

[2] 参《李继隆墓志铭》,叶十五下至十六上。曾巩(1019—1083)(撰),王瑞来(校证):《隆平集校证》,(北京:中华书局,2012年7月),卷九《李处耘传》,页274—275。王称(?—1200后):《东都事略》,收入赵铁寒(1908—1976)主编:《宋史资料萃编第一辑》(台北:文海出版社,1967年1月),卷二十《李处耘传》,叶一下至二上(页348—349)。《宋史》,卷二百五十七《李处耘传》,页8960—8962。李处耘卒于乾德四年(966),群书均记他得年四十七,以此上推,他当生于后梁贞明六年。又李之生母赵氏后来因孙儿李继隆之故,累封莱国太夫人。

闾里得免乱兵之祸。[1]

四、奔走四方

辽军退出开封北还后，晋河东（今山西太原市）节度使刘知远入开封称帝，是为后汉高祖。于天福十二年四月，振武军（即朔州，今山西朔州市）节度使、府州（今陕西府谷县）团练使折从阮（892—955）入朝，后汉高祖于府州置永安军，以折从阮为节度使。[2]不知谁人所荐，李处耘受折从阮之征召，前往府州，任职于折的麾下。后汉隐帝乾祐三年（950）三月，折从阮举族入朝。同年四月，折从阮徙镇为武胜军（即邓州，今河南南阳市邓州市）节度使，李处耘从行。就在这一年，李妻吴氏（？—999）诞下长子李继隆。考李处耘已先有一女，惟生年及出生地不详。[3]李处耘为免后顾之忧，就将李继隆姐弟托付给在开

---

[1] 张彦泽叛晋降辽，引兵攻入开封，并纵兵抢掠，致京师一空的始末，可参见《资治通鉴》，卷二百八十五《后晋纪六》，页9315—9323。李处畴官至作坊使，但仕历之具体情况不详。按：李肇死于王事，李继畴大概得到恩恤而得隶禁军或得以授小使臣出身。又《宋史·李处耘传》记李处耘与乱兵在里外激战时，"有所亲握兵，闻难来赴，遂得释"。笔者认为"有所亲握兵"的当指在禁军中任职的李处畴。关于李处耘击杀的乱兵数目，《东都事略》作"数十人"，疑有夸大，现从《宋史》"十数人"的说法。李处耘击退乱兵的事，有一点不可解的，是《东都事略》和《宋史》都称"晋末，处耘尚幼"，《宋史》更说李击乱兵时"年犹未冠"。然考李处耘生于贞明六年，到开运三年时，年已二十七，怎样都说不上是"尚幼"及"年犹未冠"。参见《武夷新集》，卷十《李继隆墓志铭》，叶十六上；《东都事略》，卷二十《李处耘传》，叶一下（页348）；《宋史》，卷二百五十七《李处耘传》，页8960—8963。

[2] 折从阮初名折从远，因避后汉高祖刘知远之讳，而改从阮。参《资治通鉴》，卷二百八十六《后汉纪一》，页9352。

[3] 李处耘的长女姓名及生卒年不详，后嫁洛苑副使郭守璘。郭守璘是五代名藩郭崇（908—965）子，生卒年亦不详。郭崇卒于乾德三年（965），他与李处耘结为姻家，

封的长兄李处畴及侄儿李继凝（928—988）代为抚养。[1]

从乾祐三年到后周太祖广顺三年（953）这四年中，李处耘跟着折从阮奔走四方，先后奉职于邓州、滑州（今河南安阳市滑县）、陕州（保平军节度使，今河南三门峡市陕县）、邠州（今陕西咸阳市彬县）四州。折从阮镇邠州时，他的外甥不知何故，竟到京师诬告李处耘所

（接上页）疑在李处耘灵柩前。郭守璘与李氏所生之子郭允恭（？—1009后），即李处耘的外孙，官至崇仪副使，曾在景德二年（1005）及大中祥符二年两度出使辽国。郭允恭女（李处耘的外曾孙女）即仁宗的郭皇后。李处耘之长女因其孙女在天圣二年（1024）被册为皇后，先后在天圣三年（1025）正月及九年（1031）五月，获赠岐国及楚国夫人。参见《宋史》，卷二百五十五《郭崇附郭守璘传》，页8901—8903。《宋会要辑稿》，第一册，《后妃一之三·仁宗郭皇后》，页249；第四册，《仪制一二之三·外戚追赠》，页2551；第八册，《职官五一之四七·正旦使生辰使附》，页4443。《武夷新集》，卷十《李继隆墓志铭》，叶二十六上。《长编》，卷六十一，景德二年十月丙戌条，页1370；卷七十二，大中祥符二年十二月甲辰条，页1645；卷一百三，天圣三年正月辛亥条，页2375。

[1] 按：李继隆卒于景德二年，年五十六，以此上推，即生于后汉乾祐三年。李继隆生于府州，抑开封，还是邓州，史载不详。笔者认为生于开封的可能性更大，李处耘在是年四月随折从阮赴邓州，其妻吴氏当没有随行，留在京师照料李继隆姐弟。李继凝是李处畴长子，长于其堂弟李继隆二十二岁，史称李继凝"无文采，性癯廉谨，所至皆以勤干"。他在乾祐初年，得天德军（今内蒙古乌拉特前旗北五加河东岸）节度使郭勋奏为丰州（今陕西榆林市府谷县西北）永丰县令，从文官之途仕进。到后周显德中（约956）他返京任国子律学博士，他当是李继隆童年时读书学习的导师之一。考《李继隆墓志铭》称"先王（按：指李处耘）昆仲三人，友悌无笃；而先王以翘车应聘，杖策从军，伸于知己（按：指折从阮），不遑家食。公（李继隆）始在孩提，即养于伯父作坊"，即指此事。参见《资治通鉴》，卷二百八十九《后汉纪四》，页9421；《武夷新集》，卷十《李继隆墓志铭》，叶十五下至十六上、二十四下、二十六上下。关于李继凝的生平，据《宋太宗实录》所载，李继凝卒于太宗端拱元年八月，年五十一，则其当生于后晋天福三年（938）。但此处记李继凝仕历时，却说他在后汉乾祐初（948）已出仕为丰州永丰县令。倘李继凝生于938年，他不可能在十岁（948）之龄便出仕，笔者怀疑他得年六十一，而不是五十一，故以此推之，他当生于后唐天成三年（928）。参见《宋太宗实录》，卷四十五，页149—150。

为不法。后周太祖信之,将李处耘贬为邠州宜禄县(今陕西咸阳市长武县)镇将。幸而折从阮对他深信不疑,上表为他申雪,得以复隶于折的麾下。折从阮对李处耘十分看重,当他在后周世宗显德二年病卒时,仍遗表举荐李处耘才可任用。[1]

显德三年(956)正月,后周世宗亲征淮南,然久攻寿春(即寿州、今安徽淮南市寿县)不下,同年四月退兵。两个月后(即六月),奉命屯守寿州城南的步军都指挥使、彰信军(即曹州,今山东曹县)节度使李继勋(916—977)因作战大意,疏于防备,竟被南唐守军偷袭得手,以致攻城器具多被焚毁,并死伤士卒数百。世宗大怒,召其归阙,罢其军职,出为河阳三城(即孟州,今河南焦作市孟州市)节度使。[2]世宗此时想起折从阮的遗表,于是擢用李处耘到孟州辅助李继勋。起初李继勋瞧不起李处耘,不以礼相待。有一次孟州将吏宴射,李处耘即席大展神箭身手,连发四箭皆中的,于是李继勋改容相待,令升堂拜其母,认为子侄,稍后并将孟州之军政委之掌理,并令他掌管孟州之黄河津口。李处耘向李继勋指出孟州津口可能有奸细出没,需严密察查。李

---

[1] 考折从阮在广顺元年正月加同平章事,四月移镇滑州,八月移陕州。二年(952)十一月徙静难军(即邠州)节度使。广顺三年正月奉命降服在庆州(今甘肃庆阳市庆阳市)之野鸡二十一族。显德元年(954)正月,加开府仪同三司,改封为郑国公,七月加兼侍中。显德二年卒。参见《资治通鉴》,卷二百九十一《后周纪二》,页9486、9488、9490;《宋史》,卷二百五十七《李处耘传》,页8960。关于折从阮仕历,可参阅李裕民:《折氏家族研究》,原载《陕西师大学报》1998年2期,现收入李裕民:《宋史新探》(西安:陕西师范大学出版社,1999年1月),页169—170。
[2] 《资治通鉴》,卷二百九十二《后周纪三》,页9534;卷二百九十三《后周纪四》,页9552—9555。《宋史》,卷二百五十四《李继勋传》,页8892。《宋史》称李继勋部伤亡数万,当系误书。

继勋接受其意见，果然在数月后，捕获契丹间谍，并搜出暗携有给后蜀与南唐的蜡丸密书。李继勋即命李处耘押送契丹间谍至京师。因这机会，李处耘得以与家人短暂相聚。[1]

显德四年（957）七月，周世宗在攻克寿春三个月后，再追究一年前寿春城南之败，将李继勋责为右武卫大将军，并罢其河阳节度使职。同时将李继勋麾下的掌书记陈南金贬黜，但对李处耘却另眼相看，将他调归其爱将殿前都指挥使赵匡胤帐下，任其所领之义成军（滑州）节度使下之都押衙，执掌仪仗兼统领赵匡胤直属的牙兵。[2] 李处耘从此成为宋太祖的亲信，也得以在京师与妻儿团聚，并有机会亲自教导少年老成的爱子李继隆。[3]

五、从龙功臣

周世宗在显德六年（959）六月英年早逝，半年后宋太祖即发动陈桥兵变，夺取帝位。太宗、李处耘和赵普三人乃是策动兵变的核心人

---

[1] 《宋史》，卷二百五十七《李处耘传》，页8960。李处耘奉命押契丹间谍至京师，当已在显德四年，当时李继隆年已八岁。

[2] 按：周世宗在显德四年二月再亲征寿春，三月克之，四月返京。另宋太祖早在显德三年十一月即自殿前都虞候领殿前都指挥使领定国军（即同州，今陕西大荔县）节度使，四年五月改领义成节度使。参见《资治通鉴》，卷二百九十三《后周纪四》，页9560、9564—9570。《宋史》，卷一《太祖纪一》，页3；卷二百五十四，页8892；卷二百五十七，页8961。

[3] 据《李继隆墓志铭》所述，李继隆"殆总角成人，出就外傅，乃归膝下，以奉所生，盖闾门之中，见无常父者矣"，当是指李继隆在这年方才回到父亲的怀抱。杨亿称李继隆"涉猎经史，博通大义，驰骋骑射冠绝一时"，虽是溢美之词，但相信是其父李处耘从小对他严加教导之成果。参见《武夷新集》，卷十《李继隆墓志铭》，叶十六上。

物。据史料所记,当太祖大军驻陈桥驿时,李处耘探知诸将之意向,即告知太宗,然后一齐找赵普商议,接着联络禁军中之有名骁将王彦升、马仁瑀、李汉超等一齐行事,"逼"太祖接受拥立。《李继隆墓志铭》即称李处耘是"国初佐命,功居第一"。《宋史》本传称他"临机决事,谋无不中",即指他在陈桥兵变之功劳。他被太祖擢为客省使兼枢密承旨、右卫将军。[1]

除李处耘外,太祖对于拥立他的幕府臣僚,均厚赏高升以酬功。其中刘熙古自归德军(即宋州,今河南商丘市)节度判官擢为左谏议大夫,赵普自归德军节度掌书记擢右谏议大夫、枢密直学士,吕余庆自宋、亳州(今安徽亳州市)观察判官为给事中、端明殿学士、知开封府,沈义伦自摄观察推官为户部郎中,张彦柔自归德军节度副使、领池州(今安徽池州市贵池区)刺史。众人之中,只有赵普与李处耘均得参赞军机。赵、李二人的顶头上司是留任的枢密使吴廷祚,但他们是太祖的心腹,一开始就可以"通天"。[2]

对于拥戴他的禁军统帅,太祖就更加授以高位以酬功,其中太祖

---

[1] 参见《长编》,卷一,建隆元年正月辛丑至癸卯条,页1—3。《宋史》,卷一《太祖纪一》,页3—4;卷二百五十七《李处耘传》,页8961。《武夷新集》,卷十《李继隆墓志铭》,叶十五下。

[2] 按:吴廷祚在后周世宗时已拜枢密使,太祖即位后,加同中书门下三品,直到建隆三年(962)才罢枢。至于太祖另外几名幕府僚属的出处:王仁赡在太祖即位后授武德使,稍后出知秦州(今甘肃天水市),改左飞龙使;楚昭辅在宋立国后即授军器库使,留在京师;沈义伦在建隆二年十一月再迁给事中。惟张彦柔之事迹不可考。参见《长编》,卷一,建隆元年正月壬戌至二月乙亥条,页7—9;卷三,建隆三年正月己巳条,页60。《宋史》,卷二百五十七《吴廷祚传》,页8948;《王仁赡传》,页8956;《楚昭辅传》,页8959。

"以兄事之"的禁军宿将慕容延钊自殿前副都点检、镇宁军（澶州，今河南濮阳市）节度使升为殿前都点检、昭化军（金州，今陕西安康市）节度使、同中书门下三品。另一宿将韩令坤则自镇安军（陈州，今河南周口市淮阳县）节度使、侍卫马步军都虞候升为马步军都指挥使、天平军（郓州，今山东菏泽市郓城县）节度使、同平章事。太祖麾下的爱将石守信自义成军节度使、殿前都指挥使，升为归德军节度使、侍卫马步军副都指挥使；高怀德自宁江军（夔州，今重庆市奉节县）节度使、马军都指挥使，升为义成军节度使、殿前副都点检；张令铎自武信军（遂州，今四川遂宁市）节度使、步军都指挥使，升为镇安军节度使、马步军都虞候；王审琦自殿前都虞候、睦州（今浙江建德市）防御使建节，升为泰宁军（兖州，今山东济宁市兖州区）节度使、殿前都指挥使；张光翰自虎捷左厢都指挥使、嘉州（今四川乐山市）防御使建节，升为宁江军节度使、马军都指挥使；赵彦徽自虎捷右厢都指挥使、岳州（今湖南岳阳市）防御使，升为武信军节度使、步军都指挥使。

至于次一级的禁军列校，计王彦升自散员都指挥使擢铁骑左厢都指挥使、唐州（今河南南阳市唐河县）团练使；马全义自铁骑左厢第二军都指挥使、播州（今贵州遵义市）刺史升为控鹤左厢都指挥使、果州（今四川南充市）团练使；罗彦环自散指挥都虞候擢为控鹤左厢都指挥使、领眉州（今四川眉山市）防御使；韩重赟自控鹤军都指挥使、领虔州（今江西赣州市）刺史擢龙捷左厢都指挥使、领永州（今湖南永州市）防御使；刘廷让自铁骑右厢都指挥使、涪州（今重庆市涪陵区）团练使迁江州（今江西九江市）防御使、领龙捷右厢都指挥使；李汉超自殿前指挥使都虞候迁散指挥都指挥使、领绵州（今四川绵阳市东）

刺史,再改控鹤左厢都指挥使、领恩州(今广东阳江市)团练使;马仁瑀自内殿直都虞候迁散员都指挥使、领贵州(今广西贵港市)刺史,稍后迁虎捷左厢都指挥使、领扶州(今四川阿坝藏族羌族自治州九寨沟县)团练使。[1]

对于翊戴他的从龙功臣,太祖赏以高官要职;对于臣服他的原后周臣僚,太祖也以留任换官手段加以安抚;但对不服气,心存异志的人,他就毫不客气地加以打击。太祖首先要铲除的,是据潞州与泽州(今山西晋城市)的昭义军(潞州)节度使李筠和据扬州(今江苏扬州市)的淮南节度使李重进。

六、从平李筠与李重进[2]

早在太祖即位时,李筠已不从命,公然在到来谕旨的太祖使者面前,把周太祖的画像摆放在厅壁中,并当众涕泣。后来他更与北汉暗中往来,以作外援。太祖得报,授其子李守节(939—971)皇城使,试探他的反应。李筠即派李守节入朝,伺察宋廷动静。太祖明确告诉李守节,他不会容忍李筠不臣之行径。守节回报后,李筠就在建隆元年四月十四日起兵叛宋,并执拿不顺从他的昭义军监军、亳州防御使周光逊及闲厩使李廷玉送予北汉,向北汉皇帝刘钧(926—958)纳款求

---

[1] 《长编》,卷一,建隆元年正月壬寅至乙巳条,页1—7;三月己巳条,页11。
[2] 关于二李叛宋始末之最近期论述,可参阅柳立言:《从御驾亲征看宋太祖的创业与转型》,载《庆祝邓广铭教授九十华诞论文集》(石家庄:河北教育出版社,1997年2月),页151—156。按:柳文并论及开宝二年(969)太祖亲征北汉之役,该文着重剖析太祖亲征的理由、作用及意义,对于参与该三场战役的太祖将校臣僚的角色及战功,则未有论及。

援。又派兵攻袭泽州，杀刺史张福，据有其城。李筠的部属闾丘仲卿劝他火速西下太行山，直达怀州（今河南焦作市沁阳市）和孟州，并攻取虎牢关（今河南郑州市荥阳市西北汜水县西）以阻宋军，然后夺取洛阳（今河南洛阳市）为根据地，与宋室争天下。然而李筠胸无大志，没有听从此一远略。[1]

四月二十四日，太祖接到李筠叛变的奏报，枢密使吴廷祚认为潞州城险，未必可以很快攻破。不过他以李筠素来骄傲无谋，主张马上派兵进攻。他判断李筠会恃勇离开其潞州的巢穴迎战，这样就会有机会打败他。太祖接纳吴的意见，马上派两员大将石守信和高怀德统兵出征，以户部侍郎高防（905—963）和兵部侍郎边光范（901—973）为前军转运使。到五月初二日再命宣徽南院使昝居润（908—966）赴澶州巡检，又令殿前都点检慕容延钊与彰德军留后王全斌率兵由东路与石守信和高怀德会合。为了阻挡北汉援兵，太祖又在同月初三日命洺州（今河北邯郸市永年区东南）团练使郭进（922—979）为本州防御使兼西山（即太行山）巡检，防备北汉。同月初五日，石守信奏称败李筠军于长平（今山西晋城市高平市），斩首三千。是月初六日，太祖下令诸道进讨，在十九日更下诏亲征。[2]

太祖亲征李筠，以枢密使吴廷祚为东京留守，知开封府吕余庆为副留守，太宗为大内都点检，马步军都虞候张令铎为东京旧城内都巡检，留守京师。他又派马步军都指挥使韩令坤率兵屯河阳，以判四方

---

[1] 《长编》，卷一，建隆元年三月己巳至丙戌条，页12—13。
[2] 《长编》，卷一，建隆元年三月己巳至四月丙戌条，页12—14。

馆事李崇矩为监军，统龙捷、骁武左右厢禁军数千人佐之。太祖御驾亲征，他的勇将、心腹近臣几乎全数出动。禁军大将从征的有王审琦、韩重赟、罗彦环、马全义、刘廷让、崔彦进（922—988）、马仁瑀等人，而心腹近臣从征的除李处耘外，还有赵普。由于李筠与北汉貌合神离，没有真心合作，又争取不到不属太祖一系的其他藩镇支持，加上战术错误，先在泽州外围被宋军击败，然后只知死守泽州，没有果断地突围返回潞州。虽然泽州守军悍勇，令宋军颇有伤亡，但在太祖骁将马全义率死士奋勇登先，而太祖亲率卫兵为后援的攻击下，泽州在是年六月十三日被攻破，李筠兵败自杀。同月十九日，其子李守节献潞州投降。乱事平定后，太祖委刚来泽州朝见的心腹、李处耘的故主李继勋为昭义军节度使，镇守泽、潞。而对慕容延钊、韩令坤以下之有功将校一一升赏，更超擢两名从征的心腹赵普和李处耘：赵擢为枢密副使、兵部侍郎，李擢为宣徽北院使、羽林大将军。

平李筠一役，群书均记赵普曾向太祖献谋。至于李处耘的最大功劳，是他成功地瓦解了扬州李重进与李筠之同盟，令太祖不致腹背受敌。据《长编》所记，当李筠起兵时，李重进曾遣其亲吏翟守珣间道往潞州与李筠勾结。但翟守珣是李处耘放在李重进身边的探子，他通过李处耘暗中向太祖输诚，并在回程时暗中到开封揭发李重进欲勾结李筠起兵事。相信这是李处耘的主意，太祖厚赐翟守珣，并许以厚爵，命他回去劝说李重进不要马上动兵，好让太祖逐一击破二人。翟守珣返扬州后，果然劝服李重进"养威持重，未可轻发"。结果太祖得以免除了后顾之忧，全力击溃李筠。李处耘和赵普一样，是太祖决谋定策的最主要智囊，虽然二人不曾披挂上阵，但统筹全局之功，不在诸将之下，故得厚赏。当然，李处耘本身能征惯战，而且原籍上党，在从征诸将中，除了他的同乡李崇矩外，没有人比他更清楚泽、潞的路径与形势，这是他比赵普优胜的地方。[1]

---

[1]《长编》，卷一，建隆元年五月庚子至七月乙丑条，页14—20；八月丙戌至十月丁戌条，22—26；卷四，乾德元年四月庚子条，页89；卷五，乾德二年十月癸卯条，页133；十二月壬申条，页139。《宋史》，卷一《太祖纪一》，页6；卷二百五十《石守信传》，页8809；《王审琦传》，页8816；《高怀德传》，页8822；《韩重赟传》，页8823；《张令铎传》，页8826；《罗彦环传》，页8828；卷二百五十一《韩令坤传》，页8833；《慕容延钊传》，页8834；卷二百五十二《王晏传》，页8849；《杨承信传》，页8858，卷二百五十四《李继勋传》，页8893；卷二百五十五《杨廷璋传》，页8904；《王全斌传》，页8919；卷二百五十六《赵普传》，页8932；卷二百五十七《李崇矩传》，页8952—8953；卷二百五十九《刘廷让传》，页9002；《袁继忠传》，页9004；《崔彦进传》，页9006；卷二百六十《刘延翰传》，页9025；《崔翰传》，页9026；卷二百七十《高防传》，页261；卷二百七十一《杜汉徽传》，页9285；《蔡审廷传》，页9287；《张勋传》，页9289；《解晖传》，页9293；《郭延谓传》，页9297；《辅超传》，页9301；卷二百七十二《张晖传》，页9318；卷二百七十三《董遵诲传》，页9343；《马仁瑀传》，页9345；卷二百七十四《刘审琼传》，页9365；卷二百七十八《马全义传》，页9450；卷二百八十《田绍斌传》，页9495；《徐兴传》，页9503；《王果传》，页9504；卷二百八十九《范廷召传》，页9698；卷四百八十四《周三臣·李筠传》，页13973—13975。《东都事略》，卷二十二《李筠传》，叶二上下（页383—384）。按：平李筠之役，慕容延钊后来改任行营都部署、知潞州行府事，事平后他与韩令坤均以功加兼中侍。在慕容延钊麾下之副将有与太祖有旧的董遵诲（926—981），师还，董迁马军都军头，留守泽州。石守信麾下之大将有控鹤右厢都指挥使崔彦进，任先锋部署，以功迁常州（今江苏常州市）防御使。而崔手下有著名的勇将田绍斌（933—1009）。石守信与高怀德除破李筠军于长平外，取大会寨，又破其众三万于泽州，杀北汉监军使卢赞，获其大将河阳节度使范守图，并击杀北汉援军数千。石守信后以功加同平章事，高怀德以功迁忠武军节度使、检校太尉。王审琦从太祖出征，任御营前洞屋都部署，攻泽州时，为飞石所伤，师还，改义成军节度使。（按：《宋史·王审琦传》以王审琦后获授"武"成军节度使，疑当作"义"成军，盖义成改武成军在太宗即位后，太祖之世，应为义成军）从征有功的韩重赟代张光翰任马军都指挥使、领宁江军节度使，罗彦环代赵彦徽为步军都指挥使、领武信军节度使，王全斌以功拜安国军（邢州，今河北邢台市）节度使。李崇矩初率本部攻破大会寨，斩首五百级。然后任泽、潞南面行营前军都监，与石守信、高怀德及罗彦环同

(接上页)破李筠军于碾子谷。及平泽、潞,太祖命他先入城,收管图籍和视察府库。师还,获擢为右监门卫大将军,并替代出镇的张美(918—985)为三司使。另刘廷让从征李筠,任行营先锋使,他在翌年以功迁马军都指挥使、领宁江军节度使。至于攻克泽州功劳最大的马全义,以功授虎捷左厢都指挥使、领睦州防御使。另太祖麾下的多员勇将如马仁瑀、张晖(?—964)、蔡审廷(907—975)、张勋(900—967)、解晖(912—991)、郭廷谓(919—972)、辅超(928—1004)、杜汉徽(?—962)、袁继忠(938—992)、曹翰(924—992)、刘延翰(923—992)、崔翰(930—992)、刘审琼(?—997)、徐兴(938—1005)、王果(939—1002)、范廷召(927—1001)等均从征李筠。张晖任行营壕寨使,先登陷阵,事平,以功授华州(今陕西渭南市华县)团练使。值得一提的是,建隆二年太祖想攻打北汉,就召张晖入朝问计。他指出,泽、潞经李筠之叛,疮痍未复,倘太祖兴兵,只怕人力重困,所以他主张戢兵育民,俟富庶而后再谋。太祖接纳了他的建议,厚赏遣还本州。蔡审廷以殿前散都头指挥使从征,攻泽州之役,他先登为飞石伤足,太祖赐以良药、美酒慰问。他似乎伤得不轻,太祖返京后,还幸其官署慰问,并厚赏一番。后改官为内殿直都虞候,再改伴饭指挥使以酬其功。张勋外号"张且斩",是有名的勇将兼好杀之悍夫,他任石守信前军指挥,拔大会寨,石守信军败李筠军于太行山及泽州,张勋都参预有功。李筠平,太祖命他权知许州(今河南许昌市)。解晖在泽州之战时目中流矢,事平,太祖擢他为内外马步军副都军头。田绍斌本是北汉降将,虽地位不高,但战功卓著,他以攻克大会寨之功迁龙捷指挥使。又率部败李筠军于泽州茶碾村。太祖攻泽州,他凿濠围守,流矢中其目而不退。前军都部署韩令坤以其事闻于太祖,太祖因召见他于潞州,他又杀败北汉军甚众,夺得许多铠甲。至于马仁瑀、郭廷谓、辅超、袁继忠、刘延翰、杜汉徽、刘审琼及徐兴等人在此役的角色、职务及战功不详,马仁瑀后以功领常州防御使改龙捷左厢都指挥使,辅超则以功迁内都直知,曹翰以功迁济州(今山东菏泽市巨野县南)刺史,刘审琼迁供奉官,徐兴以功迁控鹤军使。至于杜汉徽、王果及范廷召之功劳未载,也未记迁官。另怀州刺史马令琮(925—963),在此役中功不可没,他早便料到李筠会反,故他早就在怀州储好军粮。太祖嘉之,命他升任怀州团练使,并在乱平后授昭义兵马钤辖,辅助李继勋。按:太祖平李筠,支持太祖的藩镇包括五代名藩王晏(890—966)、杨承信(921—964)、向拱(912—986)与杨廷璋(912—971)。杨承信被任为泽州西面都部署,向拱则向太祖献计,主张宋军应急渡黄河,越太行山,乘李筠兵未集结而急攻之。而杨廷璋先缉获李筠派往北汉之使者,然后又上攻取泽潞之策,并从太祖之令,出兵牵制李筠之部队。事平后,杨承信以功自忠正军(寿州)节度使移镇河中府(今山西运城市),王晏则以扈从之功改安远军(安州,今湖北安陆市)节度使。杨廷璋则改镇邠州。据载,本来太祖安排赵普留守京师,但他力请扈从,太祖最后许他从征。赵普与向拱一样,认为宋军应倍道而行,乘其无备而攻之,他的意见得到太祖的采纳。又,担任随军转运使的高防,师还后授尚书左丞。

太祖除掉李筠这心腹大患后，下一个目标，就是他的宿敌淮南节度使李重进。

建隆元年九月十一日，太祖看穿李重进既无可恃的劲兵猛将，又欠有力的外援，即徙他为平卢军（即青州，今山东潍坊市青州市）节度使，令他入朝，试探他的反应。当太祖的使者六宅使陈思诲（？—960）持铁券至扬州征李重进入朝时，李重进认定入朝必无侥幸，就拘禁使者，准备起兵。但他的部属扬州都监安友规首先出走，李一怒之下，一口气杀掉他怀疑不附从他的将校数十人。另一方面，南唐为免开罪宋廷亦不肯援助他。在天时地利人和皆欠的情形下，李重进仍无奈地举兵反叛。同月二十二日，太祖收到李重进称反的奏报，即任命石守信为扬州行营都部署兼知扬州行府事，出任主帅，而以王审琦为副都部署，李处耘为都监，另委善于水战的保信军（即庐州，今安徽合肥市）节度使宋延渥（即宋偓）为都排阵使，统率禁军讨伐李重进。随石守信、李处耘等先行的，还有悍将权知许州张勋及宋延渥之副将舒州（今安徽安庆市潜山市）团练使司超（904—974）。[1]太祖在进兵的同

---

[1]《长编》，卷一，建隆元年九月己酉至癸亥条，页23—25；十一月乙卯条，页28。《宋史》，卷二百五十五《宋偓传》，页8906—8907；卷二百七十一《张勋传》，页9289；卷二百七十二《司超传》，页9320；卷四百八十四《周三臣·李重进传》，页13978—13979。李重进的使者曾到南唐求援，但南唐主李璟却派户部尚书冯延鲁（？—962后）对李的使者奚落一番，不肯相助。冯对李的使者说："男子不得志，固有反者，但时有可不可。"又说当太祖"初立，人心未安，交兵上党，当是时不反，今人心已定，方隅无事，乃欲以残破扬州、数千弊卒，抗万乘之师，借使韩、白复生，必无成理，虽有兵食，不敢相资"。奏报李重进反的是当时率舟师巡抚江淮的宋延渥。太祖命他屯兵海陵（即泰州，距扬州一百里，今江苏泰州市），以监视李的动向，不久即任他为行营都排阵使。又张勋在平扬州后，以功迁毡毯使。

时，又施展心理攻势。李重进当时有二子在京师任宿卫，太祖故意召见他们，对他们说："汝父何苦而反，江淮兵弱，又无良将，谁与共图事者？"太祖不杀二人，还放他们归扬州，要他们告知李重进不要胡来。二人回到扬州，李重进正和诸将议事，二人将太祖所言禀告。李重进"大骇"之余，他的部将斗志也大受影响。[1]

弃李重进来归的安友规，在十月四日从扬州抵京师，太祖即命他为滁州（今安徽滁州市）刺史，令他监护前军进讨。有安友规作向导，又有翟守珣作为内应，石守信的大军击破李重进指日可待。诚如赵普所言，李重进"外绝救援，内乏资粮，急攻亦取，缓攻亦取"。平定李重进是轻而易举的事，为显示君威，太祖在同月二十一日下诏亲征。太祖仍命太宗为大内都部署，吴廷祚权东京留守，吕余庆为副，楚昭辅为京城巡检。这次二度从太祖亲征的，计有禁军大将韩令坤、高怀德、韩重赟、崔彦进、马全义，以及新任三司使的李崇矩。而勇将袁继忠、刘延翰、杜汉徽、田绍斌、王杲与范廷召也再度从征。至于初次从太祖出征的，计有藩府幕僚、左谏议大夫刘熙古，五代名藩赵赞（923—977），禁军大将控鹤左厢都指挥使李汉超、客省使潘美、潞州兵马钤辖康延沼（912—969）、铁骑左第二军都指挥使张廷翰（917—969），还有太祖祖母简穆刘皇后的侄儿武牢关（即虎牢关，今河南郑州市荥阳市西北汜水县西）使刘审琦（？—960）。另外，勇将殿前指挥使米信（928—994）与西头供奉官田仁朗（930—989）也都从征。[2]

---

[1] 《东都事略》，卷二十二《李重进传》，叶三上下（页385—386）。
[2] 《长编》，卷一，建隆元年十月庚午至丁亥条，页26—27；卷四十一，至道三年二月辛丑条，页861。《宋史》，卷二百五十《高怀德传》，页8822—8823；卷二百五十一《韩

太祖十月二十四日从京师出发，大军乘舟东下。二十七日抵宋州，太祖差遣中使慰问有子弟戍守扬州的百姓，这样既能安定人心，又能瓦解李重进军的斗志。十一月初二日，太祖大军抵宿州（今安徽宿州市）。初八日，抵泗州（今安徽宿州市泗县），太祖大军舍舟登陆，令诸将加速进兵。十一日，大军进至扬州外的大义驿（按：《宋史》作大仪顿，今江苏仪征市北大仪镇），石守信即驰奏太祖，称扬州马上便会攻破，请太祖立即到来视察。这大概是李处耘的主意，让太祖得以扬显君威，给人御驾一出即荡平叛逆的感觉。太祖自然乐于为之，当晚他便率众抵扬州城下。石守信立即发动总攻击，不久扬州便被攻破。李

（接上页）令坤传），页8833；卷二百五十四《赵赞传》，页8891；卷二百五十五《康延沼传》，页8927；卷二百五十七《李崇矩传》，页8953；《楚昭辅传》，页8959；卷二百五十八《潘美传》，页8991；卷二百五十九《刘廷让传》，页9004；《崔彦进传》，页9006；《张廷翰传》，页9008；卷二百六十《米信传》，页9022；《刘延翰传》，页9025；卷二百六十三《刘熙古传》，页9100；页9285；卷二百七十三《李汉超传》，页9333；卷二百七十五《田仁朗传》，页9379；卷二百七十八《马全义传》，页9450；卷二百八十《田绍斌传》，页9495；卷二百八十《王果传》，页9504；卷二百八十九《范廷召传》，页9698；卷四百六十三《外戚传上·刘文裕传》，页13545；卷四百八十四《周三臣传·李重进》，页13978。从征诸将中，韩重赟任行营马步军都虞候，在建隆二年，即以功升殿前都指挥使、领义成军节度使；潘美任行营都监；副招讨使石守信，后以功加泰州团练使；崔彦进平李重进，以功迁虎捷右厢都指挥使；张廷翰以功迁控鹤左厢都指挥使、领果州团练使；马全义这次没有率军先登，他领控鹤及虎捷两军为后殿，师还，史称"录功居多"，而迁龙捷左厢都指挥、使领江州防御使；康延沼在后周时，已任龙捷右厢都指挥使，是禁军宿将，是役他任前军马军都指挥使；米信是太祖的亲兵侍从长，太祖平扬州时，他执弓矢侍从，有游骑迫近太祖车驾，他一箭而毙敌，以功迁内殿直指挥使；杜汉徽从平淮南，史称他"录功居多"；田仁朗是将家子，他这次从征，史称"攻城有功"；田绍斌率部围扬州城南三日，城破，他斩首逾千级，太祖厚赏之，后补马军副都军头、龙卫指挥使；王果从征李重进时的地位不高，后以功始迁散指挥使；范廷召则以功转本班都知。但太祖的表叔刘审琦却在此役中阵亡。

重进和李筠一样，尚有一点英雄气概，他选择全家自焚而死，不受投降被掳之辱。不过，他的党羽在城破前却杀掉了太祖的使者陈思晦。太祖入驻城南，将李重进党羽数百人尽数诛杀，为陈复仇。李重进的兄长深州（今河北衡水市深州市）刺史李重兴（？—960）闻知其弟败死，亦自杀。重进之弟解州（今山西运城市西南）刺史李重赞（？—960）以及儿子尚食使李延福（？—960）就没有李筠子李守节的运气了，他们均被太祖戮于市。至于作为宋军内应的翟守珣，太祖入扬州后，就把他找出来，授供奉官以赏之。[1]

翌日（十二日），太祖入扬州城，马上颁下安民令，扬州居民每人给米一斛，十岁以下给半。而被李重进胁迫从军的，就各赐衣履让他们自行离去。十三日，太祖再下令赦免李重进家属与部曲之罪，已逃亡的许他们自首。又下令收殓城内外的骸骨，至于役夫死于城下的，就各赐其家绢三匹，并免役三年以作抚恤。[2]

同月二十九日，太祖班师，留下李处耘，任命他以宣徽北院使权知扬州，扼守面向南唐的重镇扬州。太祖另委潘美为巡检，张勋为扬州都监，以辅助李处耘。李处耘没有令太祖失望，他对那经历兵火之余、阖境凋敝的扬州，采取与民休息之政策。他勤于抚绥，奏减城中居民屋税，实行轻徭薄赋；他又不时召问属县父老，访知民间疾苦。在他

---

[1] 《长编》，卷一，建隆元年十月庚寅至十一月庚戌条，页27—28；卷二，建隆二年正月甲子条，页39。《宋史》，卷四百八十四《周三臣传·李重进》，页13978—13979。李的党羽中，包括原后周枢密承旨，后出为泗州、泽州刺史的张崇诂。据说李重进赴淮南时，道出泗州，张崇诂向他献蓄兵修城之计。李重进败死后，张崇诂助李谋反之事暴露。建隆二年正月，太祖即将他擒捕，诛杀于市，并籍没其家。
[2] 《长编》，卷一，建隆元年十一月己酉至庚戌条，页28。

的治理下，民皆悦服，扬州恢复安泰。需要注意的是，李处耘麾下将校如潘美和张勋，都是好杀凶暴之人，倘不是李处耘坐镇，恐怕会出事。[1]

值得一提的是，李处耘的长子李继隆在是年以父荫补供奉官出身，[2]另李处耘在这年再添一女，谁也想不到这位庶出的李家二小姐后来竟成为太宗的明德李皇后。[3]相信果报的人大概会认为这是李处耘治理扬州有德政的福报。

据王禹偁所记，李处耘在扬州时，将太祖在扬州城下驻跸的行在，改建为佛寺。他挑选了众所推举的僧人道晖为新建佛寺的住持，上奏太祖并得到批准。佛寺以太祖年号为寺额，名建隆寺，住持道晖亦奉命改法号为"道坚"。李处耘赐给建隆寺垦土四顷，隶属一庄园，

---

[1] 《宋史》，卷二百五十七《李处耘传》，页8961。
[2] 《宋史·李继隆传》记他以父荫补供奉官，按真宗大中祥符八年（1015）正月所颁的承天节、南郊奏荫子弟恩例，宣徽使以上，其子方得荫补为西头供奉官。而诸卫大将军及枢密各房承旨，子授三班奉职。太祖朝恩荫之制和是年所定的相差不远，故笔者认为李继隆补供奉官当在这年十一月李处耘拜宣徽北院使之时。参见《宋史》，卷二百五十七《李处耘附李继隆传》，页8963；《长编》，卷八十四，大中祥符八年正月己丑条，页1912。
[3] 明德李皇后是李处耘次女，妾室陈氏所出，是李继隆之异母妹，比李继隆幼十岁。她的出生月日以及出生地，史所不载，按理她在开封诞生的机会大于在扬州。太祖开宝八年十二月十九日，因太宗夫人符氏（942—975，太宗追封为懿德符皇后）死，太祖聘她为晋王妃。她在太平兴国二年七月始入宫，封德妃，到雍熙元年十二月被册为皇后。按：《宋史》以李皇后入宫在太平兴国三年（978），当误书。参见《长编》，卷十八，太平兴国二年七月丁丑条，页408；卷二十五，雍熙元年十二月壬辰条，页590；卷四百五十七，元祐六年四月辛亥条，页10946。《宋会要辑稿》，第一册，《后妃一之一·明德李皇后》，页248。《宋史》，卷二百四十二《后妃传上·懿德符皇后、明德李皇后》，页8609—8610。

使之可以供养僧众香火饭食。从建寺到至道三年间四十载，建隆寺每日供僧不下六十人。这所由李处耘所建之寺，"像设庄严，经教具备，礼佛有殿，演法有堂，斋庖在东，僧寝在右。奥有室供汤沐焉，外有亭给登眺焉。廊庑翼舒，门扉洞启，修竹交映，碧流萦回，实藩服之胜游，淮海之福地耳"[1]。据说太祖留下的御榻及忌晨供帐，仍保存良好。

当扬州粗安时，太祖在建隆二年七月打算召回李处耘，别有任用。太祖命素有干材、称许他日可任枢密使的内客省使王赞（？—961）代知扬州，但王赞在赴任途中，却意外地在闾桥下覆舟溺死，李处耘只好继续留任扬州。[2]在这年十月之前，李处耘的藩府同僚王仁赡已自秦州奉召返京，以右领军卫将军充枢密承旨。[3]建隆三年（962）六月，枢密使吴廷祚罢枢出镇秦州。太祖大概是在这时从扬州召还李处耘，执掌枢密院。史称李处耘离开扬州之日，当地父老百姓遮道涕泣，教李累日不能行。这番记载或有溢美之嫌，不过，李处耘治理扬州，当是颇得民心的。是年十月，太祖以赵普为枢密使，同时擢升李处耘为宣徽南院使、兼枢密副使，又赐李甲宅第一区。李处耘升任枢臣，马上要策划处理的工作，便是平定荆襄湖南之事。[4]

1　王禹偁：《小畜集》，卷十七《碑记·扬州建隆寺碑》，叶一下至三下。
2　《长编》，卷二，建隆二年七月壬午条，页51。
3　王仁赡在建隆二年何月召还充枢密承旨不详，他在是年十月即以枢密承旨之职出使南唐。参见《宋史》，卷二百五十七《王仁赡传》，页8956；《长编》，卷二，建隆二年十月丙申条，页54。
4　《长编》，卷三，建隆三年六月辛卯至癸巳条，页68；十月辛丑条，页73。

七、平定荆湖

建隆三年九月,盘踞湖南的武安军(即潭州,今湖南长沙市)节度使周行逢(?—962)卒,子周保权(952—985)嗣位,但周行逢的部下衡州(今湖南衡阳市)刺史张文表(?—963)不服。是年十月,张文表借往朗州(今湖南常德市)吊问为名,领兵道过潭州,杀知留后廖简,自称权留后事。年方十一的周保权于是遵照亡父的旨意,向太祖归顺,并请太祖出兵讨伐张文表。同年十一月,荆南(即江陵府,今湖北荆州市)节度使高保勖(924—962)卒,其侄高继冲(943—973)代领其众,但人心不附。这给予太祖同时平定荆湖的良机。[1]

同年十二月三日,大概是听取了赵普与李处耘的建议后,太祖加封周保权为武平军(即朗州)节度使,以安抚其部众。同月二十日,又派使者宣谕潭州和朗州,命张文表入京,看他的反应。另一方面,又命荆南高继冲发兵助周保权,对抗张文表。当出使荆南回来的酒坊副使卢怀忠(919—967)向太祖奏报"高继冲甲兵虽整,而控弦不过三万,年谷虽登,而民困于暴敛",并指出"观其形势,盖日不暇给,取之易耳"时,太祖即准备借出兵平张文表的机会,以借道出师的理由,先取"江陵四分五裂之国"。[2]

翌年(按:太祖是年十一月改元乾德)正月五日,太祖遣卢怀忠、张勋与染坊副使康延泽(?—971后)率步骑数千人任先头部队前往襄州(今湖北襄阳市)。两天后(七日),太祖命有病在身的宿将、山南东

---

[1] 《长编》,卷三,建隆三年九月甲申至十一月甲戌条,页72—75。
[2] 《长编》,卷三,建隆三年十二月丁亥条,页76;卷四,乾德元年正月庚申条,页81—82。

道（即襄州）节度使慕容延钊为湖南道行营都部署,担任主帅讨荆湖,而委任李处耘以枢密副使充都监。同时遣使十一人,调发安州（今湖北安陆市）、复州（今湖北天门市）、郢州（今湖北钟祥市）、陈州、澶州、孟州、宋州、亳州、颍州（今安徽阜阳市）和光州（今河南信阳市潢川县）等州兵会集襄州,进讨不肯入朝的张文表。同月九日,李处耘离京前,太祖授以机宜,命他到襄州会合慕容延钊,先取荆南,再平湖南。十日,太祖再命太常卿边光范权知襄州,替代出征的慕容延钊,又命户部判官滕白为南面军前水陆转运使。十三日,正式委任张勋为南面行营马军都监,卢怀忠为步军都监。这次随同李处耘出征的将校,还有内外马步军副都军头解晖、谭延美（921—1003）,东上閤门使丁德裕（？—976）,禁军悍将田绍斌,淄州刺史尹崇珂（932—973）,申州（今河南信阳市）刺史聂章（？—963后）,郢州刺史赵重进（？—963后）,判四方馆事武怀节（？—963后）等。[1]

太祖采假途灭虢之策,同月二十三日,诏荆南发水兵三千往潭州助战。高继冲即派亲校李景威（？—963）统军前往。二十七日,太祖又

---

[1]《长编》,卷二,建隆二年闰三月甲子条,页42;卷四,乾德元年正月戊午至庚辰条,页81—82。《宋史》,卷二百五十一《慕容延钊传》,页8834—8835;卷二百五十七《李处耘传》,页8961;卷二百七十一《解晖传》,页8293;卷二百七十四《卢怀忠传》,页9352—9353,《丁德裕传》,页9354;卷二百七十五《谭延美传》,页9372;卷二百八十《田绍斌传》,页9495;卷四百八十三《世家六·湖南周氏》,页13949。王禹偁:《小畜集》,卷二十八《前晋州刺史康公预撰神道碑》,叶十五上至十六上。按:《长编》记慕容延钊在建隆二年闰三月已自请解殿前都点检的军职,出为山南西道（即兴元府,今陕西汉中市东）节度使,但《宋史》本传则记他在建隆二年闰三月即出为山南东道节度使。又解晖与谭延美,均以副都军头,分领湖南道行营前军战棹都指挥使,统率水军。

加封高继冲为荆南节度使,既削弱荆南的兵力,又稳住其心。当太祖大张旗鼓地出兵讨伐张文表时,是月底,张文表已被周行逢的大将杨师璠所擒杀,后杨军取道回潭州。当然,宋军志在夺取荆湖,并未因张文表之死而退兵。[1]

二月初,李处耘抵襄州,与抱疾的主帅慕容延钊会合。李处耘派丁德裕往江陵府见高继冲,谕以借道之意,并命他准备柴薪食水等供应,以待宋军。高继冲和他的僚属商议后,托词江陵的民庶恐惧,要求改在江陵府百里外供应粗粮。李处耘收到丁德裕报告后,再派丁前往荆南,坚持要在江陵府停留。执掌荆南大权的节度判官孙光宪(?—968)与衙内指挥使梁延嗣(896—976)就答应了这一要求。他们否决兵马副使李景威在荆门(今湖北荆门市)中道险隘处奇袭宋军之建议,看出了太祖的企图,而自问无法抵挡宋军,主张不如主动"以疆土归朝廷,去斥堠,封府库以待,则荆楚可免祸"。因孙、梁二人的"识时务",荆南没有作出抵抗宋军的任何行动。然高继冲仍心存侥幸,他派梁延嗣和他的叔父高保寅(?—988后)往李处耘军犒师,窥探宋军的意图。二月九日,慕容延钊和李处耘的大军抵荆门,李以礼接见梁延嗣等,并说让他们第二天回去。梁延嗣以为宋军没有夺取荆南之意,就派人马上回报高继冲,叫他放心。荆门距离江陵府只有百余里,当晚慕容延钊召梁延嗣等到其帐宴饮,而李处耘则出其不意地亲率轻骑数千倍道前进。高继冲上当,以为梁延嗣回来,忽然见李处耘的军队杀到,只好仓皇出迎,在江陵府北十五里迎接李处耘。李命他

---

[1] 《长编》,卷四,乾德元年正月丙子至庚辰条,页82—83。

在原地等候慕容延钊，自己则率亲兵先入城，入城前他下令："入江陵城有不由路及擅入民舍者斩。"宋军秋毫无犯地入城，并登上北门的城楼。等到慕容延钊与高继冲回到江陵府，李处耘的部队已分据城中要冲，布列街巷。高继冲只好向慕容延钊献纳荆南节度的牌印，派客将王昭济与萧仁楷奉表以三州、十七县、十四万二千三百户归降。太祖即派御厨使邸岳持诏安抚高继冲，又命枢密承旨王仁赡为荆南都巡检使，同年六月兼知军府事扼守荆南。对于主动归降的高继冲，太祖赐以衣服、玉带、器币及鞍勒马，仍封他为节度使，梁延嗣以下及高氏族人，均授以官爵。这次在李处耘的精心安排下，宋军不费一兵一卒，便取得荆南，李处耘居功至伟。[1]

宋军取得江陵后，立即调发江陵兵万余人加入宋军，日夜兼程直取周保权所据的朗州。周保权大为恐惧，本来他已听从观察判官

---

[1] 最早记载李处耘以假道江陵救潭州，并乘机取之的，为宋初人周羽翀所撰的《三楚新录》，是书也详细记载了高继冲大校李景威曾劝高奇袭宋军，但高不听，而李景威以谋不见用，竟愤而扼喉而死。据《长编》和《宋史》，太祖后来知悉其事，称许他为忠臣，命王仁赡厚恤其家。高氏降宋后，太祖授梁延嗣为复州防御使，孙光宪为黄州（今湖北黄冈市黄州区）刺史，右都押衙孙仲文为武胜军节度副使，知进奏郑景玫为右骁卫将军，王昭济为左领军卫将军，萧仁楷为供奉官。是年三月，太祖又授高氏族人高保绅为卫尉卿，高保寅为将作监、充内作坊使，高保绪为鸿胪少卿，高保节为司农少卿，高从翊为右卫将军，高保逊为左监门卫将军，高保衡为归州（今湖北宜昌市秭归县）刺史，高保膺为峡州（今湖北宜昌市）刺史，高从说为右卫率府率，高从让为左清道率府率，高从谦为左司率府率。另以王崇范为荆南节度判官，高若拙为观察判官，梁守彬为江陵少尹，韦仲宣为掌书记，胡允修为节度推官。参见周羽翀（？—962后）：《三楚新录》，文渊阁《四库全书》本，卷三，叶五下至六下。《长编》，卷四，乾德元年二月丙戌至辛亥条，页84—86。《宋史》，卷二百五十七《李处耘传》，页8961—8962；卷四百八十三《世家六·荆南高氏》，页13954—13957。

李观象的意见，打算向宋廷纳土归降。但周麾下的指挥使张从富等不从，准备设守以抗宋军。慕容延钊派丁德裕前往招抚，但张从富等不纳，而且尽撤部内桥梁，又沉船舫，伐木塞路。丁德裕带兵不多，不敢与战，就回去复命。二月底，慕容延钊派战棹都监武怀节、解晖等率本部兵及部分江陵降兵攻取岳州，大破湖南军于三江口，获船七百余艘，斩首四千级，并攻下岳州，擒守将黄从志及将校十四人。[1]

三月八日，太祖收到慕容延钊的奏报，即下旨斥责周保权，并下令慕容延钊等进兵朗州。张从富等出兵迎战，在沣州（今湖南沣县东南）南遇上李处耘的大军。未及交锋，张军已自溃。李处耘从北面追击敌军至敖山寨，敌军弃寨而逃，宋军俘获甚众。李处耘为震慑敌人，故意将俘虏中体肥的数十人杀死并与众军分食，而将少健的黥面放回朗州。当晚李处耘宿于敖山寨中。第二天早上，慕容延钊的大军赶至。李处耘放回的敌兵返回朗州后，便告诉城中守军有关宋军杀食俘虏之事。一如李处耘所料，朗州守军果然大为震恐，决定弃城逃走。他们火焚州城之庐舍廪库，并劫掠居民一番，教城郭为之一空后，就逃往城外的山谷。三月十日，宋军攻入朗州，擒杀张从富于西山下。周保权的大将汪端劫持周保权及其家属亡匿于江南寨岸的僧舍中，李处耘派麾下将田守奇领军渡江前往追捕。汪端弃周保权而逃，田守奇擒获周保权后，宋军即进入潭州。于是湖南全境平定，共得十四州、监一、县六十六、户九万七千三百八十八。是月十八日，太祖命户部侍郎吕余庆权知潭州。四月四日，太祖再命刑部郎中贾玭等通判湖南诸州，又

---

[1] 《长编》，卷四，乾德元年二月癸巳至辛亥条，页85—86。

特命给事中李昉(925—996)祭南岳,未几命昉权知衡州。四月二十五日,再命枢密直学士、户部侍郎薛居正(912—981)权知朗州。六月十七日,再命王仁赡权知荆南军府事。太祖出动了多位心腹重臣,坐镇荆湖。[1]

李处耘收复荆湖,值得一提的一件事,是他在潭州郡邸娶得本属湖南马氏、原名胡希圣(942—1017)、法号妙善而自幼茹素向佛的一名姬妾。李处耘死后,妙善往洛阳天女寺剃发出家,她往来开封与洛阳之间,史称她"高行著闻"。太宗以她是明德李皇后之亲属,就赐以广慧大师之号及华服。京师有大姓袁溥舍第建佛寺,太宗赐额名妙觉禅院,以妙善主持之。她除了一直受李皇后及李继隆的尊礼外,从太宗到真宗及章惠杨太后(984—1036)都对她尊礼有加。她得年七十六,是李处耘妻妾中最高寿的,也是经历最特别的。[2]

---

[1] 《长编》,卷四,乾德元年三月壬戌至四月乙酉条,页86—88;四月癸卯至丙午条,页90;六月丁酉条,页95;七月己巳至甲戌条,页99;九月丙子条,页105。《宋史》,卷二百五十七《李处耘传》,页8962;卷二百七十五《谭延美传》,页9372;卷四百八十三《世家六·湖南周氏》,页13950。考是年七月十九日,逃脱的周保权余党汪端攻朗州,被朗州都监尹重睿击走。汪即与其党聚山泽为盗,到是年九月,终于被宋将谭延美擒杀于朗州。又李处耘军杀食俘虏的情况,据李华瑞的研究,是五代以来常有的事情,不过已不是因缺粮而食人。参见李华瑞:《唐末五代初的食人现象——兼说中国古代食人现象与文化陋俗的关系》,《西北师范大学学报(社会科学版)》,第38卷第1期(2001年1月),页9。
[2] 夏竦:《文庄集》,卷二十七《大安塔碑铭·奉敕撰》,叶一上至五上。胡希圣是长沙人,自幼信佛,被湖南马氏掠为姬妾,她不肯就范,几乎遭遇不测。据说她于遭毒手时,"默诵普门名称,舍利见于额中",于是马氏"异而礼之"。她归李处耘后曾以绝粒明志,据说梦见文殊,要她恢复饮食。到李处耘逝世,她就往洛阳天女寺剃发出家。李继隆对她"每以保阿,尊事尤谨",以她曾是明德李皇后及其妹的保母,而太宗以她是"椒涂之旧",赐她广慧大师之号,并以她出掌大姓袁溥舍第而所建的妙觉禅

太祖这次只花了三个多月，而且在伤亡甚少的情况下，取得荆湖十七州、一监、八十三县、二十四万户的土地与户口。身为都监的李处耘厥功至伟，最难得的是宋军军纪良好，对荆湖州县几乎秋毫无犯。令人惋惜的是，从平荆湖诸将自主帅慕容延钊以下都获升赏，然功劳最大的李处耘不但未获厚奖，[1]反而在同年九月因与慕容延钊的相争而被贬责。

八、贬死淄州

李处耘与慕容延钊的不协，早在他领军至襄州时就已开始。李处耘以枢密副使、宣徽南院使的身份为南征部队的都监。据《长编》和《宋史》本传所记，他"以近臣护军，自以受太祖之遇，思有以报，故

（接上页）院。据黄启江学长之意见，这个袁溥若非太宗授意，也当是为了讨好官家而建这禅院。妙善卒于真宗天禧元年，年七十六。附带一提，妙善的大弟子道坚（？—1035后）与李继隆一家颇有渊源，她俗家姓杜，父为通事舍人杜志儒，其母即为李继隆及明德李后的从父姨。父杜志儒早死，其母改嫁太祖、太宗朝的殿帅杨信（即杨光义、杨义，？—978）。道坚在太平兴国八年（983）剃度出家，其母亦而随之剃度。参见黄启江：《北宋汴京之寺院与佛教》，原载《"国立编译馆"馆刊》，第十八卷第二期。现收入黄著：《北宋佛教史论稿》（台北：台湾商务印书馆，1997年4月），页93—132。黄学长对这位广慧大师与妙觉禅院之建的论述，参见页106—107。

1 考慕容延钊以平荆湖功加检校太尉，而从征荆南的将校都获得升赏，如康延泽以导大军入荆南之劳，升授内染院使、监护荆南军；解晖以功授控鹤右第二军都指挥使、领高州（今广东高州市）刺史；张勋拜衡州刺史；卢怀忠迁内酒坊使。至于田绍斌所迁之官不载。参《长编》，卷五，乾德二年八月戊子条，页132。《宋史》，卷二百五十一《慕容延钊传》，页8835；卷二百五十五《康延泽传》，页8926；卷二百五十九《尹崇珂传》，页9001；卷二百七十一《张勋传》，页9289；《解晖传》，页9293；卷二百七十四《卢怀忠传》，页9353；《丁德裕传》，页9354；卷二百七十五《谭延美传》，页9372；卷二百八十《田绍斌传》，页9495。王禹偁：《小畜集》，卷二十八《前普州刺史康公预撰神道碑》，叶十六上。

临事专制，不顾群议"。他初至襄州时，碰到街头卖饼饵的人倍取军士的价钱，他捕得抬价欺人最甚的二人送予慕容延钊处置。这二人大概得到慕容手下的包庇，故慕容不肯处置他们。李处耘不管，三番四次要慕容依法处置，最后李自行将二人斩于市。李处耘为了军纪而不顾主帅的面子，自然招致慕容延钊的不快。攻下荆南时，慕容延钊的小校司义恃势占据荆州客将王氏之宅，而且借酒做出凶暴的行径。王氏向李处耘申诉，李召司义斥责了一番。司义怀恨，就向慕容延钊谮告李处耘。慕容与李的嫌隙于是加深。到了白湖，李处耘看见有军士走入民舍，不久舍中人大呼求救。李处耘派人拘捕犯事的军士，竟是慕容延钊的圉人。李处耘为了整顿军纪，就不管是否开罪主帅，即将该军士鞭责。慕容延钊得报，在颜面大损的情况下，怒斩其圉人。慕容延钊与李处耘自此水火不容，二人交相论奏对方的不是。可惜这时权知襄州的吕余庆遭母丧，无法排解二人的争端。太祖收到二人互相攻讦的奏报后，权衡轻重，接受朝议，以慕容延钊是主帅兼宿将，就赦免其罪。太祖与慕容延钊一向交好，并以兄事之，这时慕容仍抱病在身，太祖这次就只好委屈了功大过小的李处耘。是年九月十八日，太祖将李处耘贬为淄州刺史。李处耘大概晓得太祖的难处，就没有再为自己辩护。据《李继隆墓志铭》的说法，当李处耘"大勋既集，飞语乃生，卒致投杼之疑，且有传车之召。属吏问状，耻于辨明"。因他被贬，他的长子李继隆在随侍他往淄州后亦被"当途者"除籍。稍教李处耘告慰的是，他的次子李继和在是年诞生。[1]《宋宰辅编年录》载有李处耘

1　《长编》，卷四，乾德元年八月丁未至丙子条，页104—105；闰十二月乙卯条，页

被贬的制文,制文说:

> 昨者南出师徒,俾令监护,所宜宣力,以副朕心。但闻动恣胸襟,每多率易。既乖倚注,合正刑章。尚念已著徽劳,特从宽典,俾提郡印,用示优恩。[1]

这次太祖对人不对事,将有功的李处耘贬责,对处理主帅与监军的纷争开了一个坏的先例。李处耘尽忠职守,不买主帅的账,以监军身份执行军纪,本来太祖应予以嘉奖;但太祖偏偏维护与他有特殊关系的慕容延钊,而贬责了李处耘,这就教后来出任监军的人只问权势,不问是非。乾德二年(964)正月,继李处耘任枢密副使的王仁赡,就是只问权势,不问是非的典型例子,他在是年七月以监军征蜀,一味附从主帅王全斌,当王全斌军队在平蜀后肆意杀降,并放纵手下军士劫掠时,王仁赡并没有履行他监军的责任,反而狼狈为奸,结果激起全师雄之变。[2]

(接上页)112。《宋史》,卷二百五十七《李处耘传附李继隆、李继和传》,页8962—8963、8974。《武夷新集》,卷十《李继隆墓志铭》,叶十五下。吕余庆在同年八月二十七日丧母,而慕容延钊在是年闰十二月七日病卒。太祖闻慕容丧,哭之甚恸,赠河南郡王、中书令,太祖且说"吾不知哀之所从出也"。李处耘次子李继和卒于大中祥符元年(1008),得年四十六,则他当生于乾德元年。然李继和出生之月日及地点不详,也不知是否在李处耘被贬之前出生。
1 《宋宰辅编年录校补》,卷一,页9。
2 《长编》,卷五,乾德二年正月己亥条,页120;卷五,乾德二年十一月甲戌至乙亥条,页134—135;卷六,乾德三年正月丁酉条,页147—148;三月戊戌至四月辛丑条,页150—152。

李处耘被贬，除了因太祖要维护慕容延钊外，笔者认为亦与赵普的排挤有关。过去，学者谈论赵普与李处耘之间关系的尚不多，研究赵普成绩卓著的亡友张其凡教授（1949—2016）曾留意到赵普晚年时曾推荐李处耘的侄儿李继凝。不过，对太祖朝赵普与李处耘的关系如何，却没有深究。[1]赵普与李处耘是陈桥兵变的策划者，他俩双双从太祖征李筠，当赵普拜枢密使时，李处耘就是他的副手。本来从渊源关系来看，二人关系应不差。但《李继隆墓志铭》却记李继隆在其父贬官时"侍行淄川，为当途者除其籍"。又记当李处耘丧事完结后，李继隆复官时，"当时用事者或先王有憾之人，方邀宠于明庭，思敌怨于后嗣，公之所厚为公危之"。而《宋史·李继隆传》亦记李继隆初出仕时，"权臣与处耘有宿憾者，忌继隆有才"。二书中这个呼之欲出、史臣讳言其名，与李处耘有"宿憾"的"权臣"，并除掉李继隆官籍的"当途者"，除了赵普外，实不作他人想。[2]二人宿怨何来？笔者以为出于赵普对李处耘的嫉妒。史称赵普"多忌克"，曾屡次排挤太祖信任的人。[3]赵普大概见到李处耘再次立下大功，怕太祖对李的宠眷超过

1　张其凡：《赵普评传》（北京：北京出版社，1991年5月），页268。
2　《宋史》，卷二百五十七《李处耘传附李继隆、李继和传》，页8963。《武夷新集》，卷十《李继隆墓志铭》，叶十六上下。笔者疑《宋史》乃承袭《李继隆墓志铭》之说法。
3　《长编》，卷七，乾德四年十一月戊戌条，页182；卷十四，开宝六年辛丑至丁未条，页303—304。《宋史》，卷二百五十六《赵普传》，页8940；卷二百六十三《窦仪传》，页9094。张其凡对于赵普被指为"多忌克"的说法有所保留，认为赵普打击人的事都与事实有出入，并且都牵涉太宗，他认为封建史臣归罪于赵普，是很自然的事。笔者认为赵普既有赏识人才的一面，但在太祖朝相位未固时暗中打击太祖信任的人，却是不争的事实，例如太祖欲用窦仪为相，赵普就伙同陶毂（903—970）、赵逢及高锡等挤之。而赵普后期与太宗明争暗斗，互相打击对方的人马，也是事实。参见《赵普评

自己，于是借慕容延钊攻击李处耘的机会，以"朝议"之名指责李处耘行事专断，不顾众议，并以太祖与慕容延钊的特殊关系劝服太祖，以牺牲李处耘来安抚慕容延钊以下的宿将。赵普当时是枢密使，是李处耘的顶头上司，论职权，论和太祖的关系，赵普对慕容、李相争的意见，太祖是非听不可的。依赵普的盘算，李处耘这次被贬，就无法再上一层楼，威胁他的地位。李处耘这次平定荆湖，若非发生与慕容延钊相争的事，他升任枢密使是顺理成章的事。李处耘文武双全，又得太祖宠信，若再立功勋，谁能保证他有一天不会取赵普的位置而代之？故此赵普要尽早挤走李处耘，改荐他可以驾驭的人做他的副手，这是他专权固宠的必要手段。[1]

李处耘被贬，为何他"惧，不敢自明"？[2]笔者认为这是李处耘聪明的地方。杨亿在《李继隆墓志铭》用了《战国策》中曾参被谣传杀人，最后其母不免半信半疑而投杼越墙的典故，似乎隐喻当时太祖已为危言所惑。大概李处耘知道赵普之言已先入，即使太祖召见，给他自辩的机会，也敌不过赵普背后伤人的暗箭，倘一时说话不慎，激怒太祖就更不妙，故他选择不自辩。

《名臣碑传琬琰之集》、《长编》和《宋史》都有一则称扬吕余庆人品的记载，可作为笔者上述看法的旁证。三书均记在乾德二年

（接上页）传》，页270—271。
[1] 赵普在乾德二年正月自枢密使拜相，枢密使由宣徽北院使、判三司李崇矩升任，而太祖又召另一藩府旧臣王仁赡从荆南赴京，擢为枢密副使。李崇矩与赵普一直交好，后来又结为儿女亲家。王仁赡人品本事都不高，亦不会对赵普有威胁。参见《长编》，卷五，乾德二年正月庚寅，页119；《宋史》，卷二百五十七《李崇矩传》，页8953。
[2] 《宋史》，卷二百五十七《李处耘传》，页8962。

四月，即李处耘获罪贬淄州半年后，太祖向刚从江陵府还朝的吕余庆"委曲"地询问关于李处耘得罪的事。据曾巩的记载，"及除执政而处耘被黜，同列欲共排之。上问处耘，第以实对"。其时慕容延钊已死（慕容延钊卒于乾德元年闰十二月），而赵普已在这年正月拜相，宠眷正隆。太祖忽然重提旧事，有两个可能：一是他受人挑拨，余怒未息，想从吕余庆身上寻找李处耘更多的过错，再将他重谴；一是省悟李处耘受了委屈。笔者倾向于后者，盖李处耘长子李继隆本来除籍，但他第二年随母入贺太祖生辰时又得太祖特恩复官，可见太祖仍对李处耘顾念旧情。史载当太祖问吕余庆关于李处耘事时，吕"以理辨释"，并因此得到太祖欣赏其诚实，而擢拜参政。教人玩味的是，在这条记载后，三书跟着记在开宝六年九月赵普失宠罢相后，吕余庆没有像太祖的左右般向赵普落井下石，反而厚道地为赵普辩护。三书的作者将这两件事放在一起论述。当然是想告诉读者吕余庆的可敬处在于他不畏权势，肯说真话。吕余庆不畏何人？我们倘结合当时的环境去看，便知道在乾德二年权势最大的人就是炙手可热的赵普，而在开宝六年却是将赵普打倒的太宗。三书的作者展示给读者强烈的对比：赵普在乾德二年时如日中天，在开宝六年却失势被贬。我们再从吕余庆被认为不畏权势这点去看，他在乾德二年对太祖所言，必是冒犯违逆赵普的事。事涉李处耘而最可能开罪赵普的，当是揭示赵普当年对李处耘的指控并非完全属实。[1]

---

[1] 据《长编》所载，吕余庆在乾德二年四月九日与薛居正同拜参政。按：《宋史·吕余庆传》所记，吕余庆先知襄州，后改江陵府，然后召还，以本官拜参政。则他返京当在乾德二年三月底或四月初。参见杜大珪（？—1194后）（编），顾宏义、苏贤（校证）：

这里附带一谈的是，赵普打击李处耘的动机，究竟纯出于个人对李的嫉妒，还是别有缘故？蒋复璁教授（1898—1990）和张其凡教授曾先后撰文论述在太祖朝，太宗与赵普曾长期明争暗斗，并用尽手段打击对方集团的人物。不过，在两位教授的著作里，均没有谈到李处耘之贬是否为赵普打击太宗的手段。[1]我们从种种蛛丝马迹去看，自陈桥兵变开始，李处耘与太宗的关系已非泛泛，后来李处耘的女儿更成为太宗的晋王妃。笔者认为，赵普打击李处耘时，他与太宗尚未成为权力的角逐者。我们没有足够的证据证明赵普当时已处心积虑去削除最有资格成为太宗羽翼的李处耘。不过，他出手打击李处耘时，若说完全没有考虑太宗的因素，亦于理不合。笔者以为赵普当时打击李处耘，还是出于个人私心嫉妒居多。

太祖在慕容延钊死后，而李处耘委屈大白之时，仍然将李贬于淄州，投闲置散，最可能的解释是赵普反对马上起用李处耘。太祖在乾德二年八月，首命潘美、丁德裕、尹崇珂、张勋攻克南汉的郴州（今湖南郴州市），做稍后攻取南汉的准备。[2]然后在同年十一月，展开他统一天下的第二波军事行动，目标是四川。太祖分两路攻蜀，他命忠武军节度使王全斌为西川行营凤州路都部署，武信军节度使、步军都指挥使崔彦进为副，而以枢密副使王仁赡为都监，率主力部队攻蜀。

（接上页）《名臣碑传琬琰集校证》（上海：上海古籍出版社，2021年12月），第四册，下卷三《曾巩撰：吕正惠公端·兄余庆》，页1761。《长编》，卷五，乾德二年四月乙丑条，页125；卷十四，开宝六年九月壬子至丁卯条，页307。

[1] 蒋复璁：《宋太祖时太宗与赵普的政争》，收入蒋著：《珍帚斋文集》（台北：台湾商务印书馆，1985年9月），页242—266。

[2] 《长编》，卷五，乾德二年九月戊子条，页132。

另命宁江军节度使、马军都指挥使刘光义为归州路副都部署,内客省使、枢密承旨曹彬为都监,统偏师助攻,并命藩府旧人给事中沈义伦为随军转运使,均州(今湖北丹江口市)刺史曹翰(924—992)为西南转运使。太祖在大军出发前,特别叮嘱诸将,"行营所至,毋得焚荡庐舍,殴掠吏民,开发丘坟,剪伐桑柘,违者以军法从事",又表明"凡克城寨,止藉其器甲、刍粮,悉以钱帛分给战士,吾所欲得者,其土地耳"。[1]

可惜,只有刘光义及曹彬率领的征蜀偏师尚能遵守太祖的命令,王全斌、崔彦进及王仁赡所率的主力军在乾德三年(965)正月顺利灭蜀后,只知"日夜饮宴,不恤军务",又"纵部下掠子女,夺财货,蜀人苦之"。有行营大校甚至做出割民妻乳而杀之的变态恶行,他们完全将太祖的吩咐当作耳边风。身为都监的王仁赡更是严重失职,他不但没有阻止王全斌等人胡来,更带头勒索蜀臣李廷珪财帛数百万及妓女四人,另擅取丰德库金贝。而更因部将朱光绪掠杀蜀文州(今甘肃陇南市文县)刺史全师雄的族人,并夺其爱女及资财,迫使全师雄在是年三月率原已投降的蜀兵反宋。残暴成性的王全斌怕在成都的蜀降兵响应全师雄,在是年四月,竟将蜀降兵二万七千人屠杀。这样一来,更激起蜀民的反抗,结果四川十七州均响应全师雄,起兵反宋。宋军又费尽气力,历时一年九个月,到乾德四年十二月,才将全师雄部众平定,好端端的西蜀,因王全斌等的倒行逆施,弄得生灵涂炭。[2]太祖在

---

[1] 《长编》,卷五,乾德二年十一月甲戌至乙亥条,页134—135。
[2] 《长编》,卷六,乾德三年正月乙酉至四月辛亥条,页145—152;七月丁酉至八月己酉条,页156;十二月癸亥条,页161—162;卷七,乾德四年正月乙亥至三月癸未条,页

乾德五年（967）正月，下诏中书门下逮捕王全斌等人，令与讼者对质。因人证物证确凿，王全斌、崔彦进及王仁赡只好认罪。本来朝议三人当斩，太祖特赦之，仅将他们重贬：王全斌贬为崇义军（即随州，今湖北随州市）留后，崔彦进罢步军都指挥使并贬为昭化军留后，王仁赡罢枢密副使降为右卫大将军。对于遵从太祖旨意，在蜀地军政严整，秋毫无犯的归州路将帅，自刘光义以下都得到太祖的厚赏：刘光义改领镇安军节度使，刘的副将张廷翰自龙捷左厢都指挥使超授马军都虞候、领彰国军（即应州，今山西朔州市应县）节度使，李进卿（915—973）自虎捷左厢都指挥使超擢步军都虞候、领保顺军（即洮州，今甘肃甘南藏族自治州临潭县）节度使，特别是担任归州路监军极称职的曹彬，更自内客省使径升为宣徽南院使、领义成军节度使，担任李处耘被贬前的职位。因曹彬的推荐，担任随军转运使的沈义伦被太祖擢为枢密副使，替代王仁赡的位置。[1]太祖这番处置，充分表明他重用的将帅，是治军严整、秋毫无犯的人。从任何角度去看，李处耘本来是比曹彬更合太祖心意的统帅。太祖这时应会后悔错用王全斌征蜀，更后悔没有召回李处耘，替代王仁赡作为征蜀部队的监军。

李处耘在淄州一任三年，从乾德元年九月至乾德四年闰八月，他在淄州的事迹，可惜没有留下什么记录。他的长女嫁平卢节度使郭崇之子郭守璘，可能是李处耘守淄州时所结下的亲事。[2]征蜀部队的胡

（接上页）165—168；六月甲辰条，页172；闰八月甲子至九月壬辰条，页176—178；十月己巳至十二月庚辰条，页180—183。

1　《长编》，卷八，乾德五年正月辛丑至二月乙丑条，页187—189。

2　郭崇从建隆元年底移镇青州（平卢节度使），一直做到乾德三年死于任上止。青州

作非为，大概他在乾德四年二月后，从原本任渝州（今重庆市）刺史，后以一度降全师雄而被贬为淄州教练使的陈守习处可得知一二。可惜他未及见蜀乱平定，以及再被召立功，在乾德四年闰八月二十四日便在淄州赍志以殁，得年仅四十七。教他遗憾的是，爱子李继隆当时在京师供职，未及见最后一面。闻鼙鼓而思良将，太祖得知李处耘的死讯，虽然李的官阶不高，但仍然特别废朝一日，赠李处耘宣德军（即湖州，今浙江湖州市）节度使、检校太傅，赐地葬于洛阳偏桥村。[1]

据群书所记，太祖后来一直颇追念李处耘，而为此特别提拔李继隆，更在开宝八年（975）十二月聘李处耘的次女为太宗的继室。[2]

太宗继位后，因李继隆步步高升，李处耘不断被赠官，又因其次女在雍熙元年十二月被册为皇后，乃以后父之尊，从太宗朝始累赠太子太师、侍中至陇王。现存的李处耘赠官制书，有时任知制诰的田锡（940—1003）约撰于雍熙四年（987）九月至端拱二年（989）十月间的一篇《故淄州刺史累赠太师李处耘可赠侍中》制文，可说完全为李处耘平反，并为他当年有功而受罪之委屈申理，制文云：

> 敕：国家褒赠之恩，臣子哀荣之典，式昭故实，可举而行。故具官李处耘忠亮事君，韬钤立节，既荷葭莩之宠，宜增漏壤之恩。矧堂构之上言，冀琰词之饰宠。俾列珥貂之贵，追酬露冕之

（接上页）与淄州相邻，笔者怀疑李处耘与郭崇结为姻家，当在这时。李氏女可能在乾德元年至三年嫁郭守璘。参见《宋史》，卷二百五十五《郭崇传》，页8903。
1　《长编》，卷七，乾德四年二月丙辰条，页167，闰八月乙酉条，页178。
2　《宋史》，卷二百五十七《李处耘传附李继隆、李继和传》，页8963。

荣。贞魂有知,可膺贲赠。[1]

李处耘未竟的事业,幸而其二子李继隆和李继和都能克绍,[2]并因女儿成为太宗皇后,而令潞州上党李氏成为宋初功业和权势最盛的外戚世家。李处耘虽大志不酬,于此也可以得到安慰。因子孙之故,他最后和赵普一样,被追封为韩王(参见附录二、三两方墓志)。

九、余论

仁宗朝的名臣石介(1005—1045)在宝元二年(1039)七月,当宋廷开始出兵讨伐叛宋的西夏主元昊(1004—1048,1032—1048在位)却无功时,曾写过一首五言古诗《偶作》,借古喻今一番。诗中谈到

---

[1] 《长编》,卷二十五,雍熙元年十二月壬辰条,页590;卷二十八,雍熙四年九月丁丑条,页639;卷三十,端拱二年十月癸酉条,页689—690。《东都事略》,卷二十《李处耘传》,叶二上(页349)。《武夷新集》,卷十《李继隆墓志铭》,叶十五下。田锡(撰),罗国威(校点):《咸平集》(成都:巴蜀书社,2008年4月),卷二十八《故淄州刺史累赠太子太师李处耘可赠侍中制》,页328。《宋史》,卷二百五十六《赵普传》,页8941。田锡在雍熙四年九月拜知制诰,至端拱二年十月罢,他这篇制文当写于这期间。

[2] 李处耘的儿女,除了李继隆、李继和兄弟,嫁予郭守璘之长女及成为太宗明德李皇后之次女,以及适范贻孙(960—1002)的李氏幼女高邑县君(?—1005后)外,据《李继隆墓志铭》及《宋史·李处耘传》,尚有一居次之子李继恂(?—1004)。李继恂以洛苑使、顺州(今北京市顺义区)刺史卒于景德元年(1004)四月二十一日,死在明德李皇后之后,惟其生年不详。然《隆平集》及《名臣碑传琬琰集》却均载李处耘另有两子名李继明和李继靖,而无李继恂之名。参见《宋史》,卷二百五十七《李处耘传》,页8963。《宋会要辑稿》,第三册,《礼四十一之七·发哀杂录》,页1635;《礼四十一之三十八·辍朝》,页1657。《武夷新集》,卷十《李继隆墓志铭》,叶二十五下。《隆平集校证》,卷九《李处耘传》,页275。《名臣碑传琬琰集校证》,第四册,下卷五《曾巩撰:李处耘·子继隆》,页1803。

"太祖初受命,诸侯未尽宾。蜀广号敌国,荆潭为强邻。王师讨有罪,不闻逾十旬"时,即感叹"元昊诚蝼蚁,有地长一畛。讵足污斧钺,寻当投荆榛"。再想到今时将帅乏人,石介就忆起国初平定荆潭、川蜀的两大开国功臣李处耘及王全斌,而慨言"张旗发一号,岂无李处耘?提戈出一战,岂无王全斌?"由此诗可以看出,以石介为代表的宋代士大夫,在李处耘身后七十余年,仍未忘怀李处耘的勋业和过人的帅才。[1]事实上,从曾巩、王称到《宋史》的编者,都一致称许李处耘的才干,称许他"有度量,善谈当世之务,居常以功名为己任","识度详敏,论事造理,颇以功名自任。惟受遇思报,勇于敢为","多机谋,常以功名自任,自以受太祖非常之遇,思有以报,故临事勇于敢为,遂至于贬"。[2]事实上,在太祖的从龙功臣中,除了赵普外,就以李处耘的表现及功劳最为突出。太祖发动陈桥兵变,讨平宿敌李筠与李重进,以及平定荆湖,李处耘均厥功至伟。倘不是被贬及早死,李的功名事业未必在赵普之下。事实上,当赵普拜相后,本来其枢密使之空缺,原非李处耘莫属。倘李处耘不死,后来太祖在开宝二年(969)亲征北汉,有李的谋划,也许会有不同的战果;而开宝八年讨伐南唐的主帅,多半会是李处耘,而轮不到曹彬。可惜他被同属太祖藩府幕僚、同样具"以天下事为己任"志气的赵普排挤,以致大志不酬。这既是他本人

---

1 石介(撰),陈植锷(1947—1994)(点校):《徂徕石先生文集》(北京:中华书局,1984年7月),卷三《古诗二十九首·偶作》,页29—30。陈植锷(著),周秀蓉(整理):《石介事迹著作编年》(北京:中华书局,2003年1月),页85—86。
2 《宋史》,卷二百五十七《李处耘传》,页8962。《隆平集校证》,卷九《李处耘传》,页275。《东都事略》,卷二十《李处耘传》,叶二上(页349)。

的不幸,也是太祖的不幸。

李处耘作为太祖的从龙功臣,在太宗朝已为宋廷史官肯定。虽然他没有得到功臣的最大的荣誉——配飨太祖庙庭,[1]也不确知曾否获得功臣封号,并且不能及身令李家门墙光大,但他奠下之基础,加上李家后来成为外戚的机遇,使潞州上党李氏成为宋初最显赫的外戚将门。而他的长子李继隆最后得以配飨真宗庙庭,也算是对李处耘未能得此一荣宠的一点补偿吧。

后记

本章原名《宋太祖的从龙功臣李处耘(920—966)》,原载《暨南学报(哲学社会科学)》第25卷第2期(2003年3月),页99—115。现除补入数则资料外,并增补了首节"功臣释义"。该章节曾在2012年12月8日在香港岭南大学举行的"十至十三世纪中国的政治、文化与社会学术研讨会暨岭南宋史研究会第三届年会"上以《北宋功臣制度考释》为题宣读。蒙上海师范大学黄纯艳教授赐予宝贵意见,笔者并参考黄教授在会上宣读的《宋朝对境外诸国的册封制度》一文,修订本节。

---

1 宋廷在真宗咸平二年二月和八月,才议定哪几位文武功臣配飨太祖及太宗庙廷。从入选人的身份及功业来看,似乎入选的标准是已逝世而且功名令终的。故此薛居正、曹彬、石熙载和潘美虽然勋业平平,也得以入选。李处耘既是被贬而死,且官位也不高,他不能入选也是可以理解的。曹彬、潘美在太祖朝也曾参与平定后蜀、南唐及南汉三国的军事行动,虽在太宗朝对辽作战覆师,但最后仍位至枢密使及使相。加上潘美之女又是真宗夫人,故能入选。另参见第45页注1。

第二章

功比卫、霍：宋太宗朝外戚名将李继隆

一、导言

本章重点考论李处耘长子李继隆在太宗朝的军事生涯，以及他配称为一代名将的事功。李继隆是潞州上党李氏将门第二代最重要的人物，到了太宗朝，因李继隆妹明德李皇后正位中宫，潞州上党李氏既是功臣之后，又是外戚世家。若说李处耘是太祖的从龙功臣，则从太宗朝开始，李继隆一家就是攀龙附凤的戚里之家。

李继隆字霸图，以功臣子弟及帝戚的两重身份，加上能征善战，从太祖晚年开始，便得到太祖和太宗兄弟的重用。从太祖开宝八年征南唐之役始，到太宗太平兴国四年（979）平北汉之战，以及太宗一朝对辽对夏的大小战役，李继隆以骑将身份，统率马军，几乎无役不予，而屡立战功；不过，他也有好几回恃太宗的宠信而违纪败师，为时人所非议。他以后兄贵戚的地位，在内执掌禁旅，在外统兵出征，成为太宗一朝最有权势的武将。他在真宗景德元年（1004）之澶州之役立下大功，到仁宗即位获配享真宗庙廷时，即被礼官称誉其功比卫、霍，将他比作西汉武帝（前156—前87，前141—前87在位）时外戚名将卫青

(？—前116)与霍去病(前140—前117)。我们考究其一生的军旅生涯及军功，宋廷礼官对他的评价倒非过誉，而是符合事实的。

李继隆家世不凡，功业显赫，故《隆平集》、《东都事略》及《宋史》均有传，而其生平最详最早之记载，莫过于他晚年知己杨亿在他身后十月，奉命为他撰写的墓志铭。[1]本文即据宋人有关李继隆生平事迹之官私记载，并参考前人宋辽、宋夏战役的相关研究，考述李继隆在太宗一朝的军旅生涯，并论析他身为外戚而统军的得失。[2]至于他在真宗朝的事迹，就留在第三章讨论。

二、将门虎子，功臣子弟：李继隆在太祖朝之仕历

李继隆于后汉隐帝（931—950，948—9500在位）乾祐三年（950）诞于开封，生母吴氏。他有一姊，惟生卒年及姓名不详。是年三月，其父李处耘之上司永安军（即府州，今陕西榆林市府谷县）节度使折从阮奉召入朝。四月，徙镇为武胜军（即邓州，今河南南阳市邓州市）节度使，李处耘从行。为免后顾，李处耘将李继隆姊弟托付给在开封的长兄李处畴代为抚养。李处畴有一子名李继凝，长李继隆二十二岁，史称李继凝"无文采，性颇廉谨，所至皆以勤干"。他在后

---

[1] 《隆平集校证》，卷九《李处耘传附李继隆传》，页275—276。《东都事略》，卷二十《李继隆传》，叶二下至四上（页350—353）。《宋史》，卷二百五十七《李继隆传》，页8963—8969。《武夷新集》，卷十《李继隆墓志铭》，叶十三下至二十九下。
[2] 有关李继隆的研究，除笔者之前所撰的一篇及本文外，目前所见，仅有一篇通俗的短文。参见贾明杰：《上党名将李继隆》，《沧桑》，2006年第4期，页7—8。贾氏在2008年6月在河北大学呈交的硕士论文《宋初名将李继隆研究》的情况，参见本章"后记"的介绍。

汉乾祐初年，得天德军节度使郭勋（？—950后）奏为丰州永丰县令，从文官之途仕进，到后周显德中（约956）他返京任国子律学博士。他当是李继隆童年读书学习的导师之一。[1]

李继隆幼年时，因父任职四方，故父子相聚时间不多。大概在后周世宗显德四年（957），彰信军（即曹州，今山东菏泽市曹县）节度使李继勋命李处耘押送契丹间谍至京师，李继隆才得以与父短暂相聚。同年七月，周世宗将李处耘调归其爱将殿前都指挥使赵匡胤的帐下，任殿前司都押衙。李处耘从此成为太祖的亲信，而他也得以在京师与妻儿团聚。据杨亿《李继隆墓志铭》所述，李继隆"殆总角成人，出就外傅，乃归膝下，以奉所生，盖闺门之中，见无常父者矣"，当是指李继隆在这年方才回到父亲的怀抱。杨亿称李继隆"涉猎经史，博通大义，驰骋骑射冠绝一时"，虽不无溢美之词，但当是其父从小对他严加教导之成果。[2]

周世宗在显德六年（959）六月英年早逝，半年后，即建隆元年（960）正月，宋太祖便发动陈桥兵变，夺取帝位。李处耘与太宗、赵普等乃是策动兵变的核心人物。太祖即位，李处耘即成为从龙大功臣，《李继隆墓志铭》即称李处耘是"国初佐命，功居第一"。李处耘"临机决事，谋无不中"，太祖因此对他倚重有加。他在建隆元年四月和十一月，先后扈从太祖平李筠和李重进，以功自客省使擢宣徽北院使知扬州（今江苏扬州市）。这年底，李继隆年方十岁，即以父荫补西头

---

[1] 参见本书第一章，另第49页注1，第50页注1。
[2] 同上文，另第51页注1、2、3。

供奉官出身。同年,他的二妹出生,这位庶出的李家二小姐即后来的太宗明德李皇后。[1]

李处耘在建隆三年(962)十月被召还京师,拜宣徽南院使擢枢密副使,晋身执政。他升任枢副的同日,赵普升任枢密使,成为他的顶头上司。[2]乾德元年(963)正月,李处耘受命辅佐宿将慕容延钊征荆襄和湖南。宋军只用三个月便平定两地,但作为监军的李处耘却与主帅慕容延钊争权。二人各不相让,向太祖劾奏对方。太祖一方面要顾全他当年曾"以兄事之"的元勋宿将的颜面,另一方面可能听信赵普对李不利的意见,结果将慕容延钊赦免,而委屈了李处耘,在同年九月将李处耘罢枢贬为淄州刺史。李继隆也受累除籍为民,史称这是"当涂"的人下石的,从杨亿到《宋史》的编者都没有明说谁是这个"当涂"者,笔者则认为赵普的嫌疑最大。[3]

李继隆从乾德元年底始,随父至贬所淄州(今山东淄州市)。大概在乾德四年(966)二月,他随母吴氏入京贺长春节(太祖生辰长春节在二月十六日),太祖大概想起当日委屈了其父李处耘,就马上恢复

---

1 参见本书第一章,另第63页注2、3。明德李皇后生于建隆元年,至于生于何月不考,相信是在正月陈桥兵变后。李继隆幼弟李继和生于乾德元年(963),而其二弟李继恂(?—1004)以洛苑使、顺州(今北京市顺义区)刺史卒于景德元年(1004)四月二十一日,死在明德李皇后之后,惟其生年不详。参见《资治通鉴》,卷二百九十四《后周纪五》,页9602。《宋史》,卷二百五十七《李继隆传》,页8961。《宋会要辑稿》,第三册,《礼四一之七·发哀》,页1635;《礼四一之三十八·辍朝》,页1657。《武夷新集》,卷十《李继隆墓志铭》,叶十五下至十六上,二十五下。
2 徐自明(?—1217后)(撰),王瑞来(校补):《宋宰辅编年录校补》,第一册,卷一《建隆三年》,页7—8。
3 参见本书第一章。

他西头供奉官之职，将之留在京师。但是年闰八月，李处耘卒于淄州。太祖闻之，特为辍朝一日，赠宣德军节度使，并遣中使护丧事，赐葬地于洛阳（今河南洛阳市）的偏桥。李继隆星夜赶到淄州，殓葬亡父，并扶灵归葬于洛阳。是年李继隆仅十七岁。[1]

值得一提的是，李处耘在平湖南所收的姬妾胡希圣一心向佛，随李氏族人奉李处耘灵柩往洛阳时，就要求在洛阳天女寺出家。她入李氏门后，曾保育尚在稚龄的明德李皇后及其幼妹，李继隆"每以保阿，尊事尤谨"，于是成全她的素愿，许她在洛阳出家。胡氏出家后，法名妙善。她其后往来洛阳、开封之间，据说其"高行著闻"。太宗即位后，以她与李皇后有"椒涂之旧"，就命她为京师新建的妙觉禅院的住持，并赐号"广慧大师"。妙觉禅院后来变相成为李氏的家寺。[2]

李继隆为亡父尽孝除服后，回京供职。据杨亿所记，当时得宠用事而与李处耘有宿憾的人，对李继隆大为猜忌。这个呼之欲出的人，毫无疑问是当时大权独揽的宰相赵普。据说厚爱李继隆的人很担心他的处境。不过，李继隆少年老成，"介然自持，不以屑虑"，而且胸有智计，装作终日沉迷射猎，不事生产。赵普给他骗过，以为他只是胸无

---

[1] 李继隆究竟是在乾德二年（964）、三年（965）或四年（966）入京贺太祖长春节而复官，史所不详。《李继隆墓志铭》记他复官留于京师后，"俄丁先王忧"，则是说李继隆复官后不久父死。以此推论，李继隆入京似在乾德四年春。按：乾德二年四月，吕余庆（927—976）自江陵府（今湖北荆州市）还朝升任参知政事时，太祖曾问他李处耘在荆州（即江陵府）与慕容延钊争权之事，吕据实回报。太祖更知当日委屈了李处耘。参见《宋史》，卷一《太祖纪一》，页5、17；卷二百五十七《李继隆传》，页8963。《长编》，卷七，乾德四年闰八月乙酉条，页178；卷十四，开宝六年九月壬子条，页307。《武夷新集》，卷十《李继隆墓志铭》，叶十六下。另参见本书第一章。
[2] 关于胡希圣的生平事迹，可参见本书第一章，另第70页注2。

大志的纨绔子弟,就没有再视他为眼中钉。[1]

开宝二年(969)正月,太祖准备亲征北汉,他选派使臣四十九人发诸道兵屯于河东、河北各州。李继隆奉命送戍卒于贝州(今河北邢台市清河县),贝州节度使孟玄喆(946—990)命宴射于堂上,李继隆像亡父当年折服李继勋一样,以矢无虚发的妙技和娴雅的举止赢得孟的嘉许。孟据称有知人之鉴,实时称许比他年轻四岁的李继隆:"它日,非吾所及也。"[2]

李继隆从贝州还朝后,接着先后被委出任四川果州(今四川南充市)、阆州(今四川阆中市)之监军兼巡检。当时陇蜀乱平不久,盗贼仍多。李继隆母亲不放心爱子一人独往远方,打算差派跟随李处耘多年而又性情谨厚的亲信随行辅助。但李继隆表示:"儿之是行,不须此辈,必当有立,无忝前人。"其母也就不勉强他。据杨亿所说,李继隆在果州、阆州供职日,"庋止踰月,群盗屏息,臣猾就擒,齐氓安堵"。杨亿并称其政绩得到宋廷嘉许,而且当他受代离蜀之日,得到二州百

---

[1] 《武夷新集》,卷十《李继隆墓志铭》,叶十六下。另参见本书第一章。
[2] 按:杨亿所记,李继隆送戍卒在开宝初,参以《长编》所记,太祖在开宝二年初为征北汉而大举调动军队,他所派的使者四十九人,疑李继隆正在其中。又孟玄喆本为后蜀太子,归宋后拜泰宁军(即兖州,今山东济宁市兖州区)节度使,后移镇贝州,在镇十余年,据《宋史》本传所记,孟要到太宗初年才移镇定州(今河北保定市定州市)。杨亿说孟当时为定州帅,未审是误将贝州作定州,还是《宋史》失记。据李之亮所考,从乾德五年(967)到太平兴国二年(977),定州帅(义武军节度使)一直由祁廷训(924—981)出任,说孟玄喆为中山帅,恐是杨亿误记。孟氏当时其实是贝州帅。参见《武夷新集》,卷十《李继隆墓志铭》,叶十七上;《长编》,卷十,开宝二年正月丙午条,页216;《宋史》,卷四百七十九《世家二·孟玄喆传》,页13882;李之亮:《宋河北河东大郡守臣易替考》(成都:巴蜀书社,2001年5月),页175—176,《定州中山府》。

姓欢送。杨亿的话可能不无溢美,不过李继隆出仕之初,大概也是做得称职的。李继隆除善射外,还善驰驿。据说当他从蜀中取道剑阁栈道(今四川广元市剑阁县大剑山与小剑山间)代还京师时,为早日返京,就日夜兼程且不理道路艰险及天雨苔滑,高速驰奔,有一回竟连人带马,堕下百尺深崖。等到附近的驿吏闻声持烛来到崖边拯救时,他早已牵着山缏攀上平地,而人马无损。人家都说他命大福大,得祖宗庇佑,实际上是他精练的骑术救了自己。后来他长期执掌马军,正得力于早年练就的上乘骑术。[1]

开宝六年(973)八月,当年排挤李继隆父子的赵普罢相,赵普的政敌、与李处耘交好的太宗则晋封为晋王,位同皇储。[2]宋廷这一番变局对李继隆大为有利,他出人头地在望。

开宝七年九月,太祖发兵征南唐。大概在开宝八年初,位于湖南的梅山峒蛮,趁着宋军与南唐军交兵之时,乘机侵犯潭州和邵州(今湖南邵阳市)。李继隆刚好奉命率领雄武军三百人出戍邵州,他的军队因戍守内地,依例只给刀楯,没有重型兵器。李的部队在潭州之南,遇上数千蛮兵拦路。他率部奋战,致手足都中毒矢,幸得良药而愈。然他部下兵卒却损伤了百余人,最后总算击退了蛮兵。起初有人指斥李继隆轻敌有罪,后来太祖查明他其实以寡胜众,且勇敢善战,就开

---

[1] 《武夷新集》,卷十《李继隆墓志铭》,叶十七上下。《宋史》,卷二百五十七《李继隆传》,页8963。李继隆任果州、阆州监军之年月不详。李继隆约在开宝八年初奉命戍邵州。按一般之差遣为三年一任,则李继隆当在开宝二年自贝州还京后出任果州监军,到开宝五年徙阆州监军,然后到八年徙邵州。《宋史》本传以李继隆在乾德中任果、阆监军,当系误书。

[2] 《长编》,卷十四,开宝六年八月甲辰至己巳条,页306—307。

始对他另眼相看,委以重任。[1]

在平南唐的战役中,李继隆多立功劳。开宝八年二月,他跟从左骁卫大将军、潭州钤辖石曦(920—993)率兵攻袭袁州(今江西宜春市),败南唐军二千于袁州西界,并攻破附近之桃田寨,追击南唐军二十里,再攻入潭富寨,焚其梯冲、存粮。稍后他又从京西转运使李符(926—984)调发荆湖军粮,领粮船数千艘顺流东下至金陵(今江苏南京市)。杨亿称他"备豫有素,往来无滞。编管斗粟,不爽于军需;木牛流马,式彰于心计"。因顺利完成这趟运粮差事,更受太祖赏识。他曾与拦截的南唐水军在长江水战,有一次伏弩正中其额,幸而他的冠胄坚厚,没有受伤。因他善驰驿,每日可行四五百里,故太祖多次命他传送军情兼押送南唐降将。他往还京师途中,有一回曾遇虎,他一矢就射毙之。又有一次押送一南唐降将至京,至陈州项县(今河南周口市沈丘县),该降将病重不能行,李继隆当机立断,将他斩首上报太祖了事。太祖因此称许他有勇有谋,可任大事。[2]

大概李继隆样貌类其父,故太祖见到他,马上想起故去的爱将。

---

[1]《长编》,卷十五,开宝七年九月癸亥条,页323;卷十六,开宝八年五月甲申至乙酉条,页340。《武夷新集》,卷十《李继隆墓志铭》,叶十七下至十八上。《宋史》,卷二百五十七《李继隆传》,页8963。《长编》将李继隆遇蛮兵之事系于开宝八年五月甲申宋廷豁免潭州、邵州税时,实际上李遇蛮兵当在开宝八年初。又关于北宋梅山蛮的问题,可参阅袁愈雄:《北宋开梅山与章惇》,《湖南人文科技学院学报》,总第92期(2006年第5期),页106—118。

[2]《宋史》,卷二百五十七《李继隆传》,页8963—8964;卷二百七十《李符传》,页9275;卷二百七十一《石曦传》,页9289—9290。《长编》,卷十六,开宝八年正月丙戌至二月癸亥条,页334—335;十二月己亥条,页353—354。《武夷新集》,卷十《李继隆墓志铭》,叶十八上下。

太祖自问当年委屈了李处耘，有心补过，见李继隆有智有勇，就决心提拔他。太祖吩咐他，到平定南唐之日，要他前来报捷，答应会厚赏。不过，当时在宋军中负责传报军情的使臣和内侍有十多人，人人都想争这份优差。当金陵仍未攻破时，曹彬需要派人入奏，请太祖同意破城后，保全南唐主李煜（937—938），但这些人却怕去了就得不到献捷的差事。李继隆见此，就自愿前往。十一月底，当他抵京时，金陵仍未破，太祖见到他时甚为错愕，可惜他未能当上报捷之使臣。但李继隆很机警，他估计金陵破在旦夕，就对太祖说他在途中遇见大风、天地晦暝之奇象，并一口咬定这是金陵城破之吉兆，说捷报很快便会到。太祖不但准许了他的奏请，保全李煜一门，而且马上派中使赶往金陵宣谕，并申戒曹彬不可多杀人。李继隆的运气很好，同年十二月一日，捷报便到京。而且派往金陵的中使也在金陵城破前赶到，宣谕了太祖的旨意，既保全了李煜一门，也令城中的人免受杀戮。太祖闻报大喜，即召见李继隆，嘉许他的先见。[1]

太祖大概怕李继隆功劳不够，开宝九年（976）正月，又派他招抚扰乱福建之原南唐宣州（今安徽宣城市）守将卢绛（？—976）。[2] 二

---

[1] 《长编》，卷十六，开宝八年十二月己亥条，页353—354；卷七十八，大中祥符五年八月壬寅条，页1778。《宋史》，卷二百五十七《李继隆传》，页8964。《武夷新集》，卷十《李继隆墓志铭》，叶十八下至十九上。

[2] 卢绛是南唐宣州守将，闻知金陵陷落，在开宝八年底就率万余人往福建，意图割据岭南。他抵歙州（今安徽黄山市歙县），以刺史龚慎仪（？—976）闭城不纳，就攻破之，杀慎仪，纵火大略而去。他所过莫不惊扰。他传檄至福州（今福建福州市），要福州守臣许其进入。福州观察判官查元方（？—981）斩其使，并申报太祖。太祖在开宝九年正月十二日闻卢绛叛，就派其弟卢袭（？—980后）赍诏书招谕之。据杨亿所记，李继隆亦奉命以"偏师讨之，势穷乞降，缚送行在"。据《长编》所记，卢绛在同年五月自

月，太祖论功行赏，李继隆以江南之功，从西头供奉官超擢为庄宅副使，从使臣进入诸司副使的行列。太祖又因太宗妻符夫人（即太宗懿德皇后，942—975）卒，就作主聘李继隆之二妹为太宗继室。太宗是众所周知的皇储，太祖的赐婚，就表明他要将李继隆结为戚里。太祖在是年三月初巡幸西京洛阳，即命李继隆随行，任他为御营前后巡检使，对他愈发宠信。[1]

栽培及拔擢有潜质的功臣子弟，为赵宋王室效命，是太祖一贯的政策。平情而论，李继隆在太祖朝的仕途，初时并不顺利，他要到太祖晚年才因缘际会得到太祖的器重和栽培。比他稍年长的几个功臣子

（接上页）动投降，似乎不关李继隆的事。卢绛原是南唐悍将，拥众万人，李继隆初出茅庐，即使杨亿所记属实，不过是偏师进讨，杨亿说李将卢绛"缚送行在"，怀疑有夸大李继隆功劳之嫌。而曾巩大概因袭杨亿的说法，故也称"江南伪将卢绛拥兵数万，继隆独谕以威信而降"。卢绛在五月归降时，太祖已返开封多时，所谓"缚送行在"并非事实，李焘已确考卢绛实被诛于开封之固子陂，葬于夷门山，而非洛阳。至于部送卢绛至开封的宋将，据李焘所考，实是平南唐之副将曹翰（924—992）而非李继隆。又卢绛来降，方入朝引对，却遇上龚慎仪的兄子、右赞善大夫龚颖（？—988后），龚颖即执着这个杀叔仇人向太祖诉冤。太祖将卢绛下狱，平定南唐的主帅、枢密使曹彬以卢绛骁勇，请太祖宥其死。但太祖以卢绛貌似开宝元年（968）九月刺杀北汉主刘继恩（？—968）之刺客侯霸荣（？—968），怕卢像侯霸荣那样反复，加上曹翰力劝不可留下卢绛，于是太祖宁可失信，也要将卢绛斩首于西市。参见《长编》，卷十七，开宝九年正月丙子至己卯条，页363；五月己巳至乙亥条，页371—372。《武夷新集》，卷十《李继隆墓志铭》，叶十九上。《隆平集校证》，卷九《李处耘传附李继隆传》，页275。关于侯霸荣刺北汉主的始末，以及太祖为何对貌似侯的卢非杀不可，可参王育济、白钢：《宋太祖遣使行刺北汉国主考》，《中国史研究》总第56期（1992年第4期），页96—104。

[1] 太祖对李继隆赏功特厚，他超过了东头供奉官一阶，连跳十一级，出任诸司副使第十一阶的庄宅副使。又太祖为太宗聘李继隆妹的年月不详，仅称"开宝中"。按：太宗符夫人卒于开宝八年十二月十九日，太祖当在是年底或开宝九年初行聘。参见《长编》，卷十七，开宝九年二月庚戌条，页364；二月壬申至辛巳条，页367。《宋史》，卷二百五十七《李继隆传》，页8964。

弟，像石守信的长子石保兴（947—1004）、慕容延钊的次子慕容德丰（948—1002）、李崇矩的长子李继昌（948—1019），都比他早出头及官职高。而王审琦的长子王承衍（947—998），与魏仁浦幼子魏咸信及比李继隆略幼的石守信次子石保吉（954—1010）更相继尚主，成为太祖的东床快婿。不过，李继隆凭着自己的本事，加上二妹婚配太宗的特别机遇，他在太宗朝以后的事功名位，却能后来居上。在功臣子弟中，与他际遇相近的，只有比他年轻的韩崇训（952—1007）和马知节（955—1019）。[1]

三、用人惟亲：太宗朝的外戚武将

李继隆在太宗朝因二妹册为皇后而成为外戚。根据太宗一朝用人之情况，我们可以得出一个看法：太宗喜欢用他的外戚带兵出征，戍守地方及监察将领。他的用人，并不是用人惟才，而倾向于用人惟亲。为此，太宗后来付出沉重的代价。

在太宗一朝，具有外戚身份的，是他的母族、妻族、姊妹的夫族和其女儿的夫族，以及太祖的妻族及女儿夫族。太宗的母族男性外戚，包括他的祖母简穆皇后刘氏的族孙刘文裕（944—988）及其二弟刘文嵩和刘文质（965—1028），以及他的母亲昭宪杜太后（902—961）的族人，包括他的亲舅杜审进（903—974），他的几个亲表兄弟

---

[1] 按：韩崇训是韩重赟长子，马知节则是马全义长子，他们二人在真宗朝先后出任枢密副使及知枢密院事。关于宋太祖栽培擢用功臣子弟的讨论，可参何冠环：《论宋初功臣子弟马知节（955—1019）》，收入何著：《北宋武将研究》（香港：中华书局，2003年6月），页137—202。

杜彦圭（928—986）、杜彦钧（？—1007）、杜彦遵、杜彦彬和刘知信（943—1005）以及他们的子侄杜守元（952—1009）等数人。[1]太宗的妻族男性外戚，计有他初娶后来追册为淑德尹皇后的族人，包括尹皇后的妹夫赵延进（927—999），[2]以及他续娶后来追册为懿德符皇后族人，和登极后才入宫并母仪天下的明德李皇后族人，以及其他有名号的九位嫔妃的族人。符皇后族人出任武将的有其二弟符昭愿（945—1001）和符昭寿（？—999），李皇后族人自然是李继隆兄弟。[3]

---

[1] 《宋史》，卷四百六十三《外戚传上·杜审进、杜彦圭、杜彦钧》，页13537—13539；《外戚传上·刘知信》，页13543—13544；《外戚传上·刘文裕》，页13545—13547。

[2] 赵延进是澶州顿丘（今河南濮阳市清丰县）人，父赵晖是五代名藩。虽然尹皇后早死，但太宗对他仍任以腹心。其事迹详下文。另外尹皇后的族人稍为太宗所用的，是她的族弟尹崇谔（？—989后），他在端拱二年十月曾以作坊副使掌管折中仓，负责商人输粟京师而请茶盐于江淮之出纳事宜。参《长编》，卷三十，端拱二年九月戊子至十月癸酉条，页687。

[3] 太宗在登位后翌月，即开宝九年十一月，追册他登位前已死的两位妻子尹氏、符氏为皇后。太宗有名号的嫔妃共九人，包括真宗的生母，后追尊为元德皇后（944—977）的贤妃李氏、贵妃孙氏（？—982）、贵妃臧氏、贵妃方氏、德妃朱氏（？—1035）、贤妃高氏、贤妃邵氏（？—1016）、淑仪李氏（？—993）及淑仪吴氏（？—1007）。以上诸嫔妃之族人任将的，计有贤妃李氏父乾州防御使李英、贵妃孙氏父左屯卫大将军孙守彬（923—995）、淑仪吴氏父右屯卫将军吴延保。除了孙守彬因有墓志铭传世，故其事迹较著外，其余各人的事迹均不显。考孙守彬本是开封长袖善舞的富商，据柳开（947—1000）所记，孙守彬与其父孙徽与后周太祖、后周世宗以至宋太祖均有旧。太祖即位后，对他眷宠倍于前。孙的女儿在太平兴国二年（977）闰七月入宫，太宗特授孙右领军卫将军致仕。孙氏女从才人晋为贵妃，甚受太宗宠爱，惟在太平兴国七年（982）九月卒，太宗顾念旧恩，雍熙元年（980）十二月十四日，将孙守彬从左领军卫大将军致仕改授右屯卫将军，再累迁至左屯卫大将军，授金紫光禄大夫封乐安郡侯食邑千户。孙守彬在至道元年四月卒，年七十三，赠左金吾卫大将军。他有子五人，长子贞吉，恩授西京作坊副使，次子贞干授西头供奉官，三子贞谅授侍禁，四子贞节、五子贞素均授三班奉职。而他的女儿及孙女皆与王公联姻。因孙贞吉与柳开友善，故请得柳为亡父撰写墓志铭。孙守彬一家的事迹，笔者最近撰有一文考述。参见《长编》，卷

至于主婿方面，太宗姐夫高怀德及其几个儿子高处恭（？—986后）、高处俊（？—986）、高处荣（？—989后）自然厕身外戚之列。[1]而太宗在位期间惟一招纳的主婿吴元扆及其族人，也成为新的外戚。[2]太宗

（接上页）十七，开宝九年十一月甲子条，页383—384；卷十八，太平兴国二年闰七月甲寅条，页409；卷二十三，太平兴国七年九月甲寅条，页528。《宋史》，卷二百五十一《符昭愿、符昭寿传》，页8841—8842。《皇宋十朝纲要校正》，上册，卷二《太宗·皇后四、嫔妃九》，页44—45。《宋太宗实录》，卷三十一，页62。《柳开集》，卷十五《宋故左屯卫大将军乐安郡侯孙公墓志铭并序》，页199—200。何冠环：《宋初开封酒商孙守彬事迹考》，《东方文化》第五十一卷第二期（2022年12月），页41—64。

[1] 《宋史》，卷二百五十《高怀德传》，页8822—8823。王禹偁（954—1001）：《小畜集》，文渊阁《四库全书》本，卷二十八《右卫上将军赠侍中宋公神道碑奉敕撰》（以下简称《宋偓神道碑》），叶十二上。《长编》，卷二十二，太平兴国六年九月辛亥条，页500；卷二十三，太平兴国七年二月辛卯条，页514。《宋太宗实录》，卷三十，页44。按：高怀德幼子为宋偓婿。又太宗对其姐夫的家人不薄，他在太平兴国七年二月，即封高怀德及燕国长公主所生的两个女儿为高平县主（？—982后）和真宁县主（？—982后）。到雍熙元年六月初三，再晋封公主次女为延昌县主（？—984后）。又高怀德长女在太平兴国六年嫁赵普的儿子赵承宗（？—991）。

[2] 吴元扆是太祖朝首位枢密使吴延祚（911—964）幼子，他在太平兴国八年八月选尚太宗第四女蔡国公主（？—990），授右卫上将军、驸马都尉。吴元扆兄弟共七人，依次为元辅（939—986）、元载（947—1000）、元范、元扆、元吉（964—1006）、元庆。从吴元辅以下均任武职。其中吴元载、吴元吉均有墓志铭传世。参见《宋史》，卷二百五十七《吴元扆传》，页8948—8950。《宋太宗实录》卷二十六，页8。北京图书馆金石组（编）：《北京图书馆藏中国历代石刻拓本汇编》（两宋二），第三十八册（郑州：中州古籍出版社，1990年2月），《志3718》《吴元载墓志》，页9；《志3721》《吴元吉墓志》，页16。《全宋文》，第八册，卷一百七十三《张舜宾》《金紫光禄大夫检校司空左卫将军致仕兼御史大夫上柱国南阳郡开国侯食邑一千户吴公（元载）墓志铭并序·咸平五年三月》，页417—420；第十册，卷二百六十九《王琛》《大宋故西头供奉官阁门祗候监西京都盐院吴府君（元吉）墓志铭并序·景德四年正月》，页286—287。台湾清华大学年轻学者林俊廷在2003年5月参加宋史碑铭读书会所提交的报告即对吴氏外戚将门作出初步研究，其报告有否修改并刊出不详。参见林俊廷：《从宋元墓志铭与史料差异看史料比对与还原问题——以吴延祚一族为例研究大纲》（网上资料）。

弟秦王廷美的女婿韩崇业（962—1002）一度也拥有驸马的地位。[1]另外，太祖孝惠贺皇后（929—958）之长兄贺怀浦（？—986）及其子贺令图（948—986）、孝明王皇后（942—963）幼弟王继勋（？—977）、孝章宋皇后（952—995）父宋偓及其诸子，以及太祖三位主婿王承衍、石保吉、魏咸信及他们之族人，到太宗即位，仍在外戚之列。[2]

太宗对他的外戚的态度，因着关系亲疏及信任程度而有所分别。他对亲舅及表兄弟一直信任和重用，杜审进一直镇守陕州（今河南三门峡市陕州区），又在太宗离京时，被委任为京师警巡，另建节加官，恩礼不衰。[3]杜彦圭和刘知信在攻太原（今山西太原市）、伐幽州（今北京市）二役均从征。他们二人虽在太平兴国五年（980）八月坐私贩卖竹木被贬，但数天后又官复原职。刘知信在太平兴国七年因被秦王廷美狱牵连贬官，但不久便官复原职。他们二人在雍熙北伐均从征，

---

[1] 太宗在太平兴国六年十二月封弟秦王廷美之女为云阳公主（？—986），并出降太祖朝殿前都指挥使韩重赟之子韩崇业，授左监门卫将军、驸马都尉，但当廷美在太平兴国七年四月被贬后，韩崇业夫妇也被摘去公主及驸马都尉名号，韩家厕身戚里的时间只得四月。参见《长编》，卷二十二，太平兴国六年十二月戊子条，页506—507；卷二十三，太平兴国七年四月己卯条，页518。《宋史》，卷二百五十《韩重赟附韩崇业传》，页8825—8826。
[2] 《宋史》，卷四百六十三《外戚传上·贺令图》，页13540—13541；《外戚传上·王继勋》，页13541—13542。王禹偁：《小畜集》，卷二十八《宋偓神道碑》，叶一上至十五上。《宋太宗实录》，卷三十，页48。宋偓在雍熙元年六月二十五日自定国军（即同州，今陕西渭南市大荔县）节度使罢为右卫上将军；不过，四年后又获太宗复用出掌大郡。
[3] 《宋史》，卷四百六十三《外戚传上·杜审进》，页13537—13538。《长编》，卷十八，太平兴国二年八月丙寅条，页410—411。《宋太宗实录》，卷三十，页49。杜审进在雍熙元年七月初一，以年高自保平军（即陕州）节度使罢为右卫上将军，但到雍熙四年（987）又复授静江军（即桂州，今广西桂林市）节度使。杜在端拱元年（988）卒，年七十九。

且担任重要任务。[1]

刘文裕及贺怀浦、令图父子,对太宗来说,关系本来不亲不深,但他们在太祖朝投靠了太宗,成为其亲信。故太宗即位后,他们便受重用,充当太宗在军中的耳目。[2]王皇后惟一的亲弟王继勋与太宗既无直接的亲属关系,又一直是太宗的敌人。当太宗即位后,便大开杀戒。太平兴国二年(977)二月二十四日,以王滥杀平民之罪,将他处斩于洛阳。[3]宋皇后虽然一直与太宗存有芥蒂,但后父宋偓懂得讨好太宗,故恩宠不衰,既加使相,晋爵国公,又从征太原、幽州,并多次被委出守沿边重镇。[4]

对于太祖的几位主婿及其子弟,太宗初时并未特别重用。高怀德与石守信虽曾从征太原和幽州,但未受重用,石守信后来还以"失律"被降职。他们的子弟只有石保兴较受重用。至于王承衍、石保

---

1 刘知信在雍熙元年八月初七,便从静难军(即邠州,今陕西咸阳市彬县)节度行军司马回升为左卫将军领营州(今河北秦皇岛市昌黎县)刺史。参见《宋史》,卷四百六十三《外戚传上·杜彦圭》,页13538—13539;《外戚传上·刘知信》,页13543—13544。《长编》,卷二十一,太平兴国五年八月甲戌至己丑条,页478;卷二十三,太平兴国七年四月乙丑条,页516。《宋太宗实录》,卷三十一,页52。
2 《宋史》,卷四百六十三《外戚传上·刘文裕》,页13545—13547。《长编》,卷十九,太平兴国三年五月乙巳条,页430。刘文裕在太平兴国二年以内弓箭库副使出为秦陇巡检,三年五月即与马知节等识破李飞雄冒充太宗使臣欲谋叛之事。关于刘文裕及贺怀浦、贺令图充当太宗军中耳目的其他事例,可参何冠环:《宋太祖朝的外戚武将》,收入何著:《北宋武将研究》,页67—68及注6,页73—74及注13。又下文会有所论述。
3 《长编》,卷十八,太平兴国二年二月乙卯条,页399。
4 参见何冠环:《宋太祖朝的外戚武将》,页78—79及注19。关于宋偓在宋辽战争中的参与程度,下文会有讨论。

吉、魏咸信等三驸马，要到雍熙三年（986）以后才开始受重用，分别出镇要地。[1]

在太宗朝众多外戚中，太宗对自己三位皇后的族人，便亲信得多。尹皇后的妹夫赵延进，太宗即待以腹心，任之为军中耳目，赵也就敢在太平兴国四年满城之役中，以偏将之身份，承担违令改诏之罪责。（事见下文）而太宗对符皇后的弟弟符昭愿、符昭寿也加以委用。符昭愿的仕历与李继隆相近，都在太祖晚年获得重用，官诸司使臣。他亦从征太原和幽州，负责攻城，然后出守边郡，擢团练使，只是他的战功不及李继隆。在任人惟亲的思想下，才具平庸的符昭寿也受太宗擢用，后来他的不才害死了自己。[2]

太宗对自己惟一的女婿吴元扆爱护有加，以其尚年轻，要在雍熙

---

[1] 太宗对石守信的猜防较高怀德大，太平兴国二年十一月，太宗将石守信从镇守十七年的郓州（天平军，今山东菏泽市郓城县）徙为西京（即洛阳）留守，并罢其节度使。太宗对太祖三个主婿表面上优待甚厚，特别是即位不久，要收买人心之时。他在太平兴国三年二月初一，便幸侄女郑国公主第，赐王承衍银器万两，锦彩五千疋，又赐王承衍与公主所生之子王世隆（?—1004）银百两、帛百疋。石守信在雍熙元年六月十六日卒，太宗对石家恩恤一番，辍视朝三日，追封卫王，赠尚书令，谥武烈。七月二十七日又令石保兴、保吉兄弟起复，石保兴自如京使授顺州团练使，石保吉自朔州（今山西朔州市）观察使擢威塞军（即新州，今河北张家口市涿鹿县）节度使。不过，太宗由始至终并未重用石守信。参见《长编》，卷十八，太平兴国二年十一月己亥条，页415；卷十九，太平兴国三年二月丙辰条，页422。《宋史》，卷二百五十《王承衍、王世隆传》，页8817—8818。《宋太宗实录》，卷三十，页46—47、51。另参阅何冠环：《宋太祖朝的外戚武将》，页79—82及注20、21、22。

[2] 《宋史》，卷二百五十一《符昭愿、符昭寿传》，页8841—8842。符昭寿驭下无方，在真宗咸平二年（999），在成都即被乱兵所杀。关于符氏兄弟的事迹，可参阅何冠环：《北宋外戚将门陈州宛丘符氏考论》，《中国文化研究所学报》，第四十七期（2007年），页13—26。后收入何著：《北宋武将研究续编》（新北：花木兰文化事业有限公司，2016年3月），上册，页17—33。

之后，才委以治郡。其长兄吴元辅在雍熙元年五月十五日，自左神武大将军领平州（今河北秦皇岛市卢龙县）刺史，次兄吴元载亦因元扆之故，在雍熙之后，既擢为西上阁门使领刺史，又屡获知大藩，如陕州、秦州（今甘肃天水市）及成都府（今四川成都市）。只是他们本事有限，亦无统军征战的本事。[1]

太宗继位后，他既要驾驭太祖手下的一大批宿将，又要制服从北汉及各地招回来的劲兵猛将，为他一统天下，平定叛乱。他就需要一批他绝对信任的人充当他在军中的耳目。而我们清楚地看到，他在军中所信任及使用监视诸将的人，主要是他晋邸的旧人以及他的外戚。李继隆在太宗朝得到重用，无役不予，多建功勋，除因其才具出众外，还因太宗倚靠外戚统军驭军的狭隘思想所致。下文将详述李继隆在太宗即位后得到重用之经过，及其在沙场所建之功勋。

四、奋战沙场：李继隆在太平兴国年间的战功

开宝九年十月二十日，太祖驾崩，太宗继位。[2]太宗即位后翌年（太平兴国二年）七月十八日，李继隆妹入宫。[3]大概是推恩之故，李自庄宅副使超擢为六宅使，进入诸司正使行列。他的堂兄李继凝也得以迁国子四门博士，出知房州（今湖北十堰市房县），稍后再改官太常丞知唐州（今河南南阳市唐河县）。李继隆在太宗朝第一项劳绩，是

---

1 《宋史》，卷二百五十七《吴元辅、吴元载、吴元扆传》，页8949—8951。《宋太宗实录》，卷三十，页43。
2 《长编》，卷十七，开宝九年十月癸丑至甲寅条，页380—381。
3 《长编》，卷十八，太平兴国二年七月丁丑条，页408。

在太平兴国三年（978）正月，与弓箭库使王文宝（？—991）、内作坊副使李神佑（951—1016）和刘承珪（950—1013）一同率兵役数万人疏浚京西河百余里。因地势高而水不能至，经月余之工役，这条人工施凿的河道仍不能通漕。碰上山水暴涨，石堰毁坏，通河之举终不成功。同年六月，他又与判四方馆事梁迥（928—986）及内臣入内高班窦神宝（949—1019）治理宋州宁陵县（今河南商丘市宁陵县）汴河的决河。一天日暮之时，三人要过河。梁迥身体肥硕，所乘的船旧而转动不灵，李继隆就将所驾的船让给他，自己及窦神宝则改乘梁的旧船。李、窦所乘的旧船果然在河中倾覆，幸而李继隆机警，落水后抓着附近一株大桑树，相信也帮助窦神宝抓着它，两人就靠着这株桑树得以不沉入河底。梁迥见到二人翻船，马上驱舟来救，几经辛苦救起二人，三人合力驾船，到夜半终于抵达对岸。到天明时回头看那株救命树，已沉没多时。李继隆等大难不死后，继续治理河道，最后如期役成，河水回复故道。[1]

李继隆在太平兴国四年终能用武沙场。他在太祖晚年平南唐之役，主要职务是传递军情，并非在沙场恶战。他在这一年即大战连

---

[1]《长编》，卷十九，太平兴国三年正月甲午至戊戌条，页420—421；六月乙亥条，页431。《宋会要辑稿》，第一册，《后妃一之一·明德李皇后》，页248。《宋史》，卷二百五十七《李继隆传》，页8964。《武夷新集》，卷十《李继隆墓志铭》，叶十九上、二十六下。《宋太宗实录》，卷四十五，页149。六宅使是诸司正使第十五阶，李继隆从庄宅副使迁六宅使，共跳了十七级。又窦神宝于《宋史·宦者传》有传。他是太宗、真宗两朝颇有功的内臣，官至入内右班副都知、皇城使。其事迹可参阅何冠环：《〈全宋文〉前十五册所收碑铭之宋初内臣史料初考》，载何著：《宫闱内外：宋代内臣研究》（新北：花木兰文化事业有限公司，2018年3月），上册，页25—26，"窦神宝"。

场,先后参与平北汉之战、攻辽的高梁河之役以及辽反攻宋的满城之战。在这三场恶战中,他虽以偏将从征,却均能立下汗马功劳、尽显将才。

太宗在这一年正月决定亲征北汉,完成他一统天下的大业。外戚从征众多,官位最高的是使相高怀德、石守信与宋偓,其下的有杜彦圭、刘知信、赵延进、石保兴、石保吉、符昭愿、贺令图和刘文裕,当然少不了李继隆。[1]太宗在是年二月离京往镇州(今河北石家庄市正定县),再向太原进发。李继隆应诏从征,担任攻太原的四面提举都监,大概是统率攻城的机动部队。太宗在四月二十二日抵太原城下,从二十四日起,宋军猛攻四门,李继隆被委派协助彰德军节度使李汉琼(927—981)进攻南城。李汉琼勇悍过人,率众先登,箭集其脑,又中其手指,虽身受重伤,却力战不退。李继隆不比主将逊色,据杨亿说,

---

[1] 石保兴以如京使、顺州刺史从征太原,任御寨四面都巡检。符昭愿以尚食使从征太原,任御营四面都巡检使,与石保兴职位同。杜彦圭从征太原,以饶州(今江西上饶市)防御使率兵,与曹翰及孙继业(?—985后)攻城西面。刘知信则以武德从征,任行宫使。赵延进在攻太原之役,为八作壕寨使。刘文裕则以军器库使率兵分守石岭关(今山西太原市阳曲县东北,北界忻州)。至于高怀德、石守信、石保吉、贺令图及宋偓的任务不详,可能只是扈从太宗。参见《宋史》,卷二百五十《石保兴传》,页8811;《高怀德传》,页8822;卷二百五十一《符昭愿传》,页8841;卷二百五十五《宋偓》,页8907;卷二百七十一《赵延进传》,页9299;卷四百六十三《杜彦圭传》,页13538;《刘知信传》,页13543;《刘文裕传》,页13547。《长编》,卷二十,太平兴国四年三月庚子条,页447。何冠环:《北宋外戚将门陈州宛丘符氏考论》,载《北宋武将研究续编》,上册,页21—23。关于太宗平北汉之役的始末及分析,可参阅李裕民:《宋太宗平北汉始末》,原载《山西大学学报》,1982年第3期,现收入氏著:《宋史新探》,页62—81;曾瑞龙(1960—2003):《经略幽燕——宋辽战争军事灾难的战略分析》(以下简称《经略幽燕》)(香港:中文大学出版社,2003年6月),第三章《以北汉问题为核心的宋辽军事冲突》,页82—87。

他亦"奋以先登,勇常冠军,退必殿后"。最险的一次是他率兵以梯冲攻城时,城上守军发机石下击,"势如疾霆,旁观震惊"。他差一点便被击中,但眼见其从卒当场阵亡,仍督战不息。宋军急攻至五月六日,北汉终于不支投降。恶战达三月的平北汉之役终告结束。[1]

太宗给胜利冲昏了头脑,他在同年六月二十三日,命令大军移师攻打幽州,打算乘胜一举收复幽燕。但他低估了辽军的实力和攻略幽州的艰难,而轻信殿前都虞候崔翰(930—992)"乘此破竹之势,取之甚易,时不可失"的判断,却不察众将不愿再战的心理状况。结果在七月六日,宋军在幽州外之高粱河(源于今北京城西直门外紫竹院公园,东流至今德胜门外,折东南流斜穿今北京内外城,至今十里河村东南注入古洹水,即今永定河前身),为辽军重创,太宗本人更身中两箭,落荒而逃。[2]

李继隆在高粱河一役可说是不过不失,据杨亿所记,他奉命与西上阁门使郭守文(935—989)领兵自雁门(原文作"期门",即代州,今山西忻州市代县)先行,相遇辽兵于胡翼(一作翟)河南并败之。当太宗兵溃于高粱河时,李继隆与郭守文部却能整阵而还,没有遭到辽军

---

1 《长编》,卷二十,太平兴国四年正月庚寅至辛卯条,页443;四月丙寅至五月甲申条,页449—451。《武夷新集》,卷十《李继隆墓志铭》,叶十九上下。《宋史》,卷二五十七《李继隆传》,页8964;卷二百六十《李汉琼传》,页9020。《李继隆传》记李汉琼及李继隆攻太原城西,惟参以《李汉琼传》及《长编》所载,二李实主攻城南。又协助李汉琼攻城的,尚有冀州(今河北衡水市冀州区)刺史牛思进(?—982)。
2 《长编》,卷二十,太平兴国四年五月丁未条,页454。关于高粱河一役,最近期之研究,可参阅曾瑞龙:《经略幽燕》,第五章《僵化军事信念指导下的高粱河战役》,页141—164。

的追击。太宗返京，追究诸将战败的责任，惟有李、郭等数人没有受责。[1]至于其他外戚，只有赵延进以造炮有功，而宋偓与符昭愿所部没有什么损失外，其他人都没有立过什么功劳，石守信还以失律被责为崇信军（即随州，今湖北随州市）节度使。[2]

太宗兵败幽州、返回开封前，分遣诸将戍守各要冲，以防辽军反攻。他命殿前都虞候崔翰及定武军（即定州，今河北保定市定州市）节度使孟玄喆等屯定州，彰德军节度使李汉琼屯镇州，河阳节度使崔彦进（922—988）等屯关南（即瓦桥关、益津关、淤口关以南地区，即今河北白洋淀以东的大清河流域至河间市一带，后改高阳关），许以便宜行事。而李继隆则受命为镇州都监，继续担任李汉琼的副将。[3]

---

1 《宋史·李继隆传》称李与郭守文领先锋，破辽军数千众，又称宋军围范阳，又与郭守文为先锋，大败其众于湖翟河南。然据《李继隆墓志铭》，未载李、郭二人有破敌数千之战功，恐是《宋史》编者夸大其词。又王禹偁所撰的郭守文墓志铭及《宋史·郭守文传》均未记郭守文与李继隆击退辽军之事；不过曾记郭守文在收复太原后，奉命征讨那支留守雁门，依辽以拒宋军的北汉余部刘继文。虽然李焘考出刘继文是时已死，但郭守文率部收复代州当是事实。参以《李继隆墓志铭》所载，李、郭二人所部当是在雁门（原文误写作"期门"）出兵东向幽州，在胡翟河遇敌。参见《武夷新集》，卷十《李继隆墓志铭》，叶十九下至二十上。《宋史》，卷二百五十七《李继隆传》，页8964；卷二百五十九《郭守文传》，页8998—8999。《长编》，卷二十，太平兴国四年甲申条小注，页452。王禹偁：《小畜集》卷二十八《宣徽南院使镇州都部署郭公墓志铭并序》，叶二十五上下。
2 赵延进在攻幽州时督造炮具八百，他提前七天完成且质量良好，为太宗所嘉许。符昭愿从征幽州，他与宋偓率兵万余，置寨城南。相信因辽军主力不在此处，故未有接战。师还，获真拜蔡州刺史，相信是赏其部众不失之功。参见《长编》，卷二十，太平兴国四年六月壬申条，页456；八月戊申条，页459。《宋史》，卷二百五十一《符彦卿传附符昭愿》，页8841。何冠环：《北宋外戚将门陈州宛丘符氏考论》，载《北宋武将研究续编》，上册，页21—23。
3 《长编》，卷二十，太平兴国四年七月庚寅条，页458。《宋史》，卷二百五十七《李是年九月，辽军在外戚韩匡嗣（917—982）统率下南侵，以报高梁河之役之仇。宋军在定州、镇州及关南之屯军，在刘延翰（923—992）、李汉琼、崔翰、崔彦进统率下，从四路出发，合兵八万会于易州（今河北保定市易县）所属之满城（今河北保定市满城区），与辽军对阵。太宗原来曾以阵图授诸将，命令宋军分八阵迎战。右龙武将军赵延进往高处观阵，他见辽军东西横陈，不见其尾，军容鼎盛。当时崔翰等正依太宗的命令按图布阵，每阵相去百步。宋军怯于辽军势众，斗志大打折扣。赵延进见军心动摇，就力劝崔翰等，指出太宗只要求他们克敌制胜，现时敌骑云集，宋军的阵势却星罗棋布，实力分散，造成敌众我寡的不利形势。若敌军乘机攻击，宋军如何抵御？他建议不如合军击之，可以取胜。即使违抗太宗的军令，若能够取胜，就比战败辱国好得多。崔翰等仍担心万一违令而行却打败仗，就难以交代。赵延进虽然一口承担若然战败的所有责任，但崔翰等仍以擅改诏旨不妥而犹豫不决。这时李继隆就挺身而出，附和赵延进，指出"兵贵适变，安可以预料为定！"他恃着太宗外戚的特殊身份，表示"违诏之罪，继隆请独当之"。崔翰等经赵、李二人这么一说，才下定决心，改变太宗原先的作战方略：改八阵为前后两阵，相互救应。士兵收到这个合乎实际的新战令，转忧为喜。宋军再以诈降、分路伏击的战法迎敌，侥幸的是，辽军这回的主帅不是先前在高梁河击败宋军的耶律休哥（？—998），而是刚愎自用的韩匡嗣。韩不肯听从耶律休哥的劝告，

（接上页）继隆传》，页8964；卷二百五十九《崔彦进传》，页9007。与崔彦进同戍关南的，还有西上阁副使薛继兴及阁门祗候李守斌。二人有否随崔彦进参加满城之战，暂未可考。

掉入宋军预设的圈套，结果宋军三战三捷，大破辽军，得以报高梁河惨败之仇。据亡友曾瑞龙（1960—2003）教授考证，李继隆在这次战斗中，当是统领镇州精兵打前阵。是年十月初，宋太宗收到捷报，自然没有追究赵、李擅改阵图之罪，而以手诏褒奖诸将。李继隆以功自六宅使超擢十三阶，升任诸司使臣位居第二、仅次于皇城使的宫苑使，并得领妫州（今河北张家口市怀来县）刺史。至于赵延进则以功迁右监门卫大将军知镇州。[1]

---

[1] 《长编》，卷二十，太平兴国四年九月乙酉至十月庚午条，页461—463。《宋史》，卷二百五十七《李继隆传》，页8964—8965；卷二百五十九《郭守文传》，页8999—9000；卷二百六十《李汉琼传》，页9020；《刘延翰传》，页2025；《崔翰传》，页9027；卷二百七十一《赵延进传》，页9298—9300。《武夷新集》，卷十《李继隆墓志铭》，叶二十上。《辽史》，卷七十四《韩匡嗣传》，页1360—1361。宋军镇州路之主将是云州（今山西大同市）观察使、镇州都铃辖刘延翰，他率军先到，布阵于徐河（即徐水，今称漕河，在河北省，源出河北保定市易县五回岭，东南流，经河北安新县注入河北白洋淀）。他在战后以功加大同军（即云州）节度使，不久拜殿前都虞候。至于关南路之宋军主将是崔彦进，他率军暗中出黑卢堤北，沿长城口，衔枚跟在辽军之后。崔翰则是定州路之主将，亦在稍后自定州开抵满城，随他出征的还有郭守文。郭在高梁河战后受诏护定州屯兵，隶崔翰麾下。满城之战后，他以功自西上阁门使转东上阁门使。另外在九月初奉命率兵屯定州的内衣库使张绍勍（？—979后）及内臣、南作坊副使李神佑（？—1016）大概亦从征。崔翰曾受诏节制缘边诸军，故在满城之战中，他有指挥四路大军之权。在战后，他以功迁武泰军（即黔州，今重庆市彭水苗族土家族自治县）节度使。彰德节度使李汉琼亦率部从征，他当时的兵职是镇州兵马钤辖，当亦从镇州出兵赴满城。李继隆隶于他抑刘延翰麾下，暂未可考。满城战后，李汉琼以功加检校太尉。另赵延进在高梁河之役后，奉命与孟玄喆及药可琼（？—979后）留屯定州。他当隶崔翰麾下。关于辽将韩匡嗣的生卒年、家世及其在满城之战之表现讨论，可参李锡厚：《试论辽代玉田韩氏家族的历史地位》，《宋辽金史论丛》，第一辑，（北京：中华书局，1985年8月），页258—261；及刘凤翥、金永田：《辽代韩匡嗣与其家人三墓志铭考释》，《中国文化研究所学报》，新第九期（2000年），页215—236，该文附有韩匡嗣的墓志铭，惟铭文讳言满城之败。至于满城之战的最近期研究，可参阅曾瑞龙：《经略幽燕》，第六章《弹性战略防御的构建与满城会战（979）》，页165—197。关于宋军前后两阵的兵力配置

李继隆在满城之战中，充分显出他随机应变、有勇有谋之将略。当然，他以太宗的外戚、军中耳目的特殊身份，才敢于与太宗的另一外戚心腹赵延进，以副将的地位，鼓动主帅做军事冒险。他们二人敢承担战败的责任，一方面是恃仗太宗对他们的信任，另一方面是他们自信能战胜辽军。太宗素来喜欢派心腹为监军，作为他军中的耳目；不过，这种做法常造成将帅不和，以致党争，以及主将指挥受制的恶果。[1]赵延进和李继隆是太宗两位皇后的家人，又是功臣子弟，自然是他用作监察诸将之上佳人选。教人意外的是，本来赵、李二人的职责，是监督崔翰诸将有否遵行按太宗阵图作战的诏旨。现在二人反力劝他们不必跟从太宗诏令，并愿承担违令的责任。这两名外戚监军愿意暂时放下监军的身段，以宋军整体的利益出发，使宋军得以在满城之战大胜，功不可没。故在李继隆的军旅生涯中，他这次挺身而出，坚持正确的战术，使宋军得到最后胜利，就一直给人溢美称许。顺带一提的是，此战辽军败于无能的外戚主帅韩匡嗣，而宋军却因外戚副将的明智决策而胜。

　　值得一提的是，李继隆在军事会议上所提到的"兵贵适变，安可以预料为定"，依曾瑞龙的看法，"是站在比较原则性的立场上说的。不受预定作战计划的束缚，也确是他一生为将奉行的宗旨。后来君子馆之役中的雪夜退军，和唐河会战的背城一击，都是这种指挥性格的

(接上页)以及李继隆统率镇州兵打前阵的考论，参见所引文，页182—183。
1　关于太宗派心腹作监军的恶果的讨论，可参见何冠环：《论宋太宗朝武将的党争》，《北宋武将研究》，页87—136。

产物"。[1]此说可取。不过，他以外戚为太宗心腹的身份，才教他可以在军令如山的环境中，有这样那样的自由。

太平兴国五年对李继隆来说是相对平静的一年，虽然太宗在是年十一月再亲率军至大名府（今河北邯郸市大名县），意图再攻幽州，以雪高梁河之耻。但至十二月初，太宗最后放弃攻辽班师。[2]李继隆曾否扈从，史所未载。他在太平兴国六年（981），奉命护太原北的三交口（今山西太原市阳曲县北）戍兵，隶并州都部署潘美麾下。太平兴国七年五月，因辽兵攻击雁门，他随潘美出代北迎击，大获全胜，计斩首三千级，逐北至辽境蔚州（今河北张家口市蔚县）之灵丘县（今山西大同市灵丘县东固城），破垒三十六，俘老幼万余口，获牛马五万多。[3]翌年（太平兴国八年，983），李继隆奉诏护定州屯军，任定州驻泊都监，隶定州都部署米信麾下。据《宋史》本传所载，他曾领兵出代州附近的土镫寨（疑即土磴寨，今山西忻州市宁武县东北盘道梁村），与辽军

---

[1] 参见曾瑞龙：《经略幽燕》，第六章《弹性战略防御的构建与满城会战（979）》，页180。曾氏指出赵延进的言论之立场方向，与李继隆稍有不同："赵延进揭示了目的与手段的关系，指出太宗将战术部署也界定在命令的范围内所引起的不便。真正的作战命令，按赵的说法，不外乎击败敌人而已，是否按照阵图，不是应该关注的重点。再说，太宗的阵图也有兵力分散之弊，执行时有较大的危险性。总之，他的陈词是站在战术指挥官的立场上说的。"
[2] 《长编》，卷二十一，太平兴国五年十一月丙午至十二月甲戌条，页481—482。
[3] 太平兴国七年二月，太宗复徙并州（即太原）州治于三交寨，即以潘美为并州都部署。李继隆随潘美出师代北之年月，《李继隆墓志铭》及《宋史》均不载，参以《长编》，则当在太平兴国七年五月。参见《长编》，卷二十三，太平兴国七年二月辛卯条，页514；五月庚申条并小注，页521。《武夷新集》，卷十《李继隆墓志铭》，叶二十上。《宋史》，卷二百五十七《李继隆传》，页8965。关于潘美戍守三交口，以及出击辽军之始末，可参王菡：《潘美传》（北京：中华工商联合出版社，1995年12月），页98—101。

作战，获牛羊、车帐甚众，得到太宗的诏书褒美。此事不载于《李继隆墓志铭》，大概只是一场小战。[1]

从太平兴国六年到八年在这三年，值得一提的事，是李处耘、李继隆父子的宿敌赵普，在投闲置散多年后，在六年九月，借着向太宗表态支持他铲除皇弟秦王廷美，以遂太宗传子之愿，而得到太宗重新委任为相。赵普拜相后，在七年三月始，罗织廷美谋逆，于四月兴起大狱，并将他的宿敌、宰相卢多逊（934—985）牵连在内，将廷美、卢多逊及其亲信一网打尽。赵普报复宿敌手段虽甚狠辣，但李继隆一方面统兵在外，另一面已成帝戚，故不致成为赵普清算的对象。八年八月，太宗特赐李继隆宅一区。到这年十月，赵普被太宗鸟尽弓藏，罢相出镇后，李继隆也不必杞忧了。[2]

五、功过参半：李继隆在雍熙至端拱年间的战绩

太宗在太平兴国九年（984）十一月改元雍熙。[3] 这一年对李继隆一家来说，是上佳之年。虽然李继隆的堂兄李继凝在这年的六月在开

---

[1] 米信在太平兴国六年十月二十日，以马军都指挥使为定州都部署，到八年十月初二奉诏赴阙。李继隆可能在是年十月前徙戍定州，护定州屯军。《长编》，卷二十二，太平兴国六年十月甲申条，页503；太平兴国八年十月甲申条，页554。《武夷新集》，卷十《李继隆墓志铭》，叶二十上。《宋史》，卷二百五十七《李继隆传》，页8956。
[2] 《长编》，卷二十二，太平兴国六年九月辛亥至壬子条，页500—502；卷二十三，太平兴国七年三月癸巳至五月癸巳条，页514—519；卷二十四，太平兴国八年十月己酉条，页555。《宋会要辑稿》，第十五册，《方域四之二十二·第宅》，页9340。又李继隆的堂兄李继凝在太平兴国六年自太常丞擢监察御史，不久充开封府判官，后改殿中侍御史。参《宋太宗实录》，卷四十五，页149。
[3] 《宋太宗实录》，卷三十一，页58—60。

封府判官任上，以用刑不当夺一季俸，但他的二妹在是年十二月则自德妃晋位中宫。李家自此成为尊贵的后族，而李继隆也成为贵戚。[1]

李继隆在雍熙二年（985）三月中再度出征，不过这次不是与辽军交锋，而是进讨西疆的党项羌首领李继迁（963—1004）。[2]李继迁早在太平兴国七年十一月在地斤泽（今内蒙古鄂尔多斯市乌审旗嘎鲁图镇呼和淖尔嘎查的呼和淖尔盆地）率众叛宋。雍熙元年（984）九月，宋军在知夏州（今陕西榆林市靖边县以北55公里白城子）尹宪（932—994）与银、夏七州都巡检使曹光实（931—985）的指挥下，以精骑夜袭李继迁所在的地斤泽，李大败，仅以身免。但在雍熙二年二月初，李继迁向曹光实诈降于葭芦川寨（今陕西榆林市佳县），曹一时大意，竟中伏身死。二月二十日，太宗收到曹身死的奏报，[3]三月初三，即命石

---

[1] 李氏册为皇后，自然制词溢美不已，并且突出她出身功臣之家。制词说："陇西李氏，柔嘉维则，和顺积中。茂庆著于侯藩，盛誉传于勋阀。清芬桂郁，睿问川流。明惠成于自然，仁孝本于天赋。"参见《宋太宗实录》，卷三十，页49；卷三十一，页62。《长编》，卷二十五，雍熙元年十二月壬辰条，页590。附带一提的是，在雍熙元年八月二十五日，李继隆在满城之役的好拍档，太宗另一亲信外戚赵延进自左领军卫大将军知扬州，执掌大藩。参见《宋太宗实录》，卷三十一，页54。

[2] 李继隆出征李继迁的月日史所未载。惟据田仁朗在雍熙二年四月十六日遭太宗贬降之诏所记，田仁朗至绥州后月余按兵不动，则田仁朗应早在三月中便出师。考李继隆在三月十三日领环州团练使，疑他在同时被委出师攻李继迁。参见《宋太宗实录》，卷三十二，页69；卷三十三，74—75。

[3] 《长编》，卷二十五，雍熙元年九月条，页585—586。《宋史》，卷二百七十二《曹光实传》，页9314—9315；卷二百七十六《尹宪传》，页9408—9409；卷四百八十五《外国传一·夏国上》，页13986。《宋太宗实录》，卷三十二，页66—67。《宋史·夏国传上》载李继迁击杀曹光实于雍熙二年二月，而《宋太宗实录》记夏州上奏曹光实死讯在二月二十日丁未，则曹当在二月初已中伏而死。

保兴代为银、夏等州都巡检使。[1]十天后,太宗晋升部分禁军将校,另提升他三名亲信的外戚将领,其中刘知信自左神武将军、营州刺史领檀州(今北京市密云区)团练使,李继隆自宫苑使、妫州刺史领环州(今甘肃庆阳市环县)团练使,刘文裕自军器库使、儒州(今北京市延庆区)刺史领顺州团练使。[2]李继隆和刘文裕获得升官后,便先后被委出师征讨李继迁。

李继迁在击杀曹光实后,在二月底或三月初,又围三族寨(今陕西榆林市米脂县西)。麟州(今陕西榆林市神木市北)守臣急奏上此一军情。三月中,太宗命判四方馆事田仁朗(930—989)、西上阁门使王侁(?—994)、阁门副使董愿(?—986后)与李继隆发边兵数千分路合击之。据王天顺所考,宋太宗以田仁朗出绥州(今陕西榆林市绥德县),援抚(一作"府")宁寨[疑即抚宁城(堡),今陕西榆林市镇川镇南无定河东岸巴塔湾村],王侁出浊轮川(今陕西北部窟野河支流),威胁银州(今陕西榆林市横山区党岔乡党岔村大寨梁,在无定河与榆溪河交汇处的西南岸,城居毛乌素沙漠与黄土高原的分界线上,无定河在其东北2公里处接纳榆溪河),断李继迁归路,李继隆出银

---

[1] 《宋太宗实录》,卷三十二,页68。
[2] 太宗在擢升李继隆官职的同日,以右谏议大夫刘保勋(925—986)权御史中丞。禁军将校方面,日骑天武左右厢都指挥使、师州防御使张训(?—993)擢为殿前都虞候领永州(今湖南永州市)观察使,太宗藩邸旧人、日骑右厢都指挥使、严州(今广西来宾市东南)团练使傅潜(939—1017)接替张训之职,充日骑天武左右厢都指挥使,擢领云州防御使。边将中,凉州(今甘肃武威市)观察使判霸州(今河北廊坊市霸州市)赵延溥改领蔚州观察使,判冀州、内客省使、檀州刺史郭守文领武州(今河北张家口市宣化区)团练使,另八作使张浚领妫州刺史,文思使薛继昭(?—987后)领儒州刺史。参见《宋太宗实录》,卷三十二,页69。

州北，扫清附从李继迁的蕃部，另由郭守文及尹宪从三交及夏州配合出击李继迁。[1]

田仁朗至绥州后，驻兵月余，不但没有出兵援救三族寨，还上奏请太宗增发援兵。他的策略是放弃离绥州路远的三族寨，任由李继迁急攻城小而坚的抚宁寨，等到李继迁久攻不下抚宁寨时，他就以逸待劳率大军攻袭之，并派大将率强弩三百邀击李的后路。不过，田仁朗的谋划落空，当李继迁得到三族寨的蕃将折御乜的输诚而攻陷三族寨时，太宗的耳目亲信王侁即奏告太宗，指田仁朗畏敌不出而失三族寨。太宗立时派刘文裕从三交急赴绥州，取代田仁朗。当田仁朗部署妥当，准备出击李继迁时，太宗使者却到来，拘拿田仁朗回京受审。田仁朗下御史台受审，他提出各项理由自辩，最后仍受御史重劾，以他"稽违诏旨，诖误军谋，畏懦不前，张皇边事，遂使腥膻余类，敢摇蛊毒，倾陷我城堡，俘掠我吏民。玩寇长奸，实由于尔"。是年四月十六日，太宗将田贬为商州（今陕西商洛市商州区）团练副使。《宋太宗实录》的作者对田仁朗被责之事，认为田真的是稽缓出兵，但他既然已定计破李继迁，谋未行而因王侁等"媒孽构成其罪"而遭贬，实在可惜。[2]

田仁朗被谗，群书包括《宋太宗实录》《宋会要》《宋史·田仁朗

---

[1] 《宋太宗实录》，卷三十，页43；卷三十三，页74—75。王天顺（主编）：《西夏战史》（银川：宁夏人民出版社，1993年10月），第三章《拓跋部割据政权的战争》，页96—97。田仁朗在雍熙元年五月二十一日以东上阁门使判四方馆事。
[2] 《宋太宗实录》，卷三十三，页74—75。《宋史》，卷二百七十五《田仁朗传》，页9380—9381。《宋会要辑稿》，第八册，《职官六四之四·黜降官一》，页4766—4767。

传》均明言是王侁等"媒孽"所致。陷害田仁朗的,除王侁外,当然最大嫌疑的人,是一直与王狼狈为奸,这次受命取代田的刘文裕。李继隆同是太宗心腹外戚,在田仁朗被贬的事件中,他似乎扮演了正面的角色。据《李继隆墓志铭》所记,当田仁朗被谗下狱时,他屡次上言申救田仁朗,结果田获得轻典。[1]参以《宋史·田仁朗传》的记载,本来御史台要定田仁朗死罪,最后将他贬为团练副使,确算是"轻典"。而田仁朗在被贬后数月,太宗即知道他无罪,召拜右神武大将军。太宗从何而知他无罪而被谗?参以《李继隆墓志铭》的说法,则似乎因李继隆的进言,田仁朗才能那么快获得复官。王侁、刘文裕这时仍很得宠,能够在太宗面前替田仁朗申冤的人,就非帝戚而为太宗心腹的李继隆莫属。

李继隆在这次讨李继迁的战事中的战功很有商榷之处。《李继隆墓志铭》完全没有提到他的战功,《隆平集》和《东都事略》本传则很笼统地说"雍熙初,屡破继迁之众","李继迁叛,命继隆击之,屡破继迁之众,改环州团练使"。《宋史》本传却对他这次的战绩有甚详细的记载,首先记他率军出银州北,破附从李继迁的悉利诸族,并追奔数十里,斩三千余级,俘获蕃汉老幼千余人,并枭伪代州刺史折罗遇及其弟埋乞之首,且获得极多牛马及铠仗。又记他率军出开光谷西

---

[1] 《武夷新集》,卷十《李继隆墓志铭》,叶二十上下。《墓志铭》称田仁朗下狱后,李继隆获擢环州团练使,代田仁朗之任。参以群书,此说有误。第一,李继隆擢环州团练使,早在是年三月十三日,非田仁朗下狱时。第二,李继隆与田仁朗、王侁及董愿同时受命分路出征,后来替代田仁朗职位的,是刘仁裕。有份修《宋太宗实录》的杨亿,在撰写李继隆墓志铭时,不明白为何会有如此明显的错误。

的杏子坪（在银州），破保寺、保香族，斩其副首领埋乜巳五十七人，降银州三族寨首领折八军等三千余众。接着又记他破没邵浪、悉讹诸族，及浊轮川东、兔头川（疑即兔毛川，今陕西榆林市神木市城西面绕二郎山南侧汇入窟野河的川谷，今称西沟）西，共生擒七十八人，斩首五十九级，俘获数千计。又载他引军至盐城，使吴移、越移等四族来降，只有岌伽、罗腻十四族恃众不降，结果李与尹宪合击之，焚其帐千余，俘斩七千余级。《宋史》的编者在李继隆这么辉煌的战绩下作一推断，称李因此改领环州团练使，暗示这是太宗对李战功的酬庸。却不知李继隆迁团练使其实在他出师前。[1]

笔者怀疑《宋史·李继隆传》对李继隆在这次围攻李继迁及其支援蕃落战事中的战功的记载，实有所夸大。《宋史》的编者似将所有的功劳全算在李继隆的头上。《宋史·太宗纪二》记在雍熙二年四月二十七日，"夏州行营破西蕃息利族，斩其代州刺史折罗遇并弟埋乞，又破保、洗两族，降五十余族"。而在六月初一，得到"河西行营言，获岌罗赋族等十四族，焚千余帐"。[2]从这里可以看到，《宋史·李继隆传》所谓李的功劳，其实是将夏州、河西两个行营所报破焚西蕃各帐

---

[1] 《隆平集校证》，卷九《李处耘传附李继隆传》，页275—276。《东都事略》，卷二十《李继隆传》，叶二下（页350）。《宋史》，卷二百五十七《李继隆传》，页8965。关于李继隆所击党项蕃部的情况，可参阅汤开建：《五代辽宋时期党项部落的分布》，载汤著：《党项西夏史探微》，（台北：允晨文化实业股份有限公司，2005年6月），页128—146，《二、西夏境内的党项部落》；页147—172，《三、宋西北边境的党项部追蕞落》。
[2] 《宋史》，卷五，《太宗纪二》，页76。考《宋太宗实录》亦在雍熙二年四月二十七日辛丑条下，记"夏州行营上言：破西蕃悉利族，斩首六百级，房生口三千，枭伪代州刺史折罗遇并弟埋乞，获牛羊畜三万计，皆继迁之党也"。与上述《宋史·李继隆传》所记相同。参见《宋太宗实录》，卷三十三，页76。

族的战绩，通通算在了李继隆的头上。另外，《宋太宗实录》亦提供了一条与《宋史·太宗纪》吻合的资料，载是年六月十八日，内客省使、麟州巡检郭守文等上言，说自从三月至六月，三族寨诸蕃四十七族来降，已令他们恢复旧业，惟有岌罗赋等十四族抵抗，于是率兵击之，结果斩首数千级，焚千余帐，获人马牛羊七千计。而参以《宋史·郭守文传》的记载，称"夏人扰攘，命守文帅师讨之，破夏州盐城镇岌罗腻等十四族，斩首数千级，俘获生畜万计。又破咩嵬族，殄焉。诸部畏惧，相率来降，凡银、麟、夏三州归附者百二十五族，万六千余户，西鄙遂宁"。[1]清楚可见，本来是郭守文等之功劳，在《宋史·李继隆传》中被移花接木，成为李国舅的战功！

论官位，郭守文当时为内客省使、领武州团练使，要比李继隆之宫苑使领环州团练使稍高一点，而论资历也是郭稍高。这次讨伐李继迁及其附从蕃部之战事，到最后由郭守文领头奏报功劳，才是合理。《宋史》对郭守文、李继隆以外有份从征的宋将所立之战功都记得很简略。除了记王侁率军擒得三族寨首领折御乜外，在刘文裕、尹宪的传中，均语焉不详。在尹宪的传中，也没有提及他与李继隆合击岌伽、罗腻等十四族之事。[2]笔者相信李继隆确立过一些功劳，在讨平招降

---

[1] 《宋太宗实录》，卷三十三，页78—79。《宋史》，卷二百五十九《郭守文传》，页8999。又王禹偁所撰的《郭守文墓志铭》所记郭之战功较简略，只说郭在雍熙二年五月，以"夏州白狄之戎叛，公往招诱之。至则张以军威，谕以朝旨，诛逆抚顺，蕃部便之"。没有提到李继隆有份招降。参见王禹偁：《小畜集》，卷二十八《宣徽南院使镇州都部署郭公墓志铭并序》，叶二十六上。

[2] 《宋史》，卷二百七十四《王侁传》，页9364；卷二百七十六《尹宪传》，页9408；卷四百六十三，《刘文裕传》，页13546。《宋太宗实录》，卷三十三，页79；卷三十四，

帐族的战事上，虽然不是全由他指挥，但他应是郭守文下面最高的指挥官。可惜《李继隆墓志铭》完全没有提及他的具体战功，而《宋史》本传又说得过了头，才会教人怀疑李继隆有冒功之嫌，或许真宗的史官为讨好李家而把不属于李继隆的战功也塞进《国史·李继隆传》，而为《宋史》的编者因袭。平心而论，李继隆有份参与的讨伐李继迁战事，宋军只是攻破及招降了一批依附李继迁的蕃部，并没有真的打败李继迁。李继隆真正在雍熙年间参与的大征战，是雍熙三年开始对辽的连场恶战。

当李继隆仍在西边时，他的堂兄李继凝在是年七月初一，大概以戚里之故，以刑部员外郎授两浙转运使，受太宗重用。[1] 是年十月十七日，太宗将李继隆调往北边，护高阳关屯兵。同时命他的两个亲信、外戚六宅使符昭寿和左神武将军刘知信护镇州屯兵。太宗已准备向辽用兵，于是布置亲信将领统带北边屯兵。[2]

（接上页）页82、84、89。据《宋史》本传及《宋太宗实录》载，王侁以擒折遇乜之功，在是年九月初四领蔚州刺史；不过，据《宋太宗实录》所记，雍熙二年七月三日府州上言，三族寨的折逋（御）乜率中府黄乜三族五百户来降，并非王侁所擒。至于刘文裕，《宋史》本传只记他在替代田仁朗后，李继迁就遁去，而没提他有什么战功。至于尹宪，本传只简略地说在雍熙二年"俄杀芦关及南山野狸数族，诸族遂扰。代还，为洪州巡检。未几，命护莫州屯兵"。据《宋太宗实录》，太宗在是年九月二十四日命濮州（今山东菏泽市鄄城县）刺史安守忠（？—985后）代知夏州，则尹宪当于这时代还，改任洪州（今江西南昌市）巡检。至于董愿，是年十月以引进副使出护定州屯兵，他当以战功自阁门副使擢引进副使。

1　李继凝后来改知杭州，任满归阙授刑部郎中充枢密直学士。参见《宋太宗实录》，卷三十三，页79；卷四十五，页149。
2　《宋太宗实录》，卷三十四，页89。考有份征李继迁的董愿，亦同时以引进副使护定州屯兵。

太宗在雍熙三年正月决计伐辽，报高梁河之仇，并收复幽燕。影响太宗出兵的，是他信任的几个出身戚里的军中耳目，包括贺怀浦、贺令图父子及刘文裕。另外，他宠信的两个佞臣侯莫陈利用（？—988）和薛继昭也有份上言，称辽国主幼国危，是出兵的大好时机。[1]太宗在是月二十一日下令北征，分东路、中路及西路合击辽军。东路是主力，分两个行营，幽州道行营由宿将曹彬挂帅，任前军马步水陆都部署，而崔彦进任他的副手，郭守文充都监。曹、崔麾下的将校有傅潜、李延渥（940—1000）、马贞（？—986后）、卢汉赟（948—998）、杨重进（922—986）、范廷召（927—1001）、田绍斌（933—1009）、荆嗣（？—1014）、薛继昭、陈廷山（？—988）、史珪（926—986）。而太宗三个外戚心腹，包括李继隆、刘知信和符昭寿均置于曹彬麾下。李继隆的职位是前军先锋都监，而刘知信和符昭寿则担任押阵都监。马军都指挥使米信充任幽州西北道行营马步军都部署，太宗以其表兄、官拜沙州（今甘肃敦煌市）观察使的杜彦圭任米信的副将，米、杜麾下的战将有赵延溥（938—987）、张绍勃、董愿、蔡玉、韩彦卿、谭延美（921—1003）、窦晖和曹美。中路军方面，太宗命步军都指挥使田重进（929—997）挂帅，充定州路行营马步军都部署，太宗驸马吴元扆之兄吴元辅及勇将袁继忠（938—992）则任都监。[2]

同年二月十三日，太宗再委潘美出任西路军主帅，充云、朔、行营都部署，以名将杨业（935？—986）为副，郭超充押阵都监，而新任并

---

[1] 《长编》，卷二十七，雍熙三年正月戊寅条，页602。
[2] 《宋太宗实录》，卷三十五，页96；《宋史》，卷二百七十五《谭延美传》，页9372。

州驻泊都监的两名太宗耳目王侁和侯莫陈利用,以及太宗另一外戚刘文裕也在麾下。[1]太宗这次北伐可算是精锐尽出,而他信任的六员外戚武将,均被委以重任。

可惜事与愿违,这次太宗经略幽燕,从战略到战术,以至将帅的配搭任用,都问题多多。虽然开始时田重进的中路军与潘美的西路军节节胜利,但到是年五月,当辽军在名将耶律休哥和耶律斜轸(?—999)沉着及机巧的部署下大举反攻时,宋军在东西两路便连遭惨败,先是轻率冒进的曹彬东路主力军在五月底兵溃于岐沟关(今河北保定市涿州市西南),然后是轻敌贪功的潘美西路军在是年七月中兵败于陈家谷(今山西朔州市西南)。只有用兵持重谨慎的田重进能率其中路军全师而还。[2]

李继隆在东线岐沟关之战之表现,可算是差强人意。是年三月曹彬进军幽州时,他副薛继昭之前军破辽军数千于固安(今河北廊坊市固安县)南,并攻下固安与新城(今河北保定市高碑店市东南新城)。三月十二日宋军与辽军大战于涿州(今河北保定市涿州市)东,在战斗中,李继隆与范廷召均中箭受伤。李继隆箭中左股,血流至脚踵,但仍继续督战。宋军最后击败辽军,俘其将一员,并乘胜攻入涿州北

---

[1] 《宋太宗实录》,卷三十五,页98—99;《宋史》,卷四百六十三《外戚传上·刘文裕》,页13547。
[2] 关于雍熙三年太宗经略幽燕之策略是否得当,以及在岐沟关及陈家谷两役中辽胜宋败的原因分析,近期最精到的论著,可参阅曾瑞龙:《经略幽燕》,第七章《战略脱节:宋太宗第一次经略幽燕(986)》,页199—242;第八章《向战略防御的过渡:陈家谷与君子馆战役(986—987)》,页243—282。另陈家谷之战,可参王菡:《潘美传》,第四章,页114—120,"陈家谷之战"。

门,三月十三日攻克涿州。曹彬当时要表奏李的功劳,据说李继隆谦退不贪功,请曹彬不要为他表功。五月二十六日,当宋东路军败于岐沟关时,米信及傅潜等众军均溃败不成列,李继隆之顶头上司前军先锋都监薛继昭也临阵逃走,幸而李继隆压得住本部,最后还能成列而还。[1]宋军败回后,太宗为防辽军追击,重新调动各重要边城的将领人选。其中李继隆替代曹彬长子曹璨(950—1019),出知定州兼兵马钤辖。诚如曾瑞龙的分析,太宗命李继隆在兵败之余出掌定州,殊不简单。因定州是田重进中路军的出发基地,后来又成为东路溃兵的收容所,部队混杂。倘一个处理不善,随时会弄出兵变。曾氏认为本来太宗最理想的安排,是由田重进回来兼知定州最好,但既然太宗将田氏超擢为马步军都虞候,并召其入京供职,以赏他全师而还之功,则次佳的选择,就是委任东路军将领李继隆代知定州,以便安顿东路军败卒。[2]太宗所以选择李继隆知定州,除上述的理由外,笔者认为还因为李是太宗绝对信任的外戚亲信,加上李在这次大战中,先有破敌之功,后能成列而还,在军中享有较大的威名。事实上,太宗要在东路或中路军中选择外戚心腹将领一人担定州的重任,实在没有太多的选

---

1 《长编》,卷二十七,雍熙三年二月庚辰至辛巳条,页608;六月丙辰至七月甲戌条,页619—620。《宋史》,卷二百五十七《李继隆传》,页8965。《武夷新集》,卷十《李继隆墓志铭》,叶二十下。
2 太宗在雍熙三年正月二十七日,命六宅使曹璨代杜彦圭知定州。李继隆在岐沟关战后,其实是代曹璨出知定州。参见《宋太宗实录》,卷三十五,页97。《宋史》,卷二百五十八《曹彬传》,页8982;卷四百六十三,页13538。《武夷新集》,卷十《李继隆墓志铭》,叶二十下。曾瑞龙:《经略幽燕》,第八章《向战略防御的过渡:宋辽陈家谷与君子馆战役(986—987)》,页246—247。

择：官阶最高的杜彦圭，在这场大战中指挥严重失误，在退兵时既不容军士进食，又设阵不整，以致军多散失。刘知信较好，他也像李继隆一样率本部整列而归，但论冲锋陷阵以及驾驭大军的本事，就肯定不及李继隆。其他如符昭寿、吴元辅均没有足道的战功。[1]

李继隆没有令太宗失望，他到定州后，马上命书吏将太宗颁下分屯诸军的诏书尽行誊录。果然在十多天后，有败卒多人集于城下，不知往哪处去。李继隆按太宗的诏书安排，败军均获派给前往各处整编的券状，而有秩序地离开定州，没出任何乱子。太宗得知此事，嘉许李继隆有谋。是年七月初五，太宗赏李继隆功，擢升他为马军都虞候领武州防御使，并赐号"忠果雄勇功臣"。因马军都指挥使米信在是月初一被解军职，故李继隆实际上成为马军司最高统帅。李继隆初次担任军职，便晋身三衙管军之列。[2]

---

[1] 杜彦圭后被责为复州团练副使，同年死于贬所。刘知信后来继李继隆，担任知定州。在太宗用人惟亲的考虑下，不过不失的刘知信，是任知定州的次选，当李继隆调职后，太宗就委刘继任。吴元辅从征之具体事迹不详，《宋史》本传称他最后官至定州铃辖，年四十八。疑太宗委任他为李继隆在定州的副手。按：吴元辅既是太宗信任的外戚，他又原是田重进麾下的都监，由他任李继隆的副手，协调东西路军，倒是人地相宜的。参见《宋史》，卷二百五十一《符昭寿传》，页8841；卷二百五十七《吴元辅传》，页8949；卷四百六十三《外戚传上·杜彦圭、刘知信》，页13538、13544。《长编》，卷二十七，雍熙三年六月丙辰至甲戌条，页619—620。
[2] 米信与崔彦进均以"违部署节制，别道回军，为敌所败"之罪，定议当斩。同月庚午初三，太宗赦二人死罪，崔被责为右武卫上将军，米罢为右屯卫上将军，并解军职。米遗下的马军都指挥使一职一直无人补上，直至端拱元年二月，才由李继隆自都虞候升任。米信被解军职的同时，日骑天武左右厢都指挥使傅潜也被责降。按：傅潜与曹彬及郭守文均以"违诏失律，士多死亡"判死，太宗特赦之。曹彬被责为右骁卫上将军，郭守文责为右屯卫大将军，傅潜贬为右领军卫大将军。史虽未载傅潜罢军职，但论理他很难保留三衙军职。又李继隆所领的防御使，《长编》作"云州防御使"。惟《李继隆

李继隆任知定州直至年底，故他并没有参与是年七月中的陈家谷之战。在陈家谷一战中，宋军惨败，名将杨业战死，与杨一同阵亡的有贺皇后兄贺怀浦。不过，外戚监军刘文裕及其党王侁，却成为千夫所指的罪魁。太宗用人惟亲，委用外戚心腹为监军，牵制诸将，结果付出极高昂的代价。[1]不过，太宗并没有改变他信用外戚掌军的做法，在陈家谷一役后，更多的外戚武将被委以要职。当然，李继隆最受重用。

早在李继隆出知定州前，太宗在无人可用的情况下，被迫起用几名久罢节镇的宿将守边。雍熙三年六月底，太宗以左卫上将军张永德（928—1000）知沧州，右卫上将军宋偓知霸州（今河北廊坊市霸州市），右骁卫上将军刘廷让（929—987）知雄州（今河北保定市雄县）。另外，又命在雍熙北伐后未被责降之东路军大将赵延溥知贝

（接上页）墓志铭》及《宋史》均作"武州防御使"。现从《李继隆墓志铭》。另外，在定州城下聚集的败卒，据《李继隆墓志铭》称有"数万人"之众。参见《长编》，卷二十七，雍熙三年六月丙辰至甲戌条，页619—620；马光祖（修）（？—1269后）、周应合（？—1275后）（纂）：《景定建康志》，收入王晓波、李勇先、张保见、庄剑（点校）：《宋元珍稀地方志丛刊·甲编》（成都：四川大学出版社，2007年6月），第二册，卷二十六《侍卫马军司题名记》，页1239；《武夷新集》，卷十《李继隆墓志铭》，叶二十一、二十七上；《宋史》，卷二百五十七《李继隆传》，页8965。

[1] 王侁及刘文裕都被太宗重责，王侁配隶金州（今陕西安康市），刘文裕配登州沙门岛（今山东烟台市长岛县西北庙岛）。不过，太宗仍然护短，一年多后，却将陷死杨业的责任推在王侁身上，而将刘文裕召还复用。关于杨业之死，潘美、王侁及刘文裕应负的责任的问题，学者多有论述。可参阅曾瑞龙：《经略幽燕》，第八章《向战略防御的过渡：宋辽陈家谷与君子馆战役（986—987）》，页251—254；王赓武：《潘美传》，第四章，页120—123，第四节中的"王侁与刘文裕"；何冠环：《论宋太宗朝武将的党争》，《北宋武将研究》，页111—116，"杨业之死"；《宋史》，卷四百六十三《外戚传上·贺令图、刘文裕》，页13540、13547。

州。[1]除李继隆和宋偓两名外戚外，是年七月，太宗又命王承衍以下几名主婿分镇要地：计王承衍出守大名府，石保吉知孟州（今河南焦作市孟州市），魏咸信知澶州（今河南濮阳市）。[2]

太宗对岐沟关及陈家谷之失败，心有不甘，仍打算再次伐辽。是年九月，太宗徙知雄州刘廷让为瀛州都部署，并将李继隆调离定州，升为特置的沧州都部署，成为东线宋军的主将，而知定州兼兵马钤辖一职，就由心腹外戚刘知信继任。太宗命刘廷让和李继隆二人统率大军，协同作战，伺机谋攻略辽地。顺带一提的是，这是李继隆从征以来，获委的最高兵职，也与他马军都虞候的军职相配合。[3]是年十二

---

[1] 《长编》，卷二十七，雍熙三年六月戊戌条，页618—619。
[2] 据《宋史·王承衍传》载，王在雍熙中出知天雄军府（即大名府）兼都部署。考《长编》所载，雍熙三年七月八日，赵昌言（945—1009）自知大名府入拜御史中丞，则王承衍出知大名府在七月中。以此推之，石保吉及魏咸信亦当于同时出守孟州（河阳）和澶州。又王承衍守大名府直至雍熙四年五月，才被召还朝，六月改任为贝、冀州兵马部署。石保吉、魏咸信亦于雍熙四年六月自孟州及澶州召还，石保吉后委知大名府。参《宋史》，卷二百四十九《魏咸信传》，页8805；二百五十《石保吉传》，页8812；《王承衍传》，页8817。《长编》，卷二十七，雍熙三年六月乙巳条，页619。《宋太宗实录》，卷四十一，页104—105、107。
[3] 考刘廷让原知雄州，徙瀛州后，由张永德改知雄州。张原知沧州的遗缺，当由李继隆兼任。考各人调职的月日不详，惟《李继隆墓志铭》载李继隆任沧州都部署在是年九月，疑各将调职均在雍熙三年九月以后。参见《武夷新集》，卷十《李继隆墓志铭》，叶二十一上。《宋史》，卷二百五十三《张永德传》，页8917；卷二百五十七《李继隆传》，页8965；卷二百五十九《刘廷让传》，页9003；卷四百六十三《外戚传上·刘知信》，页13544。按：沧州近海，并非辽军南侵的必经之道，故宋太宗罕有地任李继隆为沧州都部署，曾瑞龙认为是太宗意图再次北伐的一招暗棋。曾氏认为贺令图这时积极地策反耶律休哥，配合刘、李二人在瀛州及沧州的军事部署，虽则史料所记有限，但似不能排除太宗再次北伐的企图。参见曾瑞龙：《经略幽燕》，第八章《向战略防御的过渡：宋辽陈家谷与君子馆战役（986—987）》，页248—249、255—257。

月,辽将耶律休哥统数万大军入寇瀛州(今河北沧州市河间市)。是月十日,辽军在瀛州、莫州间的君子馆(今河北河间市北君子馆)遇上刘廷让的军队。刘的麾下将校有高阳关部署杨重进、御前忠佐神勇指挥使桑赞(?—1006)及河州(今甘肃临夏回族自治州临夏市)刺史张思钧(923—1011)。刘廷让出师前,把麾下的精兵交给李继隆,作为接应,自己则率兵打头阵。但天有不测风云,宋辽军接战的当日,忽然翻起漫天风雪,天气骤寒,宋军耐不住反常的酷寒,失去战斗力,甚至不能架起弓弩,抵御辽军攻击。辽兵将宋军重重包围,刘廷让指望李继隆的部队前来援救,但李继隆在这危急关头,竟率部退往瀛州以南的乐寿(今河北沧州市献县,距河间市约30公里)。刘的部将桑赞与敌激战五个时辰,见辽军援至,而李继隆的援兵踪影全无,就不顾主将安危,找到一个隙口,引本部逃遁。刘的大军结果全线崩溃,刘幸得部下让出战马,舍身相救,才能突围脱险,但麾下大将杨重进则阵亡。而人称"小楼罗"的勇将河州刺史张思钧亦陷于敌,几经辛苦,才在端拱初年逃归。至于鼓动太宗伐辽然少不更事的贺令图,不知宋军惨败,还妄想可以策反耶律休哥,结果在翌日(十一日)亦被休哥诱擒。[1]

太宗在是月十二日收到瀛州的奏报,知道宋军惨败,也知道李继

---

1 参见《辽史》,卷八十五《耶律题子传》,页1447;《宋史》,卷二百八十《张思钧传》,页9508;《长编》,卷二十七,雍熙三年十二月乙未条,页625—626。贺令图在雍熙三年伐辽之役,先被辽将耶律题子(?—986)败于定安,他收拾败卒袭蔚州,再被题子所败。至于宋辽军大战之日期以及贺令图、杨重进被擒杀的月日,可参见《辽史》,卷十一《圣宗纪二》,页134—135。按:群书只言杨重进阵亡,不提贺令图被俘后的生死。关于君子馆一战的经过及分析,可参曾瑞龙:《经略幽燕》,第八章《向战略防御的过渡:宋辽陈家谷与君子馆战役(986—987)》,页257—264。

隆没有依约出兵应援刘廷让。故当刘廷让脱身回到京师请罪时,太宗并没有怪责他,知"为继隆所误"。李继隆虽然是他的外戚心腹,但不能摆明徇私,于是太宗下令将李逮解京师,令宰辅在中书鞫问。据杨亿所记,李继隆"条对明白",太宗即命官复原职。而临阵逃脱的桑赞,也不载有任何处分。[1]

《李继隆墓志铭》在这事上,显然讳饰李继隆戎马一生中的大污点,说李继隆在君子馆一役,"率步骑一万以赴之,虏急击河间。刘廷让求救于公,不俟命而往君子馆。敌伏兵发,廷让等先不之觉。公力战败之,歼戮无数。会暮,敌援兵至,裨将桑赞先遯,我师遂溃,公独领百骑达于河间"。杨亿在这里,将宋军战败的责任,推在刘廷让"先不之觉"和桑赞临阵"先遯"身上,不提李继隆没有全力应援、半途退兵的事实,反而虚构及夸大李曾不待太宗之命出兵,并杀敌无数,及率百骑达于河间的战功。杨亿且说李继隆受人构陷,说他失备,而被太宗召赴京师,下相府问罪。总之,在杨亿笔下,李是有功无罪,被召入京审问,也是奸人构陷。最后,李冤情得雪,无罪复职。[2]杨亿在李继隆功名令终的情况下奉命为他写墓志铭,而为"贤者讳",刻意讳言李继隆生平不光彩的事,那是可以理解却不当效法的。

关于李继隆在君子馆一役的责任问题,其实在端拱元年(988)十一月唐河一役前,即君子馆之役两年后,李继隆便曾向他的都监袁

---

[1] 《长编》,卷二十七,雍熙三年十二月乙未至丙午条,页625—626。《武夷新集》,卷十《李继隆墓志铭》,叶二十一上。
[2] 《武夷新集》,卷十《李继隆墓志铭》,叶二十一上。

继忠吐露自责之情,自言"往年河间不即死者,固将有以报国家耳"。[1]
笔者以为,从李这番自我表述,可以看出他实在知道别人会怎样议论自己往日的败绩的。他退师不援,令刘廷让全军覆没,虽然事后太宗接受他的解释,但实难掩悠悠之口,而有贪生怕死之讥。倘他真的如杨亿所记,在君子馆一战中有功无过,没有做出对不起友军的事,他不必在此时以自责的口吻开口言死,闭口说报国。笔者认为群书并没有冤枉李继隆,他实无依约援救刘廷让。对此,笔者同意曾瑞龙的分析,李继隆绝非贪生怕死之辈,这样做是为了保全一己实力。他在君子馆一役的关键时刻,中途退回乐寿,而不去援救被辽兵重重包围、濒于绝境的刘廷让军,是他判断在恶劣的天气及战斗环境中应援,根本无济于事,既救不了刘廷让军,还会落入敌人"围点打援"的圈套,教本部同遭覆没的厄运。他宁可对不起刘廷让等,也不肯冒本部被歼灭的危险出兵相救。从军人的道义来说,他是该受指责的,但从战略上保存实力的角度,尤其是宋军屡受重创之余,他这样做又似乎情有可原。[2]

李继隆这次失约退兵,无论他有多少道理,他应受起码降职的处分。刘廷让全军覆没,任何人总会归罪于李继隆没有来援。虽然他失援刘廷让,与刘文裕等失援杨业,情况处境其实很不相同;但从表面看来,他们所犯失律之罪却是无异。太宗对此事之处置,很不明智。他将李继隆无罪释放、官复原职,又没有追究曾做过他卫士的桑赞之

---

[1] 《长编》,卷二十九,端拱元年十一月己丑条,页658。
[2] 关于李继隆在君子馆一役的责任问题的讨论,可参见曾瑞龙:《经略幽燕》,第八章《向战略防御的过渡:宋辽陈家谷与君子馆战役(986—987)》,页261—264。

罪，实在难令刘廷让等心服。太宗应该像处分刘文裕一样，先将李、桑等人重责，待事过境迁才复用他们。[1]但太宗并没有这样做，惟一合理的解释是太宗为顾全自己的面子。考在雍熙三年与辽的三场大战中，太宗所重用的外戚，不是像贺怀浦、贺令图父子、刘文裕及杜彦圭那样丧师，便是像吴元辅、符昭寿等那样碌碌无功，而像刘知信能全师而退已是极罕有。刘知信在是年九月后，在知定州任上击退辽骑，所谓"追之数十里，斩获甚众"之小功，太宗竟超授刘为邕州（今广西南宁市）观察使，无非是为证明他任用外戚的做法没有不妥。[2]好像李继隆那样善战而功勋卓著，能为太宗挣回多少面子的就独一无二。是故太宗明知李继隆不援刘廷让，实在说不过去，但他也要力保他的妻舅，以掩他用人惟亲的过失。幸而李继隆也知耻，在稍后的征战中奋勇杀敌，将功补过。然而，李继隆始终有负刘廷让。（按：刘廷让一生未遭君子馆一役这样的惨败，他将精兵给李继隆，自己去打头阵，到后来却变相给李出卖。太宗竟然没有处分李，他当然咽不下这口

---

1 太宗在陈家谷之役，碍于朝议，将刘文裕与王侁一同重责，刘被削籍，配隶登州。但一年后，太宗又将陷死杨业的责任通通推到王侁头上，而将刘文裕召还，并累迁至容州（今广西玉林市容县）观察使，雍熙四年五月初四，又委为镇州兵马部署，并封其母为清河郡太夫人，并起用其弟刘文质（965—1028）为殿直。太宗用人惟亲，掩过护短之情甚明。参见《宋史》，卷四百六十三《外戚传上·刘文裕》，页13547；《宋太宗实录》，卷四十一，页102。另参见第121页注1。

2 刘知信在雍熙三年九月后接替李继隆知定州兼兵马钤辖，并押大阵右偏。据载一日他宴犒将士，辽骑乘间而至，他没有披甲便率众出城，追击数十里，并"斩获甚众"。从这记载可知乘间来袭的辽游骑其实人数有限，刘追数十里而还，也不会遇上辽的大军，所谓"斩获甚众"而没有列出具体杀获人数，可能是斩获有限。太宗凭这样的战功，居然将他的表弟擢为观察使的高职，很难不被人说他是用人惟亲了。参见《宋史》，卷四百六十三《外戚传上·刘知信》，页13544。

气）雍熙四年（987）九月，刘赌气不肯徙知雄州，且不待太宗允许擅离雄州回京，结果受到太宗重谴。刘廷让不服，竟然在贬黜途中绝食而死。刘廷让之死，李继隆实有间接及道义上的责任。[1]故此，无论杨亿如何为李继隆分辩，君子馆一役始终是李继隆军旅生涯的一大污点。

李继隆在雍熙四年没有参与大征战，似乎留任沧州。据载他在这年曾"上军政数事"，太宗对他的方略都表示同意。[2]太宗始终信赖他的外戚心腹为他掌军，他在这年五月初四，委任刘文裕为镇州都部署。六月初七，又将王承衍自天雄军徙为贝、冀州兵马部署。[3]同月十九日，太宗委石保吉知大名府，而命他的爱婿吴元扆出守重镇孟州。[4]而在七月初一，李继隆获擢为武州观察使。同月初二，刘知信被召入，改为并州路副都部署，做潘美的副手。[5]是月二十九日，太宗

---

[1] 关于刘廷让之死的分析，可参阅何冠环：《论宋太宗朝武将的党争》，页116—121，"刘廷让之死"及页133—135，"附录：桑赞事迹考"。

[2] 君子馆之役后，太宗未有罢去沧州部署司，雍熙四年春，太宗还派他的晋邸爱将、捧日天武四厢都指挥使领朔州防御使王杲（929—987）为沧州行营副部署。王杲与辽军力战而败，仅以身免。太宗将之召还朝。到是年十二月二十五日，太宗命他的晋邸心腹、左骁卫大将军赵镕知沧州兼兵马部署。参见《宋太宗实录》，卷四十一，页109；卷四十二，页121。《武夷新集》，卷十《李继隆墓志铭》，叶二十一上。

[3] 王承衍在雍熙四年五月二十二日自天雄军来朝，在六月初七充贝、冀州兵马部署。潘美、田重进、崔翰、王承衍及刘文裕在雍熙四年六月二十一日壬子，分别以并州、定州、高阳关、贝州、冀州及镇州都部署并辞京赴治所。参《宋太宗实录》，卷四十一，页102、104—105、107；《宋史》，卷四百六十三《外戚传上·刘知信》，页13544。

[4] 魏咸信在六月十六日自澶州来朝。同月十七日，石保吉自孟州，吴元扆自郓州，宋偓自霸州均应召来朝。参见《宋太宗实录》，卷四十一，页107。

[5] 据《宋史》刘知信本传，他在"（雍熙）四年，召入，改并州路副都部署"。按：刘知信在雍熙三年九月后知定州，而张永德在雍熙四年六月初六自雄州徙知定州，则刘在是年六月先召入京，到七月出为并州副都部署。参见《宋太宗实录》，卷四十一，页105、108—109。

连他另一个妻舅符昭愿都找出来,命他以蔡州(今河南驻马店市汝南县)刺史充邢州(今河北邢台市)兵马钤辖。[1]太宗大概要李继隆为他立功,争回面子,遂在是年十二月二十五日,改命赵镕(944—998)知沧州,而将李继隆召入京师。就在同一天,赵普得到太宗的谅解回朝,并受太宗次子、开封尹陈王元僖(966—992)的力荐,复用为相。赵普行情看涨;不过,今非昔比,李继隆贵为帝戚,宠遇正隆,赵普复相与否,对李家影响不大,虽然李皇后与陈王元僖的关系并不亲密。[2]

太宗在翌年(988)正月十七日,行籍田大典,并改元端拱。[3]是年二月十三日,因宰相李昉(925—996)被罢,太宗复用赵普为首相,并擢升参政吕蒙正(944—1011)为次相。同日自陈王元僖至其他两府大臣均获加官,太宗另擢升原枢密副使王沔(949—991)为参政,擢用御史中丞张宏(939—1001)为枢密副使。四天后(即十七日),一大批宿将、主婿及三衙管军,包括李继隆,都获加官晋爵。宿将中,武宁军(即徐州,今江苏徐州市)节度使曹彬加检校太尉,安远军(即安州,今湖北孝感市安陆市)节度使钱惟濬(955—991)进封谯国公,张永德再授安化军(即密州,今山东潍坊市诸城市)节度使。至于三名太

---

[1] 《宋太宗实录》,卷四十一,页110。关于符昭愿在端拱元年前后所担任的职务及其活动,可参阅何冠环:《北宋外戚将门陈州宛丘符氏考论》,载何著:《北宋武将研究续编》,上册,页26—28。

[2] 太宗长子楚王元佐(966—1027)在雍熙二年九月纵火焚宫,被废为庶人后,次子陈王元僖即被太宗视为继承人。他在雍熙三年十一月晋开封尹,俨如皇储。参见《宋太宗实录》,卷四十二,页121。《长编》,卷二十六,雍熙二年九月庚戌至丁巳条,页597—598;卷二十七,雍熙三年十月甲辰条,页624;卷二十八,雍熙四年十二月庚辰条,页641—642。

[3] 《宋太宗实录》,卷四十三,页122—123。

祖驸马，王承衍移镇为永清军（即贝州）节度使，石保吉移镇为横海军（即沧州）节度使，魏咸信建节为彰德军节度使。三衙管军中，殿前都虞候张训及傅潜均建节，分别领归义军（即沙州）节度使和昭化军（即金州）节度使，二人并擢升为殿前副都指挥使，充当殿前都指挥使刘延翰的副手。李继隆建节为保顺军（即洮州，今甘肃甘南藏族自治州临潭县）节度使，并升为马军都指挥使，成为马帅。原步军都虞候戴兴（？—999）亦获建节为振武军（即朔州，今山西朔州市）节度使，并擢为步军都指挥使，统领步军。[1]李继隆建节的这一年，才三十九岁，算得上是仕途得意。至于他建节的保顺军，和戴兴所领的振武军一样，均属化外之州。李、戴二人初领节度，依例只遥领化外之军州。[2]

这年三月，复相的赵普得到许王（原陈王）元僖之助，把枢密副使赵昌言（945—1009）、知制诰胡旦（955？—1034？）、盐铁副使陈象舆（？—1008后）、度支副使董俨（945—1008）等人指为朋党，重谴贬逐出朝。值得注意的是，后来胡旦等人在太宗晚年，均投靠了李皇后所宠的宦官王继恩（？—999），支持太宗长子楚王元佐（966—1027）

---

[1] 《宋太宗实录》，卷四十三，页126—128。考端拱元年二月十三日，赵普拜相同日，陈王元僖晋许王，真宗自韩王晋襄王，冀王元份晋封越王，益王元杰加食邑一千户；许王钱俶（929—988）晋封邓王，枢密使王显（932—1007）加检校太傅，参政辛仲甫（927—1000）加户部侍郎，枢副赵昌言加工部侍郎。太宗又于同月十八日擢用他的心腹杨守一（925—988）为宣徽北院使、签署枢密院事。两天（二十日）后，又给宋琪（917—996）以下的官员包括知制诰胡旦等多人加官。第二天（二十一日），又委任张逊（？—988后）、魏丕（918—999）及李惟清（943—998）三人分别充盐铁、度支及户部使；陈象舆、董俨及雷有终（947—1005）分别为副使。

[2] 关于保顺军及振武军之本州，参见朱玉龙编：《五代十国方镇年表》（北京：中华书局，1997年5月），附录《军号索引》，页45。

嗣位。[1]而在这年闰五月十三日，被太宗擢用为右正言、直史馆的寇准（962—1023），却是李皇后等后来感到头痛的对手。值得一提的是，第二度复相、老练精明的赵普，不再对贵为帝戚的李家存有敌意，相反一再推荐李继隆的堂兄、已升为枢密直学士的李继凝才可大用，以拉拢李继隆一家。[2]

这年闰五月中旬，太宗分别召镇守高阳关（即关南，今河北保定市高阳县东旧城）、镇州及定州的三员大将崔翰、郭守文及田重进来朝。但不到半月，边防却出现危机：一是在北边要地平戎军（在涿州、霸州及莫州间）镇守的勇将、钦州（今广西钦州市）刺史陈廷山被知霸州石曦指私通辽大将耶律休哥。陈被捕押京审理，六月初一被定罪伏诛。[3]二是太宗年迈的母舅杜审进在六月二日病逝。[4]三是，最令太宗痛悼的，是他的另一心腹外戚刘文裕亦在镇州都部署任上病逝。[5]

---

[1] 关于赵普与胡旦赵昌言之争，及胡旦等人后来为李皇后所用之始末，可参阅何冠环：《宋初朋党与太平兴国三年进士》（修订本）（上海：中西书局，2018年6月），第四章至第五章，页53—129。

[2] 《宋太宗实录》，卷四十四，页139；卷四十五，页149—150。

[3] 崔翰在闰五月十八日自高阳关来朝，太宗早在闰五月六日已命洺州（今河北邯郸市永年区东南）防御使刘福（？—991）为高阳关兵马部署替代。稍后太宗又命他的爱将傅潜以殿前副都指挥使出为高阳关都部署。刘福后迁凉州观察使判雄州，于淳化二年（991）二月卒于任上。参见《宋太宗实录》，卷四十四，页138—140。《宋史》，卷五《太宗纪二》，页82；卷二百七十九《傅潜传》，页9473。《长编》，卷三十二，淳化二年二月丁巳条，页711。关于陈廷山被诛的本末考论，可参见何冠环：《论宋太宗朝武将之党争》，页121—124，"陈廷山之死与田绍斌之贬"。

[4] 《宋太宗实录》，卷四十四，页140—141。

[5] 刘文裕卒于端拱元年何月不详，但是年七月二十七日太宗命潘美知镇州，而八月十日郭守文以宣徽南院使充镇州路都部署。猜想刘文裕在是年七月底前卒，故太宗先后委潘美及郭守文接其职。参见《宋太宗实录》，卷四十五，页145；《宋史》，卷

边庭告急,太宗继续寄望他的外戚守边:七月二十五日符昭愿调知并州,接替在二十七日调知镇州的宿将潘美。八月二十六日王承衍、石保吉及魏咸信奉命分赴贝州、沧州及相州本镇戍守。吴元扆亦以鄯州(今青海海东市乐都区)观察使知孟州,接替右谏议大夫韩丕(?—1009)。[1]最为太宗倚重的李继隆也在是年九月初一,出为定州兵马都部署,接掌易、定兵马都部署田重进的防务。教李继隆遗憾的是,他的堂兄枢密直学士李继凝,本已内定升任同知枢密院事,接替病重的宣徽北院使、同知枢密院事杨守一。八月二十七日,当太宗在便殿召见他,表示很快会擢他入二府后,李却在归家后中风,并在当晚逝世。本来他们兄弟一文一武,倘兄可执兵符,弟得统雄师,就可光大李氏一门。福无双至,自此,李氏一门就只得靠李继隆、李继和(963—1008)兄弟撑起了。[2]

(接上页)四百六十三《外戚传上·刘文裕》,页13547。

[1] 右谏议大夫韩丕在端拱元年闰五月初五出知孟州,至八月由吴元扆接任。另棣州(今山东滨州市惠民县东南)防御使杨赞(?—988后)亦在闰五月初六日获委为贝州兵马都部署,至八月由王承衍继任。按:王承衍甚得太宗信任,当他镇守贝州时,他的妻子昭庆公主(?—1008)不时被召入宫,太宗对他的侄女且言及诸得失,甚见亲信。当时单州(今山东菏泽市单县东南)防御使高琼任贝州部署,在王承衍麾下。他对自己没有像王超、范廷召等获擢升,感到失意。王承衍从昭庆公主处知道其实太宗对高琼另眼相看,迟早会擢升他,就以此安慰高琼。端拱二年,高琼果被石还,这年三月他便被擢为步帅出为并代都部署。从昭庆公主可以出入宫禁并预闻将领宠用之事,可见王承衍受到太宗之宠信。参见《宋太宗实录》,卷四十四,页138;卷四十五,页145、148—149。《宋史》,卷五《太宗纪二》,页82—83。王珪(1019—1085):《华阳集》,文渊阁《四库全书》本,卷四十九《烈武高卫王神道碑铭》,叶三上下。
[2] 《宋太宗实录》,卷四十五,页149—150。杨守一在九月初一卒,他在八月底当已病重。太宗拟大用"无文采"而任职为枢密直学士有年的李继凝,当是委之入枢府,替代当已病重的杨守一。又太宗在九月十六日,又委任他两员藩邸旧人王超(?—1005)和

当李继隆接掌定州防务才一月，在辽圣宗（971—1031，982—1031在位）亲自督师下，辽大军八万人在是年十月二日轻易攻破涿州。同月五日，守军虽顽强抵抗，辽军仍攻破宋军要塞沙堆驿。同月二十三日，辽军别部再攻破易州重要军事据点狼山寨（今河北保定市定州市西北）。五天后，又败宋军于益津关（即霸州）。两天后，辽军进至长城口（在易州遂城县，即威房军附近），击败李继隆部将、从定州北平寨增援满城的勇将荆嗣（？—1014）。十一月初七，长城口失陷，四日后（十一）满城相继失陷。十五日，辽军更引兵深入，攻破祁州（今河北石家庄市无极县），并纵兵大掠。十六日，辽军再破定州西南五十里的新乐县（今河北石家庄市新乐市东北），十七日，再破小狼山寨。二十四日，辽军又在霸州破宋军千人。辽军在宋境休整一个月后，翌年（端拱二年，989）正月班师，二十一日，在回军中进攻易州。宋军从遂城（即威房军）来援，被辽军击败。二十二日，辽军攻陷易州，宋刺史刘墀投降。到正月底，辽大军经收复的岐沟关返南京幽州。这次历时达四个月的宋辽大战，以辽军收复涿州及易州之重大胜利，和宋军伤亡及投降甚众之战果告终。[1]

宋人从《长编》到《宋会要》等史书，都讳言宋军在端拱元年九月至二年正月辽军大规模南侵中遭到惨败，而对涿州得而复失，以及周世宗辛苦取得的易州，最终给辽人取回的事实，均语焉不详。相反群书却大肆渲染李继隆与其副将、定州监军袁继忠，在端拱元年十一

（接上页）王昭远（944—999）并为殿前都虞候。
1 关于宋辽两军在涿州、易州大战之经过析述，可参阅本书附录一《宋辽唐河、徐河之战新考》。

月，以二万之众，在定州州治安喜县北八里的唐河（亦名滱河，源出今河北保定市唐县北，南流经唐县城东，至今河北保定市定州市北），大破辽军八万，并一直追杀越过曹河，斩首万五千级，获马万匹的所谓"唐河之捷"。群书笔下的李继隆和袁继忠，既是智勇兼备，又是忠义过人。李继隆既在战前听从袁继忠的正确意见，重用易州诸寨失守后原属诸寨的静塞骁勇骑兵，使之后来成为击败辽军的一路奇兵。而在军事会议中，李继隆又不理太宗诏书"坚壁清野、不许出战"的训示，反而强烈支持袁继忠背城一战的主张。并且强调他自己"将在外，君命有所不受"的为将宗旨，声言"阃外之事，将帅得专焉"，慷慨誓言"往年河间不即死者，固将有以报国家耳"。这场定州城外的背城大战，据《宋史·荆嗣传》的说法，是李继隆出击前，先派步兵二千，埋伏于定州古城下。当辽军进攻定州时，李继隆令守御于定州北九十里的勇将荆嗣来援。荆部抵唐河桥，便扼桥路出战。荆部突破辽军数重包围，与伏兵会合。宋军分为三队，背水列阵。这时耶律休哥率骑百余队抵烽台挑战，荆嗣整兵与辽军战数合。李继隆的主力到来，在东边列阵，合击辽军。担任李军摧锋的易州静塞骑兵奋勇攻击，并成功攻入辽阵，辽骑大溃而逃，宋军取得胜利。太宗得捷报大为嘉奖，袁继忠功劳最大，故获赏最厚，而荆嗣也得到嘉奖，迁天武军都指挥使，领澄州（今广西南宁市上林县西）刺史。至于宋军主帅李继隆的功劳，《李继隆墓志铭》自然溢美不已，说由于这次大捷，辽军就不敢再犯。又说包括镇州、邢州及洺州等河北各州郡，这一年均以辽军入寇而闭城不出，定州却可以"刍荛无废"。[1]假如上述的记载属实，辽军在这

---

[1] 参见附录一《宋辽唐河、徐河之战新考》。

次南侵就吃了一场极大的败仗。

然据笔者的考证，李继隆这场所谓"大捷"，其实只是宋方夸大战果的一场小型反击战。被李继隆与荆嗣合力打败的辽军，似乎只是耶律休哥的百余队偏师骑兵，而绝非辽军的主力。耶律休哥是否参战也有疑问。事实上，唐河之役后，辽军在宋境留至年底，并在翌年轻松取得易州等各城。如果李继隆真的重创辽军，辽军就不会这样来去自如了。而且，李继隆的名字并没有见诸《辽史》。教人不解的是，若李继隆曾在这场战役中重创辽军，辽人没有道理连他的名字都记错成"李敬源"或"李忠吉"。和辽军交手的宋将，从有"杨无敌"之称的杨业，到曹彬、崔彦进、田重进、潘美、米信、刘廷让，以至杨重进和贺令图，《辽史》都清楚著录他们的名字。偏偏李继隆的名字，在《辽史》里不是张冠李戴，就是连生死都弄不清楚。从这一点去看，不得不教人怀疑，李继隆的战功是宋方自行吹嘘的。笔者以为辽军这次南犯，战略目标是夺回边上的涿州和易州，而并无意图占领深入宋境的州郡。对于宋军重镇的定州和镇州，辽军只派少量军队佯攻，志在牵制该地守军不敢出援，让辽军能从容夺取涿州和易州。事实上，辽军的目标完全达到。讽刺的是，据《宋会要》所记，李继隆以及在镇州的郭守文，均上奏太宗吹嘘他们击败辽军，并大获全胜。宋廷收到捷报后，宰臣（不知是赵普还是吕蒙正）为讨太宗的欢喜，马上率百官诣崇德殿称贺。我们不知道太宗这次是在被臣下所欺，还是为激励士气，授意或默许李继隆等编造不实的战果。笔者认为宋军在岐沟关、陈家谷和君子馆三役连败后，太宗实在需要一场大胜仗挽回面子。同样，李继隆在君子馆一役蒙羞，他也需要一场漂亮的胜仗来雪耻。唐河一战当然是他恢复名誉的良机。他是太宗外戚中最善战的,由他扮演战胜辽军的英雄,在一定程度上也维护了太宗用人惟亲的政策。最后,值得一提的是,元人修的《宋史·李继隆传》倒实事求是,没有夸大李在唐河一役的战功,只说"一日,契丹骤至,攻满城,至唐河"。李继隆"乃与继忠出兵,战数合,击走之"。而并没有像《长编》及《宋会要》那样,渲染李继隆大破辽军,并斩首万级、夺马万匹的战果。[1]

平情而论,李继隆在唐河之战获得小胜的功劳,不足以抵偿他在君子馆之战不援友军的过失。不过,作为北边重镇定州的守臣,李继隆倒算尽忠职守,对于攻守之策,绝不人云亦云。端拱二年正月,户部郎中张洎(934—997)应诏上言,指出宋军采取消极防御政策之不妥,主张"凡在边境军垒,其甲卒不满三万人以上者,宜从罢废。既省朝廷供给,又免戎狄吞侵。以所管之师外隶缘边大镇,缘边大镇甲兵既聚,士马自强,以守则无易州倾陷之危,以战则有蕃汉力均之势,与夫分兵边邑,坐薪待燃,岂可同年而语?"他主张放弃在北边前沿的威虏军(今河北保定市徐水区西遂城)。当太宗接受张的意见,下诏废威虏军时,身为定州都部署的李继隆即上奏反对,力持"梁门为北门保障,不可废"。太宗最后听从李的意见,保留威虏军。张、李二人在防御辽军入侵的策略,以及在威虏军存废问题上谁对谁错,双方都有道理,不宜轻率地从纸上作出判断。不过,李继隆在是年七月却面临一次重大考验。他因运送辎重至威虏军而在徐河遭辽军邀击,幸而他麾下勇

---

[1] 参见附录一《宋辽唐河、徐河之战新考》。

将尹继伦(947—996)出奇制胜,才使他渡过这次难关。[1]

据《宋太宗实录》、《长编》及《宋史》的记载,这年七月,威虏军粮馈不继,太宗命李继隆发镇、定大军一万人护送辎重数千乘前往接济。宋军的行动却给辽将耶律休哥所谍知,休哥更亲率精锐三万骑南来邀击。是月二十二日,崇仪使、北面都巡检使尹继伦刚好率领步骑千人巡边塞上,在道上遇上辽大军。耶律休哥看不起这支只有千人的宋军,竟不击而过,径自前进,准备邀击在威虏军附近的李继隆大军。尹继伦分析形势:耶律休哥大军不管是否击败李继隆军,都会回头扑击他这支小部队。为了死里逃生,他说服部下采取"卷甲衔枚袭其后"的奇袭手段,乘夜暗中尾随辽军。耶律休哥的大军行至唐河与徐河之间,距离李继隆的大军约四十五里。这时天尚未明,辽军尚未进食及准备战斗,却造梦也不知道尹继伦部已在威虏军城北列阵以待。耶律休哥甫令辽军进食,尹继伦便出其不意地突袭,除击杀辽将一人外,更重创耶律休哥手臂,迫他乘马落荒而逃。辽军失了主帅,更在天色蒙蒙、视野不清的不利环境下,忽见宋军从天而来,因而大溃,自相践踏而死者无数。李继隆的副将范廷召见辽军忽然大乱,马上挥军配合尹继伦追杀辽军,追奔过徐河十余里,据称斩首数千级,并俘辽军甚众。其后定州副都部署孔守正(939—1004)又败辽军于曹河之斜村。太宗战后论功行赏,授尹继伦洛苑使领长州(今越南长定省)刺史,继续担任北边都巡检使。后来太宗知尹继伦为辽人所畏,称"当避黑大

---

[1] 参见附录一《宋辽唐河、徐河之战新考》。

王",就加授他尚食使领长州团练使。[1]

除《宋史·李继隆传》将这次徐河之役的胜利,归功于李继隆外,《宋史》其余各有关纪传,都据实将功劳归于尹继伦。另外《宋史·王杲传》亦称郭守文手下大将王杲(939—1002)当时亦刚好督粮至威虏军,当他所部还抵徐河时,尹继伦正与敌厮杀,王杲部适遇辽军于河上,于是加入战斗。王杲没有夸大战功,只奏上"杀贼,夺所乘马"。郭守文为他报功,太宗召见他问状,以功补马军都军头。至于《李继隆墓志铭》这回较老实,只含糊地说李继隆"又出奇兵,薄西山以邀虏,虏亦引避",没有过分渲染李在徐河一役的功劳。出于《长编》的《皇宋十朝纲要》亦只将击败辽军的功劳归于尹继伦。[2]

对于徐河之役,《辽史》没有具体的记述。笔者怀疑《辽史》讳言其败,尤其是耶律休哥为辽的百胜将军,这番因轻敌而败在尹继伦手上,自然讳莫如深。相比唐河之役,宋军在徐河击败辽军的可信性较高。平情而论,李继隆在这次侥幸得来的胜仗中的功劳,多少是因人成事的。这次宋军获胜,与其说他有多大战功,不若说他运气不错。一代名将耶律休哥竟因轻敌而败,既教尹继伦得以成名,也教李继隆在雍熙与端拱年间之军旅生涯得以平安度过。总结李继隆在这六载宋辽战争高峰期的表现,君子馆一役的污点,他是洗刷不了的。不过,他在其他大小战役所立的战功,即使徐河一战,有因人成事之嫌,也应予以肯定。在太宗的众多受重用的外戚武将中,他的表现算是差强

---

1 参见附录一《宋辽唐河、徐河之战新考》。
2 同上注。

人意，功过参半。[1]

六、转战西疆：李继隆在淳化到至道间的戎马生涯

太宗在端拱二年七月徐河之战前后，对枢密院的人事做了一番调整。因宰相赵普力荐，才兼文武的知代州张齐贤（943—1014）在七月初六被召还，委为枢密副使，太宗又以他的藩邸旧人盐铁使张逊（940—995）为签署枢密院事。另外早在七月初一，太宗擢用"极言北边利害"而深得他赏识的寇准为枢密直学士，参赞军机。[2]不过，对于北边重镇的将领，特别是定、镇、高阳关三路，太宗就尽量不予更动。太宗对李继隆信任有嘉，在一次召他归京时，还亲口称赞李"惟尔尽力于我"。为了支持他，太宗一方面调李的旧僚知雄州田仁朗为知定州节度副使事来辅助他。另一方面，又擢升宾州团练使、天雄军部署王汉忠（949—1002）为马军都虞候、定州副都部署。当李在每岁防秋而赴屯所时，王就代他统领京中马军，让李可安心守边。当李入觐时，王就代领定州屯军。[3]是年十一月二十四日，李继隆的老战友郭守文在

---

1 关于《辽史》对徐河之战的相关记载，以及耶律休哥在战后的行踪与其可能受伤的关系，参附录一。
2 《长编》，卷三十，端拱二年七月乙卯至甲申条，页680—682。《宋史》，卷五《太宗纪二》，页84。
3 按：田仁朗自知雄州徙为知定州节度副使事，据李之亮所考，乃在端拱二年，惟月份不详。他在是年应召赴京，但未行而卒。至于王汉忠拜马军都虞候在端拱二年三月，在李继隆迁都指挥使后一月。王一直任马军都虞候至淳化五年六月，然后迁殿前都虞候。参见《宋史》，卷二百七十五《田仁朗传》，页9381；卷二百七十九《王汉忠传》，页9477。《武夷新集》，卷十《李继隆墓志铭》，叶二十一下至二十二上；《马军司题名》，叶二十九上。李之亮：《宋河北河东大郡守臣易替考》，页104，《雄州》。

镇州都部署任上病卒，太宗考虑再三，最后委任曾与李继隆在满城一役中大破辽军的殿前都指挥使刘延翰出守镇州，代郭的遗缺。[1]

太宗在第二年正月改元淳化。文武百官都加官晋爵，定、镇、高阳关三员都部署大将李继隆、刘延翰及傅潜，另外太宗爱将步军都指挥使、并代都部署高琼（935—1006）都受特诏加恩。《宋大诏令集》保存了太宗这年颁给李继隆的加恩诏。太宗对他的妻兄，称扬不已，诏书将李继隆说得允文允武、德才兼备，忠勇无双：

> 具官李继隆，英姿挺立，亮节不群。习三阵之机钤，有七擒之智略。伏钺受封疆之寄，横戈推金石之心。临戎则勇实无前，抚士则宽而有裕。壮予边鄙，资尔器能。而又阅礼敦诗，著名臣之令望；好谦乐善，怀哲士之清风。采于舆言，允谓贤帅。[2]

太宗对李继隆的期许，具见于上述之恩诏。不过，李继隆在淳化元年以后的戎马生涯，比起在雍熙和端拱间，便平淡得多，因辽人在淳化以后少有大规模入寇。从淳化年间始，李继隆反而多次出师西边，讨伐叛服不常的西夏李继捧（962—1004）、李继迁兄弟。虽然宋

---

[1] 《长编》，卷三十，端拱二年十一月辛丑条，页691。
[2] 高琼早在端拱二年三月即授步军都指挥使，领归义军节度使，出为并代都部署。傅潜在这次加恩中获封开国公，而李、刘及高三帅都增食邑及加实封。参见《宋史》，卷五《太宗纪二》，页84；卷二百七十九《傅潜传》，页9473；卷二百八十九《高琼传》，页9692。不著撰人（编），司义祖（校注）：《宋大诏令集》（北京：中华书局，1962年10月），卷九十五《傅潜进开国公加恩制》，页348—349；卷一百四《刘延翰加恩制·淳化元年》《李继隆加恩制·淳化元年》，页386；《高琼加恩制·淳化元年》，页387。

军不能全歼夏人，但在战斗上宋军一直处于上风。比起和辽军战斗，宋军一直处于挨打之局面，就不可同日而语。而李继隆在淳化以后，最得力的帮手，是他的幼弟李继和。李继隆对幼弟寄望甚大，视之为他的事业继承人。李继和随兄长出征，担任传报军情的工作。[1]

淳化元年整整一年，宋的边廷大抵无事，朝中除赵普以年老多病在正月罢相外，人事也无大变动。边镇上，只有是年四月二十一日，原镇州都部署刘延翰徙为大名尹、天雄军节度使，遗缺由殿前副都指挥使、天雄军都部署戴兴接任。[2]

这年十月，太宗派他的心腹殿直张明（？—993后）至定州，对李继隆宣旨说："若敌复入寇，朕当亲讨，卿勿以为虑。"其实辽方并无动静，李继隆趁这个大好机会，上奏太宗，以洋洋洒洒的四六骈文，慷慨激昂地表忠一番，不同意太宗劳师动众亲征，再起战端。他这篇大作，除大大彰显自己的忠诚和勇敢，更塑造自己一个能文善辞的儒将形象。李继隆上奏说：

> 建侯行师，乃国家之旧制，临阵忘死，亦臣子之常规。岂有身握重权，坐食丰禄，不念扞城而御侮，更烦清跸以省方？凤夜自思，启处无措。伏自北戎肆孽，边邑多虞，陛下不以臣治兵乏

---

1 《宋史》，卷二百五十七《李处耘传附李继和传》，页8969。
2 《长编》，卷三十一，淳化元年正月丁亥至戊子条，页697。《宋史》，卷五《太宗纪二》，页85；卷二百六十《刘延翰传》，页9025；卷二百七十九《戴兴传》，页9476。按：刘、戴二人对调职务，考《宋史》刘延翰本传称他在淳化"三年"徙大名，下一句又说"三年"，以病求解官。笔者以为头一个"三年"，应为"元年"之误写。

谋，任以疆事，臣敢不讲求军志，震耀戎容，奉扬天声，以遏外侮。然臣奉辞之日，曾沥愚衷，诚以蜂蚁之妖，必就鲸鲵之戮，臣子之分，死生以之，望不议于亲巡，庶靡劳于天步。今日遽聆圣诲，将决龙行，长驱组练之师，徐按和銮之驭，宣威朔野，问罪穹庐。且一人既行，百司景从，千乘万骑，雷动风趋，郡县供馈以斯勤，驿传驱驰而甚远。况乃穷荒残孽，绝漠微妖，责在帅臣，决期殄戮，臣虽驽弱，誓死为期。仰望鸿慈，特寝兹议。[1]

太宗亲征之议，当然只是说说而已，宋廷根本没有什么相应的准备与行动。李继隆当然明白太宗的心意，他这篇覆奏正作为太宗漂亮的下台阶。虽然杨亿吹嘘李继隆"敦说诗礼，博通义府，跌宕文史，多识前言，寤寐经纶，善谈名理"；又说他"勤接士类，雅好清言。多聚群书，仅余万卷，退食于公，手自刊校。喜读《春秋》，躬亲缮写，笔札之丽，自成一家。博物多能，动臻奥赜。金丝误曲，周郎之顾乃回"。[2]但这篇大文显然出于他幕僚之手或求于高明。不过，这并不重要，重要的是李继隆识时务。太宗和李继隆君臣，一唱一和，既可昭示天下，太宗没有忘记一雪前耻和收复失地，又可轻轻地将责任转在臣下身上。李继隆所以得太宗宠信，正因他懂得太宗的心意；他不只是在沙场冲

---

[1] 传旨的张明，是太宗的亲信，据太宗自述："张明起贱微中，以蹴鞠事朕，洁己小心，见于辈流。"甚得太宗信任。他在太宗淳化后期，以寄班供奉官护定州兵，曾多次规劝行事不法的定州行营都部署王荣。王荣怒他多事，连同定州监军、庄宅使王斌构陷张明，但下枢密院问状，却知是诬告。太宗厚赐张明而贬责王荣。参见《长编》，卷三十一，淳化元年十月丙寅条，页707；《宋史》，卷二百八十《王荣传》，页9500。
[2] 《武夷新集》，卷十《李继隆墓志铭》，叶二十六下、二十七下。

锋陷阵的勇将，还是懂得政治气候，会配合朝廷动向的巧宦。

淳化二年（991）四月十二日，太宗再调整二府的人事，[1]而三衙管军的人事亦有变动。教李继隆等不值的是，原殿前副都指挥使傅潜，竟越过刘延翰、李继隆等百战宿将，升任马步军都虞候，成为李继隆及高琼的顶头上司。至于在一年前出守镇州的殿前副都指挥使戴兴，先徙高阳关都部署，然后召入，代刘延翰，升任殿前都指挥使，地位也越过李继隆。太宗又擢另一心腹王超（？—1013）为殿前都虞候，做戴兴的副手。[2]至于北边的守臣，只有轻微的变动，原判雄州的凉州观察使刘福（？—991）在是年二月卒，宋廷即派瀛州防御使安守忠（932—1000）接任。另忠武军（即许州，今河南许昌市）节度使潘美在六月卒，太宗改命另一宿将张永德代为并代都部署，镇守太原。[3]

是年七月，西夏的李继迁闻知宋廷派商州团练使翟守素（922—992）统兵来讨，他与归顺宋廷的族兄李继捧计议后，亦上表愿意归顺。是月九日，宋廷授李继迁银州观察使，赐名赵保吉。李继捧（赐名

---

[1] 中枢方面，枢密副使张齐贤与给事中陈恕（946—1004）一同擢升参知政事。枢密院方面，原签署枢密院事张逊升为枢密副使，两名枢密直学士温仲舒（944—1010）和寇准，双双擢为枢密副使，而原枢密副使张宏则被罢为吏部侍郎。参见《长编》，卷三十二，淳化二年四月辛巳条，页714。

[2] 据《长编》所记，戴兴在淳化二年六月已在京任殿帅，据其《宋史》本传，他出帅镇州后，亦曾帅定州。不过，这里有误的是，李继隆一直未罢定帅之职。戴兴本传续记他未几徙高阳关，然后迁殿帅，领定国军节度使。他入为殿帅的年月不详，相信在淳化二年中。王超则在这年擢为殿前都虞候，惟日月不详。参见《长编》，卷三十二，淳化二年六月乙酉条，页716。《宋史》，卷二百七十八《王超传》，页9464—65；卷二百七十九《傅潜传》，页9473；《戴兴传》，页9476。

[3] 《长编》，卷三十二，淳化二年二月丁巳条，页711；闰二月庚辰条，页713。《宋史》，卷五《太宗纪二》，页87。

赵保忠)又荐其亲弟李继冲归顺,太宗也赐其名为赵保宁,授绥州团练使,并封其母罔氏为西河郡太夫人。[1]不过,这个桀骜不驯,与李继隆名字相近的西夏强酋李继迁,今次降宋不过是权宜之计,李氏兄弟不到三年便叛宋,并与李继隆兵戎相见。

宋廷的中枢人事,在这年的九月有所改变,首先是在是年九月初,参政王沔和陈恕相继以过失被罢。跟着是宰相吕蒙正被太宗怀疑在背后策动朝臣上书,请立许王元僖为太子而遭罢。太宗除复相李昉外,还擢升参政张齐贤为相。另外,又擢用两名翰林学士李沆(947—1004)和贾黄中(945—996)为参政。九月底,太宗又罢免枢密使王显(932—1007),擢升枢密副使张逊为知枢密院事,而改温仲舒(944—1010)与寇准为同知枢密院事。[2]太宗对李继隆的宠眷仍无间,宋廷中枢的人事改变并未影响他,最重要的是,辽军在这两年并无入寇。

淳化三年(992)先后发生两件事,大大打击了太宗的心情。首先是退居洛阳多年而一直久病缠身的元老重臣赵普,于是年七月病逝。关于赵普的死有各种谣言,其中传得最多的说法,是赵普其实是被秦王廷美的冤魂吓死的。太宗对赵普的死,明显有兔死狐悲之憾,而他自己多年未愈的箭疾不时折磨他,正与赵普的顽疾相近,很有可能会想到神鬼报应方面去。太宗悲悼赵普之余,且在左右面前流泪,又下

---

[1] 翟守素在淳化二年正月奉命领军接李继捧于夏州,李继迁其实与李继捧狼狈为奸,见宋军势大,于是又奉表请降。参见《宋史》,卷五《太宗纪二》,页86;《长编》,卷三十二,淳化二年七月己亥至丙午条,页718。
[2] 《宋史》,卷五《太宗纪二》,页88。《长编》,卷三十二,淳化二年九月丁丑至甲辰条,页719—723。

令厚葬赵普，并为他亲撰神道碑铭。[1]对于这个当年曾逼害他父子的对头，史料中没有记载李继隆有何反应，相信李家兄弟早已不计较了。

赵普之死，固然令太宗伤悼不已，然而四个月后许王元僖中毒暴亡的事，以及后来牵起的事端，才真的教太宗痛彻肝肠。对李继隆来说，元僖之死，是他们李家牵涉入继统之争的序幕。

这年的十一月十日早上，许王元僖在入朝时忽然不适，未入谒已支持不住，从人将他送回府。太宗马上前往看视，当太宗呼唤爱子名字时，元僖尚有反应，但不久便断气了。太宗目睹爱子暴亡，恸哭不止，连他的左右都不敢仰视。太宗随即追册元僖为太子，谥恭孝。吏部尚书宋琪（917—996）代表群臣上奏，请太宗将本来十天后要举行的南郊大礼押后至明年正月。太宗准奏。不幸之事却接踵而至，元僖死后第二天（十一日），刚被罢参政但仍为太宗赏识的王沔又在视事省中时中风暴卒。在元僖死后的半月里，太宗伤心不止，因他早属意已任开封尹五年、政事无失的元僖做他的继承人。据《长编》所载，太宗忆子不已，甚至悲泣达旦，不眠不休，还作《思亡子诗》出示近臣。晴天霹雳的是，忽然有人揭发元僖其实是被他的宠妾张氏，人称"张梳头"错手毒死的。据宋人笔记《默记》所载，张氏本来想用毒酒谋害元僖夫人陆氏，以便取得正室的位置，但阴差阳错，元僖却因与陆氏交换酒喝而中毒身死。教太宗惊愕及愤怒的是，元僖再被人揭发，他

---

[1] 《长编》，卷三十三，淳化三年七月乙巳至己酉条，页737—738。关于赵普之死对太宗因箭伤不愈而转化之心理病之刺激的讨论与分析，可参阅何冠环：《宋太宗箭疾新考》，《中国文化研究所学报》，第二十卷（1989年），页49—55。

生前因受张氏蛊惑，曾任意捶打仆妾至死。他其实行事凶残，表面的仁厚是装出来骗太宗的。另外，元僖又在京城西的佛寺为张氏父母招魂，葬礼僭差逾制。更令太宗震惊的是，元僖与张氏所作的招魂法事，有施巫蛊之嫌疑。太宗震怒之下，委他宠信的内臣皇城使王继恩彻查元僖的死因以及元僖生前或有不告人的阴事。

太宗的心情不难理解，当他想到五年前长子元佐忽然迹近疯狂之焚宫行为，以及自己长期箭伤不愈的事实，他会想到这一切可能有人在暗中弄鬼！死去的元僖就有最大的嫌疑。太宗自然饶不过毒杀元僖及有份施巫蛊的张氏。太宗首先下令缢杀张氏，然后再拘捕元僖左右亲吏下狱，令皇城使王继恩逐一加以验问。案情急转直下，王继恩向太宗的报告虽然没有昭告天下，但从各种的蛛丝马迹去看，显然对死无对证的元僖很不利。在元僖所犯的罪行"查明属实"后，元僖的属下亲吏全被决杖免职，张氏父母坟墓被掘烧，其家属都被充军远方。最后，在是月二十六日，即元僖死后半月，太宗更收回追册元僖太子的诏命，仅给予一品卤簿殓葬。元僖之死，对太宗的情感可说是致命的打击：元僖本来是太宗极钟爱，甚至打算传位的儿子，最后竟发现是不孝不仁之逆子。不知是否受此案的牵连，太宗在是月二十一日下令禁两浙诸州巫师。[1]

---

[1]《长编》，卷三十三，淳化三年十一月己亥至庚子条，页740—742。《宋太宗实录》，卷三十三，页80；卷三十五，页100。《宋史》，卷五《太宗纪二》，页90。按：元僖的正室是太宗大将右监门卫大将军陆万友（914—986）之女，陆万友卒于雍熙三年二月，太宗即聘其女为元僖妻。关于元僖之死及其生前涉嫌向父兄施加巫蛊的讨论分析，可参阅何冠环：《宋太宗箭疾新考》，页52—54。

元僖一案的重大转折点是有人在太宗前揭发元僖种种阴事。笔者以为只有李皇后才有这个胆量、有机会及有地位向太宗告发。内侍王继恩虽得宠，但要他以疏间亲地告发教太宗伤心欲绝的许王，他当没有这个胆量。笔者推断李皇后这次揭发元僖阴事，是在死无对证的有利情况下向元僖报复，报复元僖在雍熙二年重阳日挑拨元佐痛恨太宗，而做出纵火焚宫之傻事。从李皇后的立场去考虑，她本人无子，她宁愿那性子直率、重感情而无野心的元佐嗣位，而不愿城府甚深的元僖继统。[1]李皇后后来反对立真宗为储，在太宗死后仍坚持立元佐，除因个人的喜恶外，相信也是为了李家的福祉。李皇后主动介入继统之争，作为她长兄而手执重兵、深受太宗宠信的李继隆，最后也难逃这漩涡。[2]元僖暴死后，他的一党树倒猢狲散，此后宋廷中势力最大的，就非后家李氏一族莫属。

1　群书都称美元僖"姿貌雄毅，沉静寡言"。换一个角度看，其实可以说元僖为人胸有城府。笔者以为当元佐以叔父秦王廷美被迫害事而与太宗反目时，元僖就乘机在太宗面前表现得既仁且孝，从而取而代之，夺取乃兄弃如敝屣的储位。当元佐纵火焚宫（元僖有最大的挑拨嫌疑）而被太宗废为庶人后，元僖就成为无可争议的继承人。他经营储位的手段是高明的，他首先在雍熙四年底力荐赵普复相，取得有力的奥援；然后又伙同赵普，铲除胡旦、赵昌言一班涉嫌支持元佐的异己。吕蒙正虽然不一定已为元僖所收买，但他的妻舅宋沆显然已投元僖门下。赵普后来虽以病罢，而吕蒙正及其妻族也因贸然上书请立元僖为太子而获罪，但太宗仍对元僖宠爱如故。本来李皇后要斗倒这位权势熏天的准储君实在不易，惟有在元僖暴亡而死无对证的情况下才可铲除元僖的影响力。为何李皇后要算元僖的账？笔者以为李皇后一方面要为她喜爱的元佐平反，去找一个正大的理由（如解释元佐以前所为都是元僖作的怪），另一方面当是元僖一党威胁着李家的权势。
2　关于李皇后及其信任的宦官王继恩，以及投靠他们的文臣包括胡旦、李昌龄（937—1008）等人在太宗晚年介入继统纷争的分析与讨论，可参阅何冠环：《宋初朋党与太平兴国三年进士》，第五章《暗通宫闱：党争与继位之争》，页71—129。

淳化四年（993）三月开始，宋廷从北边到中枢的人事又有一番更动。首先是镇守镇州的宿将田重进以成德军（即镇州）节度使改授永兴军（即京兆府，今陕西西安市）节度使。而田重进的前任、太宗的心腹爱将步军都虞候元达（952—993）亦在京城巡检任内卒。[1]到六月九日，先是宰相张齐贤以小过被罢相，然后在同月十五日，知枢密院事张逊和副手同知枢密院事寇准因相争，在太宗前互相揭发对方的阴私而被双双罢免。太宗以涪州（今重庆市涪陵区）观察使柴禹锡（943—1004）代为知枢密院事，枢密直学士刘昌言（942—999）代为同知枢密院事，而擢升吕余庆弟、枢密直学士吕端（935—1000）为参知政事。[2]这年夏天（大概在四月至六月），李继隆被召还京师，太宗当面奖励之余，改授静难军（邠州，今陕西咸阳市彬县）节度使，然后遣返定州屯所。这年十月六日，罢相的张齐贤本来受命出知定州，但他以母老不愿离京。太宗于是收回成命，但他仍任人惟亲，委任才具平庸的外戚符昭寿知定州，做李继隆的搭档。[3]是月十七日，太宗以七月以来京师一带降雨不止，而陈、宋诸州盗贼群起，就找一班宰辅做替罪羊出气，罢免李昉、李沆、贾黄中及温仲舒，复相吕蒙正。又擢升太平兴国五年的状元、翰林学士承旨苏易简（958—996）为参政，另以枢密都承旨赵

---

[1] 在田重进调离镇州前，在淳化三年六月，新任殿前都虞候的王昭远代为并代都部署。元达为太宗晋邸旧人，在端拱二年擢步军都虞候，后历北面行营都部署守镇州，他后来被召入为京城巡检，在淳化四年卒，但月日不详。参见《宋史》，卷五《太宗纪二》，页89；卷二百七十五《元达传》，页9374。《长编》，卷三十四，淳化四年三月壬子条，页748。
[2] 《宋史》，卷五《太宗纪二》，页91。《长编》，卷三十四，淳化四年六月壬申条，页750。
[3] 《长编》，卷三十四，淳化四年十月庚申条，页753。《宋史》，卷二百五十一《符昭寿传》，页8841；卷二百五十七《李继隆传》，页8967。

镕及枢密直学士向敏中（948—1019）并为同知枢密院事。同月二十三日，太宗再召还知大名府有政绩的赵昌言，拜为参政。[1]在这班新任的两府大臣中，赵昌言及向敏中都是知兵而有武干的文臣。他们获得擢用，正好遇上明年太宗大动干戈。

淳化五年（994）正月，蜀民李顺（？—1017）起事，攻陷成都，自号大蜀王，改元应运，并很快攻占四川许多州军。李顺能坐大，缘于原知成都府的东上阁门使、太宗女婿吴元扆的兄长吴元载治蜀无方，激起民变。太宗即委派他甚为信任的内臣、昭宣使王继恩为西川招安使，统大军入蜀平乱。[2]祸不单行的是，李继迁在是年正月又徙绥州民于平夏（按：平夏泛指银、夏州以至青、白池一片沙碛区），其部下绥州蕃将高文岯（？—1014）不愿往，攻败之。于是李继迁就侵掠居民，焚烧积聚，而且进攻灵州（今宁夏银川市灵武市西南，一说在宁夏吴忠市南金积乡附近）及附近的通远军（即环州，淳化五年改，今甘肃庆阳市环县）。太宗得报大怒，决意派大军讨伐。这次太宗委任李继隆为河西兵马都部署，出任主帅，另委徐河之役的英雄尹继伦为都监，统率大军讨伐李继迁。除尹继伦外，李继隆麾下的副将计有内臣勇将入内押班秦翰（952—1015），管勾鄜延屯兵的内臣、内班右班押班张崇贵（955—1011），容州观察使丁罕（？—999），御前忠佐步军副军头陈兴（？—1013），龙捷指挥使许均（？—1007）及崇仪使侯延广（947—996），另外，在唐河之役李麾下之勇将田敏（？—1023后），以及高琼

---

1 《长编》，卷三十四，淳化四年九月丙午至十月丁丑条，页753—756。
2 《长编》，卷三十五，淳化五年正月甲子至癸酉条，页766—767。

长子高继勋（959—1036）亦从征。至于定州的防务，就由殿前都指挥使戴兴接掌。李继隆的副将王汉忠则留任定州副都部署，王并在是年六月从马军都虞候擢为殿前都虞候。另外，当年与李继隆破夏人的四方馆使尹宪，获委知定州。[1]

当李继隆奉命出征时，熟识边事的前宰相宋琪以其曾任延州（今陕西延安市）节度判官五年的见闻，向太宗提出讨伐李继迁的看法，[2]

---

[1] 戴兴在淳化四年前以亲丧而解职，到淳化四年正月起复，复授殿前都指挥使领定国军（即同州）节度使，到淳化五年始出为定武军（即定州）节度使。戴兴在出任定武军节度使后，当兼定州都部署。又尹宪在淳化初年，曾连护镇、定兆兵，在李继隆麾下。后改知贝州，移高阳关兵马铃辖。为此之故，太宗在淳化五年委他知定州，代符昭寿。不过，后来他却与马军都虞候、定州兵马部署王荣不协，竟被他殴打仆地，怏怏致疾而卒。至于丁罕则以容州观察使领灵环路行营都部署，本传记他与李继迁战，斩首俘获以数万计。此说疑有夸大之嫌。参见《宋大诏令集》，卷九十五《戴兴加恩制·淳化四年正月二十七日》，页350。《宋太宗实录》，卷七十六，页162—163。《宋史》，卷二百五十四《侯延广传》，页8864；卷二百五十七《吴元载附传》，页8950；《李继隆传》，页8967；卷二百七十五《尹继伦传》，页9376；《丁罕传》，页9377；卷二百七十六《尹宪传》，页9409；卷二百七十九《王汉忠传》，页9476—9477；卷三百二十六《田敏传》，页10533；卷四百六十六《宦者传一·张崇贵》，页13617；卷四百八十五《外国传一·夏国上》，页13987。《马军司题名》，叶二十九上。

[2] 宋琪指出"从延州入平夏有三路：一、东北自丰林县苇子驿至延川县，接绥州入夏州界"；"二、正北从金明县入蕃界，至芦采四五百里，方入平夏，是夏州南界"；"三、西北历万安镇经永安城，出洪门，至宥州四五百里，是夏州西界"。宋琪主张李继隆的大军加入夏州境，应该先招募接界的蕃落熟户，用为向导。他们当中如强壮兼有马的，就令他们以骑兵编队，在宋军前三五十里先行。因为以上三路的道径都是"土山柏林，溪谷相接，而复隘狭不得成列"。宋琪认为行军时，可以令步卒多携带弓弩枪撅，跟随这些向导开路，另派二三千人登山侦察。当见到前路平坦而没敌军动静时，就可传号引马，遵路而行。在严加防备下，宋军行军就可保无虞。宋琪又引述后唐长兴四年（933），唐明宗（926—933在位）派邠州药彦稠（？—934）领兵五万，送安从进（？—942）往夏州赴任。当时李彝兴（？—967）据夏州，坚不退出。唐军顿于城下，本来想攻城，但因军储不继，只好班师，当退兵之时，因防备追兵不严，结果为李彝兴军所败。

太宗览奏，即将宋琪之意见抄录予李继隆参考。宋琪之平寇战略，虽不为李继隆采用，但事后观之，他对山川道路蕃情之分析，也肯定对李继隆平乱有用。

据《宋史·秦翰传》所记，李继隆的大军抵延州后，监军秦翰怕李继捧逃走，即乘驿先行至夏州，假传太宗之诏旨，对李继捧安抚一番，以推迟他反叛，好待宋军到来。[1]关于李继隆的行军路线，据《梦溪笔谈》引李本人所撰的《西征记》所述，李的大军从延州出发，首先至克胡山（约今陕西延安市安塞区北30公里），渡河入绥州延福县，自铁笳驿夜入绥州。李继隆与众将商议进军方向，他本人主张直攻夏州。有部将担心夏州是李继捧的大本营，而宋军兵少，恐怕不易攻克，主张先据石堡城（今陕西榆林市横山区北境），以观敌势。李继隆对此说不以为然，表示宋军既少，就更应出其不意直取夏州，教对方不知宋军虚实。倘宋军去攻石堡城，就会暴露实力，不能再进。于是李继隆

（接上页）故此他认为宋军利在速战，"若得出山布阵，止劳一战，便可荡除"。他以为宋军"深入则馈运艰难，穷追则窟穴幽邃"并非上策。他不主张调派大军深入平夏追捕李继迁等，反而主张在"缘边州镇，分屯重兵，俟其入界侵渔，方可随时掩击"。他以为宋军应"持重守疆，以挫其锐"，因李继迁等并无城守，又缺乏粮草，当会威赏不行，而部族分散。他主张这时可暗中查探李等保聚之处，而预先在麟、府、鄜、延、宁、庆、灵、武等州约期会师，四面齐进，断其归路，引兵合击，就可以扫平李等。而又告谕全军，所得李部牲口资产，可以保有，就可鼓励宋军击敌。宋琪又指出从灵武路自通远军入青冈峡五百里，都是蕃部熟户，可以依照入夏州的办法，募向导带路。而灵州为宋土，刍粟储蓄充足，可供大军使用。《长编》，卷三十五，页768—769。

[1]《宋史》，卷四百六十六《宦者传一·秦翰》，页13612。关于秦翰在这次讨李继捧之夏州之役的功绩，以及秦翰的军旅生涯，可参阅何冠环：《宋初内臣名将秦翰事迹考》，原刊《中国文化研究所学报》，第55期（2012年7月），后收入何著：《宫闱内外：宋代内臣研究》，上册，页55—97。

挥军攻入银州东南八十里的抚宁县（今陕西榆林市米脂县西），而李继捧仍不知宋军已近。附带一谈，李继隆入抚宁县后，以此处难于防守，就将县治迁于滴水崖，即熙宁（1068—1077）以后所改建的啰兀城。[1]

这年三月，李继隆的大军抵夏州。李继捧见形势不利，一方面将他的家眷及吏卒部署于城外之寨帐，以便随时逃遁。另一方面，又上言宋廷，说他已与李继迁解仇，并贡马五十匹，请求太宗罢兵。对于首鼠两端的李继捧，太宗不能容忍，即命内侍使臣传令李继隆移军进击李继捧。当李继隆大军压境时，这时李继迁又趁火打劫，打算吞并其兄继捧的部众。他先擒下与他联络的李继捧牙将赵光祥，然后夜袭李继捧在夏州城外的营帐。李继捧当时刚就寝，忽见继迁人马杀到，急急逃命，据说他当时"单衣披发，仅以身免，骑骏马走还城中"。至于

---

[1] 沈括（1031—1095）：《梦溪笔谈校证》（胡道静校证）（上海：上海古籍出版社，1987年9月），卷十三，页473。《长编》，卷三十六，淳化五年九月乙巳条，页793。按：沈括所记宋军欲攻取之"石堡"有两地，一是在横山的石堡城，一是在延州西北的保安军的石堡寨，即臧底河城（约今陕西延安市志丹县北境）。石堡寨一直在宋人之手，淳化五年八月，宋中使张崇贵便在此地会见李继迁的使臣赵光祚和张浦。故笔者认为从地理位置及此地当时属于何方去考察，沈括此处提到的"石堡"，当是横山的石堡城，而不是保安军的石堡寨。又据沈括所记，抚宁县旧治在无定河川中，数为夏人所攻，于是李继隆将县治迁于滴水崖，该地在旧县之北十余里，皆石崖，峭拔十余丈，下临无水，即夏人所谓啰瓦城（即石头城，或啰兀城）。熙宁中所治的抚宁城，乃抚宁旧城。按：李继隆所迁建的抚宁县治的啰兀城，据程龙的实地考察，位于N37°55′，E110°22′，建在悬崖之上，据GPS测定，崖高72米，距无定河谷1公里以上。又程龙认为李继隆迁抚宁县治于滴水崖，并未如李华瑞所言，是宋修筑城寨以防西夏的开始。参见程龙：《北宋西北战区粮食补给地理》（北京：社会科学文献出版社，2006年6月），页36—37、43、73。

城外的资财器用,尽为李继迁所夺。[1]

李继捧兄弟在宋军压境时内哄,就令李继隆平乱更得心应手。当李继捧逃返夏州城中,却被手下礼宾副使赵光嗣所执,幽禁于别所。赵光嗣原本是李继捧帐下的指挥使,李派他入贡宋廷,却不料赵竟被宋廷收买,作为宋廷在夏州的耳目。李继捧与李继迁勾结的事,以及李继捧的一举一动,赵都暗中报告宋廷。赵又暗中出家财罗致心腹将士,准备机会一到便起事。当李继隆大军一到,赵光嗣便里应外合,擒获愚不可及的李继捧。是月二十五日,赵光嗣开门迎李继隆大军进入夏州。李继隆将被幽禁的李继捧系以银铛,大概由其弟李继和押送,往京师向太宗报捷。李继隆不费一兵一卒,擒得李继捧及取得夏州,又收获牛羊、铠甲数十万。起初李的副将侯延广等人主张诛杀反复无常的李继捧,并出兵追击逃遁的李继迁。李继隆向众将指出,李继捧不过是几上肉,要杀他容易,只是须请命于太宗。至于追击李继迁方面,他认为千里穷碛,宋军转运粮草艰难,应该持重,不宜轻举。众人都服膺他的分析。[2]

太宗在四月初三收到李继隆捷报,论功行赏,即以投诚的赵光嗣为夏州团练使,高文岯为绥州团练使,并削除李继迁原赐"赵保吉"

---

[1] 《长编》,卷三十五,淳化五年三月戊辰条,页775。
[2] 《长编》,卷三十五,淳化五年三月戊辰至丁丑条,页775—776。考《宋史》秦翰本传称,当李继隆大军至夏州,秦翰又劝李继捧以地主之礼出郊迎接,他自己并驾而出,因而擒得李继捧。按:李焘已考证此说不确,擒李继捧的是赵光嗣。参见《宋史》,卷四百六十六《宦者传一·秦翰》,页13612。另参阅何冠环:《宋初内臣名将秦翰事迹考》,页66。

的姓名。有功之将校，都加升赏。[1]收复夏州后，太宗以该地在沙漠之中，易被奸雄割据，打算废弃其城，将居民迁于银州、绥州间。宰相吕蒙正附和太宗的意见，认为"自赫连筑城以来，颇与关右为患，若遂废毁，万世之利也"。于是太宗在四月初四下诏废夏州故城，将其民迁于绥州、银州，分官地给之，命长吏倍加安抚。[2]

李继隆收到太宗诏书后，不同意废夏州之决定。他马上派其弟洛苑使李继和及监军中使秦翰入奏，认为夏州是朔方古镇，一直是夏人窥觑之地，留之可抵御来犯的敌人。他并请求在银、夏两州南界山中增置戍兵，以扼守要冲，既可作内属蕃部的屏障，又可绝夏人的粮运。但太宗对这两项建议，"皆不报"。[3]

---

[1] 立功之将校，太宗都加以奖赏，其中太宗对侯延广"手诏褒美，锡赉甚厚"，大军班师，留为延州钤辖。稍后太宗以他知延州兼管内巡检。秦翰以功加崇仪副使。另外，府州观察使折御卿（958—995）以所部兵以助讨李继迁，当李继捧被擒后，他又奏称银、夏等州蕃汉户八千帐尽数归附，录得牛马万计。太宗即在是年五月七日授折御卿永安军（即府州）节度使。陈兴颇有战功，率部连克绥、夏、银州。李继隆命他权知夏州。宋廷废夏州，他还汾州（今山西吕梁市汾阳市）旧所，受诏提辖河东缘边城池、器甲与刍粮。许均在擒获李继捧后，奉命率兵卫守。他以功效龙卫第四军都指挥使。至于田敏，李继隆奏上其功，迁前忠佐马步军副都军头。出任都监的尹继伦战功不详，他在战后以深州团练使领本州兵马部署。而据载丁罕曾与李继迁战，"斩首俘获以数万计"，但这说法很教人怀疑。参见《长编》，卷三十五，淳化五年四月甲申条，页777；卷三十六，五月丁巳至丙寅条，页785。《宋太宗实录》，卷七十六，页162—163；《宋史》，卷二百五十四《侯仁广传》，页8884—8885；卷二百七十五《尹继伦传》，页9376—77；卷二百七十九《陈兴传》，页9483—84；卷三百二十六《田敏传》，页10533；卷四百六十六《宦者传一·秦翰》，页13612。
[2] 《长编》，卷三十五，淳化五年四月甲申至乙酉条，页777—778。太宗在平李继捧后，虽任高文玭为绥州团练使，但命张崇贵及石霸守绥州，而徙夏州之民以实绥州。参见《宋史》，卷四百六十六《宦者传一·张崇贵》，页13617。
[3] 《长编》，卷三十五，淳化五年四月乙酉条，页778。《宋史》，卷二百五十七《李继

五月十五日，李继捧被押抵京师。他白衫纱帽，待罪于崇政殿庭。太宗对他诘责数四，李不能回答，只是叩头称死罪。发怒以后，太宗又施恩，下诏释放李继捧，并赐他冠带钱币，令他回府候命，并命人劳赐其母。十六日，下诏授李继捧为右千牛卫上将军，封"宥罪侯"。[1]屡败于辽后，太宗这次总算有机会在这个党项豪酋身上施展恩威并济的手段，大大地舒了国事不堪的闷气。李继隆当日不从诸将之议，杀掉李继捧，而留给太宗一展天威，可见他是深明主子心意的。

李继隆这次轻易击破李继捧，收复夏州，他的部将张崇贵和田敏又率熟仓族乩遇在灵州橐驼口双埌西击破李继迁军，杀伤敌二千，并掠牛羊、橐驼、铠甲甚众，也教狡黠的李继迁不敢再轻举。李继迁在七月又派人献良马向宋廷请罪，太宗一时未打算进讨他，也就接受其请罪。这年八月，李继迁派他的将佐赵光祚和张浦前往绥州，求见守绥州的监军中使张崇贵，要求纳款。张崇贵在石堡寨（今陕西延安市志丹县北境）椎牛酾酒犒谕之，并给赵、张二人锦袍带。李继迁稍后又派其弟李廷信奉表待罪，又透过于李继捧。太宗召见廷信，加以慰抚，锡赐甚厚，再一次接受李的投诚。[2]

李继隆一战功成，李家的威望权势又更上一层楼。比起在淳化四

（接上页）隆传》，页8967。

[1] 《长编》，卷三十六，淳化五年五月丙寅条，页785。《宋史》，卷四百八十五《外国传一·夏国上》，页13985。

[2] 《长编》，卷三十六，淳化五年七月乙酉条，页790；八月癸酉至乙巳条，页793；十一月庚戌条，页800。《宋史》，卷三百二十六《田敏传》，页10533；卷四百六十六《宦者传一·张崇贵》，页13617。这年的十一月，太宗即命张崇贵为使，持诏赐李继迁，正式接纳许其归顺。

年因"骄奢不法",而被罢知梓州(今四川绵阳市三台县)的另一外戚符昭愿,[1]李继隆的表现高低立判,足为外戚武臣争一口气。不过,太宗虽宠李继隆,但李皇后仍不能左右太宗的立储意向。这年九月,太宗箭伤复发,"足创甚"。他不得不认真考虑继承人的问题。太宗驿召他极赏识的寇准从青州(今山东潍坊市青州市)回来,问他该立何人为储。太宗始终不能原谅李皇后属意的长子元佐,而意在第三子襄王元侃(即真宗)。寇准在这等大事上极有分寸,他以"知子莫若父"的理由,引导太宗自行提出"元侃可乎?"然后寇准一力赞成,并间接提出立储大事,"不可谋及妇人、近臣及宦官"。寇准的弦外之音,是担心李皇后会干预立储。太宗总算拿定主意,在是月二十三日授元侃开封尹,并晋封为寿王。寇准以定策之功,拜参知政事,代替九月初告老的辛仲甫。[2]

太宗在翌年改元至道。正月二十一日,太宗首先调整枢密院的人事:枢密副使刘昌言罢为给事中,刚正不阿而有儒将之称的翰林学士钱若水(960—1003)拜同知枢密院事。四月初七,宰相吕蒙正罢为右仆射,被太宗许为"大事不胡涂"的参政吕端拜相。知枢密院事柴禹锡罢为镇宁军(即澶州)节度使,参政苏易简罢为礼部侍郎,而迎合寇准的南唐陪臣、翰林学士张洎,则代为参政。翌日(初八),同知枢密院

---

[1] 《宋史》,卷二百七十七《张鉴传》,页9416。关于符昭愿在梓州被劾的事由,可参阅何冠环:《北宋外戚将门陈州宛丘符氏考论》,载《北宋武将研究续编》,上册,页26—27。
[2] 《长编》,卷三十六,淳化五年九月条,页795;九月乙丑至丙子条,797;卷三十八,至道元年八月壬辰条,页818。

事赵镕升为知枢密院事。是月二十八日，太祖孝章宋皇后（952—995）逝世，太宗传子的最后一道心理障碍得以除去。[1]

是年八月十八日，太宗正式册立元侃为太子，改名赵恒，大赦天下。值得注意的是，竟然有人马上向太宗打小报告，说京师的人见到新太子后，都归心于他，称"真社稷之主"。据张其凡引《寇莱公遗事》所考，敢向太宗进谗暗攻真宗的，就是李皇后。疑神疑鬼的太宗竟大为动容，急召问寇准，甚至说出"四海心属太子，欲置我何地"的话。幸而寇准有急智，说太宗"择所以付神器者，顾得社稷之主，乃万世之福"。太宗听后才释怀，他回宫后，便对李皇后以下述及寇准这番得体的话。李皇后见谗言不入，马上趁风转舵向太宗祝贺。太宗大乐，再走出后宫召寇准痛饮，至醉而罢。这次幸得寇准善于应对，才教真宗有惊无险。[2]

除面对继统的问题外，太宗在这一年又要应付辽、夏的交侵，虽然并非大举入寇。许久未入寇的辽军，就在正月十六日，由辽将韩德威（942—996）诱党项勒浪、嵬族从振武军（朔州）犯边，永安军节度使折御卿率轻骑邀击，败之于子河汊。勒浪等族乘乱反击辽军，德威仅以身免。这时李继迁大概慑于宋军的威势，仍派人贡马及橐驼，向宋朝表示恭顺。宋廷在同年三月以勇将、知清远军（今甘肃庆阳市环县甜水堡）田绍斌兼灵州兵马都部署，防备李继迁。这年六月李继迁又

1　《长编》，卷三十七，至道元年四月癸未条，页810—811。《宋史》，卷五《太宗纪二》，页97。
2　《长编》，卷三十八，至道元年八月壬辰条，页818。张其凡：《宋太宗》（长春：吉林文史出版社，1997年12月），页192，200—201。

再反宋。他拒绝接受宋廷封他为鄜州节度使。九月，李继迁以千骑入寇清远军，为田绍斌所败。不过，这年十二月，李继迁又诱辽将韩德威入寇，以报子河汊之败。折御卿力疾从征，虽然赶跑了韩，但也卒于军中。另一方面，马步军都军头、澄州刺史孙赟，以护石堡寨戍兵时，擅自率兵入夏境作战失利，陷没百余人，被太宗遣使处斩。宋廷不久又要在西疆再动起刀兵。[1]

至道二年（996）正月十六日，知灵州侯延广病重，太宗命四方馆使曹璨代知灵州。曹璨未到任即调职，改由知清远军田绍斌徙知灵州。[2]是年三月八日及十三日，两员西边大将、灵州兵马部署郭密（939—996）与环庆兵马部署皇甫继明（934—996）先后卒于任上。[3]最令太宗震动的是，代皇甫继明押运粮草四十万石至灵州的洛苑使白守荣和马绍忠等，是月底，以轻敌之故，被李继迁邀击于浦洛河（即灵

---

[1] 《长编》，卷三十七，至道元年正月丙辰至甲子条，页807—808；十二月丙申至戊戌条，页825。《宋史》，卷五《太宗纪二》，页96—98；卷四百八十五《外国传一·夏国上》，页13987。《辽史》，卷十三《圣宗纪四》，页159；卷百十五《二国外记·西夏》，页1677。据《辽史》所记，在统和十二年（即至道元年）十二月辛巳，"夏国以败宋人遣使来告"。相信是指孙赟之败。

[2] 《宋太宗实录》，卷七十六，页156、162；卷七十七，页170。《长编》，卷三十九，至道二年五月辛丑小注，页834。按：侯延广在是年二月六日卒，官至宁州（今甘肃庆阳市宁县）团练使。据李焘所考，曹璨未至灵州，即改任麟、府、浊轮寨铃辖。

[3] 郭密是大名泾城人，气貌雄伟，臂力绝人，他是太宗晋邸旧人，官至安州观察使。皇甫继明是冀州信都人，身长七尺，善骑射，以臂力闻，官至龙神卫四厢都指挥使领洋州（今陕西汉中市洋县）观察使。是月宋廷除死了这两员勇将外，另外守镇州和定州的边将曹思进（927—996）和赵滔（927—996）也在十四日和三十日卒。曹思进是定州人，以勇著称，官至保州（今河北保定市）团练使、定州兵马副部署。赵滔是贝州人，太宗晋邸旧人，曾在太平兴国四年从刘延翰破辽军于徐河。官至镇州兵马副部署领诚州（今四川达州市渠县）观察使。参见《宋太宗实录》，卷七十七，页167—168、170。

州川,今宁夏吴忠市南山水河,一作今宁夏吴忠市盐池县惠安堡乡),宋军与战不利,役夫弃辎重溃走,粮草尽为李继迁所得,而丁夫逃命之余,自相践踏,死者数万人。[1]太宗大怒,四月初四,命李继隆为环、庆、灵等州兵马都部署,以殿前都虞候范廷召为副都部署,知灵州田绍斌为灵州兵马都部署兼内外都巡检使,统军进讨李继迁。另遣国子博士王用和(？—996后)乘传逮捕失职的转运副使窦玭(？—996后)系狱。太宗又特别在初七日在长春殿为李继隆饯行,期望他的心腹爱将像平定李继捧一役,再为他打一场漂亮的胜仗。附带一提,李继隆出师前十日,即三月二十七日,太宗将李继隆的亲母陈留郡太夫人吴氏进封为卫国太夫人,加添李氏的荣光。[2]是月二十八日,太宗原本委为知延州的右领军卫大将军知秦州薛惟吉(955—996)卒于秦州(今甘肃天水市),太宗又得调整西边人事部署,西上閤门使张昭允(？—1008)奉命监护灵州屯兵,另在二十九日召殿前都虞候、并代州都部署王昭远(944—999)返京。[3]

五月初四,曹璨从河西来奏边事,称李继迁率众万人窥伺灵州,太宗召宰执大臣于北苑门,商讨对策。太宗分析李继迁因劫得大批粮草,得胜之余,胆子大了,所以才敢进一步窥伺灵州。他认为李继迁不

---

1 《宋太宗实录》,卷七十七,页168、170—171。
2 太宗本来命转运使窦玭等将粮草分三批押运往灵州,即使李继迁来劫,也易于防御,而不致匮乏民力。但窦玭等大概贪图快捷,就违旨将粮草一次性运送往灵州,以致全数陷没,并伤亡大量役夫。参见《宋太宗实录》,卷七十七,页169—171。
3 《宋太宗实录》,卷七十七,页175—176。考《宋会要》以太宗饯别李继隆在是四月三日,现从《宋太宗实录》之记。参见《宋会要辑稿》,第三册,《礼四十五之三·宴享》,页1714。

过是乌合之众，屯兵于灵州坚城之下，本来不能持久，只因获得城中告急之文书，才会以为灵州危在旦夕，故不退兵。太宗表示胸有成算，大概以为李继隆大军一到，便可解灵州之围。宰相吕端没有那么乐观，他回奏说灵州军储甚缺，李继迁又据守瀚海要津，而环庆路不通。他建议宋廷于麟府、丹延、环庆三道，各调发劲兵，约期以轻装直攻夏州李继迁老巢，李必会回师援救，而灵州之围自然可解。对于吕端简单的"围魏救赵"策略，太宗并不认同，他质疑"三道起兵深入，其所发甲卒凡几万人？何人为将领？何人将辎重？况塞垣表里沙碛，三道兵马于何处会合？"这些都需从详计议，不能轻举。太宗又重申他一向主张运粮时分三辈护送，而丁夫悉令持弓矢自卫，士卒均以方阵行军，并给拒马、劲弩以保卫车乘行李。若遇敌就分布拒马、发劲弩，列阵以待。他批评浦洛河之败，是将校自以为是，不遵一贯的行军守则，当李继迁军杀来，战具因来不及施设，而致丁夫先溃而败。参政张洎迎合太宗，即进一步陈说"盛暑之月，水泉乏绝，刍粟未集，而议者欲三道举兵深入，以分贼势"，是未见其利，先见其害。[1]

据《长编》所记，当太宗君臣对如何解灵州之围仍举棋不定时，灵州的情况其实很危险。灵州被围岁余，地震却有二百日，城中粮糗皆绝。戍守灵州的中使窦神通暗中派人往河外向蕃部购粮，间中出兵击敌，才保全了灵州城。[2]

是月十一日，司天中官正韩显符奏称："荧惑犯舆鬼，秦雍之分，

---

[1]《宋太宗实录》，卷七十八，页177—178。
[2]《长编》，卷三十九，至道二年五月癸卯条小注，页834。

国家当有兵在西北。"而冬官正赵昭益又言："犯舆鬼，中积尸，秦分野有兵，人民灾害之象。"对于这些天道危言，太宗只得响应说他其实无时不念，但他认为李继迁一听到李继隆的大军已抵环庆，就当破胆而解围。不过，他也担心万一灵州救援不及，而致失守，城中汉民会遭屠戮或乏食而死。十二日，太宗即下诏命吕端、赵镕等各述所见，包括应发多少军民护送军储至灵州？应发兵多少才可以深入敌境，以分其势？另应以何人为将？何人监护？太宗命吕端等"直书其事，言不必文，只今日实封来上"。吕端等一齐到长春殿朝见太宗，吕请求许他们合写一奏，剖述用兵西夏之利害。这时参政张洎越次攻击吕端，说他遇事缄默不言。吕端不示弱，还击说张洎一向上言，只是揣摩太宗心意，从不会逆太宗意旨。对于吕、张互相攻击，太宗一时间难定是非，只好默然不语。第二天（十三日），张洎上奏太宗，请弃灵州，以省关陇粮饷。太宗原来有弃灵州之意，但这时又后悔，看到张洎这篇奏章，大为不悦，将它掷还张，并说不知张在说什么。张惶恐而退，太宗随即召知枢密院事向敏中等，说张洎果然被吕端料中，只知一味迎合。[1]

公道地说，张洎虽然是投机小人，但我们不以人废言，他的分析未尝无理。他说李继迁"据平夏全壤，扼瀚海要冲，倏忽往来，若居衽席之上。国家若兵车大出，则兽惊鸟散，莫见其踪由；若般运载驰，则蚁聚蜂屯，便行于劫夺"。他又指出行军路上严重缺水，"自环抵灵，瀚海七百里，斥卤枯泽，无溪涧川谷"。倘宋军"荷戈甲而受渴乏，虽勇如贲、育，亦将投身于死地，又安能与贼群争锋？"他又说灵州被

---

[1] 《宋太宗实录》，卷七十八，页178—179。

围后，敌军"蹂践四郊，田畴日荒，樵苏绝路，负户而汲，易子而食，备御理尽"，灵州军民已无力再守下去。他认为即使灵州围解，但宋廷以后还要不断发兵护送粮草至灵州，这样耗费秦、雍的民力，以供灵州一方，并不划算。他又认为三道出兵之计议不可行，他以为"当盛暑之际，涉不毛之地，刍粟何自而计度，水泉从何而卜射，茫茫沙塞，千里而遥，复指何方，为所诣之处。大军一发，不可停留，善败臧否，安能复保？"他又担心李继迁若打探到三道兵马之强弱，而选取一路可争胜的，聚集他的主力精锐，据险以守，以逸待劳，等宋军困乏后而攻之，就有可能像浦洛河一役打败宋军。倘一道宋军败北，其他两道就会不战而溃。[1]很不幸，李继隆的大军后来正碰到张洎所述的困境而徒劳无功。

大战在即，更不幸的是，在是年六月，李继隆不知何故，竟伙同浦洛河之败将白守荣和马绍忠，派护军冯讷入奏太宗，指控在浦洛河一役有功的田绍斌，手握精卒却只登陇上顾望，不救白守荣等。另又潜告田自夸非他不能守灵州，且阴有异志。太宗闻奏大怒，翻田的旧账，说他"尝背太原来投，今又首鼠两端，真贼臣也"。六月二十九日，召田回京，而委当年守灵州但"部内甚不治"的引进使慕容德丰再知灵州。李继隆未出战，已带着陷害忠良的污名。权力使人腐败，李继隆权倾朝野，就走上弄权用事，排除异己之歧途。[2]

---

[1] 《长编》，卷三十九，至道二年五月癸卯至壬子条，页834—838。
[2] 太宗在七月十日重贬了浦洛河之役失职的三名转运使宋太初（946—1007）、卢之翰（946—1002）和窦玭。九月，田绍斌被重责为右监门卫率府率、虢州（今河南三门峡市灵宝市）安置，几乎被杀。司马光《涑水记闻》引王居日所记，李继隆与卢之翰有隙，

太宗在七月初一，再命殿前都指挥使王超为夏、绥、麟、府州兵马都部署，协助李继隆进讨李继迁。太宗亲自部署五路大军攻讨：李继隆出环州，丁罕出庆州，范廷召出延州，王超出夏州，张守恩（？—1004后）出麟州，援救灵州，并约期会攻李继迁老巢于平夏。[1]

（接上页）于是李继隆就蓄意陷害卢之翰等三人，首先檄陕西转运司，说大军八月出塞，令他们经办军粮。当卢等三人调发民夫方集，李继隆又发出檄文于转运司，说朝廷以八月不利出师，改订十月出军。卢等不虞有诈，就令民夫暂散。李继隆忽然再发出檄文，说敌军突入塞，故要马上进军，令军粮马上运送。这时民夫刚散去，仓卒间不能复集，于是李继隆就劾奏转运司失职，不能按期将军粮运至前线。太宗收到奏报大怒，立即派内臣一人，乘传传旨立斩卢等三人。当时宰相吕端及知枢密院事柴禹锡均不敢言，幸而同知枢密院事钱若水据理力争，才保住三人的命。按：李心传（1166—1243）已辨此说不确；不过，在司马光笔下，用钱若水的话，当时的人谁不知"李继隆外戚，贵重莫比，今陛下据其一幅奏书，诛三转运使"。（按：李攸之《宋朝事实》卷十六亦因袭司马光此说）考太宗早在至道二年五月十八日，改任河北转运使、祠部郎中陈纬（？—996后）为陕西转运使，又以江南转运副使、起居舍人梁鼎（？—1003后）为陕西转运副使，以取代宋太初等三人。后来被李继隆奏劾失职的转运使，其实是陈纬和梁鼎。按：《宋史》将陈纬讹写为"陈绛"。陈纬后来复任陕西转运使，据《长编》所记，他在咸平三年（1000）九月，他从庆州护送军粮至灵州，在途中被李继迁邀击而阵亡。卢之翰与宋太初都在至道三年二月及三月先后复职，卢重任工部员外郎同勾当陕西转运使，宋太初复为祠部郎中知梓州。参见《宋太宗实录》，卷七十六，页163；卷七十八，页179、181—182；卷八十，页201、203。《宋史》，卷二百五十七《李继隆传》，页8967；卷二百七十七《宋太初传》，页9422；卷《卢之翰传》，页9424。《长编》，卷四十，至道二年六月壬辰至乙未条，页843；卷五十一，咸平五年正月丁未条，页1109。司马光（撰），邓广铭（1907—1998）、张希清（校点）：《涑水记闻》（北京：中华书局，1989年9月），卷二，页27—28。李攸（？—1134后）：《宋朝事实》，《国学基本丛书》本（上海：商务印书馆，1935年4月），卷十六，页242—243。关于田绍斌被李继隆陷害的始末，以及田的军事生涯，以及宋太初三人并非李继隆诬陷获罪的考证，可参阅何冠环：《论宋太宗朝武将之党争》，页124—131。

[1] 关于太宗命五路大军攻李继迁的月日，《宋史·夏国传》系于至道二年九月。《长编》没有具体说明在何月何日，只附记于九月己卯条夏州、延州行营奏上捷报。出于《长编》系统的《皇宋十朝纲要》及《皇朝编年纲目备要》均系于九月；惟《太平治迹统类》

太宗像过去一样，对诸将"皆先授以成算"，并且先阅兵崇政殿，"列阵为攻击之状，刺射之节，且令多设强弩"。当时被委为麟府路浊轮寨（麟州城东南10余里处，遗址在今陕西榆林市神木市永兴乡所在地北山梁上）都部署的卫州（今河南新乡市卫辉市）团练使李重贵（？—1004后）得对便殿，他对于五路攻夏的成效，有所保留，他分析说："贼居沙碛中，逐水草蓄牧，便于战斗，利则进，不利则走。今五路齐入，彼闻兵势大，或不接战，且谋远遁。欲追则人马乏食，将守则地无坚垒。"另外，银夏钤辖卢斌（948—998）也请求入对，向太宗分析攻守之策，他亦指出李继迁所部"马骄兵悍，往来无定，败则走他境"。他认为宋军"疾战沙漠"，对一举歼灭李继迁收效不大。他主张坚守灵州，并从内地多积刍粮，以强兵护送。若李继迁来犯，就会兵

（接上页）则系于七月初一王超任夏、麟、府州都部署兼都排阵使之后，而记"李继隆言（田）绍斌逗留境上，乃部分诸将：继隆自环州，范廷召自延州，王超自夏州，步军都虞候丁罕自庆州，西京作坊使张守恩自鄜州"，而在九月条之前。笔者认为太宗应在七月底及八月初定下五路伐夏的计划，不应在九月。按：王超等上捷报在九月十二，他们行军至乌白池，至少月余，太宗不可能在九月初传旨，而王超等可在半月内抵乌白池。又李华瑞、王天顺的专着均将太宗命五路出军的月份系于七月或更早，而李蔚的专文则系于九月，诸书及论文并没有详考太宗作出五路伐夏决定的月日。参见《长编》，卷四十，至道二年九月己卯条，页850—851；《皇宋十朝纲要校正》，上册，卷二《太宗》，页85；陈均（1174—1244）（编），许沛藻、金圆、顾吉辰、孙菊园（点校）：《皇宋编年纲目备要》（北京：中华书局，2006年12月），卷五，页106；彭百川（？—1209后）：《太平治迹统类》（扬州：广陵古籍刻印社影印适园丛书本，1990年12月），卷二，叶五十一下；《宋史》，卷四百八十五《外国传一·夏国上》，页13987—13988；李华瑞：《宋夏关系史》（保定：河北人民出版社，1998年9月），页167—168；王天顺：《西夏战史》（银川：宁夏人民出版社，1993年10月），页104；王天顺：《河套史》（北京：人民出版社，2006年1月），页295；李蔚：《略论北宋初期的宋夏灵州之战》，收入李着：《西夏史若干问题探索》（兰州：甘肃文化出版社，2002年6月），页141。

首尾击之，既不枉费粮刍，又可保住灵州。但太宗不接纳他的稳健建议，只将他改任为环庆钤辖，命他领兵三万，担任李继隆部的先锋。卢斌担任李继隆的部将后，他即向主将指出，若按照太宗的指示，由环州出灵州，再趋乌池（今宁夏吴忠市盐池县与陕西榆林市定边县交界处盐场堡）、白池（今内蒙古鄂尔多斯市鄂托克前旗北大池东南隅），李继迁老巢，要月余才能抵达，实在旷日持久。他主张不援灵州，直接从环州直攻乌、白池贼巢，那只须十日。李继隆接受卢斌的意见，一面出兵，一面派弟李继和驰驿回京，入奏太宗他改变进军路线，他奏称："赤柽路（今宁夏银川市灵武市东北）回远乏水，请自青冈峡直抵继迁巢穴，不及援灵州。"太宗闻奏大怒，召李继和于便殿，罕有地痛责他最亲信的外戚大将说："汝兄如此，必败吾事矣。"太宗并且马上手书数幅责备李继隆，命引进使周莹（951—1016）带往李继隆军前督责他依旨行事。[1]

当太宗正为他宠信的李继隆不依旨进军而恼怒时，是月二十八日，宋廷中枢又起风波，极受太宗倚重而全力支持真宗的参政寇准，

---

[1] 《宋太宗实录》，卷七十八，页182，；卷七十九，页193。《长编》，卷四十，至道二年九月己卯条，页851—853；卷五十八，景德元年十月己酉条，页1279。《宋史》，卷二百五十《张令铎传附张守恩传》，页8827；卷四百八十五《外国传一·夏国上》，页13987—13988。张守恩在至道二年七月十日，以西京作坊使领绵州刺史。张守恩是太祖从龙功臣张令铎（911—970）子，《长编》记他领锦州刺史，疑讹写。他最后官至西上閤门使知秦州，卒于景德年间。丁罕是颍川（即许州）人，当时的官职、军职为步军都虞候、容州观察使。李重贵是河阳（即孟州）人，他上言后，太宗没有改变他五路攻夏的主意，但欣赏他的忠心，就赐以御剑，并屡遣使者抚劳之。后来五路伐夏失败，太宗以李重贵有先见，就擢他为并代副都部署。他在真宗景德元年（1004）十月，真宗亲征时，受命以卫州防御使为大内都部署。

因激怒太宗而被罢去职。据种种的迹象去看,寇准之垮台,背后是由李皇后策划挑拨的,最终目的是除掉真宗的储位。[1]

太宗对李继隆自作主张,不依他的方略行事,除下旨责备外,闰七月十八日,又想起徐河一役的英雄尹继伦,于是任他为深州(今河北衡水市深州市)防御使、灵庆路副部署。尹这时被病,但仍力疾往京师受诏,然后乘传赶赴河西行营。然而,他到达不久便于八月二十二日病卒。太宗只好在九月初二,命单州刺史杨琼(?—1001后)代其职。[2]

当周莹抵李继隆军前宣旨,李军已与丁罕的庆州军合兵,取橐驼路直攻乌、白池。据《长编》所载,李继隆军曾在路上遭遇康奴族的劫掠,但他们行军十数日,却见不到李继迁部的踪影,考虑到士卒困顿,而粮运不继,深入沙漠的危险,李继隆就决定引军退回环州。麟州路的张守恩,虽然遇到敌军,但以孤军,就决定率兵返回。李继隆出师无功,据说他"素刚,因惭愤,肆杀戮",又迁怒于人,劾奏陕西转运使陈纬(?—1000)、梁鼎(?—1003后)军储不继,教二人削秩贬降。五路大军中,只有王超和范廷召两路人马,抵乌、白池,与李继迁部相遇,双方接战大小数十回。至道二年九月十二日,夏绥延行营奏捷,报称:"两路合势破贼于乌、白池,斩首五千级,生擒二千余人,获米募军主、吃啰指挥使等二十七人,马二千匹,兵器、铠甲数万。"据载王、范两军经十六战而抵敌巢,依照太宗的方略布阵,万弩齐发下,李继迁军尽散走。宋军随即将李继迁的营帐完全焚毁,李继迁带不走的老

---

[1] 关于寇准被罢之始末及原因,以及李皇后一党对真宗施放的暗箭,可参阅何冠环:《宋初朋党与太平兴国三年进士》,第五章,页31—52。
[2] 《宋太宗实录》,卷七十八,页186、189;卷七十九,页191。

弱，就被他埋于沙中而死。这番捷报夸大程度多少不详，但李继迁并未就擒，主力尚在，而宋军却早已士卒困乏，实在是师老无功。[1]

作为远征军的主帅，李继隆这次师老无功，特别是他不遵太宗的方略，没有依约会合各路大军进歼李继迁所部。惟据《李继隆墓志铭》所载，当李继隆自知没有率军赴灵州，实属违旨，于是派李继和奉表待罪。但太宗却"深加慰勉"，没有降罪。笔者怀疑杨亿在此处讳言太宗对李之责备。按《长编》记太宗曾对傅潜说："此行合战与还师之期，悉如所料，但诸将不能尽依方略，致此贼越逸。"这番话明显地

---

[1]《宋会要辑稿》，第十一册，《食货三十九之二、三·市籴粮草》，6851—6852。《宋太宗实录》，卷七十九，页193—194。《长编》，卷四十，至道二年九月己卯条，页851—853；卷五十八，景德元年十月癸卯条，页1278。《宋史》，卷二百五十七《李继隆传》，页8967；卷二百七十五《丁罕传》，页9377；卷二百七十七《索湘传》，页9420。《武夷新集》，卷十《李继隆墓志铭》，叶二十二上下。汤开建，《五代辽宋时期党项部落的分布》，页165。鲁人勇等（编）：《宁夏历史地理考》（银川：宁夏人民出版社，1993年12月），页119。据《长编》卷五十八所记，李继隆"援送灵武军储，康奴族辄出抄掠，居迫萧关，与大虫、巇诸族为唇齿，恃险及众，桀黠难制"。而这个康奴族要到景德元年三月始为泾原路部署陈兴所平。据汤开建的研究，与康奴族为唇齿的大虫族在环州。而据《宁夏历史地理考》，萧关当指萧关县，在原州（今甘肃庆阳市镇原县）北180里。则康奴族应居于环州至原州一带。而李继隆遭遇康奴族，相信是从环州出师的途中。据《李继隆墓志铭》所载，李继隆进军后，闻报丁罕军与李继迁军接战，就倍道前往赴救，解其围，两军因此会合。考王超一军进至乌、白池，敌军锐甚，王超不敢进。他年方十七的儿子王德用（980—1058）任先锋，请领精兵五千，奋战三日，然后敌军退却。王德用又领兵先往距夏州五十里险处设防，以防敌军偷袭，据说敌军果然蹑后伺机攻击，以宋军有备而退。王超大军初抵无定河，水源涸绝，军士病渴，幸而河东转运使索湘立即运来大锹千柄至军前，以之用来掘井取水，才渡过难关。附带一提，为李继隆所诬的田绍斌，在九月十七日，即王超之捷报后五天，自会州观察使、环庆路副部署被重责为右监门卫率府率，虢州安置。又梁鼎在真宗朝官至度支使、右谏议大夫，他在咸平六年（1003）正月曾上奏论陕西粮运的问题，有精辟的见解，他绝非庸懦失职的人，李继隆劾奏他失职，似乎有失公正。

冲着李继隆而来。[1]

十月初三，太宗征召王超赴阙。[2]对于李继隆，太宗就没有任何表示，据范仲淹（989—1052）所撰的《胡则墓志铭》所载，李继隆曾移文河东转运使索湘（？—1001），称："兵且深入，粮可继乎？"索湘属下的运粮官、宪州（今山西忻州市静乐县）录事参军胡则（963—1039）却看出李继隆其实不会进兵的意图，他对索湘说："师老矣，矫问我粮，为归师之名耳，请以有备报之。"索湘听从其议，报称已准备军粮。不出胡则所料，李军不久班师，也就不问索湘输粮与否。[3]对于李继隆罢战休兵的事实，《李继隆墓志铭》却委婉地说："属漕运之司，飞挽未集，遂案甲休士，持重养勇。"[4]

李继隆有意班师，但太宗不肯就此罢休。至道三年（997）正月二十六日，太宗命傅潜为延州路兵马都部署，殿前都虞候王昭远为灵州路兵马都部署，西京作坊使石普（961—1035）为关右河西巡检，户部使张鉴（947—1004）调陕西诸路军储，准备再出兵攻灭李继迁。二月初一，又起用先前被贬为许州司马的卢之翰为工部员外郎、同勾当陕西转运事。[5]

---

1 《长编》，卷四十，至道二年九月己卯条，页852。
2 《宋太宗实录》，卷七十九，页195。
3 《长编》，卷四十，至道二年十一月丁卯条，页854—855。范仲淹（撰），李勇先、王蓉贵（校点）：《范仲淹全集》（成都：四川大学出版社，2002年9月），上册，《范文正公文集》，卷十三《兵部侍郎致仕胡公墓志铭》，页322—323。
4 《武夷新集》，卷十《李继隆墓志铭》，叶二十二下。
5 《宋太宗实录》，卷八十，页201。《长编》，卷四十一，至道三年正月辛卯条，页860—861。

据《宋太宗实录》与《宋史·太宗纪》所载，灵州行营在二月初五，上奏击败李继迁万余众，并称斩首二千级，获鞍马、铠甲数千计，而李继迁单骑遁走。收到此一捷报，群臣纷纷向太宗称贺。但这番捷报并未令太宗的病体有何起色。太宗在翌日（初六）病重，只能决事于便殿。[1]考《长编》并没有记载这一胜仗，而《李继隆墓志铭》、《宋史·李继隆传》及《宋史·田敏传》则记载在至道三年春，李继迁以蕃部归顺宋军者众，就派其将史乩遇（？—997后）率兵屯灵州橐驼口西北双堆（一作双塠），以阻止他们归顺宋朝。熟仓族蕃官乩遇向李继隆报告史乩遇军之动向，李就命内殿崇班刘承蕴（？—997后）及都虞候田敏会合乩遇军合击之，结果斩首二千级，获牛马羊、橐驼、铠仗数万计。[2]笔者以为《宋太宗实录》及《宋史·太宗纪》所记的灵州行营所上之捷报，当是田敏军击败史乩遇军同一事。这是李继隆此番出师的惟一胜仗，而它不过是一场小胜仗。

李继隆此番西征，惟一的建树是在他兄弟力请之下，在进军路途中的古原州，命部将如京使胡守澄在废垒上筑建城壁，建为镇戎军（今宁夏固原市）。镇戎军后来一度失守，李继和在真宗初年将之收复重建。他长期知镇戎军，并将之建成宋西边捍卫西夏之重镇，以及

---

1 《宋太宗实录》，卷八十，页201。《长编》，卷四十一，至道三年二月辛丑条，页861。《宋史》，卷五《太宗纪二》，页100。《宋史·太宗纪》将灵州行营奏捷之事系于二月初一，现从《宋太宗实录》二月初五之记。
2 《宋史》，卷二百五十七《李继隆传》，页8968；卷三百二十六《田敏传》，页10533。《武夷新集》，卷十《李继隆墓志铭》，叶二十二下至二十三上。《太平治迹统类》，卷二，叶五十三上下。后来李继隆表奏田敏之功，田乃迁为御前忠佐马步军副都军头。按：《宋史·李继隆传》称杀敌三千，疑有夸大，现从《太平治迹统类》杀敌二千的说法。

宋军运粮至灵州地区的新的聚集地和中转站。另一方面，随他出征的亲弟李继和，因军旅经验的磨炼，给他栽培成为李氏将门的接班人。[1]

至道三年三月初九，傅潜等向太宗奏报，所护送的二十五州军辎重刍粮已运入灵州。太宗因病重，就诏止宋军出师。太宗五路伐李继迁的军事行动就此告终。太宗在同月二十九日驾崩。真宗在宰相吕端的保护下，瓦解了以李皇后为首的废立阴谋，顺利继位。统兵西边的后兄李继隆，真宗自然放心不下。四月初九，先将他移镇镇安军（即陈州）。五月二十三日，就将他召还京师，加同平章事虚衔，却解除他军职，令他归本镇镇安军。至于以内臣王继恩、参政李昌龄（937—1008）、知制诰胡旦为首的后党，就早于同月十一日被真宗重谴。[2] 李继隆在真宗朝一直被投闲置散，直至辽军在景德元年（1004）年底大

---

[1] 《宋史》，卷二百五十七《李继隆传李继和附传》，页8968—8969。《武夷新集》，卷十《李继隆墓志铭》，叶二十三上。按：连接环州与灵州的旱海路被西夏阻断后，宋军被迫将粮食运输转向泾原路的镇戎军，运粮所经的道路也向西移至镇戎军到灵州之间。关于镇戎军的营建及其重要性，参见程龙：《北宋西北战区粮食补给地理》（北京：社会科学文献出版社，2006年6月），页136—137，236—237。又据罗丰的研究，灵州通往内地的驿道有一条：第一条是沿环州青岗峡，自庆州繻州至中原；第二条是溯清水河而上经镇戎军、渭州（今甘肃平凉市）一线至关中；第三条是沿盐州、夏州经陕北至关中。关于以上三路包括镇戎军通灵州之路的论述，可参阅罗丰：《五代、宋初灵州与丝绸之路》，《西北民族研究》，1998年第1期（总第22期），页10—18。

[2] 《宋太宗实录》，卷八十，页203—204。《宋史》，卷六《真宗纪一》，页104—105；卷二百五十七《李继隆传》，页8968。《长编》，卷四十一，至道三年三月癸酉至癸巳条，页862；四月辛酉至五月甲戌条，页865—866。据《长编》所记，宋西征军完成护送军粮入灵州，由傅潜领衔奏上。《宋太宗实录》则记由环庆行营奏上，按环庆行营当为李继隆所辖。

举南侵，真宗君臣才因李继隆的恳切请求，给他重上沙场效命的机会，让他建立功勋，而得到功名令终。[1]

李继隆在太宗后期两度出师西疆，讨伐李继捧及李继迁，因对手不同，而成败也大相径庭。讨李继捧之役，李继隆担任主帅，以快速进军及奇袭之战术，一举攻下夏州，擒获愚钝不知兵的李继捧。李继捧既没有外援，又受到李继迁的趁火打劫，加上宋军有内应，于是一战即溃。讨李继迁之役就大为不同，首先李继迁狡诈机变，悍勇善战，而最重要的是，他不像李继捧死守着夏州，给宋军有进攻的目标。相反，他的部队行踪飘忽，时而进攻灵州，时而退往沙漠以避战。他以运动战对付宋军，宋军就很难捕捉到他的主力来决战，而一筹莫展。宋军另外很不利的地方，是行军的地方处于沙漠不毛之地，既没有水源，又没有城垒作为屏障，而补给线过长，粮运随时有不继之虞。一旦宋军的粮道被李继迁打断，或宋军之粮队被夺，好像浦洛河之役，宋军就会陷入险境。太宗从不省察宋军不利之处，他以为出动数路大军，以雷霆万钧之势，就可轻易消灭李继迁。他仍旧墨守着雍熙三年伐辽之役那种分路进军、约期合击的过时"方略"，去进攻在沙漠中来去无踪的敌人。太宗并未从对辽战争的失败中觉悟过来，仍相信自己的方略是正确的，仍自我陶醉地认定其闭门造车之阵图，可以在对付李继迁的战事上大派用场，自诩"布阵乃兵家大法，非常情所究，小人有轻议者，甚非所宜。朕自为阵图与王超，令勿妄示人。超回日，汝

---

[1] 关于李继隆在真宗朝的事功，参阅本书第三章。

可取图视之"。[1]数十年后，在宝元二年（1039）六月，时任陕西经略安抚使的夏竦（985—1051）评论这一役时，便指出："五路趣平夏，竭内帑之国财，罄关中之民力。继隆与丁罕合行十数日，不见贼。张守恩见贼不击，相继引还。王超、范廷召至乌、白池，以诸将失期，士卒困乏而回。此际先臣隶于廷召，备见轻举之害。"[2]这里夏竦正确地批评了太宗决策的失误。

在五路讨伐李继迁之役，虽然李继隆名位最高，但太宗并未委他为全军统帅，调动全军，而由他自己来个将从中御。为此，李继隆纵有天大本领，也无从依他的临阵判断，改变对李继迁作战之战法，去争取胜利。李继隆在此役的指挥作风，和他以前的做法一贯，他并未遵守太宗给他们制定的方略。他根据自己的判断，听从部将卢斌的意见，改变行军路线，以急行军奇袭的方式，直取李继迁之主力。可惜他没有上一回的运气，赌博式的奇袭行动却输了，他找不到李继迁的主力，最后在恶劣的环境下只好放弃进军，返回环州。李继隆在此役中，还因师老无功而做出两件遭人物议的恶行，首先是他在行军中杀戮许多蕃部平民，既作为冒功，亦作为泄愤；他这残忍的行为，多年后真宗便认为是他所以不寿之报应。[3]另外他以出师无功而迁怒于几个运粮

1　《长编》，卷四十，至道二年九月己卯条，页852。按：太宗这番话是对他那惟命是从的庸将傅潜说的。

2　《长编》，卷一百二十三，宝元二年六月丙子条，页2910—2911。夏竦：《文庄集》，文渊阁《四库全书》本，卷十四《陈边事十策》，叶一上至二上。

3　景德二年（1005）二月初五李继隆病卒时，真宗即对近臣评论李继隆说："继隆往岁西征，枉道误期，致陕西之民殍死甚众，加以仓卒，颇多杀勠，其间岂无冤枉乎？此可为戒也。"参见《长编》，卷五十九，景德二年二月癸未条，页1315—1316。

的文臣，实行诿过于人。至于他在大战前诬陷有功的勇将田绍斌，就给人仗恃国戚权势，肆作威福的横霸印象。

七、结论

太宗朝的外戚中，能征善战而战功卓著的，首推李继隆。他是宋初外戚统军少数成功的例子，颇有汉代外戚名将，同出于山西的卫青、霍去病的影子。宋廷在淳化四年七月二十七日给他的加恩制中，便说他"蕴孙吴料敌之机，有卫霍扞边之效"。[1]从太平兴国四年的平北汉之战开始，到以后对辽的多场恶战，包括高梁河之战、满城之战、岐沟关之战、君子馆之战、唐河之战、徐河之战，以及太宗晚年对西夏的夏州之战、第一次灵州之战，李继隆无役不予。他从担任偏将、副将到一军主帅，长期担任马军最高指挥官，驱策健儿奔驰万里，他以功臣子弟之贵，兼以后兄之亲，深受用人惟亲的太宗所倚重，执掌禁旅之余，并负征伐之大任。

李继隆在太宗朝立下战功不少，但也几度覆师无功。他作战的特点，是从不墨守在战前由主帅以至太宗所订下的方略战法，他会因应战场形势的变化而决定相应的战法。他在满城之战违反太宗所订下的战法而得胜，但在君子馆之战却为保持本部实力，而没有依约应援主将刘廷让，使刘全军覆没。在唐河一战他不理太宗坚壁不出的旨意，坚持背城一战而幸得成功；但在第一次灵州之战，他又公然违抗太宗五路

---

[1] 《宋大诏令集》，卷九十五《李继隆加恩制·淳化四年正月二十七日》，页350。考此制系于淳化四年正月，但李继隆移镇镇安军节度使并加同平章事当在至道三年五月，疑所系年月有误。

出征所订下的进军路线,以奇袭急行军的战法进攻李继迁,然运气不再临到他头上,最后无功而还。平情而论,李继隆虽非常胜将军,但他对战争的直觉其实甚为敏锐,他敢打硬仗,善于千里奇袭。他对经营西夏的策略,其实相当稳健可取,后来即为其亲弟李继和所发扬。

太宗任人惟亲,他信任执掌兵柄的人,不是他晋邸的旧人,就是他的外戚。太宗一朝正是北宋外戚统军的全盛时期,朝内朝外,尽是外戚占据重要位置,征辽伐夏,都由外戚充当大任。外戚中当然不乏将材,像本为功臣子弟,多有沙场历练的李继隆、赵延进、石保兴、刘知信便在攻辽伐夏的战役中多立功勋,而李继隆更是外戚将领的翘楚。[1]不过,才庸质劣之人,像杜彦圭、贺令图、刘文裕、符昭愿、符昭寿的就更多。为此,太宗付出了高昂的代价,太宗一朝在军事上屡遭败绩,正是他任人不明的结果。

李继隆在太宗一朝,虽然屡立战功,但他屡次不遵军令,给人的印象正是挟贵戚之身,太宗的宠信,而桀骜不驯。灵州之战,他对异己的将领如田绍斌,对地位不高的几个文臣转运使,即以一己的爱憎痛加打击。文臣对他的权势的认识,大概都像钱若水所言:"李继隆外戚,贵重莫比,今陛下据其一幅奏书,诛三转运使。"[2]然权势熏天的李氏外戚家族,当李皇后在太宗死后谋废立真宗失败后,即失势失宠。李继隆正当四十八岁的盛年,却受到真宗君臣的猜防,收回兵权,并投闲置散。幸而他并未气馁,不像乃父在仕途受挫后即郁郁而终,

---

[1] 按:太宗朝伐夏的多场战役,从征的外戚除李继隆兄弟外,就只有石保兴颇有战功。参见《宋史》,卷二百五十《石保兴传》,页8811—8812。
[2] 参见第162页注1。

他在逆境下学得谦让，懂得争取文臣的好感与同情，终于在七年后重上沙场，建立他一生最后亦最耀目的功勋。为此，潞州上党李氏外戚将门乃能延续其显赫地位及权势，并由李继隆幼弟李继和及儿子李昭亮（993—1063）在真宗朝继承和发扬。关于李继隆在真宗朝的军事生涯，将在第三章再加以论述。

后记

本章原名《宋太宗朝外戚名将李继隆（950—1005）》，原载于《东吴历史学报》第二十期（2008年12月），页75—153。因学报的字数限制，初稿部分内容颇有删减，现依原稿补回，另将与第一章论述重复的地方删除。2010年11月蒙河北大学贾明杰先生寄赠其硕士论文《宋初名将李继隆研究》（2008年6月）。据贾君硕士论文"绪论"所述，笔者所撰的三篇有关李处耘及李继隆的文章：《宋太祖的从龙功臣李处耘（920—966）》《宋辽唐河、徐河之战新考》《老将知兵：宋初外戚名将李继隆（950—1005）与景德之役（1004）》（即本书第一章、第三章及附论）均为贾君所参考，惟本章的学报版，据贾君来邮所述，却是在其论文通过后才看到，故未及参考。贾君的论文有其特有观点，例如有专章论述李继隆与卢之翰、田绍斌、索湘、雷孝先、田仁朗及杨亿的关系，并附有《李继隆年谱》，读者可以参考。另外，王晓波先生在2011年出版了他历年来研究宋辽战争的专集《宋辽战争论考》（成都：四川大学出版社，2011年4月），惟李继隆参与的几场战役，该书对李所扮演的角色以及其功过，讨论得既不多也不深入，仅对李继隆于唐河之役的指挥略有评论（页72）。

第三章

老将知兵：李继隆与景德之役（1004年）

一、导言

本章续论李继隆在宋真宗朝的军旅生涯，特别是他在景德元年（1004）八月至十二月之景德之役的表现与功勋。宋史学界对景德之役以及翌年正月宋辽双方达成的澶渊之盟之研究已相当多，较近期的相关研究，首推2007年出版的《澶渊之盟新论》，以及2011年出版的王晓波的《宋辽战争论考》两书。[1]过去的相关研究，多从宋辽双方的最高决策者，如辽承天萧太后（953—1009）、辽圣宗、宋真宗、毕士安

---

[1] 《澶渊之盟新论》一书是2004年12月于河南濮阳市举行的"澶渊之盟一千周年国际学术研讨会"的论文集。该书共收有中外辽宋史专家相关论文二十三篇，包括本章的原刊稿，另收有《澶渊之盟研究论著目录（1927—2006年）》。参见张希清、田浩、穆绍珩、刘乡英（主编）：《澶渊之盟新论》（上海：上海人民出版社，2007年3月）。王晓波在2011年将他过去研究宋辽战争的文章修订出版，汇成《宋辽战争论考》一书，相关文章计有：《对澶渊之盟的重新认识和评价》《寇准澶渊之盟对敌之策平议》《宋真宗对辽战争考》。参见王晓波：《宋辽战争论考》（成都：四川大学出版社，2011年4月），页90—181。王晓波对宋辽两军于景德元年八月至十二月交锋的战役称为"澶渊之战"，是以此役的高峰发生于澶州（即澶渊）。笔者认为两军在这数月交锋的地点众多，似乎以发生的时间称为"景德之役"较合适。

（938—1005）与寇准的角度入手，析论双方最终走向议和之经过与缘由。[1]本章则试从宋军在此役的主要将领、驾前东边排阵使李继隆的功绩与作用入手，检视宋军当时所处的形势和后来得以不败的原因。

正如第二章所述，李继隆在太宗一朝，对辽对夏之战役，差不多无役不予，且战功彪炳，号为名将。他在真宗在位的前期，却因其妹明德李皇后谋立真宗长兄楚王元佐不成的嫌隙，受到牵连而被真宗投闲置散多年。辽军在景德元年八月大举入侵，在李继隆力请下，真宗最后释去前嫌，委任这位外戚名将为前敌指挥，扈从亲征，统率澶州阵前的宋军。在李继隆的指挥下，澶州的宋军，面对来势汹汹的辽军，得以与辽军战成均势。当宋辽订立澶渊之盟后，李继隆即以指挥宋军之功劳，加官晋爵，为他的功业添上最后一笔。十八年后，当仁宗君臣评议配享真宗之武臣时，李继隆即以在景德之役的功勋而中选。本章先析述李继隆在咸平年间的境况，继而讨论真宗君臣为何肯捐弃前嫌，复用李继隆当此大任。最后析论李在景德之役的功绩，以及总结宋军能抵御辽军之原因。

二、投闲置散

李继隆在太宗一朝，一直被太宗委以征辽伐夏的重任。他在太宗

---

[1] 张邦炜（1940—）的《澶渊之功数第三——北宋枢相王继英事迹述略》，大大补充了以前罕为人注意及讨论之宋廷关键决策人物枢密使王继英（945—1006）在澶渊之盟缔订的角色，也析论了毕士安与寇准的作用。此外，王瑞来的《左右天子为大忠：兼论寇准在澶渊之盟前后的作为》，也丰富了我们对寇准于澶渊之盟之作为的认识。二文收入《澶渊之盟新论》，页151—202、248—265。

逝世前一年，即至道二年（996）四月，仍以马军都指挥使的身份，担任环州、庆州、灵州等十州兵马都部署，统率环庆路军马讨伐西夏李继迁。到至道三年（997）春，他率军由古原州路入援灵州，筑镇戎军而还。宋廷以马步军都虞候傅潜为延州路都部署，殿前都虞候王昭远为灵州路都部署，接替李继隆的西征任务。[1]是年三月二十九日，太宗病逝，李皇后伙同内臣王继恩、参政李昌龄、知制诰胡旦等谋立太宗长子楚王元佐，然为宰相吕端识破。太宗晚年被册立为皇太子的真宗最后得以顺利继位。真宗君臣对主谋的李皇后无可奈何，只有重谴王、李、胡等人。[2]而被视为李皇后外援、在外手握重兵的后兄李继隆，

---

[1]《宋太宗实录》卷七十七，以李继隆在至道二年四月为马"步"军都指挥使，有误。李继隆在端拱元年（988）二月擢为马军都指挥使后，军职在太宗一朝一直没有改变。汪圣铎（1948—）教授及陈振（1931—）教授在他们合著的有关章节中，采用《宋史·吕端传》的说法，以为李继隆在太宗晚年时拜殿前都指挥使，似有误。据《续资治通鉴长编》卷四十一及《宋史·真宗纪》所记，在至道三年四月癸卯（九日）真宗即位而为文武大臣加官晋爵时，三衙最高军职的武臣依次为马步军都虞候傅潜、殿前都指挥使王超（？—1013）、马军都指挥使李继隆、步军都指挥使高琼（935—1006）。而据《宋史·李继隆传》及《李继隆墓志铭》的记载，李继隆在真宗一朝，担任最高的军职，只是马军都指挥使，而非殿前都指挥使，更不是宋代不再除授的马步军都指挥使。参见《宋太宗实录》，卷四十三，页127—128；卷七十七，页170—171；卷七十八，页182；卷七十九，页193—194；卷八十，页201。《武夷新集》，卷十《李继隆墓志铭》，叶二十二上至二十三上。《宋史》，卷八《真宗纪一》，页104；卷二百五十七《李继隆传》，页8963—8969；卷二百八十一《吕端传》，页9516。《长编》，卷四十一，至道元年正月辛卯条，页860。汪圣铎：《宋真宗》（长春：吉林文史出版社，1996年7月），页28。陈振：《宋史》（上海：上海人民出版社，2003年4月），页28—29。

[2] 关于李皇后等谋立楚王元佐而引李继隆为外援之相关论述，可参阅注1汪圣铎、陈振之相关论述。笔者之旧作《宋初朋党与太平兴国三年进士》亦曾略论李皇后透过王继恩，勾结胡旦、李昌龄等谋立元佐一节。真宗在至道三年四月乙未（初一）尊李皇后为皇太后。李太后此后居于西宫嘉庆殿。到咸平二年闰三月己丑（初六），宰相张齐贤（943—1014）引汉、唐故事，请将李太后所居之宫室命名为万安宫，真宗从其请。此后

第三章 | 老将知兵：李继隆与景德之役（1004年）

虽然没有参与废立之事，但也受到真宗君臣之疑忌而被投闲置散。据《李继隆墓志铭》委婉的记载，当李继隆听到太宗驾崩的消息，而"亟陈封奏，求觐天庭"时，却不获真宗的允许。是年四月九日，只获移镇的恩典，自静难军（即邠州，治所新平，今陕西咸阳市彬县）节度使改授镇安军（即陈州，今河南周口市淮阳县）节度使，加检校太傅，而暂时保留马军都指挥使的军职。五月二十三日，李继隆获准来朝，但真宗君臣却来个明升暗降，虽加李继隆同中书门下平章事之使相头衔，但将他的兵权收回，解除李的军职。当时给他的加恩制文，只虚文一番，不好说什么缘由。九年后与李继隆交好的翰林学士杨亿奉真宗命所撰之《李继隆墓志铭》，仍旧讳言真宗当年罢免李继隆兵权之真实原因，而只说："上以公累朝旧臣，地居元舅，周旋二纪，勤劳王家，将欲增其宠名，不敢烦于戎旅，诏加同中书门下平章事。归镇甸服，偃息以作藩；正位中台，雍容而论道。俯接天邑，盖蒙福于京师；并建戎藩，用夹辅于王室。"[1]李继隆被罢兵权后，大概估计能复出疆场的机

（接上页）李太后即被称为万安太后。参见《长编》，卷四十一，至道三年三月壬辰、四月乙未条，页862—863、865—866；卷四十四，咸平二年闰三月己丑条，页934。《宋史》，卷八《真宗纪一》，页104。何冠环：《宋初朋党与太平兴国三年进士》，第五章《暗通宫闱：党争与继位之争》，页71—129。

1 李继隆在至道三年四月移镇时，宋廷给他的加恩制文除列出其阶勋爵邑、官职差遣外，并对他大大夸奖一番。制文称："忠果雄勇功臣、侍卫亲军马军都指挥使、静难军节度使、邠州管内观察使处置押蕃落使、光禄大夫、检校太保、使持节邠州诸军事、行邠州刺史、兼御史大夫、上柱国、陇西郡开国公、食邑五千户、食实封一千二百户李继隆，文武兼备，智勇俱高。营平之克定羌戎，山西上将；葛亮之自方管乐，天下奇才。……而自擢居十祲，分总六师，安民而洽着休声，荡寇而举无遗策。睠是勋绩，宜加宠荣。"而在是年五月给李继隆加使相之加恩制文则说："侍卫马军指挥使、镇安军节度使、特进、检校太傅兼御史大夫、陇西郡开国公、上柱国李继隆，珠纬纯精，金

会不大，于是对自从太宗晚期以来一直随他出征，现仍在戎行的幼弟李继和加以训勉，并亲笔书写唐代名将李勣（即徐世勣，594—669）的《遗戒》授予继和，且说"吾不复预家事矣"，寄望乃弟他日行事小心谨慎，能维持李氏三代将门的家声。[1]

当李继隆在陈州被投闲置散时，这年六月开始，宋廷在枢府和边廷重镇上作出一连串的人事调整。首先是公认知兵的儒臣钱若水，在六月十二日自请解除同知枢密院事之职位。到七月十三日，较李继隆年纪还长的几员禁军老将，包括接李继隆为马军都指挥使的范廷召、三员殿前都虞候王昭远、葛霸（934—1008）、王汉忠，新任马军都虞

（接上页）方劲气，智穷韬略，学富缃缥；蕴孙吴料敌之机，有卫霍扞边之效。地联勋戚，志笃谦恭。总护师营，已重殿邦之寄，兼荣辅相印，用光熙载之猷。系乃宗臣，镇于近辅。往践厥位，时惟钦哉。可依前检校太傅、同中书门下平章事、陈州刺史、镇安军节度等使。"参见《武夷新集》卷十《李继隆墓志铭》，叶二十三上下。《宋史》，卷六《真宗纪一》，页105；卷二百五十七《李继隆传》，页8968。《宋大诏令集》，卷九十五《李继隆加恩制》，页350（按：此制文原系于淳化四年正月二十七日，考其内容，实为李继隆于至道三年五月之加恩制，是书编者显然错系年月）；卷九十六《李继隆、高琼并检校太傅移镇加恩制・至道三年四月九日真宗即位》，页351。

[1] 李继隆对乃弟期许至深，曾对李继和说："吾门之不坠者，系尔是赖。"关于李勣的遗戒，据宁志新（1947—）《李勣评传》引《旧唐书》卷六十七《李勣传》所述，李勣在临终时，对亲弟李弼言："我自量必死，欲与汝一别耳。恐汝悲哭，谁言似差可，未须啼泣，听我约束。我见房玄龄、杜如晦、高季辅辛苦作得门户，亦望垂裕后昆，并遭痴儿破家荡尽。我有如许豚犬，将以付汝，汝可防察，有操行不伦，交游非类，急即打杀，然后奏知。又见人多埋金玉，亦不须尔。惟以布装露车，载我棺柩，棺中敛以常服，惟加朝服一副，死倘有知，望着此奉见先帝。明器惟作马五六匹，下帐用慢皁为顶，白纱为裙，其中著十个木人，示依古礼刍灵之义，此外一物不用。姬媵巳下，有儿女而愿住自养者听之，余并放出。事毕，汝即移入我堂，抚恤小弱。违我言者，同于戮尸。"以上的引文相信即李继隆手录给李继和的李勣遗戒。参见《宋史》，卷二百五十七《李继和传》，页8969；《武夷新集》，卷十《李继隆墓志铭》，叶二十五下；宁志新：《李勣评传》（西安：三秦出版社，2000年5月），页268—272。

候康保裔（？—1001后）都加领节度使，九天后（二十二日）他们均受命统兵出守边廷要塞，其中范廷召为定州驻泊都部署，王昭远充天雄军都部署，葛霸为镇州驻泊都部署，王汉忠为高阳关行营都部署，康保裔为并州、代州都部署。李继隆这年才四十八，尚在精壮之年，却因真宗君臣之猜忌，无法再在疆场效命。是年八月七日，大概是宰相吕端的推荐，年已六十七的老将曹彬被复用为枢密使兼侍中，统领枢府。辅助他的两员枢密副使，则分别是文臣户部侍郎向敏中和给事中夏侯峤（933—1004）。[1]

真宗在是年十月十八日葬太宗于永熙陵，李继隆以此理由，得到批准从陈州来到开封行礼拜祭，但礼成后即被遣还陈州，真宗并没

---

[1] 原任知枢密院事的武臣赵镕罢为寿州（今安徽淮南市寿县）观察使，原同知枢密院事的文臣李惟清罢为御史中丞。范廷召曾任李继隆西征的副将，在至道三年七月自殿前都虞候升任为马军都指挥使，领河西军（即凉州，今甘肃武威市）节度使，他这年已逾七十一岁。王昭远在端拱元年（988）拜殿前都虞候，亦曾任李继隆西征的副将，他在至道三年七月拜保静军（即宿州，今安徽宿州市）节度使时已五十四岁，还比李继隆年长。葛霸在淳化元年（990）授殿前都虞候，到至道三年七月授保顺军（即洮州，今甘肃甘南藏族自治州临潭县）节度使时也已六十四岁。王汉忠在太宗端拱二年（989）升任马军都虞候，为李继隆在马军司的副手，他在淳化五年（994）迁殿前都虞候，至道三年七月领咸塞军（即新州，今河北张家口市涿鹿县）节度使。他在至道三年也年四十九，比李继隆年长一岁。至于康保裔生卒年不详，据《宋史》本传所载，他在太宗晚年授马军都虞候，但考诸《马军司题名记》，他要至至道三年七月才除马军都虞候，并领彰国军（即应州，今山西朔州市应县）节度使。《宋史》本传疑有误。按：他在后周时已从征，而在咸平三年（1000）战败被执时，其母年八十四，相信康在至道三年的年纪只会比李继隆更长。参见《长编》，卷四十一，至道三年六月甲辰、八月己亥条，页868—869、876。《宋史》，卷六《真宗纪一》，页105；卷二百七十六《王昭远传》，页9407—9408；卷二百七十九《王汉忠传》，页9476—9477；卷二百八十九《范廷召传》，页9697—9698；《葛霸传》，页9699；卷四百四十六《忠义传一·康保裔》，页13150。《景定建康志》，第二册，卷二十六《侍卫马军司题名记》，页1239。

有将他这位身经百战的元舅留下来,向他问及灵州应守抑应弃的问题。[1]

这年十二月,真宗开始认真处理太宗末年遗留下来尚未解决的灵州问题。参知政事李至(947—1001)与甚有令誉的知扬州王禹偁(954—1001),双双献言,请真宗将银州、夏州、绥州、宥州(今陕西榆林市靖边县东)及静州(今宁夏回族自治区永宁县南望洪乡)五州地赐给宋廷一直无法消灭的西夏首领李继迁。他们的建议为真宗采纳,是年底真宗授李继迁为定难军(即夏州)节度使,统领银、夏等五州。[2]倘李继隆尚在朝,他大概会如太宗朝时的态度一样,极力反对这一只会助长李继迁势力的决策。

真宗于翌年(998)改元咸平,这一年西、北二边都相对地安宁。是年十月初三,宰相吕端以老病退休,真宗即以太宗朝旧相、才兼文武的户部尚书张齐贤为首相,而以原参政李沆升任次相,并更替了两府的一些人事。[3]

大概在咸平二年(999)初,李继隆母齐国太夫人吴氏病逝。据杨亿所云,李继隆"居丧尽哀,几于灭性"。因为李继隆份属国戚,故此,

---

1 《武夷新集》,卷十《李继隆墓志铭》,叶二十三下。《长编》,卷四十二,至道三年十月己酉条,页887。
2 《长编》,卷四十二,至道三年十二月辛丑条,页893—901。
3 在这次宋廷的两府人事调整中,原参政温仲舒罢为礼部尚书,李至罢为武胜军(即邓州,今河南南阳市邓州市)节度使,原枢密副使夏侯峤罢为户部侍郎。原枢密副使向敏中则升为参政。真宗又擢升翰林学士杨砺(931—999)与宋湜(950—1000)为枢密副使。按:向敏中与宋湜都是李沆太平兴国五年的同榜进士,而罢职的温仲舒、李至与夏侯峤却是张齐贤太平兴国二年的同年进士。参见《长编》,卷四十三,咸平元年十月戊子、己丑条,页917。

第三章 | 老将知兵:李继隆与景德之役(1004年)

真宗就算对李继隆心存芥蒂，也得有所表示。真宗随即颁下明诏，令李继隆起复。李继隆一再请辞官守制，但真宗不许。[1]当李继隆尚在热丧期间，北边已战云初现。这年五月，知雄州何承矩（946—1006）奏报宋廷，辽军有南侵企图。真宗于是向卧病在床的枢密使曹彬问计。曹彬一时也看不准辽军意图，只有安慰真宗不用担心，说辽终会与宋议和。曹彬在六月初七病逝，真宗亲临其丧，"哭之恸，言必流涕"。[2]教人慨叹的是，真宗今次问计的，只是岐沟关惨败于辽军的庸将曹彬，而不是有多次战胜辽军纪录的沙场老将李继隆。[3]

是年七月初四，因边报辽军将入寇，真宗任马步军都虞候傅潜为镇、定、高阳关行营都部署，统率大军抵御辽军。五天后，真宗再召时年六十八，在太宗朝曾任枢密使之横海军（即沧州，今河北沧州市）节度使、知镇州王显入朝，并复用他为枢密使，以补曹彬的遗缺，可惜只是以庸将代庸将。附带一谈，傅潜麾下的其中一员副将、担任押先锋的莱州（今山东莱州市）防御使田绍斌，曾在太宗晚年被李继隆打击陷害而受到重谴。当真宗继位后，因李继隆失势，他所受之冤屈得到昭雪，而为真宗复用，得以再在沙场效命。[4]

---

1 《武夷新集》，卷十《李继隆墓志铭》，叶二十三下。《宋史》，卷二百五十七《李继隆传》，页8968。按：李继隆母逝世之月日史所未载。
2 《长编》，卷四十四，咸平二年五月乙巳、六月戊午条，页945—947。
3 曹彬号为良将，其实是庸将一名，张其凡的专著早有定论。可参阅张其凡：《庸将负盛名——略论曹彬》，载邓广铭（1907—1998）、徐规（1920—2010）（主编）：《宋史研究论文集》（1984年年会编刊）（杭州：浙江人民出版社，1987年11月），页507—527。
4 傅潜的副将，除田绍斌外，尚有出任都钤辖的西上阁门使、富州（今广西桂林市平乐县西南）刺史张昭允（？—1008），任排阵都监的洛苑使、入内副都知秦翰，任同押先锋之崇仪使石普以及出任策先锋的单州（今山东单县东南）防御使杨琼。参见《长不知是真宗个人的选择，还是张齐贤等之主意，除了王显和傅潜两大草包外，真宗当时倚重赖以御敌的武臣，还有另一员庸将、殿前都指挥使王超。是年八月，真宗往行营巡视，当他看完诸军操演时，却大为赞赏，称许王超练军有方，表示"士众严整，戎行练习，卿之力也"。[1]

真宗朝之对辽战争，由咸平二年九月之廉良河（约在今河北保定市西北新城区）之役拉开序幕。因宋将田绍斌、石普（961—1035）与杨嗣（934—1014）的奋战与良好配合，宋军在保州（今河北保定市）附近的廉良河击败辽军，杀伤敌军二千人，取得小胜。同年十月二十四日，守护遂城（即威虏军，后改广信军，今河北保定市徐水区西遂城）的保州缘边都巡检使杨延朗（即杨延昭，958—1014），面对由承天萧太后亲自督战之辽军猛攻，虽然城小无备，但仍能征集城中丁壮登城，披器甲死守多天。最后宋军趁天气转寒，将水汲灌在城壁上，使之成为坚滑不能攀登的冰壁。辽军攻城受挫，只好退去。在这场称为

（接上页）编》，卷四十五，咸平二年七月壬午、己丑条，页955—956。关于李继隆在至道二年陷害田绍斌之始末，以及田在太宗朝至真宗朝的事迹，可参阅何冠环：《论宋太宗朝武将之党争》，第六节《陈延山（954前—988）之死与田绍斌（933—1009）之贬》，载何著：《北宋武将研究》，页124—131。至于王显，只因太宗藩邸旧人而被重用，他两任枢密使，却毫无建树。言者批评他"专司兵要，谋略非长"，《宋史》编者对他亦无好评，指他"居中执政，矫情以厚骨吏，龊龊自固而已。在藩镇颇纵部曲扰下，论者非之"。他比曹彬更不堪。参见《宋史》，卷二百六十八《王显传》，页9230—9233。

1 《长编》，卷四十五，咸平二年九月己丑条，页960—961。关于傅潜与王超之庸将行径，陈峰曾有专章论述。可参阅陈峰：《武士的悲哀——北宋崇文抑武现象透析》（西安：陕西人民教育出版社，2000年2月），第三章《真庙风云·傅潜与王超》，页105—116。

遂城之役之战斗，宋军又小胜一回。至于定州、镇州一线，辽军在同月发动进攻，即成功地寇略定州外围的怀远驿，又焚镇州的常山、中度二桥。值得一记的是，率兵三千追赶辽军的勇将李继宣（950—1013），与李继隆渊源甚深，二人同庚且同名，李继宣在太宗朝，一直是追随李继隆转战西北之大将。可惜这次李继宣出军太缓，辽军早已远去，李只得无功而还。[1]

同年十一月，真宗下令在十二月亲征，并颁布从征与留守的人事任命。从征而担当重任的外戚共三人，计为太宗的表弟、邕州观察使刘知信，以及太祖的两个驸马，保平军（即陕州，今河南三门峡市陕州区）节度使石保吉，与定国军（即同州，今陕西渭南市大荔县）节度使

---

[1] 参见《长编》，卷四十五，咸平二年八月壬寅、十月癸酉条，页963—964、967。《宋史》，卷三百八《李继宣传》，页10144—10147。李继宣是开封浚仪（今河南开封市）人，本来亦名李继隆，后来太宗命他改名为李继宣，以便和李继隆识别。他与李继隆同庚，亦早在乾德年间补右班殿直出身。他在雍熙三年（986）从李继隆征辽，并曾力战救出李继隆。端拱二年（989）七月徐河之役，他又与李继隆部运粮至咸房军，还渡徐河时，被辽军追袭，他率军力战，杀获甚众。在真宗继位时，加南作坊使，出为镇州行营铃辖。他作战勇悍，敢于统军远袭敌兵。他曾多次向主帅傅潜请战，但傅潜不允，结果等到李出兵时，辽军已退去。关于廉良河之役、遂城之役与怀远驿之战的始末，可参阅王晓波：《宋辽战争考论》，《宋真宗对辽战争考：一、瀛州与莫州之战》，页116—131；《二、遂城之战》，页132—143。及高扬：《宋辽瀛州莫州之战研究》（未刊稿），页1—5，特别是页4注5及注6的考证。关于廉良河的所在，王晓波引《读史方舆纪要》卷十三的说法，认为当即是廉良城，在河北河间县北。高扬除参考《读史方舆纪要》"河间府河间县廉良镇"之记载外，又参以天一阁藏明代《保定郡志》的相关记载，考定这里的廉良河，当是在保州附近旧有廉颇庙，本名"廉梁"的地方，而不是瀛州城北的廉良镇，此说可取。高扬并认为因辽名将耶律休哥在咸平元年（998，辽统和十六年）十二月病逝，代其南京留守之任的梁国王耶律隆庆（973—1016）为了立功，改变耶律休哥对宋和平的政策，主动发兵攻宋。据高氏的考证，宋军在此役的战绩是杀伤敌二千人，斩首五百人，俘虏一百四十余人，获战马五百余匹。

魏咸信。[1]从太宗朝开始，遇有大征战，亲贵戚里无不从征。这次身份最尊的戚里，除了在一年前病逝的太祖长婿王承衍外，均被召从征。惟有李继隆被投闲置散，真宗对他的不信任可见一斑。李继隆在这场大征战中，惟有做好后勤的工作，他派遣属下知宛丘县雷孝先（？—1021后）部运刍粮至河北。雷在这事上做得出色，不辱李继隆的使命，刍粮第一站即押运至行在的大名府，雷即以功擢太常寺奉礼郎。[2]

---

[1] 真宗在是年九月，已接纳亲信、枢密都承旨王继英之建议，亲征河北。到十一月正式下旨。真宗命宣徽北院使周莹（951—1016）为随驾前军都部署，刘知信副之，内侍都知杨永遵（？—1001后）为排阵都监；石保吉为北面行营先锋都部署，磁州（今河北邯郸市磁县）防御使康延翰（？—999后）副之；洺州（今河北邯郸市永年区东南）团练使上官正（933—1007）为钤辖。另又命魏咸信为贝冀路行营都部署。真宗对魏咸信颇为重用，在这年的八月当真宗讲武于京师东郊时，即命他为在京师新旧城内都巡检。十月举行郊禋典礼，又命他充旧城内巡检。到真宗亲征，即命他率兵二千骑至大名府。据夏竦（985—1051）所记，魏咸信因所部人马不多，他就"左实右伪，虚振军声，倍道兼行，直抵边郡"。他的运气不差，辽军不战而退，没有受到什么考验。另真宗以首相张齐贤扈从，盐铁使陈恕为随军转运使；而以次相李沆为东京留守，濠州（今安徽凤阳市）刺史李著（？—999后）为大内都部署，权知开封府魏羽（944—1001）判留司三司。到十二月，真宗再任命宿将、太子太师张永德（928—1000）为京城内外都巡检使。另一员戚里石保兴（石保吉兄）在遂城一战后，便代杨延朗知威房军。参见《长编》，卷四十五，咸平二年九月癸未、十一月乙未、十一月戊申、十二月辛亥条，页962、969—971。夏竦：《文庄集》，文渊阁《四库全书》本，卷二十九《故保平军节度使同中书门下平章事驸马都尉赠中书令魏公墓志铭》（以下简称《魏咸信墓志铭》），叶六下至七上。

[2] 《宋史》，卷二百七十八《雷德骧传附雷孝先传》，页9463。《长编》，卷九十七，天禧五年三月辛巳至丙戌条，页2243—2244。《宋会要辑稿》，第八册，《职官六十一之六·换官》，页4691；《职官六十四之九·黜降官一》，页4769。中国文物研究所、陕西省古籍整理办公室（合编）：《新中国出土墓志·陕西（壹）》（北京：文物出版社，2000年11月），《一五七》《大宋故光禄寺丞雷公（孝孙）墓志铭》，页144。雷孝先的生卒年不详，他是太祖朝御史中丞雷德骧（918—992）长孙，与李继隆属世交。他在太宗朝举进士，试秘书省校书郎知天长县（今安徽滁州市天长市）。淳化二年（991）十一月，他被雷德骧婿文濯讼他内乱，太宗将他除籍配均州（今湖北丹江口市），还连累雷德

第三章｜老将知兵：李继隆与景德之役（1004年）

真宗的大军在十二月十五日抵大名府，不过，辽军并没有在大名府发动攻击。从是年十二月至翌年（咸平三年，1000）正月，宋辽大军在瀛州、莫州（今河北任丘市北）大战。因主帅傅潜之怯懦不敢出战与指挥无方，以及诸将之协同作战之失误，宋军在瀛州西南裴村惨败，大将康保裔被俘。虽然稍后范廷召等在莫州战胜辽军，但后者之小胜补偿不了前者的大败，只能为在大名府的真宗"光荣"班师回朝找到一个台阶下，挽回一点面子而已。宋军失利，真宗亲征无功，宋廷文臣纷纷上奏，将所有责任都推在傅潜身上，力主将他正法，以挽回军心。真宗碍于众议，将傅潜及其副将张昭允等重谴。[1]

（接上页）骥及叔父雷有终（947—1005）双双贬官。他后来获赦并复知陈州宛丘县（今河南周口市淮阳县）。至道三年（997）三月，真宗即位后，李继隆出判陈州，荐其能，加试大理评事。到辽兵入寇，李继隆即命他部刍粮至河北。他有武干，曾随叔父雷有终在咸平三年平王均之乱。《新中国出土墓志·陕西（壹）》一书收录他在景德二（1005）年七月为其堂弟光禄寺丞雷孝孙（？—998）撰写的墓志铭，他当时的官职为将仕郎、守秘书省著作佐郎、监河（中）府白家场垛盐务。天禧四年（1020）三月，他获寇准推荐，以都官员外郎转武秩为内园使。据《长编》卷九十七所记，他在天禧五年（1021）三月，在内园使知贝州（今河北邢台市清河县）任上，捕得冒称黄河都部署下的刍粮使者的磁州奸民张熙载，他为了冒功，又迫贝州司理参军纪瑛伪造假证供，称张熙载是辽国间谍所谓"景州刺史兼侍中司空太灵宫使"。但张熙载被押送京师后，却被枢密院查出所谓辽国间谍全属虚构，雷肇先就被贬为潭州（今湖南长沙市）兵马都监。他后来得到回升，最后官至西上阁门使、泾原钤辖、昭州（今广西桂林市平乐县西南）刺史。

1 关于康保裔战败被俘而非战死一事，《辽史》卷十四《圣宗纪五》记辽军在统和十七年（999，即咸平二年）十月在瀛州破宋军，"擒其将康昭裔、宋顺，获兵仗器甲无算"。而在十九年（1001，即咸平四年）六月，"以所俘宋将康昭裔为昭顺军节度使"，再参照出土的辽代墓志铭《冯从顺墓志》，可得旁证。考冯从顺（967—1023）原为康保裔部将，与康一同战败被俘而降辽。志文说："遂与瀛州兵马都统康保裔同驱军旅，来御王师。十万兵溃而见擒，一千载圣而合契。"《辽史》所记被俘的宋将康昭裔和宋顺，当即是康保裔和冯从顺的讹称。康保裔战败但并未战死。在是次战役中，有因枢密副使宋湜（950—1000）卒于军中，而枢密使王显出为定州行营都部署，真宗擢用宣徽南院使周莹、枢密都承旨王继英并为知枢密院事，另擢翰林学士王旦（957—1017）为同知枢密院事。至于北边重镇之防务，除以王显守定州外，真宗擢升殿前都指挥使王超为马步军都虞候，出任镇州行营都部署，另任年迈之宿将张永德为彰德军（即相州，今河南安阳市）节度使知天雄军府（即大名府）。至于在莫州之战有功的老将范廷召，则擢为殿前都指挥使，召入京师宿卫。附带一提，曾任李继隆部将的南作坊使李继宣，这次继续被真宗重用，担任王超镇州行营的钤辖。[1]

（接上页）份从征的外戚的表现并不突出，其中刘知信知大名府事，因辽军并未进攻大名府，故他的表现算是不过不失。石保吉曾奉命从大名府出师，但他进军缓慢，抵贝州时辽军已退，真宗乃将他召还大名府。他的表现实在平庸。至于魏咸信更没有任何好的表现。石保兴则以战功知棣州（今山东滨州市惠民县东南）防御使，较差强人意。宋廷文臣上章直接间接弹劾傅潜的，计有河北转运使裴庄（938—1018）、集贤殿学士钱若水、起居舍人李宗谔（965—1013）、右司谏孙何（961—1004）、右正言赵安仁（958—1018）及右司谏梁颢（963—1004）。傅潜、张昭允被重贬同时，本来有功的莱州观察使田绍斌却被傅潜供词牵连，再被罢黜。参见《长编》，卷四十五，咸平二年十二月甲寅至丙子条，页970—980；卷四十六，页984—989、994。《宋史》，卷二百七十九《傅潜传附张昭允传》，页9473—9475。《辽史》，卷十四《圣宗纪五》，页168—169。向南（杨森，1937—2012）（编）：《辽代石刻文编》（石家庄：河北教育出版社，1995年4月），《圣宗编·冯从顺墓志·太平三年》，页169—171。关于真宗御驾亲征之缘起，以及承天萧太后、辽圣宗南侵之企图，和瀛州及莫州之战的经过的讨论分析，可参阅汪圣铎：《宋真宗》，页43—49。王晓波：《宋辽战争考论》，《宋真宗对辽战争考：一、瀛州与莫州之战》，页116—131；《二、遂城之战》，页132—143。高扬：《宋辽瀛州莫州之战研究》（未刊稿）。柳立言：《宋辽澶渊之盟新探》，原载《"中央研究院"历史语言研究所集刊》，第六十一本第三分（1992年3月），现收入宋史座谈会（编辑）：《宋史研究集》，第二十三辑（台北："国立编译馆"，1995年2月），页78—80。

[1] 《长编》，咸平三年正月壬辰、甲午条，二月己未、癸亥、乙丑条，卷四十六，页989、992—994；卷四十七，咸平三年四月癸丑条，页1010。王显定州行营之副将为莱州防御

李继隆在这场大战后，仍旧株守在陈州，没有被委以守边之任。而从咸平三年正月在成都爆发之王均（？—1000）之乱，他也不获垂青委以平乱之任。在这次叛乱中被杀的原益州（今四川成都市）钤辖、凤州团练使符昭寿，与李继隆同是太宗的妻舅，均属戚里之身份。前者虽不肖却被委以重任，而后者有才却被投闲置散。[1]这年四月初三，当年沮李皇后废立之谋，扶立真宗继位的旧相吕端逝世。真宗亲临慰问，并厚恤其家。[2]李继隆与吕端虽同为罢任在外之将相，但真宗对前者是疑忌未消，对后者则是感恩不尽，是故所予之礼遇，有很大的差别。这一年对李继隆值得一提的事，是与他有故交的杨亿，九月从处州（今浙江丽水市西）知州任满召返京途中路过陈州。李继隆即亲迎于驿亭，并奉为上宾，盛宴款待多天，再亲送离境。[3]杨亿抵京师后，

（接上页）使王荣（947—1016）以及内臣、入内都知韩守英（？—1033）。至于王超镇州行营的副手，除李继宣外，尚有单州防御使杨琼。

[1] 《长编》，卷四十五，咸平二年十二月丙子条，页980；卷四十六，咸平三年正月己卯朔、辛巳条，辛卯至丙申、乙巳、壬子、辛酉至癸亥、乙丑条，及三月甲午条，页983—984、988—994、998；卷四十七，咸平三年四月丙辰、辛未两条，五月丁丑朔、庚子条，七月己巳条，八月癸酉条，九月戊寅、庚寅条，十月甲辰朔、辛亥、乙丑条，页1011、1014—1015、1017、1021、1024—1029。王均之乱到同年十月由雷有终率军平定。符昭寿是太宗懿德符皇后之弟，五代宋初名藩符彦卿（898—975）之子。他骄恣自大，治军无方，不恤士卒，结果激起兵变。关于符昭寿的外戚家世及其劣迹，可参阅何冠环：《北宋外戚将门陈州宛丘符氏考论》，载《北宋武将研究续编》，页17—28；关于符昭寿之死，见页29—30。

[2] 《长编》，咸平三年四月庚戌条，卷四十七，页1009。

[3] 《武夷新集》，卷十九之《上陈州李相公启一》，李一飞《杨亿年谱》考订此启写于咸平三年九月。据杨亿所述，他"肃奉简书，言旋京邑"。说明他与李继隆有故交，故他从处州起程归京师前，已致书陈州的李继隆，言及行止。他在这通致谢李继隆款待的信中，说他"经途攸出，授馆未遑。忽迁丞相之车，俯及旅人之次，置之右席，接以温颜。趋卫幕之严，初令长揖；设曹樽之味，犹许独醒。乃至刍禾百车，笾豆九品，一

即致信多谢李继隆。李随即覆信杨亿。杨亿受宠若惊之余,马上再覆信,向李继隆表示其感激之情。[1]李继隆刻意结纳杨亿,后来显然产生良好的效果。深为真宗、李沆、毕士安、寇准及王旦等朝中重臣器重的杨亿,[2]后来即成为李继隆在朝中的代言人。李继隆后来重获真宗君臣信用,杨亿的作用未可忽视。

这年的十一月二十三日,首相张齐贤以朝会失仪被罢相。九天后,即十二月二日,李继隆以祝贺真宗的寿诞承天节得以入朝。据《宋会

(接上页)日再驾,式顾于邮亭;终夕九回,不遑于肺腑。加以预西园之宴,陪东阁之宾,奉簪眉以为荣,羡车马而徒切。礼惟异数,恩实非常"。杨亿又在信中感谢李继隆之招待,称当他离开陈州时,李继隆亲自并举行隆重的仪式欢送他,且厚赠程仪,"属发轫之靡遑,嗟恋轩而何及? 既眖之杂佩,又出次长亭。元戎十乘以启行,清酒百壶而帐饮。都人改观,行路增辉。矧乃虑逆旅之馁而,别辇万钱之馔"。李继隆给了杨亿这样大的面子,故杨对他感激不已。参见《武夷新集》,卷十九《上陈州李相公启一》,叶一上至二上。李一飞:《杨亿年谱》(上海:上海古籍出版社,2002年8月),页64。李一飞误以为李继隆已解镇安军节度之任,不知镇安军即陈州。

1 杨亿《武夷新集》卷十九所收之《上陈州李相公启二》,撰写的年月不详。从书启的内容看,显然是杨亿在是年九月所写之《上陈州李相公启一》后,因接李继隆覆信而写的另一通书启。李一飞《杨亿年谱》将此书启系于同年九月底,当是。杨亿在这通书启中说他"近奉柔毫,远尘台听。敢俯岩廊之重,特贻尺素之文"。继而对李表示,自觉与李地位不相当,说李"盖丞相之尊重,与庶位以悬殊。名既不同,礼亦异数"。而感激李对他的知遇,称"怜潘岳之拙宦,深叹敦鸢;许子夏之言诗,曲加护短。置于客右,借以月评。垂耳之驹,骤增十倍之价,拖肠之鼠,如饵九转之丹。穷途有依,锻翮往奋。比在京国,传闻缙绅,假以余光,无不改观。矧又金简玉字,别示于温存;圭宝荜门,顿主于气焰"。最后在信中表示对李之知遇,必当图报,说"恩极丘山之重,心非木石之顽。瞻俭幕之芙蓉,虽遥盛府,望傅岩之舟楫,终济迷津。眷言蓬艾之微,必期顶踵之报"。参见《武夷新集》,卷十九《上陈州李相公启二》,叶二下至三上。李一飞:《杨亿年谱》,页66。

2 《宋史》,卷二百八十一《毕士安传》,页9521;卷三百五《杨亿传》,页10079—10083。

第三章 | 老将知兵: 李继隆与景德之役(1004年)

要辑稿》的记载,真宗在是月十四日往殿前指挥使班院阅马射,又与群臣宴射于后苑。李继隆有份陪同真宗宴射并中的,并获赐袭衣、金带与鞍马。杨亿后来撰的《李继隆墓志铭》,便说李"以诞圣之辰,修上寿之礼,郊劳饯饮,宠数并优,宴见咨询,嘉言罔伏"。然而,杨亿之虚文背后之真相,是真宗仍只是敷衍李继隆,并无再用之意;不过,李继隆来京,却得以多次与杨亿相见,甚至纡尊降贵亲往杨亿住处探望,而教杨亿感激不已。后来杨亿一再为李继隆代笔上奏,并为李撰写墓志铭,盖为报答其知遇之恩。李继隆这次进京,虽未获真宗之信任,但与杨亿所结的情谊却得以巩固。[1]

---

[1] 这次陪射的宗室亲贵,尚有真宗的四弟安定郡王元偁(981—1014)、太祖驸马石保吉、真宗堂兄胜州刺史德恭(962—1006)(按:德恭是太宗弟秦王廷美长子)。又考《武夷新集》卷十九除前述的两篇《上陈州李相公启》外,又录杨亿致李继隆书启三通。三通书启均未记撰写年月,李一飞《杨亿年谱》亦未引述此三通书启及考证其年月。查第一封之书启云:"右,某启,比者相公执玉来朝,捧觞上寿。彤延就列,为百辟之仪刑;宣室畴咨,见一人之体貌。汉殿礼成于荐璧,淮扬民望于回辕。子牟恋阙以虽勤,申伯于藩而是赖。十乘攸往,见元戎之启行;九里非除,固京师而蒙福。"笔者疑杨亿在这通书启所记李继隆执玉来朝之事,即为咸平三年十二月这一次。照杨亿所述,李继隆这次入朝祝寿,曾觐见过真宗。他返回陈州时,杨亿曾有相送。在这通私人书信里,我们看不到真宗如何看重李继隆之来朝。至于另外两通书启,撰写年月不详,其编集在同一卷,疑亦在咸平三年十二月至四年初。其中《上陈州李相公启二》云:"昨者相公荣自藩垣,入朝宸极。"大概亦指李继隆在咸平三年十二月入朝之事。杨亿在此启中称:"昼日三接,载延乃眷之恩;泰阶六符,式显具瞻之贵。东合幸伸于趋拜,中堂过沐于延容。听谈柄以忘疲,侍坐隅而甚久。断非子夏,敢预于言诗;窃愧穆生,何胜于置醴?"杨又对李亲往他的客舍感谢不已,说他自己:"矧又相如之四壁,两辱千秋之小车。时屈丞相之尊,亲顾旅人之次。一瓢牢落,颜回之巷可哀,三日氤氲,荀令之香不散。实交游之光宠,固里巷之辉华。夫何下僚,当此殊奖。"另杨亿在《上陈州李相公启三》云:"某伏念引籍金闺,修书石室。仰台阶之符采,宛在层宵;感国士之恩知,敢忘丹慊!恨一官之所系,瞻数仞为荣。徒凭咫尺之书,远黩岩廊之听。敢期折简,俯及下僚。"充分反映了他对李继隆感激之情。参见《宋会要辑稿》,第三册,

李继隆在陈州并没有自暴自弃，对于治内的管治毫不松懈。据《宋史·李继隆传》所记，在咸平二年或三年间，秋水暴集，流过陈州的蔡水冲坏河岸，李继隆即在危急中亲督士卒补塞河堤之缺口，从辰时干到午时，终令冲向河岸之大水稍息。李继隆在太宗太平兴国二年，曾参与治河之工作，算得上经验丰富。不过，在北疆未宁时，真宗君臣让他在陈州治水，就显得大材小用了。[1]

(接上页)《礼四十五之二十二·杂宴·习射宴》，页1739。《长编》，卷四十七，咸平三年十一月辛卯条，页1033。《武夷新集》，卷十《李继隆墓志铭》，叶二十三下；卷十九《上陈州李相公启一》《上陈州李相公启二》《上陈州李相公启三》，叶六下至八下。《宋史》，卷六《真宗纪一》，页103、105。

[1] 《宋史》，卷二百五十七《李继隆传》，页8964、8968。《武夷新集》，卷十《李继隆墓志铭》，叶二十六下、二十七下。李继隆补塞蔡水之事，《宋史》本传所记，相信本于《李继隆墓志铭》所载。然墓志铭并未有记载此事发生于咸平何年何月，只记李继隆"在宛邱日，属水潦暴集，旧防坏决，吏民奔溃，盖无聊生。公独守危堤，精意恳祷，冲波稍却，一郡获全，率身捍患，人受其赐"。又蔡水在咸平年间暴集几致成灾之事，亦未见载于《宋史》其他地方，包括《真宗纪》、《五行志》及《河渠志》，亦不见载于《长编》等书。关于陈州水患的问题，据韩茂莉教授之研究，因陈州在北宋时地势卑下，每年夏秋之间，许州（今河南许昌市）、蔡州（河南驻马店市汝南县）、汝州（河南平顶山市汝州市）及东、西两京诸处大雨，就令诸河水并由陈州沙河、蔡河（即蔡水）同入颍河。当颍河不能容受，便在境内洿潴为陂泽。韩氏称早在真宗时就已开始治理陈州的水患。在大中祥符年间便曾在许州的长葛浚减水渠，疏引部分水流转道入蔡河，以减缓自许州集中涌入陈州的水量。不过，韩氏认为这样疏引出的河水最后还是由蔡河流入陈州，对于治理陈州的水患，没能起到很大的作用。直到熙宁（1068—1077）以后采用修治古八丈沟，以分引蔡河水直接入淮的方案，才根本上解决陈州的水患。据韩氏之研究，在宋初，陈州夏秋间蔡水诸河泛集，是差不多每年都发生的事，而这次又没有为灾，大概因这个理由，群书没有特别记载在李继隆治陈州时，蔡水泛滥之事。另外韩氏在讨论陈州水患时，似乎没有注意《宋史·李继隆传》这条资料。参见韩茂莉：《宋代农业地理》（太原：山西古籍出版社，1993年8月），页40—42。关于蔡河与陈州之位置与今日的状况，据史念海（1912—2001）教授的研究，今日之淮阳县位于颍河之北，"西南距颍岸上的周口二十五公里。唐宋时期的蔡河就流经县境。唐时蔡

咸平四年(1001)正月初八,老将殿前都指挥使范廷召病卒。到是年三月十二日,与李继隆资望相近的宿将步军都指挥使并代州都部署高琼来朝,真宗即以之继为殿前都指挥使。与此同时,真宗将二府人事调整,旧相吕蒙正、原参政向敏中拜相,次相李沆留任。原参政王化基(944—1010)罢职,同知枢密院事王旦升任参政。而枢密直学士冯拯(958—1023)与陈尧叟为同知枢密院事。而引李继隆为知己的杨亿亦得李沆推荐,以及真宗的赏识,以左司谏擢知制诰,晋身两制。[1]

这年四月,真宗擢升有功的将领,包括有"二杨"之称的杨嗣和杨延朗,以及北作坊使张凝(944—1005)和李继宣。真宗对李继宣的评语是"继宣虽不逮二三辈,然亦熟边事,不易得也"。[2] 真宗对李继宣有此印象,可能与他对李继隆的偏见有关。

(接上页)河在今县城东一里,其故道在今城东南五公里处,当是由今城东斜向东南流的。蔡河也就是战国秦汉时期的沙水。沙水流经今县城之北,再经城东流去,再东南正和蔡河的故道相合",而"淮阳县城建于高阜之上,城外有湖堤围绕,湖堤就是原来的护城堤"。参阅史念海:《黄河流域诸河流的演变与治理》(西安:陕西人民出版社,1999年12月),页162—163。

1 考在咸平三年九月,宿将张永德病卒。咸平四年正月范廷召卒后不久,前任参政李至亦病逝。另高琼在同年三月升任殿师后,到四月,他马帅及并代都部署的遗缺即由感德军(即耀州,今陕西铜川市耀州区,原名崇州)节度使葛霸接任。另在同月,由西川回朝之翰林学士王钦若亦擢为参政。参见《长编》,卷四十七,咸平三年九月壬寅条,页1026;卷四十八,咸平四年正月戊、庚寅条,三月甲申、四月己未条,页1043—1044、1053—1054、1057。《宋史》,卷六《真宗纪一》,页114—115。
2 《长编》,卷四十九,咸平四年四月乙巳条,页1055—1056。按:杨嗣自保州刺史迁保州团练使,杨延朗自莫州刺史迁莫州团练使;张凝自绣州(今广西贵港市桂平市)刺史迁赵州(今河北石家庄市赵县)刺史;李继宣则自南作坊使、高州(今广东茂名市高州市)刺史升为西上阁门使,领康州(今广东肇庆市德庆县)刺史。

这年七月，边报辽军又将大举入寇。真宗于是任命资格最高的使相王显与马步军都虞候、天平军（即郓州，今山东菏泽市郓城县）节度使王超为主帅，统镇、定、高阳关三路大军御敌。[1]到八月，西边又起风云，李继迁率众进攻清远军（今甘肃庆阳市环县甜水堡），宋灵、环、清远等十州军驻泊副都部署杨琼（？—1001后）所部没有全力应援。九月，清远军失守。真宗闻报大为震怒，除将杨琼问罪外，即调派北边前线的镇定高阳关前阵钤辖张凝代杨琼之职，应付西边的战事。[2]教人不解的是，面对西北两线的战火，真宗君臣仍旧对李继隆不闻不问。值得一提的是，这年的九月，当年有份参与废立之谋的胡旦，遇赦还京。在他的老同年、同知枢密院事冯拯的推荐下，真宗几乎复用他为知制诰。胡旦虽与李皇后关系甚深，但为人狂妄粗疏，他最后没有被真宗复用，对李继隆其实是塞翁失马。据说冯拯等本来是想借他来对抗已深受真宗器重的杨亿，然对李继隆东山再起来说，杨亿要比胡旦帮得上忙。[3]

这年十一月，宋辽两军于遂城（即威虏军）大战，由杨嗣、杨延

---

[1] 当时名位最高的宋将是两任枢密使的王显。他以山南东道（即襄州，今湖北襄阳市）节度使、同平章事之头衔为镇、定、高阳关三路都部署，成为宋军的最高统帅。至于当时军职最高的马步军都虞候、天平军节度使王超则任副都部署，而殿前副都指挥使、保静军节度使王汉忠则担任都排阵使。真宗的爱将殿前都虞候、云州（今山西大同市）观察使王继忠（？—1023后）为都钤辖，太祖义弟、宿将韩重赟之子西上阁门使韩崇训为钤辖。参见《长编》，卷四十九，咸平四年七月己卯条，页1066—1067。
[2] 《长编》，卷四十九，咸平四年八月丙寅、九月庚午、己丑条，页1071—1073。
[3] 《长编》，卷四十九，咸平四年九月戊子条，页1073。关于冯拯想援引胡旦来对抗杨亿，而胡旦因轻狂而错失真宗复用他的始末，可参阅何冠环：《宋初朋党与太平兴国三年进士》，第六章《君子与小人之争》，页146—149。

朗、李继宣、秦翰等统率的宋军，在遂城附近的羊山、牟山谷合兵击破辽军。李继隆的旧部李继宣在这场大战中，战功最高。[1]据《耿延毅墓志》所载，辽圣宗和承天萧太后曾亲统大军来援，"冬十一月，军次冀北，方大雨水，乃班师"。而据《长编》及《辽史》的记载，辽军因天雨引致战场布满泥淖，以及弓弩湿坏，于是退兵，而宋军得以避开与辽主力大军决战。[2]

教李继隆欣慰的是，在同年十二月，他的幼弟、时任知镇戎军事的李继和，及他的忘年交杨亿，均先后获真宗询问防御西边，特别是防守灵州的意见。李继和的意见获得接纳，真宗命他联络六谷部首领潘罗支（？—1004），合击李继迁，又派王超、张凝及秦翰统军六万援救灵州。李继和与杨亿对防守抑或放弃灵州的意见虽有分歧，但可以肯定他们对灵州之见解有一大部分来自久历西边边事的李继隆。[3]

---

1 在这场遂城之战中，李继宣战功最高，逐敌时坐骑被射死，凡三换马，大破敌于牟山谷，更酣战不止，直至日暮才率军返回遂城。而与李继宣在此役同打后阵的秦翰，也很有可能负伤。参见《长编》，卷五十，咸平四年十一月丙子条，页1082—1083。关于这场大战之始末，可参阅王晓波：《宋辽战争考论》，《宋真宗对辽战争考：二、遂城之战》，页132—143。关于秦翰在此役之表现，可参阅何冠环：《宋初内臣名将秦翰事迹考》，载何著：《宫闱内外：宋代内臣研究》，上册，页78。
2 《长编》，卷四十九，咸平四年十月甲寅条，页1078。《辽史》，卷十四《圣宗纪五》，页170—171。向南（编）：《辽代石刻文编》，《耿延毅墓志·开泰九年》，页160，及页163注18。据该墓志所记，当辽大军班师后，宋军的"并代中山戍卒乘其疊"，盗掠辽的边民。时任辽西南面招安使的耿延毅（969—1020）就率军"伏草依岩，卷旗卧鼓，身先勇士，衔枚进击，斩贼首千余级，清境以闻"。据向南引《辽史·圣宗纪》及《长编》卷四十九的记载，辽圣宗南侵在咸平四年十月，以"泥淖班师""时积雨，敌弓用皮弦，皆缓湿"而退兵。
3 真宗在咸平元年放弃镇戎军，时任洛苑使的李继和不断上书请求重新在镇戎军筑城，以防御李继迁的攻袭。真宗在咸平中（三年至四年）终于应允，命李继和在镇戎军

三、老骥伏枥

从咸平五年（1002）正月开始，真宗君臣穷于应付西北两边的威胁。株守陈州的李继隆犹如老骥伏枥，一直等机会重获真宗信任，再效命沙场。这年二月，李继隆可说是悲喜各半，悲的是他在京师任直集贤院、主客员外郎的二妹婿范贻孙（960—1003）暴中风眩而逝。一半是李继隆的关系，一半是范家的交情，杨亿稍后即为范贻孙撰写墓志铭。[1]至于教他欣慰的事，是幼弟李继和得到真宗的赏识。李继和在镇戎军附近的天麻川，领兵大破卫狸族。陇山外的蕃族都惧而内附。他请求将泾原部署司移至镇戎军，又请于环州、庆州开路达延州，以作应援。真宗对他甚嘉奖，称"继和此奏，颇亦尽心"。但是没有接受他开路环庆的建议。[2]当李继和开始受到真宗器重时，是年三月，

（接上页）筑城，并任他为知镇戎军事，兼原州（今甘肃庆阳市镇原县）、渭州、仪州（本义州，太平兴国二年避太宗讳改，辖华亭、崇信、安化三县，熙宁五年废州并入渭州，即今甘肃平凉市）都巡检使。咸平四年十二月，张齐贤经略陕西，特别向他访询以边事。他力指灵州地位重要，不可放弃，并提出防守灵州的方法，包括联合吐蕃各部首领如潘罗支对付李继迁。至于杨亿，则主张放弃灵州，退守至环庆一线，以节省国力。参见《长编》，卷五十，咸平四年十二月乙卯、壬戌、丁卯条，闰十二月戊辰、戊寅、甲午条，页1090—1103。《宋史》，卷二百五十七《李继和传》，页8969—8973。

1 范贻孙在咸平五年二月十二日，于京师甘泉坊的私第，暴中风眩而卒，得年仅四十三。他的祖父是后周及宋初名相范质（911—964），父为太宗朝宠臣范旻（936—981）。在这年十一月，当范贻孙归葬洛阳故里时，范家请得杨亿代撰墓志铭。杨亿在墓志铭中言及范夫人乃李继隆与李太后之妹，称"夫人高邑县君，实淮阳丞相之妹。洪惟伯姊，母仪万邦，寔合先朝，居尊长乐"。杨亿自言"以某投分生平，托之铭篆"，相信既因与范家的交情，亦为李继隆之故，杨亿代写墓志铭。参见《武夷新集》，卷九《宋故主客员外郎直集贤院高平范公墓志铭并序》，叶二下至六上；卷十《李继隆墓志铭》，叶二十六上。

2 《长编》，卷五十一，咸平五年二月己卯条，页1115—1116。《宋史》，卷二百五十七《李处耘传附李继和传》，页8973。

西边重镇灵州被李继迁攻陷。李继隆深所器重的旧部、内客省使知灵州裴济（？—1002）以下殉难。[1]王超等收到报告，已来不及援救。真宗怕李继迁继续东侵，即命李继和联络愿向宋廷输诚归顺的蕃部首领，授他们以官职，用以对抗李继迁。四月，即以李继和兼任泾原仪渭驻泊铃辖，除继续执掌镇戎军部署司之戍兵外，更统领四州之兵。五月，他以筑城之功加领平州（今河北秦皇岛市卢龙县）刺史。这年八月，李继和请赏给刚到镇戎军的驻泊保捷军特支钱，真宗明知并无此规例，也特别准许。史称"上以继和勋戚之家，故为覆护焉"。这年九月，李继和又与部将史重贵在镇戎军城下击败来犯的敌军，得到真宗的嘉许。[2]李继和受到赏识，爱屋及乌，相信对李继隆后来重获真宗信任有一定的帮助。

另一个对李继隆复出有利的因素，是宋军中能胜任北边统帅者的凋零。这年五月，镇守定州的庸将王显，总算有自知之明，一再请求致仕而获准解除兵职，真宗改授他河阳三城（即孟州）节度使。因无

---

[1] 裴济是太宗晋邸旧人，在太宗朝屡立战功，先后出守镇州与定州，任定州都监与镇州铃辖，隶李继隆麾下。在太宗端拱元年（988）唐河之役，他从李继隆与辽军大战。是役他以短兵陷阵，击走辽军，立下大功，得到太宗优诏褒奖。李继隆本来不喜欢他性刚，此役后则对他另眼相看，抚其背恨相知之晚。在太宗晚年他先后出知定州、镇州及大名府。真宗继位，擢横班之首的内客省使，加顺州（今北京市顺义区）团练使，徙知灵州兼都部署，受到宋廷之器重。他殉难后，宋廷追赠他镇江军（今江苏镇江市）节度使。参见《长编》，卷五十一，咸平五年三月甲辰、癸亥条，页1118、1121。欧阳修（1007—1072）（撰），李逸安（点校）：《欧阳修全集》（北京：中华书局，2001年3月），卷三十一《少府监分司西京裴公墓志铭》，页460。《宋史》，卷三百八《裴济传》，页10143—10144。

[2] 《长编》，卷五十一，咸平五年三月甲辰、癸亥条，四月丁卯条，页1118、1121—1124；卷五十二，咸平五年七月甲午朔、八月庚午、九月甲午条，页1140、1146、1149。

人可用，真宗在是年六月将王超从永兴军召还，代王显担任定州路驻泊行营都部署。稍后再将另一员庸将、宣徽南院使周莹外调为永清军（即贝州）节度使、高阳关都部署兼三路都排阵使。[1]原定州钤辖李继宣被调任为缘边都巡检使，代替在保州战败之杨嗣和杨延朗。真宗又任他的亲信殿前都虞候王继忠为定州副都部署，内臣韩守英为钤辖。不幸的是，治军严整，好学知书的宿将殿前副都指挥使王汉忠，较早时因被真宗的藩邸旧人安守忠、郑怀德诬告他在西征时违诏无功，而被责为左屯卫上将军。他在这年七月，本来奉命出守襄州，但尚未起行，便得暴疾而卒，大概是咽不下这一口不平之气。王汉忠之死，对李继隆之复用，看来起了间接的作用。这年十月，有名的直臣、侍御史知杂事田锡（940—1003）上书为王汉忠申冤，他指出：

> 屯卫上将军王汉忠颇知儒书，甚知方略，轻财重义，临事有谋。未尝交结中官，亦不曲奉同列。昨赴京阙，似失圣恩，遽令归班，又差典郡。闻于舆论，疑其被谮。今已云亡，孰不嗟惜？臣今闻奏，贵陛下细知，虑候伯之中，有素秉忠良，不事权贵，介然公直，因致谗言。况临事有谋者求之实难，轻财重义者尤不可得。良将之体，汉忠得之，未谕此时，弃而不用。今若有似王汉忠辈，望陛下选择用之，注意求之，推诚待之，必有英杰。[2]

---

[1] 《长编》，卷五十二，咸平五年五月乙巳、戊午条，六月癸酉条，页1132、1134、1137—1138。
[2] 《长编》，卷五十二，咸平五年七月己亥条，页1141—1142；卷五十三，咸平五年七月己亥条，页1158—1160。

我们细味田锡这一番话，表面上他为王汉忠申冤，其实"有似王汉忠辈"的人已经是呼之欲出。真宗读完此奏，除非对李继隆深恶痛绝，不然当会闻鼙鼓而思良将。

这年十一月十一日，真宗举行南郊大典，除大赦天下外，文武百官均晋爵加官。李继隆亦得以加官为检校太尉，并增食邑。[1]杨亿随即致书祝贺，称李继隆"伏以太尉相公天资全德，岳降上灵。黄石一编，早契神传之妙，傅岩三命，式符帝赉之祥。爰自兰锜训兵，齐坛谋师，伏波方略，既暗合于孙吴；却谷诗书，遂率先于狐赵"。其中杨亿引用了东汉名将伏波将军马援（前14—49）之典故，显然道出李继隆老当益壮，宁可死于边野，以马革裹尸而还的心事。据杨亿后来在《李继隆墓志铭》所记，李继隆即曾对幼弟李继和说："我异日当马革裹尸，正得死所耳。"杨亿可说是李继隆的知己。[2]

---

[1] 《宋史·李继隆传》记李继隆在咸平四年加检校太师，然《李继隆墓志铭》则作检校太尉。按宋制，三公之迁转，是由太傅迁太尉，再升太师。李继隆在此之前为检校太傅，不可能径升太师。《宋史》显然错系李继隆加官年月，也将他的官位写错。杨亿曾撰《上陈州太尉相公启》二通，亦未载有任何书启称李继隆为太师，可证明李继隆曾加的官，是检校太尉而非检校太师。参见《长编》，卷五十三，咸平五年十一月壬寅条，页1162—1163。《宋史》，卷六《真宗纪一》，页118；卷二百五十七《李继隆传》，页8968。《武夷新集》，卷十《李继隆墓志铭》，叶二十三上；卷二十《上陈州太尉相公启一》《上陈州太尉相公启二》，叶六下至八上。

[2] 杨亿在这篇书启，又追述李继隆昔日的战功，称他"而凿门受律，坚壁防秋，斩级云中，克清氛祲；散金虎下，大振威名。旗常备于勋庸，屏翰益光于倚注"。对于他被投闲于陈州，则轻轻地分说是"式分右地，爰践中台。申伯藩宣，谅夹辅于周室；段干偃息，盖卧治于淮阳"。对于他今番加官，则说这是"表圣朝之尚德，见明诏以褒功。慰四海之具瞻，实九鼎之增重"。参见《武夷新集》，卷十《李继隆墓志铭》，叶二十七下至二十八上；卷二十《上陈州太尉相公启一》，叶六下。

李继隆获加官后，即以谢恩的理由，上书真宗。另外，他特别为笃信佛教的杨亿上书，请敕赐紫衣予杨亿老家建州浦城县（今福建南平市浦城县）观音禅院僧德威。真宗对这桩小事，自然允许，而教杨亿感激不已。[1]李继隆上书真宗，最终的目的是希望能再往沙场效命。四个月后，李继隆找到另一个上书的理由，事缘在咸平六年（1003）四月，因庸将王超等指挥无方，宋军在定州东北六十里之望都（今河北保定市望都县）为辽军击溃，副都部署王继忠被俘。[2]据杨亿所记，李继隆对宋军又一次惨败，"感愤载怀，明发不寐"。[3]于是他请得知交、誉满天下的大手笔杨亿代笔，一再上表，请求到京师向真宗面陈边事，并"乞自效"，请求派他出征。其第一表写得慷慨，情文并茂，充分反映在边庭多事之秋，他实在不甘老死闲郡之心事，其中"岂人言之可畏，实鬼瞰以是忧"之警句，更道中他心中之难言之痛。兹引录表文如下：

　　　　臣某言：臣闻匈奴未宾，去病以之辞第；先零尚炽，充国由
　　　是请行。臣虽至愚，常慕前烈，辄兹披露，甘俟诛夷。臣某中谢。
　　　窃以无用之臣，明君不畜；彼其之子，载籍攸讥。况臣爵为通

1　《武夷新集》，卷二十《上陈州太尉相公启二》，叶七上至八上。
2　《长编》，卷五十四，咸平六年四月丙子条，页1190；卷五十五，咸平六年六月壬酉条，页1202—1203。宋军之败乃主将王超、周莹以及桑赞指挥无方，协调各军不力所致。关于望都之战的始末及分析，可参阅王晓波：《宋辽战争考论》，《宋真宗对辽战争考：三、望都之战》，页144—153。附带一记，李继宣在此战中被指失律，在咸平六年六月，被贬为如京副使，由杨延朗代为缘边都巡检使。
3　《武夷新集》，卷十《李继隆墓志铭》，叶二十三下。

侯，任居方镇，权兼节钺，位峻台槐。厚禄万钟，空负素飧之愧；元戎十乘，莫伸汗马之劳。方今边候多虞，军书尚警，朝廷未得以高枕，帷幄颇闻于运筹。而臣世受国恩，身膺阃寄，禽息鸟视，徒自取于便安；烽举燧燔，曾不思于效用。岂人言之可畏，实鬼瞰以是忧。每念及兹，毛发俱耸。伏望尊号皇帝陛下，曲回玄造，洞鉴丹诚，许于戎旅之间，乃至重难之处，赐之驱策，俾效疲驽。焚老上之龙庭，誓歼余孽；裹伏波之马革，庶毕乃心。愤发由衷，兢惶俟命，干冒宸严。[1]

收到李继隆这篇本来应教人动容的陈情表，真宗仍然放不下他的成见，对李继隆的要求并没有积极的响应，只敷衍地、礼貌地"优诏答之"。李继隆继续请杨亿为他修表，再上书真宗。在这方面，显然杨亿既同情又支持他。在以下引录的表文中，李继隆更陈述他的家世，又自比战国名将廉颇（？—前245后），及西汉初名将樊哙（？—前189），希望能为朝廷效命：

臣某言：臣近者再贡封章，备倾忠款，忽奉优诏，未赐允俞。俯偻无从，陨越于下。臣某中谢。窃以贾生一匹夫耳，乃愿系于单于；卜式，彼何人斯？犹誓死于南越。况臣职居连帅，位冠列藩。大旆高牙，任雄节制；貂冠蝉冕，地峻公台。端居无汗马之劳，窃禄有悬炬之诮。矧惟家世，际会国朝。爰念先臣，逮

---

[1]《武夷新集》，卷十四《代陈州李相公陈情表》，叶三上至三下。

事太祖，契风云之嘉会，被雨露之殊私，乃至延赏后昆，冒荣昭代。而不能图勋竹帛，济美箕裘，但恃夤缘，仰希覆帱。负乘致寇，必自取于颠挤；怀安败名，实有孤于豢养。况今斧扆尚烦于旰昃，边陲未扫于搀枪，帷幄之臣方图于庙胜，介胄之士咸愿于身先。如臣忠烈之余，况忝崇高之位，苟贪宠禄，辄避征行，何以报累朝之恩？何以塞舆人之诵？伏望尊号皇帝陛下恕以再三之渎，鉴兹丹赤之诚，俾执干戈，以守方面。况臣齿发虽暮，亦可强饭于廉颇；胆气未衰，岂愧横行之樊哙。誓约赍而绝漠，愿喋血以鏖兵，执金鼓以长驱，殒锋镝而无恨。愤悱斯极，陈述尤烦，干冒宸严，期于得请。[1]

纵有杨亿之生花妙笔，将李继隆之至诚上陈，但真宗一时之间仍不肯接受李继隆之请求；不过，真宗对他不得不有所表示，于是在是年七月，"上奖其诚节，特诏归朝"。据杨亿所记，李继隆归朝后，真宗以"清宴延登，策虑幅臆"。李继隆则向真宗表示"伏睹车驾将巡幸河朔，陛下向来制置边备，分任将帅，悉合机要。至于戎人入寇，人民小有骚动，盖亦常事。即如太宗朝，城堡往往陷没，然终不能为害。愿专责将帅，不须銮辂亲举"，接着就自荐"公交车请行，封章迭委"。但真宗只是"优宠耆德，不欲重烦，但玺书垂褒，便坐加礼而已"。[2]李继

---

[1] 《武夷新集》，卷十四《代陈州李相公陈情第三表》，叶四上至四下。李继隆应另有第二表奏上，但今不传。
[2] 《长编》，卷五十五，咸平六年十二月乙丑条，页1219。《武夷新集》，卷十《李继隆墓志铭》，叶二十三下至二十四上。《宋史》，卷二百五十七《李继隆传》，页8968。李焘

第三章｜老将知兵：李继隆与景德之役（1004年）

隆锲而不舍，仍请杨亿代修表章，以谢罪为借词，称"忽降封泥之诏，靡加罪戾，曲示褒扬"而再一次自表是"前朝戚属之家，未尝避一时军旅之役。被坚执锐，必誓于身先；冒刃摧锋，庶求于死所"。希望能效命沙场，"少塞素餐之谤，免贻青史之羞"。[1]李继隆入朝半年后，到是年十二月十五日，真宗总算给李继隆新差事，将他迁为山南东道节度使，派往湖北襄州。但四天后（十九日），李继隆妹万安太后（即明德李后）发病。大概因此缘故，真宗准李继隆之请，在翌年（即景德元年，1004）正月将他改判到较近京师的许州（今河南许昌市）。至于李继和，则在一月前被委为并、代二州钤辖，可算是委以重任。[2]

真宗在改元景德后，即在李继隆改判许州的同月，便交上了好运。一直教宋廷寝食不安的李继迁，在西凉府被李继和建议笼络的宿敌潘罗支重创，负伤返回灵州而死。宋西边之大患得以暂时消除。[3]

（接上页）记李继隆奉诏还朝，抵京后，在是年七月二十三日入对便殿，则他归朝当在七月二十二日左右。

1 《武夷新集》，卷十四《代李相公谢降诏不允所请表》，叶五上至五下。此表撰写年月不详，惟标题不再称李继隆为"陈州相公"，笔者猜想此表当是李继隆入朝后杨亿代作。
2 据杨亿所记，李继隆所以改判许州，"实由公乃心本朝，忍违京辅。遥领岘首，式绥三楚之人；卧理壁田，且增九鼎之重"。又李继隆出判许州后，再请杨亿代他撰写一篇谢状，感谢真宗召他陪宴，称"盖念臣两日前获奉宸游，亲陪宴射，侍天颜于咫尺，厕鼎席之崇高"，又说"伏望皇帝陛下曲赐保全"。考这篇谢状未系年月，推想当系李继隆出判许州不久所写。参见《武夷新集》，卷十《李继隆墓志铭》，叶二十三下至二十四上；卷十七《代许州李相公陈乞状》，叶十四下至十五上。《宋史》，卷七《真宗纪二》，页122—123；卷二百五十七《李继隆传》，页8968。《长编》，卷五十五，咸平六年十一月癸巳、己亥、甲戌、戊寅条，页1216—1219、1221。
3 《长编》，卷五十六，景德元年正月壬子条，页1228—1229。

李继隆出判许州不久，因李太后病危，希望能见亲兄一面，故真宗再召李继隆入京。大概在是年三月初，李继隆抵京。真宗召他入宫，陪同游玩宴射。李继隆为释真宗之疑虑，两天后又请得杨亿为他上奏谢恩，谦谨地自陈是"斗筲之器素狭，犬马之齿已高，沾玉罋之余，既难胜于天浆；接公槐之列，徒负愧于朝伦"。最后更"伏望皇帝曲赐保全"。本来李太后想见亲兄一面，但为免真宗多心，李继隆只往万安宫门外拜上名笺，而始终没有进宫探视亲妹。史称他"多智能，用谦谨保身"。在这事上正可见其谨慎。是月十五日，李太后崩。对真宗来说，李太后之死，可说是最终解除他心中的最大之纠结，也很大程度上消除了他对李继隆的疑忌。[1]这里附带一谈，据1984年出土的《李昭亮神道碑铭》以及《宋史·李昭亮传》的记载，李继隆的幼子李昭亮自幼便许出入禁中。到李太后发病，他以李太后兄子的身份，获准入万安宫侍候。他甚得李太后和真宗喜爱。李继隆后来能重获真宗信任，可能也沾了儿子一点光。[2]

1　《长编》，卷五十六，景德元年三月己亥条，页1232。《宋史》，卷二百五十七《李继隆传》，页8968—8969。《武夷新集》，卷十《李继隆墓志铭》，叶二十四上；卷十七《代许州李相公乞状》，叶十四下至十五上。
2　《宋史》，卷四百六十四《外戚传中·李昭亮传》，页13564。《长编》，卷五十九，景德二年正月癸未条，页1316；卷一百二十，景祐四年五月壬寅朔条，页2831；卷二百一，治平元年闰五月己丑条，页4884。《武夷新集》，卷十《李继隆墓志铭》，叶二十五上至二十五下。苏健：《宋中书令李昭亮神道碑调查》，《洛阳大学学报》，第9卷第3期（1994年9月），页51。李继隆有三子，长曰昭吉，次曰昭文，都早逝，在咸平末年到景德元年，代父入侍明德李太后的只有幼子昭亮。李昭亮甚得李太后及真宗钟爱，曾赏以金器。附带一谈，整理李昭亮神道碑的苏健氏，将撰写李昭亮神道碑的翰林学士权知开封府的冯氏官员（冯字后缺一字）作冯"元"，而失考曾为仁宗东宫旧臣的翰林侍读学士兼龙图阁学士冯元（？—1037），早于景祐四年（1037）五月已病逝。在嘉祐

这年四月，继亲妹之丧，李继隆之二弟洛苑使、顺州（今北京市顺义区）刺史李继恂亦逝世。[1]不过，这连串之打击，并没有令李继隆意志消沉。他仍在等候复出沙场报国的机会。

是年七月，首相李沆病逝。真宗先擢升他的藩府旧臣翰林侍读学士毕士安为参政。八月，再擢升毕为首相，同时拜三司使寇准为次相。[2]宋廷中枢这番变动，尤其是果敢刚毅的寇准拜相，大大提高了李继隆复出沙场的机会。

四、功名令终

景德元年闰九月二十二日，因李太后下葬安肃门外旌孝乡之沙台，李继隆得以再入朝参加葬礼。[3]在这时候，辽军已在萧太后及辽圣宗统领下，大举入寇。就在李太后下葬同日，辽军已向在定州的宋主

（接上页）八年前后任翰林学士权知开封府的，其实是大大有名的皇祐元年（1049）状元冯京（1021—1094）。又关于《李昭亮神道碑》的情况，可参阅本书第五章第277页注1。

1 《武夷新集》，卷十《李继隆墓志铭》，叶二十五下。《宋会要辑稿》，第三册，《礼四十一之三十八·辍朝》，页1657。

2 《长编》，卷五十六，景德元年六月丙戌条，页1243—1245；卷五十七，页1251—1252。毕士安与寇准拜相的同时，知枢密院事王继英迁枢密使，而原同知枢密院事的冯拯和陈尧叟则改枢密副使。

3 李太后在三月逝世后一直在殡，甚至久缺食荐。到景德元年七月初一，真宗大概也觉得不妥，就派内臣昭宣使李神福（947—1010）等分别到太庙和后庙，准备牙盘食荐享。李太后一直未下葬，是因陵寝未修好。另外，真宗命杨亿为李太后撰挽歌十首。以杨亿与李家的关系，可说是公私皆宜。参见《长编》，卷五十六，景德元年六月壬午条，页1242；卷五十七，页1265。《宋史》，卷七《真宗纪二》，页125；卷二百五十七《李继隆传》，页8968。《武夷新集》，卷五《明德皇太后挽歌词五首·奉敕撰》，《又五首·奉敕撰》，叶十五上至十六下；卷十《李继隆墓志铭》，叶二十四上。

力大军发动攻击,宋将王超列阵于唐河,但以奉真宗之诏而不出战。在开封主持大局的寇准力主真宗亲征,他在同月二十四日,先将主张迁都金陵(今江苏南京市)的参政王钦若出判天雄军府兼都部署,免得他在真宗面前乱说话,到第二天(二十五),再调整前方将领的职务。[1]同年十月初四,大概是寇准的主意,久守雄州,熟悉敌情的宿将、引进使英州(今广东清远市英德市)团练使何承矩调知真宗将会驾临的澶州。[2]

当真宗君臣决定亲征后,仍留在京师的李继隆即恳求真宗许他从征,迎击辽军。据杨亿所记,当李继隆"恳求扈从,以扞牧圉"时,真宗"亦倾心委赖,动静咨访"。李继隆于是"忠诚感发,规猷宏远。公家之事,知无不为;帷幄之筹,言皆可复"。[3]杨亿的话容有溢美;不过,大敌当前,真宗抛开过去的成见,而转过来欣赏李继隆的忠诚,也是很合理的。另一方面,深得寇准信任的杨亿,相信这时曾为李继隆进

---

[1] 《长编》,卷五十七,景德元年闰九月乙酉条,页1265—1269。这次宋军前方将领的职务调动,包括原天雄军都部署周莹任为驾前东面贝冀路都部署,外戚、颍州(今安徽阜阳市)防御使杜彦钧(?—1007)副之,供备库使綦政敏(?—1004后)为铃辖。马军都指挥使葛霸为驾前西面邢洺路都部署,步军都虞候王隐副之,西上阁门使孙全照为铃辖。稍后又令孙全照兼天雄军及贝、冀等州铃辖。

[2] 原知澶州的张秉(961—1016)是寇准的同年,他在是年十月上奏,表示已调集丁壮,修葺州城。真宗却认为"戎寇在境,而内地遽有完葺,恐摇人心",而立即命他停工。接着将他徙知滑州(今河南安阳市滑县),而改由何承矩代知澶州。参见《长编》,卷五十八,景德元年十月癸未条,页1273—1274。

[3] 宋廷在景德元年十月八日,祔李太后的神主于太庙,是时李继隆自然留在京师参加此大典。参见《武夷新集》,卷十《李继隆墓志铭》,叶二十四上;《长编》,卷五十八,景德元年十月戊子条,页1275。

言。[1]当然最重要的是，这时宋廷有分量、曾与辽军交战的宿将实在寥寥。谋国以忠的寇准，自然乐意起用这时随侍在朝的李继隆。[2]

是年十一月十八日，真宗终于重新委李继隆以军国重任。真宗任李继隆为驾前东面排阵使，并以他的旧部、马军都指挥使葛霸为副，另以西上阁门使孙全照（952—1011）为都钤辖，南作坊使张旻（即张耆，974—1048）为钤辖。刚在不久前加同平章事，被李沆评为"因缘戚里，无攻战之劳"的武宁军（即徐州，今江苏徐州市）节度使石保吉，则被任为驾前西面排阵使，而以步军都虞候王隐（?—1009）为副，另入内副都知秦翰为钤辖。李继隆是年五十五，算得上是老当益壮。[3]

李继隆复出统军之日，北边的宋军士气甚高，战绩辉煌，首先是瀛州守将、西京左藏库使李延渥（?—1017），在十月初六，率领瀛州军民大败由萧太后亲自督战之攻城辽军。瀛州是辽军这次进攻的主要目标，宋军却能坚守，大挫辽军之士气。然后是骁将张凝及田敏在

---

[1] 杨亿的诗集曾收有一首题为《旧将》的七言律诗，撰写日期不详，笔者怀疑杨亿是为李继隆不获重用而诉不平的，诗云："平生苦战忆山西，抚剑临风气吐霓。戟户当衢容驷马，氇奴绕帐列生犀。新丰酒满清商咽，武库兵销太白低。髀肉渐生衣带缓，早朝空听汝南鸡。"寇准与杨亿既是酒中知己，也是诗文好友，杨亿很有可能借诗以寄意，为李继隆这位"山西旧将"说话。参见傅璇琮（1933—2016）等（编）：《全宋诗》，册三（北京：北京大学出版社，1991年8月），卷一百二十《杨亿六·旧将》，页1402。
[2] 例如宿将、镇州路副部署、深州团练使杨嗣，在景德元年七月，便以年老（时年七十一），不能肃军政之故，徙为边防第二线之赵州驻泊部署。参见《长编》，卷五十六，景德元年七月己亥条，页1247。
[3] 《长编》，卷五十七，景德元年八月乙亥条，页1253；卷五十八，景德元年十一月戊辰条，页1282。

同月二十五日，分别以偏师抵宋境最前沿之易州南，奇袭辽军得胜。另外，骁将李继宣也在主将桑赞不能视事下，代统大军而坚守镇州。[1]

真宗在十一月二十日自京师出发前，李继隆已率军先行，进驻澶州。亲弟李继和亦如过去一样，跟随兄长出征。而李继隆的知交杨亿，亦有份从征。[2]李继隆指挥本部于澶州北城外列阵，他据与辽多年交战的经验，并考虑澶州不足防守的弱点，设计了一套在城外设防之独特防御工事。他这套车营防御战术，仁宗时曾公亮（999—1078）所编的《武经总要》有扼要的描述：

> 景德初，契丹寇河朔。车驾亲征，大将李继隆为驾前排阵使赴澶州，陈兵城北。澶渊城壁不足守，无敌栅战格之具。继隆

---

[1] 李延渥为太祖朝步军都指挥使李进卿（915—973）子。在这次瀛州攻防战中，辽军攻势猛烈，战后宋廷命新调任高阳关铃辖的李继宣疏浚高阳壕，竟得辽军所遗箭矢达四十万支。同年十一月初一，宋廷重赏瀛州有功守臣，自李延渥以下均受到重赏。李特迁为本州团练使。景德二年正月，宋廷再擢升有功的瀛州通判阮正凯（？—1005后）为屯田员外郎，瀛州兵马监押史普（？—1005后）为尚食副使，河间县令睦昭矩（？—1005后）为右赞善大夫，司理参军李义方（？—1005后）为大理寺丞。又李继宣在景德元年初复为如京使，充镇州铃辖。当辽军在是年秋入寇时，镇州主将桑赞足疾发作不能指挥，而由副将郑诚率部赴定州，镇州的大军就由李继宣统领。参见《长编》，卷五十八，景德元年十月丁酉、乙巳、己酉条，十一月辛亥朔条，页1277—1280；卷五十九，景德二年正月丁巳条，页1310。《宋史》，卷三百八《李继宣传》，页10147。关于景德元年之瀛州之战，可参阅汪圣铎、胡坤（1980—）：《宋辽瀛州之战与澶渊之盟》，载《澶渊之盟新论》，页37—48。该文除了对此役有很细密的分析外，也提到史普的作用。

[2] 考李继和在景德元年十二月宋辽订盟后，即被派率兵监视辽军出境，很有可能他亦从征澶州。又杨亿一直随侍寇准，据载寇准在澶州，每晚都与杨亿痛饮，讴歌谐谑，喧哗达旦。参见《宋史》，卷二百五十七《李继隆传》，页8968。《长编》，卷五十八，景德元年十二月戊子、戊戌条，页1294、1298。

计度州之三面，距大河，毁车为营（去车之一轮也）。先命士卒，掘重濠，堑埋鹿角数十里（命谓便寨），以大车数千乘重叠环之，步骑处其中。戎马数万来犯，急攻其营。御之，遁去。[1]

李继隆这套车营战术，到南宋时仍为宋人所津津乐道。宋理宗（1205—1264，1224—1264在位）时人林駉（？—1232）所编之《古今源流至论续集》卷二《论车战条》，便再一次转述上文《武经总要》所记李继隆之车营战术。[2]

真宗为表示对李继隆的信任，特别委任其幼子李昭亮，担任行在与澶州大军的联络人。据《宋史·李昭亮传》和《李昭亮神道碑》所载，真宗命李昭亮持诏到李军中，询问其父御敌之方略，以及澶州宋军营阵的状况，和敌我众寡的形势。史称"昭亮年虽少，还奏称旨"，真宗对李继隆父子之工作显然表示满意。[3]

---

[1] 曾公亮：《武经总要·后集》（北京：解放军出版社，据明金陵书林唐富春刻本影印，1988年8月），卷十四《用车》，叶十八上至十八下。
[2] 林駉关于李继隆车营的记载，基本上转述《武经总要》的记载。李继隆这个车营，台湾的宋代军事史家李天鸣教授亦在其有关论著中介绍过；不过，他所引用之史料较林駉更为晚出，所引的是王应麟（1223—1296）所编之《玉海》卷一百四十六《兵制》。参见林駉：《古今源流至论续集》，文渊阁《四库全书》本，卷二，叶十六上；李天鸣：《宋元的弩炮与弩炮部队》，载宋史座谈会（主编）：《宋史研究集》，第三十三辑（台北：兰台出版社，2003年8月），页516。
[3] 据《李昭亮神道碑》所记，李昭亮自父军中返行在，因向真宗"还奏合旨"，真宗即"奇之，曰：此儿异日属重任"。这里当然有溢美李昭亮之用意，不过，也见到真宗对李继隆父子的信任。《隆平集》与《东都事略》之李昭亮传所记，与《宋史》大略相同。参见《宋中书令李昭亮神道碑调查》，页51；《宋史》，卷四百六十四《外戚传中·李昭亮传》，页13563；《隆平集校证》，卷九《李处耘传附李昭亮传》，页276；《东

真宗在十一月二十日抵韦城县（今河南安阳市滑县东南），同日辽军进攻大名府，赖守将孙全照扼守，得以不失；却以王钦若无谋，中辽军伏兵计，而损折精兵甚多。辽兵攻大名府不克，改攻取附近之德清军（今河南濮阳市清丰县）。真宗在韦城，因见王超在定州的大军迟迟未赴行在，一时胆怯，又想掉头南走。幸而在寇准和扈从的老将、殿前都指挥使高琼的极力劝阻下，真宗才打消南返的意图。同月二十四日晨，真宗离开韦城，向澶州进发。就在同一天，辽主力大军抵澶州之北，直扑李继隆军所布的大阵，三面合围，辽军的轻骑则从西北隅突进。李继隆不愧老将知兵，面对来势汹汹的辽军，他从容不迫地应付。他并不轻率地出战，只命令宋军控扼要害，分别伏下劲弩，等待有利战机。[1]

宋军的运气不差，辽军先锋大将萧挞览（？—1004）在十一月二十四日，率亲兵数百人出阵督战，却被李继隆麾下，把守北寨西偏之内臣高品周文质（？—1026后），从辽营返回的使臣张皓（？—1008后）处侦知其行踪。周文质马上禀报驾前西面排阵钤辖并管勾大阵的内臣秦翰及李继隆。二人得到周之报告后，即下令预为准备。周麾下之威虎军头张环（？—1004后）预伏床子弩，当萧挞览出寨，即向萧发射弩矢而命中其额。虽然萧被部下抢回大寨，但当晚即伤重而死，大挫辽军的锐气。辽军只能不时派轻骑骚扰、窥伺宋军，而没有发动大规模的攻击。[2]

（接上页）都事略》，卷二十《李昭亮传》，叶四下（页354）。
1 《长编》，卷五十八，景德元年十二月壬申、甲戌、丙子、戊寅条，页1283—1287。
2 据《隆平集》及《东都事略》的记载，李继隆与石保吉曾大破来犯的数十万辽同月二十六日，真宗大军从卫南起行，李继隆派人报捷。不过，李并未因射杀萧挞览而轻敌。他明白辽军并未因丧一大将而溃败。澶州敌骑充斥，真宗未经战阵，若遽然率亲军登上最前线的澶州北城，难保不兵凶战危，发生意外。于是他上言称澶州北城门巷湫隘，请真宗

（接上页）军，又称萧挞览中箭后，宋军追奔数十里。此说恐怕是宋人夸大吹嘘，并非事实。《宋史·李继隆传》的编者已将来犯的辽军的数目从"数十万"修正为数万，也将追击"数十里"的说法修正为数里，可见《宋史》的编者也不相信宋军这次"辉煌"的战功。值得一提的是，欧阳修所撰的一则墓志铭，不但没有说宋军战胜，反而记李继隆其实曾为辽军所败："父从古，庄宅副使。景德中，以殿直从李继隆军击契丹，继隆战败，从古入见，陈继隆所以败之状，其言甚辩，称旨。"这则ж说，不见于他书，亦未为《长编》所采用。笔者疑萧挞览中箭时，李继隆部乘势出击，却被辽军所败，萧也被救回。张从古（959—1007）向真宗禀告的，可能就是萧的死讯和李之兵败。大概宋人报喜不报忧，就将追击辽军失利的事讳而不言。关于萧挞览中箭之始末与宋辽两军其后之行动，以及张皓的情报究竟来自何处，可参阅王晓波和孟宪玉的研究。据孟宪玉的看法，很有可能是被俘而降辽的真宗心腹王继忠，秘密向张皓透露萧挞览的行踪，让宋军射杀萧，以报家仇国恨。此说虽无有力的佐证，但也不无可能。另王晓波参照《辽史》等书之记载，对此次宋辽交锋的情况有所考异。例如《辽史》将萧中箭系于十一月二十二（壬申）。附带一谈，多年后廷臣尹洙（1001—1047）论及备御辽时，评说"朝廷命李继隆、康保裔、傅潜、王继忠、王超辈为上将以御之，未尝有尺寸之功，均相继败北"，把在真宗朝前期并未参与对辽作战的李继隆，也放在康保裔等败将之列，似乎有误记。另外，尹洙也将射杀萧挞览的周文质等人视为石保吉的部将。大概是秦翰原属石保吉麾下，而周文质等又是秦翰部下，故尹洙有此说法。据群书所记，周文质收到萧挞览行踪的情报后，马上向秦翰和李继隆请示，他有否同时报告石保吉不详。参见《长编》，卷五十八，景德元年十二月甲戌条，页1286；卷五十九，景德二年正月甲戌条，页1313—1314。《隆平集校证》，卷九《李处耘传附李继隆传》，页276。《东都事略》，卷二十《李继隆传》，叶三下（页352）。《宋史》，卷二百五十七《李继隆传》，页8968。《辽史》，卷十四《圣宗纪五》，页174—175。《欧阳修全集》，卷三十六《广平郡太君张氏墓志铭》，页535。《全宋文》，第二十七册，卷五八三《尹洙三》《备北狄议》，页301—302。王晓波：《宋辽战争论考》，《宋真宗对辽战争考：四、澶渊之战》，页154—181。孟宪玉：《萧挞览之死深探》，《乐山师范学院学报》，第19卷第9期（2004年9月），页90—92。何冠环：《宋初内臣名将秦翰事迹考》，页81—83。

暂驻跸于南城。[1]当天真宗抵达澶州南城，本来要依照李继隆的意见停在南城。但寇准认为真宗不渡河到敌前的北城，无以鼓舞宋军士气。在殿帅高琼的支持下，寇准终于成功令真宗渡河，登上北城门楼。一如所料，宋军士气大振。真宗随后巡视宋军营壁，并召见李继隆以下诸将，据载真宗"见所部整肃，叹赏久之"，而慰劳众将一番。[2]

宋辽双方在往后的日子里展开和谈。十二月初四，真宗又到澶州北城巡视李继隆之营寨，因宋辽双方已停战，真宗心情轻松，即与李继隆等将校从官畅饮，又赏赐诸军。真宗又派人宣示州郡，不日会班师回朝。[3]在降辽的真宗爱将王继忠牵线下，宋辽双方终于在十二月初七达成和议，即有名的"澶渊之盟"。辽军愿意讲和息兵，主要的原因是辽方清楚知道无法在短时间内在澶州击败宋军，倘继续对峙下去，对辽军反而不利。既然宋方愿接受辽的条件，于是萧太后母子见好就收，订盟而回。宋辽双方面都自觉是胜利的一方，而得以有体面地退兵班师。

---

[1] 《长编》，卷五十八，景德元年十二月甲戌条，页1286。《宋会要辑稿》，第十四册，《兵七之十三·亲征》，页8740—8741。又方良认为李继隆抗战的勇气并不比力主真宗往北城督战的寇准及高琼差。他认为李继隆请真宗在阵后督战，以免真宗因处于前沿突出位置而有不测的做法并没有错。另外，笔者以为若209页注2所引欧阳修所撰之《广平郡太君张氏墓志铭》所言不假，则李继隆更会因曾被辽军击败而小心谨慎，不愿真宗冒险。参见方良：《宋真宗和辽国策平议》，载《苏州铁道师范学院学报》（社会科学版），第17卷第11期（2000年3月），页97。

[2] 《长编》，卷五十八，景德元年十二月丙子条，页1287。《宋史》，卷二百五十七《李继隆传》，页8968。《隆平集校证》，卷九《李处耘传附李继隆传》，页276。《东都事略》，卷二十《李继隆传》，叶三下（页352）。

[3] 《长编》，卷五十八，景德元年十二月癸未条，页1290。《宋史》，卷七《真宗纪二》，页126。

真宗在班师回朝之前，在十二月初九，再往澶州北寨劳军，两个资历最深的外戚兼御前军排阵使李继隆和石保吉，以及另一驸马定国军节度使魏咸信以下诸将，都被召往行宫后苑的西亭参加庆功的宴射。真宗连射中的，群臣奉觞称贺。李继隆等也相继射中的，真宗心情大好之余，即赐众将袭衣、金带、银鞍、勒马，并带头举酒庆贺。李继隆与众将把弓拉满，然后代表众将向真宗再拜谢恩。李继隆不愧老于世故，在真宗兴致甚高的时刻，大大恭维真宗一番，总之将什么功劳都归于主子，以满足真宗的自尊。本来下令禁军出北城结车营防御，是李继隆的主意，但他也说成是真宗的决定。至于缔订盟约，就说是真宗对辽之宽大："契丹无名犯塞，此盖将帅非才，致劳陛下亲驾戎辂，冒犯雪霜。当戎寇之深入也，群议皆务城守。若非决于宸断，尽出禁卫骁卒陈于北郊，授以成算，则前日敌众侵突，必不能戮彼渠魁，遏其壮势。又戎寇之退走也，若会诸将袭逐，必立奇功。陛下复念其请盟，许其修好，安民息战，示以好生，不令邀击，开其归路。臣等无以展尺寸之效。"当真宗说辽人"畏威服义，息战安民"，"亦卿等之力"时，石保吉亦知情识趣地与李继隆统一口径，将一切荣耀归于主上。

另外，石保吉也对李继隆吹捧一番："臣受命御寇，虽上禀宸略，至于戎人侵突之际，分布行阵，指挥方略，皆出于继隆。"从事实而论，石保吉倒没有夸大李继隆之功劳，在澶州的宋军，从调动、布阵与攻守，都由李继隆发号施令。石保吉虽然与李继隆都是驾前排阵使，权位一样，但石有自知之明，凡事都听李继隆的指挥，故他对真宗承认指挥之功应属李。投桃报李，通晓人情的李继隆连忙称许石保吉一番，说："契丹之败，并出圣谋。然宣力用心，躬率将士，臣不及保吉。"

二人你吹我捧，令真宗开怀大乐不已，即表示"将帅如此协和，共图勋绩，军旅之事，朕复何忧"。这时，在旁的魏咸信又插科打诨，走出席间，向真宗说他在这次大征战中材谋不得任用，实在有愧。真宗给逗得乐了，与李继隆等尽欢而散。[1]

盟约订立后，宋廷开始善后工作，首先是派遣军队往边境监视出境的辽军。真宗派曹彬长子、高阳关副部署曹璨率所部取贝冀路赴

---

[1] 关于真宗在行在宴射经过，李宗谔所撰的《石保吉神道碑铭》记真宗"锡宴于州之行宫，赐射于宫之后巷"，真宗连射均中，而石保吉及"襄帅"［按：即李继隆，因李官山南东道（襄州）节度使之故］相继中的。至于石保吉那番老练面面俱到的陈词，碑文所记的文词与《长编》所记的略有出入，不过称扬真宗及李继隆就与《长编》所记一致。碑文记石保吉"慷慨自陈曰：臣无鹰犬之材，蒙被驱策，仰资庙胜，获睹谧宁。诚赖继隆，共中口海，逃旷败以期幸，愧勠劳而蔑闻。"又记李继隆"复顿首恳言：（按：缺六字）石某之下"。石保吉这番文绉绉的陈词，大概是翰林学士李宗谔的大手笔润饰而成，《长编》相信据之改写。值得注意的是，王珪所撰的《高琼神道碑铭》，对此宴会的描述却有一异说，称李继隆、石保吉与魏咸信在这次庆功宴会上，以酒酣争功。高琼因此教训三人，说"天子神武，一举而折敌，公等何功之与也"。于是李继隆等愧甚，不再争功。笔者以为按李继隆平日之谨慎性情，似乎不会在真宗前与众将争功，而据夏竦所撰的《魏咸信墓志铭》记载，魏咸信只是"扈从星际，以及凯入"。如果魏咸信真有什么可以吹嘘的功劳，夏竦一定会大书特书一番，可知魏咸信在此役实无寸功，故也不应争什么。六年后，即大中祥符三年（1010），大臣孙奭（962—1033）即指当时守澶州的魏咸信，实在没有本事在辽军再入寇时能坚持河桥。可见在宋臣眼中，魏咸信才具平庸，谈实上不上有何功绩。另石保吉也一样没本事与李争功。王珪此说只能存疑。参见《长编》，卷五十九，景德元年十二月戊子条，页1291—1294；卷七十四，大中祥符三年十二月癸酉条，页1701。《宋会要辑稿》，第三册，《礼四十五之二十三·杂宴·习射宴》，页1738。《全宋文》，第十册，卷一九九《李宗谔二》《大宋故推忠保节同德守正翊戴功臣镇安军节口陈州管内观察口口口使开府仪同三司检校太师同中书门下平章事使持节陈州诸军事行口口刺史兼管内劝农使上柱国驸马都尉西平郡开国公食邑一万三千九百户石保吉神道碑·大中祥符三年四月》，页71—72。王珪：《华阳集》，文渊阁《四库全书》本，卷四十九《烈武高卫王神道碑铭》，叶六上。《文庄集》，卷二十九《魏咸信墓志铭》，叶七上至八下。

瀛州，而以保州路部署、宁州防御使张凝为缘边巡检安抚使，而李继隆弟继和则以洛苑使领平州刺史之衔任张凝的副手，并任并代钤辖。是月十一日，李继隆奏上麾下有功将士之功绩，其中龙卫指挥使刘普（？—1004后）曾领兵夺取辽兵车牛牲口万余。翌日（十二），王超所部步骑万人抵澶州，真宗即命拨归李继隆与石保吉统领。[1]

是月十四日，真宗大宴文武大臣于行宫，留守京师的首相毕士安也来赴宴。翌日（十五）真宗离澶州，十九日返抵京师。而李继隆则奉命统领精骑万人，继续留守澶州。景德二年（1005）正月，真宗开始封赏有功文武臣僚，李继隆也在是月初被召还朝。李抵京日，真宗临轩延见，以殊礼接待这位有大功的国戚，"置酒高会，宴劳加等"，教李继隆一吐投闲几十年之郁气。是月十七日，李继隆、石保吉、葛霸与王隐，皆以澶州之功，并加封邑。而咸被认为功劳最大的李继隆除增食邑千户外，特加开府仪同三司的阶官。[2]

---

[1] 《长编》，卷五十八，景德元年十二月戊子条，页1294。

[2] 《长编》，卷五十八，景德元年十二月癸巳、甲午、戊戌各条，页1295—1297；卷五十九，景德二年正月丙寅条，页1312—1314。《武夷新集》，卷十《李继隆墓志铭》，叶十四下，二十四下。考同月十九日，镇、定、高阳关三路统帅王超以无功而被贬为崇信军节度使，并解除军职。真宗对于他的处置已十分宽大。另同月二十五日，李继隆部将、内臣周文质亦以当日射杀萧挞览之功，擢殿头高品。对于宋廷对李继隆及周文质的赏功，宋人有以为赏薄的，例如在徽宗（1082—1135，1100—1126在位）朝的许翰（1055或1056—1133），即认为"自是强虏请盟，至今不复窥边。然而师还赏功，如大帅李继隆等，不过进阶次，加food邑；虽周文质身督所部，射挞览而殪之，首帅既亡，虏众遂溃，然亦不过小迁其秩而已"。另在高宗（1107—1187，1127—1162在位）建炎二年（1128）八月二十二日，名臣胡铨（1102—1180）在其登进士甲科第五名的策问中，也提出"方澶渊之役，李继隆有疾战破敌之功，但加开府阶尔。臣尝怪真宗何赏如是之薄也，其深意以谓既杀敌将而不能破其众，此将之可责也"。此外名臣徽猷阁待制胡

李继隆在朝中享受盛宴之际，却忽然发现染上痈肿这不治之症，真宗在是月二十四日亲自到李宅探视，并加派良医及内臣，络绎不绝到李宅医治及探视。但药石无灵，延至是年二月初五，李继隆卒于京师，终年五十六岁。他过去上奏之表文中曾多次引用的"马革裹尸"一语，似乎一语成谶。当他自知不起时，为交托后事，他"力疾封章，忍死以待"，请真宗准许时任并代钤辖的亲弟李继和回京，真宗自然允准。李继和总算赶及从太原回来，见到乃兄最后一面，听到他临终的遗言。据杨亿所记，李继隆兄弟二人"相见甚欢，谈笑移晷，方寸不乱。比更衣而就舍，即瞑目以归全"。在杨亿笔下，他这位忘年之交到死仍神智不衰。对于这位刚立大功，却忽染恶疾而死的国戚，真宗认为当是李在太宗晚年西征时多所杀戮的果报。真宗这番评论虽然有点不够厚道，但对李之恤典仍然甚厚，除亲临"哭之恸"外，又追赠李继隆中书令，谥"忠武"，并诏废朝五日，特为制服发哀，令群臣去吊祭。李的丧事特委入内内侍副都知张景宗（？—1022后）监护，又命殿头高品石廷福（？—1013后）召京师两街名僧二十一人往其第，作佛事

（接上页）安国（1074—1138）与其子起居郎胡寅（1098—1156）也在绍兴五年（1135）二月丁酉（二十三）上书论时事时，也认为"李继隆澶渊奇绩，止进一阶"。参见赵汝愚（1140—1196）（编），北京大学中国中古史研究中心（校点整理）：《宋朝诸臣奏议》（上海：上海古籍出版社，1999年12月），卷九十七《许翰·上徽宗论西师赏功之滥》，页1051。许翰（撰），刘云军（点校）：《许翰集》（保定：河北大学出版社，2014年7月），《襄陵文集》，卷五《赏战士疏》，页82—83（按：文渊阁《四库全书》本的许翰《襄陵文集》所收此奏即录自《宋朝诸臣奏议》，刘云军的点校本因之）。《宋史》，卷二十五《高宗纪二》，页457；卷三百七十四《胡铨传》，页11579—11580。胡铨：《澹庵文集》，文渊阁《四库全书》本，卷一《御试策一道》，叶二十一上。《建炎以来系年要录》，第四册，卷八十五，绍兴五年二月丁酉条，页1445。

四十九日。到李继隆灵柩发引之日，令有司具卤簿鼓吹，命大鸿胪持节护丧，并令是年十二月二十六日，护送其灵柩归葬于河南府河南县偏桥村之先茔，葬于其父李处耘墓侧。而以其元配、已死的弘农郡夫人杨氏祔葬。至于其子李昭亮，即以恩典自供奉官超迁洛苑副使，从子昭度（？—1048后）、昭逊，都以恩典授官为内殿崇班，又录其门下二十余人为官。当然，最重要的是，由李之平生知己杨亿在是年十二月撰写的神道碑铭，完全肯定了他的丰功伟绩。[1]

李继隆在景德之役的功勋，在十八年后再得到进一步的肯定。乾兴元年（1022）十一月，继位不久的仁宗要决定哪几位文武大臣配享真宗庙庭时，李继隆就凭着澶州统军御敌之功，得以与李沆和王旦一同入选。是年十一月二日，翰林学士承旨李维（961—1031，李沆弟）奏上他们的建议而获准，赞词云：

---

[1] 因李昭亮之故，李继隆最后的赠官，是赠太师尚书令兼中书令。又李继和本来和子侄一样，可以凭其兄之恩典升官，但他"耻以遗奏得官"，不肯接受升官之安排。另宋仁宗在皇祐三年（1051）九月，加赐李继隆的神道碑额曰"显功"。又关于"忠武"谥号之涵义，宋廷在宋度宗（1240—1274，1264—1274在位）咸淳六年（1270）正月，以及在咸淳五年（1269）十二月病卒的大将吕文德（？—1269）赐谥"武忠"，曾有一番解说，称"武者，谓御侮以遏冲；忠者，谓忘家而虑国，合是二美，贵于九原"。宋廷又援引先例，指"李继隆之北伐有功，始膺显号；韩世忠之中兴佐命，乃副徽称"。参见《长编》，卷五十九，景德二年正月癸未条，页1315—1316；卷一百七十一，皇祐三年九月己酉条，页4108。《宋会要辑稿》，第五册，《崇儒六之九·御书》，页2866。《宋史》，卷七《真宗纪二》，页127；卷四十六《度宗纪》，页904；卷二百五十七《李继隆传、李继和传》，页8969、8974。《武夷新集》，卷十《李继隆墓志铭》，叶十四下，二十四下至二十六上。《宋中书令李昭亮神道碑调查》，页51。佚名（撰），燕永成（整理）：《咸淳遗事》，收入戴建国（主编）：《全宋笔记》，第八编第六册（郑州：大象出版社，2017年7月），卷下，页341—344。

> 李继隆，旧勋之门，克嗣前烈，沉毅有勇，倜傥好谋。从幸澶渊，实总兵要。奋威却敌，厥功茂焉，并宜列大室之庭，预大烝之享，冀昭盛烈，允协旧章。伏请并配真宗皇帝庙庭。[1]

李继隆得以膺选，盖因资望功勋与他相当，而在真宗朝功名令终的武臣实在不多，比他略胜一筹的曹彬早已获配享太祖庙庭，而在朝臣中享有盛誉的知枢密院事马知节，虽然后来被朱熹（1130—1200）选为宋初五朝名臣，但在仁宗初年，他在宋室君臣眼中，论资望、战功实在逊于李继隆。[2]至于其他武臣如王显、王继英等就比马知节更不够资格。是故李继隆就凭在景德之役所建之新功，加上在太祖与太宗朝的旧勋，即能获配享真宗庙庭之殊荣。事实上，澶渊之役，关乎宋廷的兴衰存亡，李继隆统率澶州御前大军，虽没有重创敌军，但他能力保澶州不失，且射杀辽军大将，而最终令辽军在占不到优势下，与宋廷议和。宋廷说他"奋威却敌，厥功茂焉"的评价，也算得上是实事求是的。李继隆父李处耘，虽然功劳卓著，但因贬死淄州而无法配享太祖庙庭。李继隆能够获此殊荣，也算是为亡父争一口气。

李继隆最后获得的恩典，是在他身后四十六年，在皇祐三年（1051）九月初五，获得仁宗赐神道碑额曰"显功"。那大概是因儿子李昭亮所求而得的。[3]

---

[1]《宋会要辑稿》，第二册，《礼十一之二·配享功臣》，页696。
[2] 关于马知节的生平事功，可参阅何冠环：《论宋初功臣子弟马知节（955—1019）》，载何著：《北宋武将研究》，页137—202。
[3]《长编》，卷一百七十一，皇祐三年九月癸丑条，页4108。

五、结论

李继隆生平知己杨亿在其墓志铭中,对他在景德之役的表现,以文学语言有一番失诸浮泛的陈述。杨亿说:

> 及先驱御侮,受命忘家;临敌誓师,人百其勇。胡骑奄至,不介马而径驰;我武既扬,须破虏而会食。大歼丑类,克振天声。保界洪河,申严戎政。轻裘缓带,奉迎乘舆,酾酒椎牛,宴犒卫士。上天眷命,北虏请和。边尘载清,帝车来复。[1]

我们要评论李继隆的功绩与作用,首先宜查考宋军在景德之役所处之形势。宋辽双方在景德之役的多个战场上其实互有胜负:辽军在瀛州攻城失利,应是整个战役中最大的挫败。宋军虽能固守定州与大名府,但伤亡颇大。辽军虽攻破了德清军与通利军(今河南鹤壁市浚县东北),但其他较强的宋军据点却无法夺得。景德元年十一月初,宋辽两军在势均力敌之下,一场大决战有在澶州展开之势。诚如柳立言的分析,宋辽双方均以国主御驾亲征,已有进无退,然而双方都有弱点与隐忧。论者说寇准在此役中孤注一掷,其实辽方何尝不是博取侥幸?辽军绕过宋大军所在的大名府与定、镇两州,直攻黄河边上的澶州。笔者以为辽军其实企图吓走尚在途中的真宗,而没有后唐庄宗(885—926,923—926在位)奇袭杨流渡口,直攻开封的远略。[2]只要

---

1 《武夷新集》,卷十《李继隆墓志铭》,叶二十四上至二十四下。
2 参见柳立言:《宋辽澶渊之盟新探》,页114—116。柳氏也承认辽军同是孤注一掷。不过,他说宋军虽有士气,但无人和、天时与地利,又说众多的亲征禁军缺乏作战

宋军在澶州稳得住阵脚，辽军就无机可乘，不议和就得撤退。

李继隆在景德之役，由始至终，以驾前东面都排阵使的头衔，担当守护澶州的重任。当王超的三路大军迟迟未抵澶州，而澶州的辽骑充斥时，那是宋军最危险的时刻。澶州倘若有失，正在途中的真宗君臣必然闻讯南返京师，主张迁都而避其锋的势力必会抬头，纵然毕士安与寇准力持抗战，只怕真宗也会意志动摇。李继隆最大的功劳，是在最关键的三天力保澶州不失，而且出其不意地射杀了辽军主战最力的大将，严重打击了辽军的士气。许多学者都指出澶州城小，反而不利人数众多的宋军防守。李继隆高明的地方，就是因时、因地制宜，布置了一套独特的车营防御系统，将精锐的守军集结澶州北城外的北寨，背城结营防守，并伺机反击，而不像王超那些庸将只识株守城内，被动挨打。李继隆一生执掌马军，率健儿驰驱千里，擅长野战，而在澶州一战，他却以守为攻，巧妙地结成步骑居中、环以车垒的车阵，建立守城第一道可反守为攻的防线，另配备射程远的伏弩，随时给敌军致命的突击。[1]

李继隆在澶州之役的另一功劳，笔者认为是他以"稳健"平衡了

(接上页)经验，不知有何根据。澶州的宋军在李继隆的指挥下，看不出有什么内争，后来宋廷赏功，连石保吉都承认一切都听李的指挥，而真宗也称许澶州"将帅协和"，说宋军欠人和，可能在澶州外有此状况，但御前诸军应无此问题，一方面是寇准压得住台，另一方面李继隆、秦翰以至高琼等都很齐心。至于说御前禁军缺作战经验，观乎周文质所部设伏射杀萧挞览一幕，虽然有一点运气，但若非宋军平时训练有素，也不会一举成功。就此点而言，论说宋军未经战阵，不无商榷之处。

1　可惜宋人没有再深入探究李继隆这新创的战术。倘亡友曾瑞龙（1960—2003）尚在，他对李继隆这个车阵当会有更精彩的论析。

寇准的"躁进"。宋人对寇准在景德之役之表现，特别是他的过人胆色，以及不屈不挠的抗敌意志，称誉备至。对于他的战略识见，也持首肯的态度，而比之为儒将。无疑寇准确有文臣少有的武干，对军务兵机有丰富的认识，有驾驭骄兵悍将的能力与霸气，是一流的"战时宰相"。不过，他到底未经战阵，谈兵时头头是道，却未必充分认识到兵凶战危的道理，也未必有在战役以及战术层次的认知能力。他坚持真宗要往北城鼓舞军心，本意是好的，后来也确大振宋军士气，并大增真宗本身的自信心。不过，如果宋方一旦出现萧挞览式的意外，后果会是极严重的。后来寇准没有坚持真宗长驻北城，相信是李继隆的稳重意见受到尊重。李继隆比诸将优胜的地方，不光是他国戚以及使相的尊贵身份，最重要是他过去多次战胜辽军的纪录。比起好谈兵事的文臣，他在兵种调配、战术设计，以及临机布阵、战情判断方面，都是无人可及的。石保吉后来在庆功宴上那番赞扬李继隆的话，倒不是完全拍马屁。老将知兵，那是真宗与寇准等需要承认的，甚至对手的辽人也当会认同的。澶渊之盟缔订后，辽军北还，真宗仍命李继隆统率精骑万人留守澶州，以备不虞，亦见在真宗心中，知兵老将，舍李其谁？

宋廷中枢在景德之役的表现，从真宗本人到毕士安、寇准、王继英等，大体上都差强人意。宋军的整体战斗力并不逊于辽军，而军民抗战的士气也很高昂，后来在能够不失体面并不失寸土的情况下与辽达成百年之盟，正因实力与辽旗鼓相当所致。李继隆正是在宋朝于天时、地利与人和都不差的情况下，得到真宗君臣的谅解，在最恰当的时机复出领军，而得以建立他一生最后，亦最为人称道的功业。李继隆得以东山复出，一方面是他不断努力争取的结果，以及杨亿等的襄助，也相信是得到了几位中枢大臣的支持。另一方面是真宗能以国事为重，捐弃个人恩怨的量度所致。真宗一向给人以庸主的印象，但从许多地方可以看出他颇有帝王术。真宗其实很清楚事情的轻重，以及善于用人。为应付辽军大举入侵，他能不计较寇准过去的刚偏性情，而用他为次相，主持大局，并容纳他处事自作主张、近于专横霸道的作风。眼见麾下诸将能独当一面的实在寥寥，既然李继隆一再恳求，真宗自然顺水推舟，委以重任，而且用人不疑，连带李继隆的子弟，也一并重用。于是李继隆就鞠躬尽瘁，拼了老命，为真宗效命。在这方面，真宗的帝王术实在不可以小看。[1]

在过去研究澶渊之盟的论著中，除注意双方最高统治者之角色外，多半将焦点放在决策的文臣方面，至于武臣，就较少谈论。[2]对于当时名位最高、实际上担任澶州御前军最高前敌总指挥的名将李继隆，就颇为人所忽略，视之为无关紧要的角色。有学者甚至将他视为傅潜、王超一辈的庸将货色，实在无视他在沙场上的非凡战绩。[3]

---

[1] 关于真宗在这次辽国南侵的危机处理的表现，方良给予了颇高的评价，可以参阅方良：《宋真宗和辽国策平议》，页94—100。又真宗之帝王术，笔者过去研究马知节时，颇有体会，真宗擅长操玩平衡术，高明之处，使人觉得他表面上的平庸，其实是装糊涂，当另文详论。

[2] 笔者过去因研究曹利用之生平，曾写过他在澶渊之盟的角色，而近期也有学者专门讨论探讨王继忠的角色。参见何冠环：《曹利用（971—1029）之死》，载《北宋武将研究》，页209—216；何天明：《澶渊议和与王继忠》，载《内蒙古社会科学》（汉文版），第23卷第3期（2002年5月），页46—48。

[3] 参阅陈峰：《论宋初三朝的禁军三衙将帅》，收入陈著：《宋代军政研究》（北京：中国社会科学出版社，2010年9月），页132、134—135。又陈氏以为王汉忠也是庸碌之辈，似乎也有商榷之处。

第三章 老将知兵：李继隆与景德之役（1004年）

李继隆当然并非如宋廷的官样文章所言,在其军旅生涯无懈可击。[1]事实上,他在太宗朝曾有过不光彩的记录,特别是在君子馆一战中为求自保,他临阵退兵,令主将刘廷让因失援而惨败。而他在太宗晚年率军西征李继迁,除了真宗说他杀戮过多外,他也为党派私见,诬陷部将田绍斌,以及对几个担任运粮的文臣痛下杀手。他在太宗朝仗恃国戚的身份,特别是以太宗的宠信,给人颇专横的印象。然到真宗嗣位,因亲妹李太后曾图谋废立,于是令真宗对他猜忌甚深,遂解除其兵权,并投闲置散。幸而在关系宋室存亡的景德之役,真宗终于捐弃前嫌,重新起用多年来已学得谨慎谦恭的李继隆,命他统军防守澶州。他不负君相之知,凭他老将知兵的本事,终于完满达成任务,建立他军旅生涯最后一大功勋,而得以功名令终,此既是李本人之幸,亦是宋室之幸。

最后值得谈论的是,李继隆是否配称名将和老将知兵?有论者认为北宋一代,只有与李继隆同时的杨业(935?—986),以及仁宗朝的狄青(1008—1057),才配称名将。笔者以为李继隆一生战功卓著,虽然在声名上,及不上因有后世演义小说渲染,而广为后人熟悉的杨家将及狄家将主角之杨、狄二人;但在北宋前期,以任何标准,他被称

---

[1] 嘉祐八年(1063)三月十二日,李昭亮以昭德军(即潞州,今山西长治市)节度使、同平章事的头衔病逝。宋廷命翰林学士权知开封府冯京(1021—1094)为李昭亮撰写神道碑,在述说李昭亮家世时,又提及李继隆的功绩,说李是"明德太后同产兄也,为国虎臣,以功名佐将帅,不以恩泽进,累以征讨□有大功,南驱江左,东拔晋阳,北逐□蜀,□□□□□□□□,为侍卫马军都指挥"。在这里,宋廷没有提及李继隆平生的败仗,只挑好的说。又同月二十九日,仁宗驾崩。参见《长编》,卷一百九十八,嘉祐八年三月甲寅条,页4791—4792;《宋中书令李昭亮神道碑调查》,页51、53。

为名将，是当之无愧的。宋廷以之配享庙庭，不全为他的功臣及外戚身份。笔者为此，又联系到他与狄青的一些可资比较的地方。他与狄青虽然一出于贵胄之家，一起于行伍步卒；但二人同是身经百战，战功显赫者，而二人治军均以严整著称。巧合的是，二人同在军旅生涯之高峰时，因君相之猜忌，竟都在四十八、四十九岁之盛年，被解除兵权，虽被加授使相头衔，却明升暗降地外放到陈州。另二人均以性情谨慎著称，罢兵权后均小心行事，免招不测之祸。然二人不同的地方，是狄青咽不下这一口气，在置散陈州的翌年，郁郁以终。而李继隆则在苦守陈州七年后，得到千载难逢的机会，重上沙场，建立他一生最后亦是最重要的功业。

谈到"老将知兵"，笔者也想到过去所论及的种师道（1051—1126）、种师中（1059—1126）兄弟的遭遇。在兵临城下的危机中，二种在当时宋人眼中，何尝不是知兵老将，倚为柱石？可惜二种在靖康元年（1126）所服侍的，不是少不更事的皇帝，就是志大才疏，或庸懦无能的文臣。而他们手下的将校及军队，在整体作战能力方面，实在远逊于当时如日中天的金兵。[1]这与李继隆面对辽军时，宋辽双方势均力敌的情况大异。另一方面，二种也不见得有自知之明以及知彼之见，结果是兵败身死，与李继隆得以功名令终，实不能同日而语。李继隆最终能发挥老将知兵之长处，在于他在景德元年所服侍及拥有的，是一个相对团结、果断、勇敢的君相决策班子，以及一支善战及有效

---

1 关于二种的遭遇，可参阅何冠环：《论靖康之难中的种师道（1051—1126）与种师中（1059—1126）》，载何著：《北宋武将研究》，页551—584。

率的军队,而对手辽军在各方面并不占有优势,于是李继隆能如鱼得水,发挥所长,这亦是他的偌大运气。

附带一谈,李继隆虽不像杨家将、狄青那样广为普罗大众所知,但也不全为人所忽略,当代以澶渊之盟作为题材的一些文学作品中,李继隆也占有一角色。据陈西汀(1920—2002)和沈鸿鑫(1939—)的记载,京剧大师周信芳(1895—1975)在1960年底构思,1961年秋写成,1962年春在武汉公演的新编历史京剧《澶渊之盟》中,即有李继隆的角色。该剧的李继隆由南派著名武生李仲林(1933—2018)饰演,寇准自然由周大师亲自担纲,而真宗就由著名杨派老生汪正华(1928—2012)饰演,承天萧太后则由赵晓岚(1927—1991)饰演。剧中寇准最重要的唱段,就是他在驿亭见李继隆的一大段。[1]吾生也晚,未及观看这出名剧,不知道在舞台上的李将军是怎样的。(按:现时可以在网上或YouTube看到1962年录音配像的京剧《澶渊之盟》,可以听到大师的唱腔)教人羡叹的是,周大师博学多识,五十年前所编之剧,居然也知有李继隆其人,并派给其正面的角色。希望未来的相关文学创作再有这位李将军的角色。

---

[1] 陈西汀是《澶渊之盟》之编剧,而饰演李继隆的李仲林则担任是剧的武打设计。据沈鸿鑫所述,是剧初演后,再经"精细的加工和琢磨,于1962年10月1日正式在(上海)天蟾舞台推出"。剧评称:"《澶渊之盟》是继《海瑞上疏》之后,又一出独树一帜的清官戏。"沈氏引述著名戏剧家龚啸岚(1915—1996)所写《最切实际的怀念》一文所说:"后来排出的《澶渊之盟》《海瑞上疏》两个大戏,都是上乘的作品,其中寇准与海瑞,是他(周信芳)晚年创造的'双璧'。"参见陈西汀:《杂忆与遐思——周信芳先生导演澶渊之盟回顾》,《中国戏剧》,1997年第9期,页18—21;沈鸿鑫:《梅兰芳周信芳和京剧世界》(上海:汉语大辞典出版社,2004年11月),页450—453。

后记

本章原名《老将知兵：宋初外戚名将李继隆（950—1005）与景德之役（1004）》，载张希清、田浩、穆绍珩、刘乡英（主编）：《澶渊之盟新论》（上海：上海人民出版社，2007年3月），页203—247。除增补一些新数据外，也将原文的《后记》并入《结论》中。

2012年2月14日

第四章

克绍箕裘：宋初西北边将李继和事迹考述

一、导言

本书第二章和第三章均有部分章节提及被李继隆视为事业继承人的幼弟李继和早年的军旅生涯，特别是他追随乃兄在西边征战的经历。本章即以他为主角，考论他一生的事迹，特别是其在真宗一朝在西边建立军事要塞镇戎军（今宁夏固原市），成为一员著名边将的事迹。

近年史学界对边疆史的研究方兴未艾，2006年10月2日至4日，由法国远东学院及"中央研究院"历史语言研究所主办，中国社会科学院中国边疆史地研究中心协办，便举行了一场主题为"边臣与疆吏"的国际学术研究会，重点讨论从汉代到清代的边臣和疆吏的事功作为。会议论文后来在2007年结集成书，马大正在该书序文总结了与会学者所提出的六大方向："（1）边臣疆吏在国家官员整体中的地位；（2）边臣疆吏在历代中央政府实施边疆治理中的作用，以及中央与地方在治理边疆上的互动影响；（3）历代边臣疆吏对中国疆域形成的重要性；（4）边臣疆吏与边疆地区在历史发展进程中的互动关系；（5）边臣疆吏在边疆地区的民事、军事和外交方面的作用；（6）历朝各代边臣疆吏的个案研究,以及历朝各代边臣疆吏的比较研究。"[1]

对边臣疆吏于边疆史研究的重要性,以及未来的研究方向,马氏上述的归纳甚为确当。因宋代与周边少数民族政权的频繁接触与和战不断,守边的边臣与拓边的疆吏的活动一直是宋廷朝野关注的焦点。是故过往宋史学界对宋代边臣疆吏的个案研究已相当充实,近期除黄宽重学长在上述论文集发表的《北宋晚期对广西的经略——以程节、程邻父子为中心的讨论》一文外,[2]最为人所熟知和广泛谈论的首推有关北宋杨家将的研究,[3]而近期值得注意的,是北宋中后期冒起、拓边西北的边臣将门种氏的相关研究。[4]按边臣与疆吏可以是具有武干的儒将,也可以是知书识墨的武臣。若是武臣,宋人则多以边将称之。李继和是武将,故本章以边将称之。本章的论述方向大致依循马氏上面所说的六点,尤其是(1)(2)(4)(5)四点。

李继和在《宋史》及《东都事略》均有传。[5]他除是李氏将门第二代承先启后的支柱外,还是宋初少数既颇有战功,又富有识见及谋略的西北边将。他建立了西北军事要塞镇戎军,因长期防守西疆,

---

[1] 《法国汉学》丛书编辑委员会(编):《边臣与疆吏》,《法国汉学》第十二辑(北京:中华书局,2007年12月),《序文》,页6。

[2] 同上书,页208—225。

[3] 北宋杨家将的研究,最近期的研究成果,可参阅李裕民(主编):《首届全国杨家将历史文化研究会论文集》(北京:科学出版社,2009年1月)。

[4] 参阅曾瑞龙:《北宋种氏将门之形成》(香港:中华书局,2010年5月)。按:是书是曾瑞龙原撰于1984年的硕士论文,后由其家人及同门校订出版。

[5] 李继和在《宋史》及《东都事略》的传,均附在其父李处耘本传后。参见《东都事略》,卷二十《李处耘附李继和传》,叶二上下、四上下(页349—350、353—354);《宋史》,卷二百五十七《李处耘附李继和传》,页8969—8974。

兼通晓兵略，在真宗朝，他一再向宋廷提出驭控西夏，巩固西北边防的谋议，《宋史》本传便详载他谋划西边之方略。我们考察仁宗朝以降，宋室君臣从抵御西夏入侵，到后来拓边西北所提出的谋议，李继和在许多地方其实早有先见之明。究竟是李继和的方略启发了仁宗朝的谋臣，还是英雄所见略同，那是值得研究的。李继和在咸平六年（1003），自西边调往北边，翌年（1004），又与乃兄李继隆一同参与决定宋室存亡的景德之役。宋辽澶渊之盟订立后不久，李继隆病亡，李继和即肩起振兴李氏将门的大任，不久真宗委他殿前都虞候之重任，与乃兄在太宗朝一样，统率禁旅。可惜他得年不永，在大中祥符元年（1008）二月病卒，年仅四十六岁，无法像其他守边多年的功臣子弟如马知节，以及后来继知镇戎军，并同为外戚兼功臣子弟的曹玮（973—1030）等获真宗擢入二府，执掌兵符，在军旅事业上更上层楼，[1]而其作为边将的建树，过去也常为人所忽略。

---

[1] 关于马知节及曹玮镇守西疆的事功及生平事迹，可参见何冠环：《论宋初功臣子弟马知节（955—1019）》，载何著：《北宋武将研究》，页137—202；汤开建：《北宋御边名将——曹玮》，《西北民族学院学报》，1986年第2期，页37—43；柳立言：《宋初一个武将家族的兴起——真定曹氏》，载"中央研究院"历史语言研究所出版品编辑委员会（编）：《中国近世社会文化史论文集》（台北："中央研究院"历史语言研究所，1992年），页55—64。考曹玮是宋初元勋功臣曹彬（931—999）的幼子，曹彬有女在真宗大中祥符中入宫为美人，六年（1013）正月迁婕妤，到乾兴元年（1022）累迁为婉仪，最后在仁宗皇祐元年（1049）赠贤妃。故曹家早在真宗大中祥符年间已位列外戚，不待景祐元年（1034）仁宗曹皇后（1016—1079）正位中宫，才成为戚里。参见《皇宋十朝纲要校正》，上册，卷三《真宗·嫔妃七·贤妃曹氏》，页97；《枢密副使十二人、知枢密院事七人、签书枢密院事五人》，页101—102；卷四《仁宗·皇后四·慈圣光献皇后曹氏》，页145。《宋史》，卷八《真宗纪三》，页153。

二、将门子弟

李继和字周叔,生于太祖乾德元年(963)。这年正月,其父李处耘以枢密副使任监军,辅助宿将慕容延钊率兵讨湖南张文表,三月,宋军平定荆南及湖南两地。李处耘却为严整军纪,与主帅慕容延钊发生冲突,互相奏劾。太祖为安抚慕容延钊,就委屈了李处耘,不但没有赏他平定两地之功,还在九月将他贬为淄州刺史。李继和在其父被贬之前出生,抑或在后,暂不可考。惟李继和甫出生,其父之仕途即发生波折,可谓生不逢辰。[1]

李处耘在乾德四年(966)闰八月二十四日卒于淄州任上,得年仅四十七。太祖知道委屈了他,虽然李的官职不高,太祖仍特别废朝一日,赠李宣德军节度使、检校太傅,赐地葬于洛阳偏桥村。李继和这时才四岁,相信即获荫补供奉官。[2]李处耘过世后,振兴李氏将门的重任落在其长子李继隆肩上。长兄当父,李继和自少即在李继隆的提携照顾下成长。宋代许多将家子,自幼追随父兄于沙场戎行,得到丰富的历练而得以成材,李继隆与继和兄弟即是前者一个典型例子。据李继和自述,他在童年时,听闻当时齐州防御使李汉超守关南时,太祖许他尽数使用齐州(今山东济南市)属州赋税钱七八万贯,另又不时赏赐,动辄千万钱。太祖又特许他私营榷场,免其商税,结果能得到李汉超死力效命守边。李汉超守关南的故事,相信得自李继隆的传述,李继

---

[1] 李继和卒于大中祥符元年(1008)二月,得年四十六,则他当出生于乾德元年(963)。李处耘立功而被贬之始末,可参见本书第一章。
[2] 《宋史》,卷二百五十七《李处耘传附李继和传》,页8962、8969。

隆让幼弟多闻强记，正为他成年后效命沙场所用。[1]

开宝九年（976），太祖且因太宗符夫人逝世，就做主以李继隆二妹，李继和二姐（即明德李皇后）许配太宗。[2]李继和在太祖之世，没有事迹记载，大概因尚未成年，加上李继隆当时地位尚低，故没有携弟从征。

李继隆在太宗即位后，以外戚兼功臣子弟身份，备受太宗重用，从太平兴国四年（979）平定北汉之役开始，对辽夏二敌，几乎无役不予。而他积战功，到雍熙三年（986）已擢为马军都虞候，成为独当一面的大将。李继和在太平兴国四年，年已十六，从年龄来说，已有参军的资格，他有否跟随长兄参与此役，以及同年六月之高梁河之役、九月之满城之役等大战，暂时找不到确实的记载。李继隆在雍熙二年（985）三月，首度率兵出银州北，与田仁朗等三将分兵合击西疆的党项首领李继迁，李继和有否随兄参预此场征战，以文献无征，未能确定。但他后来对这一带的山川地理甚为熟悉，似乎不尽是得自乃兄

1　《长编》，卷五十，咸平四年十二月乙卯条，页1092—1093。
2　关于李继隆在太祖朝的事迹，可参阅本书第二章。明德李皇后在太平兴国三年入宫为德妃，雍熙元年（984）十二月更正位中宫，李家自此便成为戚里。又李继和尚有姊妹二人，长姊嫁洛苑副使郭守璘，幼妹高邑县君适主客员外郎直集贤院范贻孙。郭守璘为五代强藩郭崇（908—965）子，他的孙女后来成为仁宗的郭皇后（1012—1035）。范贻孙则是太祖朝宰相范质（911—964）之孙。参见《宋史》，卷二百四十二《后妃传上·太宗明德李皇后》，页8610；卷二百五十五《郭崇传》，页8903。《武夷新集》，卷九《宋故主客员外郎直集贤院高平范公墓志铭》，叶二下至五下；卷十《李继隆墓志铭》，叶二十六上。按：《范贻孙墓志铭》有拓片传世，载北京图书馆金石组编：《北京图书馆藏中国历代石刻拓本汇编》（两宋二），第三十八册（郑州：中州古籍出版社，1990年2月），《志3717》，页8。

的口述。[1]

李继隆在端拱元年（988）十一月在定州州治安喜县北八里的唐河，击败来犯的辽军。他的部将尹继伦又在端拱二年（989）七月，在唐河与徐河，发动奇袭，击败辽的百胜将军耶律休哥之大军。[2]这两次胜仗，为李继隆的军旅事业添加了许多光彩。据《宋史·李继和传》载，李继和在太宗朝后期，自供奉官三迁洛苑使。[3]倘不是有重大军功，他不会由三班小使臣的供奉官，三迁至诸司使臣的洛苑使。可惜李继和迁官的具体经历不载，现时也没法知晓一直随侍乃兄于戎行的李继和，有否参与这两场宋军战胜辽军的硬仗。

李继隆在端拱元年，已擢为马军都指挥使，但他多在边任，且多次统兵讨伐西夏李继捧（962—1004）及李继迁。群书均记载李继和多有从行，李继隆对他友爱有加，每每令他返京向太宗入奏机要军情。淳化五年（994）正月，李继隆率军讨伐李继迁，三月抵夏州，擒得李继捧，李继迁败走。四月初四，太宗以夏州在沙漠之中，容易被奸雄割据，宰相吕蒙正附和太宗的意见，于是宋廷下诏废夏州，将夏州民迁于绥州、银州等地。李继隆收到诏书后，不同意废夏州，马上派已官至洛苑使的李继和及内臣监军秦翰回朝入奏，要求保留夏州，并请求在银、夏两州南界山中增置戍兵扼守要冲，认为它既可作为内属

---

1 关于李继隆在太宗朝从太平兴国到雍熙时期的战功及戎马生涯，可参见本书第二章。又李继隆在雍熙二年西征的任务是扫清附从李继迁的蕃部，并非主攻李继迁的主力。
2 关于唐河及徐河两役的经过，及李继隆的功绩评述，可参阅本书附录一：《宋辽唐河、徐河之战新考》。
3 《宋史》，卷二百五十七《李继和附传》，页8969。

蕃部之屏蔽，也可以断李继迁之粮道，但太宗对李继隆的两项建议皆不回复。[1]

至道二年（996）三月，宋军运粮往西边重镇灵州的部队，在浦洛河被李继迁邀击，死者数万人。太宗大怒，四月，命李继隆出师讨伐。五月，灵州告急，太宗君臣对于如何解灵州之围并无定见。到七月，太宗终决定命殿前都指挥使王超再统援军，协助李继隆，并亲订五路分兵合击之策。李继隆听从部将卢斌（948—998）的建议，直接从环州攻打李继迁乌池及白池的老巢，而不依从太宗的原本计划，由环州出灵州。李继隆一面出兵，一面派李继和驰驿回京向太宗陈奏他的行军计划。李继和奏称："赤柽路回远乏水，请自青岗峡直抵继迁巢穴，不及援灵州。"但太宗闻奏大怒，召李继和于便殿，痛斥说："汝兄如此，必败吾事矣。"太宗马上手书数幅，命引进使周莹与李继和带往李继隆军前督责他依前诏行事。但李继隆军已出师，行军十余日，却不见李继迁部的踪影，考虑到士卒困顿，而粮运不继，李继隆就决定回师环州。当宋军五路攻李继迁最终无功时，李继隆以违旨之过，再派李继和奉表请罪。[2]

李继和在这次西征中，两番奉兄命入奏机事。其中值得一提的是，当李继隆进军至古原州时，命部将如京使胡守澄在废垒上筑建城

---

1 《宋史》，卷二百五十七《李继隆、李继和附传》，页8967、8969。《长编》，卷三十五，淳化五年四月甲申至乙酉条，页777—778。本书第二章。秦翰也认同李继隆的主张。秦翰回朝后，太宗赏他平夏州之功，加崇仪副使。参见何冠环：《宋初内臣名将秦翰事迹考》，载《宫闱内外：宋代内臣研究》，上册，页66—67。
2 参见本书第二章。

壁，请宋廷建之为镇戎军，但太宗并未接纳其议。李继隆即命李继和入奏，向太宗重提此议。李继和面见太宗时，即陈奏："平凉旧地，山川险阻，旁扼夷落，为中华襟带，城之为便。"据杨亿所记，李继和这次进言"博达有谋"，结果太宗被他说服，同意建城镇戎军。至道三年（997），宋军即从古原州路入援灵州，而在废垒上建城，建镇戎军。[1]

至道三年三月二十九日，太宗驾崩，明德李皇后企图废真宗，改立真宗长兄楚王元佐。真宗得到宰相吕端的支持顺利继位后，对于手执军权，统兵在外的后兄李继隆明升暗降，先在四月初九，将他移镇于镇安军（即陈州）。到五月二十三日，当李继隆来朝时，再罢其马军都指挥使的军职，授同平章事的使相虚衔，将他投闲置散于陈州。据杨亿所记，李继隆罢兵权归陈州时，亲手笔录唐代名将李勣（即徐世勣）的《遗戒》授李继和，且说"吾不复预家事矣"，将照管李氏子弟的责任交给继和，命幼弟在他启程往陈州之日，依《遗戒》之言而行之。李继隆一直有意培育李继和为李氏将门的继承人，他更对幼弟

---

[1] 《宋史》，卷二百五十七《李继隆、李继和附传》，页8968—8969。关于镇戎军建军之年月，徐规教授据《元丰九域志》、《宋会要·方域》、《宋朝事实》及《皇宋十朝纲要》所记，认为镇戎军当在至道元年成军。如此则李继和入奏当在淳化五年那一次。然而，李继隆在淳化五年进军夏州，从延州经绥州至夏州，不应经过原州，进军的方向不合。《宋史·真宗纪》记在至道三年四月癸丑（十九）置镇戎军，笔者参照《李继隆墓志铭》的记载，认为镇戎军当在至道三年才成军。至于是否如《宋史》所说，在至道三年四月，真宗即位后才置，待考。又李继和在咸平四年十二月上奏时称镇戎军，"自置军以来，克张边备，方于至道中所葺，今已数倍"，即是说镇戎军建城在至道中，而不是至道元年。参见徐规：《〈宋史·地理志〉补正》，原载《历史地理》第十四辑，1998年9月，现收入徐著：《仰素集》（杭州：杭州大学出版社，1999年5月），页948，第42条；《武夷新集》，卷十《李继隆墓志铭》，叶二十二下至二十三上；《长编》，卷五十，咸平四年十二月乙卯条，页1091；《宋史》，卷六《真宗纪一》，页104。

说："吾门之不坠者系尔是赖。"[1]在真宗初年,当李继隆被罢废于陈州时,身在西疆的李继和就成为李氏将门将业的继承人。

三、镇戎西疆

李继和从咸平元年（998）到咸平五年（1002）九月,出任知镇戎军前后近五年。他既是镇戎军的建立者,又是首任知军,在西疆多年,因丰富的守边经验和阅历,故此他后来得以提出许多有卓识的驭边谋议。相比之下,他的长兄李继隆在咸平年间一直被投闲置散,他在陈州虽然一再上书真宗,请求效命沙场,尤其告紧的北边,但不获真宗君臣的信任。[2]真宗对他们兄弟二人,是区别对待的：李继和既有方面之才,又不构成威胁。

李继和在至道三年五月随兄返京后所领的职务不详。宋廷在此后的一段时间争议灵州的是弃是守问题。时任吏部郎中、直集贤院的直臣田锡在是年七月二十五日及二十六日两度应诏言事,以坚守灵州付出的人力物力代价太大,主张放弃灵州。[3]他在十一月十七日再上第三奏,重申前议。十二月十日,参知政事李至因真宗询问弃守灵州事,

---

1 《宋史》,卷五《太宗纪二》,页101；卷六《真宗纪一》,页104—105；卷二百五十七《李继和附传》,页8969。《长编》,卷四十一,至道三年壬辰至辛酉条,页862—865；五月甲戌条；页865—866。《武夷新集》,卷十《李继隆墓志铭》,叶二十三上,二十五下至二十六上。关于李继隆罢马军都指挥使之年月,《景定建康志》所收之《侍卫马军司题名》亦记为至道三年五月,而是年七月接任的是范廷召（927—1001）。参见《景定建康志》,第二册,卷二十六《侍卫马军司题名记》,页1238—1239。
2 关于李继隆在真宗咸平年间的处境,可参阅本书第三章。
3 《长编》,卷四十一,至道三年七月丙寅条,页869—875。

覆奏支持早前田锡的意见，他批评"至于灵州，自郑文宝为国生事，致朝廷盱食，怀西顾之忧。关辅生灵，因转输之役，积骸满野，十室九空，饿莩满城，边氓尽没；岿然空壁，老我师徒，而张颐待饲者不下五千。送粮四十万而止获六万，此则求欲固守，不可得也"。他且指出"今灵州不可坚守，万口同议，非臣独然，皆以为移朔方军额于环州，亦一时权道也"。真宗结果采纳李至的意见，同月十三日，授李继迁为定难军节度使，以夏州、绥州、银州、宥州及静州五州赐李继迁，而放弃坚守灵州。[1]

宋廷决定放弃灵州，而为输粮往灵州而建的镇戎军，遂被认为已无必要保留。咸平元年初，宋廷下旨弃镇戎军。结果李继迁就得以往来侵掠镇戎军界的蕃族，南至渭州平凉县（今甘肃平凉市）的安国镇北三十里，至南市界三百余里［按：南市西南抵秦州（今甘肃天水市）百五十里，去渭州笼竿城（今宁夏固原市隆德县城）八十里］，又于萧关（今宁夏中卫市海原县高崖乡草场古城）屯聚万子、米逋、西鼠等三族，以威胁原州、渭州、灵州及环州的熟户，当时族帐蕃部被迫归降李继迁者甚多。李继和据理力争，坚持恢复城守镇戎军。真宗最终接受李继和的意见，"不惑众议"，命重新建城，复置镇戎军，而任李继和知军事，兼渭州、仪州都巡检使。李继和建议招募贫民及弓箭手，以垦田积粟，以作长期防守。[2]李继和这年三十六岁，从此独当一面，以镇

---

[1] 《长编》，卷四十二，至道三年十一月己巳条，页889—892；十二月辛丑至甲寅条，页893—901。考时任知扬州的王禹偁在五月十六日上奏，亦主张放弃灵州，以地赐李继迁。他的意见与李至相同。

[2] 《长编》，卷五十，咸平四年十二月乙卯条，页1090—1091。《宋史》，卷二百五十七

戎军为中心,统率部队,从北面捍卫西疆泾、原、仪、渭四州之广阔地带。据李继和在咸平四年十二月所述,镇戎军复置一年后,"群蕃咸已安集,边民无复愁苦",[1]成为控制西疆的坚城。

咸平二年镇戎军复置后,廷臣中主张坚守灵州的有秘书丞通判永兴军何亮,他在这年奉旨与转运使陈纬(?—1000)同往灵州经度屯田,六月回朝覆旨,即上言力陈保有灵州的必要,他又建议在清远军(今甘肃庆阳市环县甜水堡)通往灵州的路上,修建有古城旧基的溥乐城(今宁夏甜水河与苦水河会合处)和耀德寨(今宁夏吴忠市南,山水沟北岸),以通粮道。他的意见与李继和营建镇戎军之议,方位虽不同,但用意则不谋而合,可惜宋廷并未采纳。[2]

这年从七月开始,宋廷调兵遣将,应付即将入寇的辽军。从九月到十月,宋辽两军已开始试探式的交锋多次,虽然李继迁这时也伙同河西蕃部入寇麟州万户谷(今陕西榆林市神木市),但由于宋辽两军互

(接上页)《李继和附传》,页8969—8970。考《宋史》称李继和上言筑镇戎军在"咸平中",而《长编》称"上始即位之二年,弃镇戎军不守,洛苑使李继和固请复城之"。笔者认为宋廷弃守镇戎军当在咸平元年,至于何月则不详,推想当在该年初。

1 《长编》,卷五十,咸平四年十二月乙卯条,页1091。关于南市,据《宋会要》所载,它本名南使城,蕃话讹为南市。它在秦州和渭州相接之处,是宋人控扼西戎之地。大中祥符九年(1016)三月,秦州请筑城南市。知秦州曹玮请用秦、渭五州兵及泊近寨弓箭手守城而居。参见《宋会要辑稿》,第十五册,《方域八之二十三·修城上·南市城》,页9436。

2 《长编》,卷四十四,咸平二年六月戊午条,页947—951。近人对何亮评价甚高,程龙认为其建议极有见地,且对堡寨功能的认识也非常精辟。尽管他的建议最终未被采纳,但宋军确实加强了对环州、灵州之间最大的粮食转运站清远军的控制,而在清远军到环州之间修筑了白马、青岗等寨。参见程龙:《论北宋西北堡寨的军事功能》,《中国史研究》,2004年第1期,页97。

有胜负，宋廷就没有增兵加强西边之防务。[1]十一月十六日，真宗下诏亲征辽国，十二月抵河北，然宋军最终因主帅傅潜怯战而无功。在咸平二年底的征战中，外戚从征的有太宗表弟邕州观察使刘知信和太祖的驸马保平节度使石保吉。同为外戚，李继隆、继和兄弟却不获真宗征召，也许与他们的母亲楚国太夫人吴氏是月病逝有关。[2]

咸平三年（1000）初，是宋廷多事之秋：先有成都军校王均于是年正月作乱，全蜀震动，后有宋军再覆师于瀛州。[3]是年五月，王均之乱接近平定时，为加强北边防务，真宗于五月召西边大将、泾原帅、马军副都指挥使、威塞军节度使王汉忠来朝；七月，将他调为北边的高阳关行营都部署。而在六月，以名将李汉超子李守恩（？—1000）久任边陲，颇著声绩，就将他擢授为陇州刺史知灵州。不过，宋廷并没有在增兵及加强粮运方面支持李守恩。[4]因王汉忠调任北边，真宗于九月委任曾在知石州（疑陕西横山县石马洼一带，今芦河与无定河交汇处）及麟州任上，击退李继迁的宿将西上阁门使韩崇训，出任邠、宁、环、庆、清远等州的都巡检使，扼守西边。韩亦为功臣子弟，现成

1　《长编》，卷四十五，咸平二年七月壬午条，页955；九月丙戌至癸丑条，页962—965；十月癸酉条，页967。
2　《长编》，卷四十五，咸平二年十一月乙未条，页969；十二月甲子至丁卯条，页971—972。《宋会要辑稿》，第三册，《礼四十一之三十七·辍朝·皇外祖母楚国太夫人吴氏》，页1657。《武夷新集》，卷十《李继隆墓志铭》，叶二十三下。考刘知信担任随驾前军副都部署，而石保吉则担任北面行营先锋都部署，另石保吉长兄石保兴亦以知威虏军（后改广信军）与辽军接战。
3　《长编》，卷四十六，咸平三年正月己卯至二月乙丑条，页983—994。
4　《长编》，卷四十六，咸平三年五月壬辰条，页1016；六月壬子条，页1019；七月辛巳条，页1021。

为李继和的上司。[1]

九月二十日，宋军在雷有终（947—1005）的指挥下，平定王均之乱，收复全蜀；但同月，新任知灵州的宿将李守恩与陕西转运使、度支郎中陈纬在率部运送粮粟过瀚海时为李继迁邀击，李守恩与二子一弟及陈纬均阵亡。十月十三日，西边三员大将鄜宁、环庆、清远副都部署王荣（947—1016），泾原、环庆都部署徐兴（938—1005）及鄜宁、环庆钤辖李重诲（？—1000后），率兵押送刍粮往灵州途中，在积石河再为李继迁所邀击，宋军惨败，死者甚众，而刍粮亡失殆尽。[2]宋廷为援救灵州，又委派环庆路钤辖孙全照，与熟知这一带道路的李继和规度前往灵州的道路。[3]

咸平四年的上半年宋廷在忧患中度过。是年七月初十，因辽军又将入寇，真宗再点将御敌：前枢密使王显及马步军都虞候王超为主帅，原鄜、宁诸州都巡检使韩崇训召还担任镇、定、高阳关三路钤辖。[4]八月，李继迁派他的牙将入贡名马，仍自称赵保吉之赐名，但他同时抄掠沿边州县愈甚。真宗以边臣制敌无方，边奏不尽不实，而通往灵州的粮道越来越艰难，急需要一名素有威望而地位崇高的大臣亲临督师，统筹西边全局。同月初二，真宗任命刚于咸平三年十一月罢相，而素有武干的张齐贤为泾、原、仪、渭、鄜、宁、环、庆、鄜、延、

---

1 《长编》，卷四十七，咸平三年八月甲寅条，页1023。韩崇训父为太祖朝殿前都指挥使韩重赟，他在边任二十五年，咸平三年八月初十召还，自如京使擢西上阁门使，九月初六任鄜、宁等州都巡检使。
2 《长编》，卷四十七，咸平三年九月甲午至十月乙丑条，页1025—1029。
3 《宋史》，二百五十三《孙全照传》，页8874。
4 《长编》，卷四十九，咸平四年七月己卯至乙酉条，页1066—1067。

清远等州军安抚经略使,并以知制诰梁颢(963—1004)任其副手,命二人即日驰驿赴任。然而真宗对如何保有灵州,以至整个西疆,并无信心。陕西转运使刘综(？—1000后)曾于是月上言,建议于浦洛河建城为军。收到奏报后,真宗向辅臣表示,以前已有人这样建议,但他担心建立城郭,就需要屯兵。若屯兵不多,当敌兵到来就不能出战,只能闭壁自守。真宗因不愿多派屯兵,就没有接纳刘综的建议。刘综的谋议与李继和建城镇戍军相同,但真宗君臣并无远略,结果坐失时机。[1]

当张齐贤仍在途中,李继迁已在是月二十七日向通往灵州的重镇清远军发动攻击。九月初二,清远军都监段义出城叛降李继迁,清远军五天内即告失守。[2]十月初八,真宗召杨琼等回朝问罪,并以镇、定、高阳关前阵钤辖、赵州刺史张凝代为邠、宁等州军副都部署。翌日(初九),张齐贤及梁颢自陕西回朝,张齐贤即向真宗申奏他的御边谋议,他的谋议重点是加封李继迁的死敌吐蕃西凉府六谷部的首领潘罗支

---

[1] 《长编》,卷四十七,咸平三年十一月庚寅条,页1033;卷四十九,咸平四年八月庚子至丙寅条,页1068—1071;十二月乙卯条,页1091。真宗在咸平四年八月初九,当张齐贤已出发西疆,他仍向辅臣吕蒙正等出示环庆、清远军至灵州地图,并批评边臣所奏不实。真宗指夏人多据灵州西面的榆林和大定,凭高控制宋军,并特险远,令宋军难于追袭。他又怀疑灵、环十州副都部署杨琼所称天涧路往灵州"险而有水,可保无患"的说法,但另一方面,他又自我安慰说边臣奏称西边粮刍足够。总之,真宗对如何防守灵州,毫无把握。

[2] 《长编》,卷四十九,咸平四年八月丙寅条,页1070;九月庚午条,页1072。当李继迁屯兵积石河,长围清远军时,清远军守臣向灵、环十州军驻泊副都部署杨琼求救。杨琼听从副将钤辖冯守规(？—1000后)和都监张继能(957—1021)的意见,只派副将潘璘和刘文质率兵六千往援。杨琼自己屯兵庆州不行。结果清远军失援被李继迁攻陷。杨琼等又放弃环州青岗寨,退守洪德寨(今甘肃庆阳市环县洪德乡)。

为六谷王兼招讨使、灵州四面都巡检使,并以厚赐的方法,让他联合反对李继迁的蕃部,对付李继迁。[1]张齐贤利用潘罗支对付李继迁的谋议,有可能受李继和所启发。按李继和曾建议授潘罗支刺史,并予廪给。宋廷经过反复考虑,没有立时授潘为王,也不想加他招讨使之号;不过仍在同月十七日,授他盐州防御使兼灵州四面都巡检使。另外,宋廷又授六谷部左厢副使折逋游龙钵领宥州刺史,另以督六族首领褚下箄等三人并为怀化将军。[2]

李继和以夷攻夷的策略,真宗君臣均许为上策。同年十一月十四日,职方员外郎吴淑(947—1002)即上奏,主张"宜遣使喻秦陇以西诸戎,结其欢心,令为前驱指导"。又称"古人云:以蛮夷伐蛮夷,计之上者也"。同月二十七日,宋廷即下诏西蕃诸族有能生擒李继迁者,当授节度使,赐银彩茶六万;斩首来献者,授观察使。十二月十六日,宋廷即派遣如京副使宋沆(?—1001)为西凉安抚使,太常丞直集贤院梅询(965—1040)为副使,往西凉府封赏潘罗支。[3]

---

1 《长编》,卷四十九,咸平四年十月丙午至丁未条,页1075—1077。
2 《长编》,卷四十九,咸平四年十月乙卯条,页1079。《宋史》,卷四百九十二《外国传八·吐蕃》,页14155。《宋会要辑稿》,第十六册,《方域二十一之十六·边们·西凉府》,页9705。据《宋史》的记载,李继和在咸平四年向宋廷建议封潘罗支为刺史,惟月日不详,推想在是年十月前。张齐贤后来就御边问题问计于李继和,然后上奏宋廷。推想部分意见来自李继和。关于六谷部潘罗支的兴起及其与北宋的关系,可参阅赵学东:《论凉州六谷部的兴起及其与北宋的关系》,《西北民族学院学报》(哲学社会科学版),1998年第1期,页48—53。又笔者初稿将"督六族"错理解为"督辖"六族。承本文匿名审稿人提示,知悉"督六族"实为族名。关于宋初西蕃各族的名称及地域分布,可参阅汤开建:《宋金时期安多吐蕃部落及其地域分布》,收入汤著:《宋金时期安多吐蕃部落史研究》(上海:上海古籍出版社,2007年2月),页43、92。
3 《长编》,卷五十,咸平四年十一月辛巳、甲午条,十二月癸丑条,页1085—1090。

以夷攻夷之策，早在太宗端拱元年五月时，宰相赵普已主张用之对付李继迁。只是赵普误用李继迁的族兄李继捧。结果二人狼狈为奸，最后要由李继隆在淳化五年三月率兵平定李继捧，收复夏州，并击退李继迁。[1]今次李继和建议利用潘罗支，事后证明他的眼光独到。

张齐贤经略陕西，甚为欣赏李继和的才识，向他询问防御西边之法。李继和因此上奏宋廷，从几个方面分析当下形势和应采的策略。《宋史·李继和传》及《长编》均著录他这篇奏议，惟上奏的月日不详，相信是张齐贤十月回朝复命时代奏的。[2]李继和这篇御戎奏议，重点有四：

第一，他指出镇戎军在防御西边的战略地位十分重要。镇戎军既是泾、原、仪、渭四州北面的屏障，又是环、庆、原、渭、仪、秦六州熟户所依托之地。它的正面又是回鹘、西凉、六谷、咩逋、贱遇、马臧、梁家诸族的东进之路。他指出自置军以来，边备已胜于前多倍，假如宋廷可允许常用步骑五千，分守镇戎军、泾州和原州。倘敌军来犯，三州军的屯兵会于镇戎军，就可有效地击退敌军。他有信心只要防守得宜，敌军必定不敢经过身当要塞的镇戎军，而沿边的民户可以不废耕织，蕃落的熟户老幼有藏身之所。他力陈不能废镇戎军，若放弃此处的新建城池，附近的地方都是废垒，无从防守。若敌军从陇山下南

---

1 《长编》，卷二十九，端拱元年五月辛酉条，页653。关于李继隆在淳化五年三月平定李继捧的经过，可参阅本书第二章。
2 《长编》，卷五十，咸平四年十二月乙卯条，页1090—1093。《宋史》，卷二百五十七《李继和附传》，页8970—8973。李焘记此奏乃取自李继和国史本传，附于咸平四年十二月壬戌条前，而未言此奏上于是年何月何日。从时间而论，当在张齐贤回朝覆旨之时。

侵，就可由三百堡攻入仪州的制胜关；若敌军从瓦亭路南犯，则能从弹筝峡入渭州的安国镇。敌军若从青石岭从东南攻入，就可由小卢、大卢、潘谷突入潘原县。若敌军攻入潘原，西可以入渭州，东可入泾州（今甘肃平凉市泾川县）。倘敌军从青石岭东的公主泉南去，则可以从东山寨旧彭阳城西，攻入原州。除这几条大路外，敌军还有许多细路可以入寇。他指出如以同样五千步骑分屯于四州，各为备御，则兵力分散而不足以防御敌军来攻。最妥当的方案，就是以镇戎军为中心，连结泾、原诸州，并力防御。李继和对于宋廷文臣动辄弃地的议论，甚表不然。他批评"若但将可惜之地，为贼所攻，便思委弃，以为良策，是则有尽之地，不能供无已之求也"。对廷臣以调发刍粮于边，会大大扰民，作为反对建镇戎军之论据，李继和也加以反驳。他指出镇戎军的军费，只是由泾、原、仪、渭四州所供应。四州距镇戎军不远，输运也容易。加上陕西转运使刘综已在该处推行屯田，日后有成则也不必动用太多泾、原等四州的税物。李继和也比较放弃镇戎军，和将之恢复以后的情况，指出复置镇戎军一年以来，"群蕃咸已安集，边民无复愁苦"，而力陈镇戎军当存而不当废。[1]

第二，李继和坚决反对放弃灵州。他也晓得灵州远绝，且没有可以贡献朝廷的物资，而为输粮灵州，弄得关西老弱百姓疲苦不已；但他指出若放弃灵州，就会使李继迁坐大，让他得以"西取秦界之群蕃，北掠回鹘之健马"。倘李率众大举南侵，沿边州军如何抵御？李继

---

[1] 关于镇戎军的营建及其重要性，最近期的著作，可参阅程龙：《北宋西北战区粮食补给地理》，页136—137、236—237。又本文初稿曾错将马臧、梁家作为一族，承本文匿名审稿人提示改正。可参阅汤开建：《宋金时期安多吐蕃部落及其地域分布》，页43。

和深知要守灵州,当然要解决粮运问题。当张齐贤询问输粮灵州的问题时,他提出可以在从镇戎军到萧关的路上建筑城寨,屯兵储粮,而泾、原、仪、渭四州之粮就可从胡卢河川运送,即用新的粮道援救灵州。他特别指出,若打不通粮道,则灵州恐怕会因粮尽失守。灵州失守,则清远军,以至青岗、白马诸寨也难以防御,最终会令宋的防线退至环州。到此境地,倘李继迁军从萧关、武延、石门路入寇镇戎军,只有宋军五六千人的镇戎军,恐怕也难以抵御。一旦镇戎军不守,则回鹘及西凉路亦将断绝。他指出灵州和镇戎军实是唇齿相依的关系,失去灵州,镇戎军就难固守。至于在军事上如何支持灵州,对付来去飘忽的李继迁?他认为咸平三年诏书命令沿边兵马不得出兵,不许于蕃夷处生事的策略是有问题的。他主张在战术上应采运动战法,主动出击,不断派骁将率锐兵,深入敌境扫荡。倘敌军聚兵自固,就不与相斗;到敌军散去,才伺机掩击。总之让己方居于逸,而置敌方于劳,以逸待劳,伺机歼敌。很明显,李继和是师承乃兄千里奇袭、无功即退的运动战法。

第三,李继和主张给予灵州的边臣最优渥的条件,以及便宜行事的权力。他引述太祖时对待守关南的名将齐州防御使李汉超的手段:既给他自由使用齐州的钱赋,甚至任由他私贩榷场营利。故此"汉超居则营生,战则誓死;赀产厚则有以系其心,必死战则动必有成绩。故毕太祖之世,一方为之安静"。他认为若能用太祖的遗法,"选择英杰,使守灵武,高官厚赏,不吝所与",就可以使守臣一心求胜。另一方面,他力主朝廷赋予灵州守臣便宜行事之权,不宜戎事内制,致失事机。他指出"灵武绝塞,西鄙强戎"的特殊环境下,灵州守臣纵使有营私冒利，民政不修的过错，亦请不要加罪。作为一员边将，李继和更坦率地指出："用将之术，异于他官，贪勇智愚，无不皆录。但使法宽而人有所慕，则久居者安心展体，竭材尽虑，何患灵武之不可守哉。"

第四，李继和极力主张用禁入青盐的经济手段，来制裁李继迁。他反对开禁之议，认为"盐之不入中土，困贼之良策也"。他反对开禁者所说的"粮食自蕃界来，虽禁盐不能困贼"，认为蕃粮既不能入李继迁境，就会转卖给宋边的仓库，这对宋人是有利的。他又指出汉地百姓既不食李继迁所控地区所产的青盐，而熟户又不入蕃界贸易，禁青盐输内地，对蕃汉百姓未有不便；而以宋朝之富足，亦不在乎区区青盐贸易的税收。既然李继迁部赖以维生，只在青盐一项，禁售青盐，足可令其困敝。[1]

李继和上面洋洋千言的御戎奏议，乃从实际情况考虑问题，其识见远胜宋廷多数纸上谈兵的文官。其中在要地筑城建寨，保障后勤粮

---

[1] 关于宋夏关系中，宋方长期采取禁售青盐的策略，以制裁西夏的成效讨论，可参阅林文勋：《宋王朝边疆民族政策的创新及其历史地位》，《中国边疆史地研究》，第十八卷第四期（2008年12月），页15—17。据林文勋的研究，郑文宝在太宗淳化三年时首先主张禁入青盐以制裁李继迁，李继和以后是仁宗朝的包拯（999—1062）。而反对此政策最力的，是真宗初年的参政李至。不过，到了仁宗庆历时，宋廷的主流意见则认为郑文宝和李继和等"青盐之禁，西人至今失其厚利，乃策之得。（李）至言殆偏见也"。关于包拯以禁售青盐以对付西夏的研究，可参阅国宜：《包拯关于辽夏问题的对策》，《安徽师范大学学报（人文社会科学版）》，第27卷第1期（1999年2月），页100。另外，李华瑞亦认为宋廷对西夏采用禁限贸易的政策，特别是禁售青盐和粮食，迫使西夏发动侵宋之行动，以求打破宋的经济封锁。然宋廷因西夏的入侵，又进一步加强经济封锁，禁售青盐与粮食。参见李华瑞：《贸易与西夏侵宋的关系》，原刊于《宁夏社会科学》1997年第3期，现收入李华瑞：《宋史论集》（保定：河北大学出版社，2001年8月），页191—211。

运畅通之策略，以及厚赐敌人死敌的以夷攻夷手段，和采用停止贸易的经济制裁手段，均为后来镇守西边的边臣边将沿用。

李继和的御边奏议，在许多方面都获得宋廷的良好响应。首先在十二月二十五日，陕西转运使刘综上奏，认同建镇戎军城，可以控制蕃落要冲之地；不过他认为镇戎军屯兵日众，粮供实繁重，他以为若输送原州、渭州夏秋之赋，地远而民劳，储备必致窘乏。若用入中茶盐之法，就会令物价增贵。据他日前亲往镇戎军按视所见，该处川原甚广，土地甚良，假如屯田，则获利必博。他估计镇戎军一年的经费约给刍粮四十余万，约费茶盐五十余万，如令远郡输送，会花费甚多。他请求宋廷，许于镇戎军城四面置一屯田务，开田五百顷，置下军二千人，牛八百头以耕种之。又请于镇戎军北及木峡口以及军城前后，各置堡寨，分置屯田军人，无事田耕，有警接战。刘综并请宋廷委任李继和兼任屯田制置使，再令李继和挑选使臣四人充四寨主管，五百人即充屯戍，镇戎军每岁所费都可自屯田所得。真宗采纳刘综的建议。在李继和管治下的镇戎军便以军屯的方式自给。[1]

虽然李继和竭力请宋廷坚守灵州，但宋廷在灵州该守该弃的问题上，仍存在很大的争论。李继隆的知交、知制诰杨亿在是年十二月三十日应诏上言，便认为存灵州有大害，弃之有大利。他主张放弃灵州，退守环庆。[2]陕西转运使刘综则坚持灵州不可弃，仍申前议，请于

---

[1] 《长编》，卷五十，咸平四年十二月壬戌条，页1093—1094。《宋会要辑稿》，第十册，《食货四之一·屯田杂录》，页6029—6030；第十三册，《食货六十三之三十九·屯田杂录》，页7632—7633。
[2] 《长编》，卷五十，咸平四年十二月丁卯条，页1094—1099。

浦洛河建军城,屯兵积粮,以为应援。他指出镇戎军与灵州相接,弃灵州则原、渭等州就要增加防备,所需劳费十倍。真宗览刘综之奏,犹豫不决。左右辅臣都认为灵州是必争之地,失灵州则沿边诸州都不可保。然宰相李沆独持异议,认为李继迁不死,灵州必不可守。他主张放弃灵州,令守将率戍卒及居民返内地,认为这样,"关右之民息肩矣"。[1]

真宗对于李沆的消极态度,大不以为然,于是又问计于兵部尚书张齐贤。张齐贤很认同李继和派大军出击的意见,指出要撤退,就要派兵接应;但与其接应而出兵,不如用奇而取胜:小胜则灵州军民可以顺利撤出,大胜则形势可以好转。他反对示弱式的撤守灵州,主张增派精兵,配合在西边屯戍的军队,再加上山西熟户,约期两路齐进。他相信李继迁首尾不能顾,就会解灵州之围。他又建议将灵州军民置于旧关武延一带,据险就水建一寨,侨置灵州,以羁系蕃汉土人之心,时机到来,就使蕃汉兵出击,恢复灵州。[2]

真宗认同张齐贤积极进取的意见,准备出兵讨伐李继迁。闰十二月初,延州上奏已招得李继迁蕃部阿约勒、明叶示、扑咩讹猪率众来降。十一日,潘罗支致书李继和,表示已准备发兵攻李继迁,询问宋军出师之期。李继和马上转奏宋廷,真宗即诏他晓谕潘罗支整顿部队,准备出击。宋军出师之日,会立时通知他。二十日,宋廷派六宅使康延英为永兴军钤辖,率禁军步骑五千屯京兆府,作为大举援灵州的先头

---

[1] 《长编》,卷五十,咸平四年十二月丁卯条,页1099。
[2] 《长编》,卷五十,咸平四年十二月丁卯条,页1099—1100。

部队。[1]二十一日，李继和再上奏，称招得凉州卑宁族首领喝邻半祝贡马归附，自称有精骑三万，愿备驱策以攻李继迁。宋廷下诏慰奖，并命李继和厚偿其所贡马值。[2]二十七日，宋廷命马步军都虞候王超为西面行营都部署，环庆路部署张凝为副都部署，入内副都知秦翰为钤辖，率步骑六万援灵州，并遣使通知潘罗支。[3]

咸平五年（1002）正月初一，宋军西征部队在张凝的指挥下，初战得胜。宋军自白豹镇（疑即后来的白豹城，今名白豹村，是陕西延安市吴旗县白豹镇政府所在地。该城居洛河支流白豹川的北岸，处崇山峻岭之下，西距子午岭主脉不足20多公里）入蕃界，焚庆州胡家门等帐族二百余，斩首五千级，降九百余人，毁刍粮八万，获牛羊、器甲二万。同月初八，真宗再委张齐贤为邠、宁、环、庆、泾、原、仪、渭、镇戎军经略使判邠州（今陕西咸阳市彬县），令环庆、泾原两路及永兴军驻泊兵并受其节制。稍后又任张所推荐的户部员外郎曾致尧（947—1012）为邠、宁等路经略判官，熟习西边的工部员外郎郑文宝（953—1013）为同勾当陕西随军转运使事。十六日，又以西上阁门使孙全照为石州、隰州（今山西临汾市隰县）兵马钤辖屯绥州，经度修城事，又调发兵夫二万供其役使。是月二十五日，石、隰州部署司又上奏李继迁部下指

---

1 《长编》，卷五十，咸平四年闰十二月戊寅至丁亥条，页1101。《宋会要辑稿》，第十六册，《方域二十一之十六、十七·边州·西凉府》，页9705—9706。
2 《长编》，卷五十，咸平四年闰十二月戊子条，页1102。明德李太后的生母韩国太夫人陈氏（？—1001）于是年闰十二月逝世，李继和似乎不用守制，相信李继和不是陈氏所出。参见《宋会要辑稿》，第三册，《礼四十一之三十七·辍朝·皇外祖母韩国太夫人陈氏》，页1657。
3 《长编》，卷五十，咸平四年闰十二月甲午条，页1102—1103。

挥使卧浪已等四十六人来附。宋廷命补军主,赐袍带茶彩,并命石州给田亩以安置之。[1]

当宋廷大张旗鼓讨出兵伐李继迁时,不知何故,忽然在是月二十七日罢张齐贤经略使之职,改命他判永兴军府兼马步军部署。当孙全照到绥州后,又上奏在绥州筑城不便。二月十一日,真宗只好任命知天雄军(即大名府)、工部侍郎钱若水与李继隆旧部、并代钤辖陈兴乘驿前往绥州规度应否动工筑城。[2]

李继和在二月十三日,又迅速上奏宋廷,报告当下的情势,以及应采取的策略。他主张提升镇戎军的战略地位,将泾原部署司移来此处,同时开通新路,使与环、庆两路连成一片,从战略上将西边数路横亘千里,本来分散的宋军集中起来,主动出击扫荡李继迁的老巢,实施积极防御的战略。[3]

具体来说,李继和首先指出自从他在这年初在天麻川杀灭卫狸族后,近界的蕃部甚为震慑。就像镇戎军西、陇山外五百里范围的部族,都愿点集军马,于蕃界内建立寨栅,防守要害。他认为这些部族都是戎狄性情,本无仁义可言。宋廷给他们恩泽之余,也需用威信控驭。

---

1 《长编》,卷五十一,咸平五年正月丁酉至乙卯条,页1107—1111。曾致尧在咸平五年正月十七日授邠宁等路经略判官,但他不想去,即上奏表示不受命,结果在十八日以狂躁被贬。郑文宝在咸平四年九月清远军失陷后被召问方略,他献《河西陇右图》,力言灵州不可弃。当宋廷决意西征,就诏复尚在母丧的郑官职,任为陕西随军转运使。
2 《长编》,卷五十一,咸平五年正月癸亥条,页1112;二月丁丑条,页1115。《宋史》,卷二百七十九《陈兴传》,页9483。
3 《长编》,卷五十一,咸平五年二月己卯条,页1115—1116。《宋史》,卷二百五十七《李继和附传》,页8973。

倘镇戎军的守军能痛击李继迁军，就能提振军威，令这些蕃部效顺。但万一镇戎军被围三五日，不及救援这些蕃部，或只要有十族、五族熟户被击破，他们就会解体，丧失抵抗的斗志。为让镇戎军有震慑打击敌人的兵力，他请求将泾原路部署司移往镇戎军。理由是李继迁大军往来急于风飙，倘镇戎军守军兵力不足，就难于接战。若兵力足够，就能与之交锋，并且可乘其困乏取胜。他指出镇戎军的优势，在于它的柴薪和食水条件，比别处丰饶。倘泾原部署司能移来此处，镇戎军的兵力得以增强，内地州郡就得到屏障而可减少戍兵。他提出泾原部署司移至镇戎军后，请再移泾、原、仪、渭、陇五州的两税，以及邠、宁、泾、原、仪、渭州商旅的入中，并入于环、庆及镇戎军三处，以充赡刍粮。[1]

李继和又指出，从环州至镇戎军五百里，若容许镇戎军的熟户开一新路至环州，就可缩短路程至三百里。如环庆两路有警，镇戎军便可以互相应援。倘敌军以轻兵抄掠镇戎军，泾原部署司的屯兵就可与镇戎军的州兵合击。如敌军人数众多，不需十日，环庆两路兵就可会兵来援。

李继和进一步请求宋廷从环州和庆州开路以达延州，这样横亘千里的宋军，可以互相照应。再者，延州去石州、隰州，以至麟州及府州（今陕西榆林市府谷县）都不远。他认为若朝廷能命陕西各路将兵，暗中约期合攻李继迁，则可使之疲于奔命，自救不暇，而不能再犯

---

[1] 李继和领兵杀卫狸族于天麻川的事，《东都事略》系于咸平五年，惟未载何月。又《事略》作"卫埋族"。参见《东都事略》，卷二十《李继和传》，叶四下（页354）。

疆场，吞并蕃部。他相信采用这种主动出击扫荡的战略，加上李继迁所在的水旱之灾，两三年间，就会令其部众心离散，将之击败。

可惜真宗并未采纳李继和这个大胆而有战略眼光的建议。虽然称许"继和此奏颇亦尽心"，但对他主张打通环庆诸路以使互相接应的方案，却认为"僻远难行"。就在李继和上奏的前一天（二月十二日），他的妹夫直集贤院、主客员外郎范贻孙在京师甘泉坊私第中风暴卒，年仅四十三。对李继和来说，不啻是双重打击。[1]

同月二十三日，真宗再委从高阳关来朝的殿前副都指挥使王汉忠，为邠宁、环庆、仪、渭州、镇戎军两路都部署，并以东上阁门使李允正（960—1010）为钤辖，如京副使宋沆为都监，再领戍兵二万五千人增援西疆，务求挫败李继迁，援救灵州。二十四日，真宗又从西面行营部署司王超所请，将泾原、环庆两路骑兵减半，易为河北步兵。真宗同意西面除泾、原、镇戎军川谷稍宽平外，其余的地方多山险，不利骑兵作战。[2]

可惜王超大军才抵达环州，灵州已在三月初一被李继迁大军攻破，坚守两年的知州内客省使裴济（？—1002）殉难。宋廷无奈，只好

---

1 杨亿：《武夷新集》，卷九《宋故主客员外郎直集贤院高平范公墓志铭》，叶二下，五上下。李继和之妹、范贻孙之妻高邑县君李氏，在夫暴卒后，与只得十一岁的幼子范克勤及一幼女，在同年十一月十七日扶亡夫灵柩归葬于河南府洛阳县某乡先茔。真宗怜悯范贻孙早卒，特授其子太常寺奉礼郎，月给俸以养。相信是李继隆的关系，范、李两家又请得大名士杨亿为范贻孙撰写墓志铭，杨亿赞许李氏"虑贵思降，在富能贫；周旋礼经，辅佐君子。得中馈之道，彰内助之贤。举案齐眉，方期于偕老；帷堂昼哭，遽痛于未亡"。
2 《长编》，卷五十一，咸平五年二月丁亥至庚寅条，页1116—1117。

令王超等班师，退守环庆、泾原的防线，以防李继迁乘胜东侵。[1]

亡羊补牢，宋廷急谋对策。张齐贤上书，表示担忧向有二心的沿边蕃族改投李继迁，而且更煽动其他熟户叛宋。他请下令边上要害城镇留兵镇守，以安蕃汉人心。他指出环州至庆州，中间木波、马岭一带之城寨，均不堪御敌，今冬之前，务必加以修葺。而镇戎军以南，高店、瓦亭各城寨虽已近修完，但都不是能固守之处。他请求在已经规划的弹筝峡内可控扼的地方建置一寨，另潘原县正当小卢谷蕃兵来路，人户甚多，他亦请发兵民牢固修葺及掘断谷口路。他认为若能在边上城镇各置屯兵，而要害城寨又皆牢固，李继迁就不敢贸然来犯。他又指出可以牵制李继迁的，只有西凉蕃部。若宋廷不加强安抚，一旦李继迁与之结好，不但断却六谷部入京道路，就是大梁、小梁等蕃部都无路归附，以至陇山后蕃族亦难保。倘李继迁在来秋冬攻掠镇戎军时，也就难于固守。他力主对西凉蕃部"结其欢心，唉以厚利"。[2]

四月初二，西凉咩逋族首领泥埋遣其子城逋（？—1003）入贡。真宗采纳张齐贤前议，对西凉各部大加慰抚，以泥埋多次与李继迁作战有劳，授其锦州团练使，又以其族弟屈子为怀化将军充本族指挥使，其子城逋为归德将军充本族都巡检使。宋廷又令城逋开列其族酋长之数，发出空名指挥使宣十五道、军主宣三道，委派李继和据名单填

---

1 《长编》，卷五十一，咸平五年三月戊申至己酉条，页1118；三月癸亥条，页1121。《宋史》，卷六《真宗纪一》，页117。《欧阳修全集》，卷三十一《少府监分司西京裴公墓志铭》，页460。裴济曾从李继隆在唐河之役击退辽军，并屡立战功。
2 《长编》，卷五十一，咸平五年三月癸亥条，页1121—1122。

上分别给授众人。[1]

招抚西凉各部略见成效之际,在沿边要塞筑城的构思却连番受挫。同年四月初六,前往绥州经度筑城的钱若水回朝复命。他经过实地勘探,认为绥州没有条件建城。同一时候,陕西随军转运使郑文宝再修葺清远军城之议,也被环庆、泾原都部署王汉忠指为生事。而真宗本人也对在西北要塞筑城之议不以为然。李继和见宋廷对防御西疆的对策未见积极,特别是先前请移泾原部署司于镇戎军之议不获采纳,考虑到一旦敌军来攻,泾原部署司未及来援,镇戎军将会势危。他因此一再要求增兵镇戎军。宋廷乃作出折中的安排,任命李继和兼任泾、原、仪、渭驻泊钤辖,让他兼领环、庆四州兵及镇戎军之戍军,一旦有事,有权调动四州部署司之兵马应援。[2]

李继迁得到灵州后,在六月初九率二万骑进围麟州。真宗令并、代、隰三州兵应援。知州卫居实(?—1002后)奋力防守,并克服城中缺水的问题。李继迁连续五日四面攻城不克,解围而去。李军受挫,西疆的压力稍减。李继和也趁敌军再犯之前,将镇戎军的城池修筑完成。七月初一,宋廷以李继和领平州刺史,奖其筑城之功。宋廷此时又

---

[1] 《长编》,卷五十一,咸平五年四月丁卯条,页1122—1123。
[2] 真宗在咸平五年四月以李继和兼泾、原、仪、渭州驻泊兵马钤辖后,对辅臣说:"李继和累请教兵,朝廷难以应副,本路部署司军马之数已是不少,继和益者,虑至时总管(部署)司不为策应。朕细思莫若就命继和充四州驻泊钤辖,其镇戎军驻泊兵士却令部署司通连管辖。"宰相同意真宗的处置方法。另真宗在咸平五年五月十二日对辅臣说:"西北边臣,多请增筑城垒,既有劳费,又须益其戍卒。况部署司各领重兵,可以应援也。皆不许。"反映了真宗当时对在西北要塞筑城的消极态度。参见《长编》,卷五十一,咸平五年四月辛未条,页1123—1124;卷五十二,咸平五年五月丁未条,页1132。《宋会要辑稿》,第七册,《职官四十八之一零七·都钤辖 钤辖》,页4380。

觉得需加强边防。因沿边禁旅多分守城寨,帅臣都以部队不足为虑,是月二十三日,真宗于是命内臣六宅使刘承珪(950—1013)驰往环、庆等州,选厢军材勇者四千五百人代守各寨城,而将原守寨城的禁军调归部署司,令他们担任战斗部队。二十四日,真宗又命使者前往修葺环州、庆州及仪州城。[1]

八月初,宋西边几处守臣都竞相立功,争取表现。首先是石、隰州副都部署耿斌招得河西蕃部教练使李荣等率众归顺,然后环庆路都监宋沆与知环州张从古(?—1007后)领兵出环州,攻袭蕃部。宋军却多有死伤,环庆路部署张凝即劾奏他们擅自出战。宋廷遣使按问后责降二人。李继和在是月七日忽上奏,请加赐缗钱予刚调来的驻泊禁军保捷军,而将逃亡的军人按以军法。真宗觉得保捷军曾经挑选,若稍加训练,便可成为精兵,但近日多有逃窜,是李继和治军峻刻少恩,不能抚下所致。不过,他以李继和乃勋戚之臣,这次特许其请,加赐特支钱予保捷军,并且特命有司以李继和此奏宣示军中,让保捷军士感其恩惠,以为用命。[2]

九月初二,李继和遇上了他守镇戎军五年来第一次敌军的进犯。

---

[1] 《长编》,卷五十二,咸平五年六月癸酉至壬辰条,页1136—1139;七月甲午条,页1140;丙辰至丁巳条,页1144;八月丙戌条,页1148。刘承珪在八月二十三日的覆奏指出,庆州淮安镇,至为冲要,屯兵亦甚众,而部署司在环州,每有警急,则道出庆州,要多天才至。他指出从木波镇(今甘肃庆阳市环县所在之环江与安山川交汇处)直抵淮安镇才八十里,路不甚险,已由环庆路部署张凝遣戍卒修好。他请求增加木波镇兵,以为诸路之援。

[2] 《长编》,卷五十二,咸平五年八月甲午至庚午条,页1145—1146;丙戌条,页1148。耿斌在八月二十三日又招得河西蕃部指挥使拽浪南山等四百人来归,宋廷照例厚赐袍带茶彩口粮,仍令所在处倍加存恤。

敌军来犯时，先在前一夜填平长壕，越古长城而入，并埋伏骑兵于镇戎军城侧。对敌军的部署，李继和竟然失察。当宋军出城御敌时，因敌军已据险阻，故无法将之击败。两天后敌骑再至，幸而李继和吸收教训，做好准备。他与都监史重贵亲自领兵出城拒战，终把敌军击退，大获敌军之甲骑。战斗中，史重贵受了重伤。真宗下诏嘉奖李继和，兼赐良药予史重贵。不过，真宗也批评李继和侦逻不密，给敌军夜入城侧而不察，另西凉入贡蕃部夜入镇戎军境，直抵城隅，门尚未闭，而竟然也没遇到警巡，城防实有怠慢。经过考虑后，真宗以李继和知镇戎军已近五年，就将他召回，改以如京使张志言（950—1018）代知镇戎军兼泾原钤辖。[1]

宋人对李继和守镇戎军，一方面称许他"习武艺，好谈方略，颇知书，所至干治"，但亦批评其治军作风，称他"性刚忍，御下少恩，整众过峻，部兵终日擐甲，常如寇至。校阅之际，杖罚过当，人多怨焉"。真宗屡加训责，他仍不改。据载他已上路离开镇戎军，军中仍怕他会再来。他治军苛虐的作风，后来入朝统率禁旅仍不改。[2]

---

[1] 《长编》，卷五十二，咸平五年九月甲午条，页1149—1150。《宋史》，卷六《真宗纪一》，页118；卷三百八《张佶传》，页101051。《皇宋十朝纲要校正》，上册，卷三《真宗》，咸平五年九月戊申条，页113。李继和击退入寇的敌军，《皇宋十朝纲要》系于咸平五年九月戊申（十六），与《长编》所记相差十四天。《宋史·真宗纪》未记此事，只记在十月己巳（初七），宋廷遣使赍药赐镇戎军将士。此事待考。张志言后改名张佶，他要到景德中徙益州钤辖时，才加宜州刺史。
[2] 《长编》，卷五十二，咸平五年九月甲午条，页1150。《宋史》，卷二百五十七《李继和附传》，页8973—8974。

四、闲居京师

李继和奉召回朝后,宋廷沿用他在镇戎军的防务措施。九月初七,泾原、仪渭、镇戎军部署陈兴上言,指镇戎军去渭州瓦亭寨七十余里,当中有二堡,请求留兵三百人戍守之。奏上,得到真宗的允许。十七日,宋廷又探得李继迁军出镇戎军、原州之间,分别抵原州和泾州,而宋军部署兵力多在渭州之西,去泾州稍远。为增强泾州的防卫,宋廷即诏发骑兵千五百人屯泾州。[1]另李继和虽然离任,但一向由他联络的六谷首领潘罗支,对宋廷没有异心。十月初四,潘罗支遣使上言,称李继迁遣人送铁箭招诱他的部族,他已杀一人和囚一人,听候宋廷的意旨。宋廷自然下诏褒奖。[2]为收人心,宋廷对内属的蕃部仍采宽大的政策,真宗在同月十九日,又赦免泾原部署司所系之蕃部谋叛者九十一人。李继和大概认为真宗认同他管治镇戎军的措施,而似乎对继任人的能力有所保留。他两天后上奏,以镇戎军控扼边要,请求宋廷择带防御使或团练使的将领任知军。不过,这次真宗未有接纳,认为以领刺史的武臣任知军已足够。[3]

李继和确有先见之明,接他镇戎军知军之任的张志言位不高而

---

[1] 《长编》,卷五十二,咸平五年九月己亥条,页1150;己酉条,页1152。《宋史》,卷二百七十九《陈兴传》,页9483—9484。

[2] 潘罗支在同年十一月初三,又遣使贡马五千匹。宋廷诏厚给其值,别赐彩百疋、茶百斤,仍宴犒他的部族。十二月八日,西凉府及咩逋族各遣使来贡。真宗下诏抚谕,谕他们如潘罗支一样,助攻李继迁。见《长编》,卷五十三,咸平五年十月丙寅条,页1155;十一月甲午条,页1162;十二月己巳条,页1170。

[3] 《长编》,卷五十三,咸平五年十月辛巳至癸未条,页1156—1157。《宋会要辑稿》,第七册,《职官四十七之三·判知州府军监》,页4266。

才不足，甫上任不久便处事失当。咸平六年正月二十日，潘罗支遣咩逋族蕃官城逋驰骑至镇戎军，请会兵伐李继迁。镇戎军的守军见他没有牒文证明，怀疑他是奸细，将他擒送往泾原部署司。他恐惧而逃，却不慎坠崖而死，押送的人还将他枭首。真宗得报大怒，以城逋曾两度入京，为何镇戎军的官吏竟会不认识他？而将他当成奸细，最后置其死地，甚至将他枭首示众。镇戎军守臣这样鲁莽的做法定会招怨于蕃部。真宗立命使者驰驿镇戎军按劾本军官吏，知军张志言调职麟府路钤辖，真宗又令渭州守臣礼葬城逋。[1]

幸而真宗处理此事得宜，没有动摇潘罗支等西凉首领的心。二月十二日和十五日，先有环州野狸族首领庆香等来贡马，继有者龙移卑山首领厮敦琶遣使输诚，称已集蕃骑，愿助讨李继迁。十九日，潘罗支又遣蕃官吴福圣腊等来贡。称李继迁曾派人招降，但他一一拒绝，并且将李的使者械送宋廷，听候发落。潘又称已集骑兵六万，愿意与宋军合兵收复灵州。他又要求升他一官，并量给衣甲。真宗与宰相商议后，翌日即特授潘罗支朔方节度使、灵州四面都巡检使以结好他。宋廷又遣使携国书及铠甲赐之，并封蕃官吴福圣腊为安远将军遣还。三月初二，真宗又特授城逋之父、咩逋族首领泥埋自锦州团练使为鄯州

---

[1] 《长编》，卷五十四，咸平六年正月庚戌条，页1178；卷五十六，景德元年四月甲寅条，页1233。《宋史》，卷二百七十九《许均传》，页9485；卷三百八《张佶传》，页10151。据《宋史·许均传》所载，磁州刺史深州兵马钤辖许均（？—1007），在咸平六年改泾州驻泊部署，数月后改知镇戎军，相信是代替张志言。《宋史·张志言传》记张志言知镇戎军后，徙麟府路钤辖，但没说他徙职年月，亦没记他被劾之事。结合《宋史·许均传》及《长编》之记载，张志言当是被劾失职而调为麟府路钤辖，遗缺由官位比他高的许均接掌。

防御使,充灵州河外五镇都巡检使,与潘罗支为犄角,一同对付李继迁。[1]至于在京中的李继和,这时有否被真宗咨询这项他一直主张的以夷攻夷策略,就不得而知。

四月,潘罗支再遣使约宋廷出兵攻打李继迁时,北边再次告急:真宗的心腹爱将王继忠所率之宋军,被入寇的辽军大破于望都,王继忠且被俘。[2]五月,西面都部署司又上奏李继迁父子聚兵浦洛河,准备入寇。真宗不想两面作战,就令西边诸路严备。若敌兵至镇戎军或洪德寨,环庆兵就出援。真宗这时所关注的,是如何在定州、镇州及高阳关三路集合大军迎击来犯的辽军。[3]

从六月至十月,宋廷积极备战。而闲居京师的李继和,正好随侍他病势渐剧的二姐、被尊为万安太后的明德李后。另外,也得以见到在七月二十三日自陈州来朝面奏边事,多年不见的长兄李继隆。兄弟难得欢聚四个多月后,十一月十七日,闲居京师一年的李继和,终于再被

---

[1] 《长编》,卷五十四,咸平六年二月壬申至戊子条,页1180—1181;三月壬辰条至乙卯条,页1183—1184、1186。宋廷封赏潘罗支后,继续以优渥的招抚策略招降蕃部以对付李继迁。咸平六年二月,李继迁子阿伊克元的亲随刘荣来降,宋廷即补他三班借职,赐予居所。另蕃部叶市族罗理等原附李继迁,也因宋廊延路守臣招抚而率其族百余帐来归。真宗以罗理为本族指挥使,啰胡为军使,赏赐有等。三月,绥胡东西蕃部军使拽白等百九十五口又来归,另宋廷又以赏环州蕃官苏尚娘(?—1003)击李继迁军有功及屡密告李军机事,授他临州刺史,赐锦袍银带。同月二十五日,环庆都部署张凝又招降得岑移三十三族、麻谋三十一族、巢迷二十族、都树罗家百族,合共四千八十户来降。宋廷均赐予袍带彩物,张凝以功加宁州团练使。又原州熟户裴天下等上言,以移湖等族帐依附李继迁,请许他们率族兵掩击,而请宋军策应;但泾原部署司不回应其请。真宗闻奏不以为然,即诏诸路赐给这些部族以精甲,助他们出战。
[2] 《长编》,卷五十四,咸平六年四月癸酉条,页1189;丙子至辛巳条,页1190。
[3] 《长编》,卷五十四,咸平六年五月庚子条,页1193;六月己未条,页1195—1196。

真宗委以重任，出为并代钤辖，镇守北疆。他离京前请对，请求领兵按巡边城。真宗不允，并说河东既险要而兵甲众多，辽军入寇，只需邀击其后路，就可致胜，不用率兵出击。真宗看出他投闲一载，志切立功，怕他刚愎自用，驭下过严，就一再告诫他，嘱他在执守之间，亦须要婉顺，才会事必和济，不失人情；指示他统辖军队，亦当畏爱相加，务须善抚下属，让他们尽心。真宗也对他慰抚一番，称朝廷没有忘记他营建镇戎军城之功劳。李继和却回奏下属若犯错，他就会坚持法纪。显然李继和改不了驭下严苛的老毛病。[1]

五、转战北边

景德元年（1004）正月，已身在北边的李继和收到大喜讯：令宋廷多年来寝食不安的李继迁，被潘罗支与六谷蕃部及者龙族合击于西凉府，大败且身中流矢，奔回灵州界而死。宋廷在西边的威胁，因李的死亡立时大减。李继和当年力主利用潘罗支对付李继迁，证明眼光独到。不过，两个月后，是年三月十五日，他的二姐明德李太后病逝，得年四十五。一个月后，在四月二十一日，他的二兄李继恂又相继病亡，李家可说祸不单行。[2]

---

1 《长编》，卷五十五，咸平六年十一月癸巳、癸卯、乙丑至庚午条，页1216—1219；十二月甲戌至戊寅条，页1221。万安李太后于咸平六年十一月初七病重，真宗于十二月十三日下诏天下，访求善医者。二十三日更大赦天下，为她祈福。李继隆从七月二十三日来朝，留在京师半年，到十二月十五日，才改为山南东道节度使，出判许州。
2 《长编》，卷五十六，景德元年正月壬子、二月丁巳、戊午条，页1228—1229；三月己亥条，页1232。《宋会要辑稿》，第三册，《礼四十一之七·杂录》，页1635；《礼四十一之三十八·辍朝·皇舅》，页1657。《皇宋十朝纲要校正》，上册，卷二《太宗·皇

真宗才在北边配置了防秋兵马,是年六月,一直请求出兵收复灵州的潘罗支却为李继迁余部伏击而亡。[1]七月初四,宰相李沆卒。八月初七,真宗擢用毕士安及寇准为相,并由通晓军事的寇准主持大局,积极对辽备战。[2]李继和调任并代钤辖这大半年期间,手下的戍兵以北地寒苦,且多有七年到十年都不得代,故此逃亡的很多。不知是李继和的上奏,还是真宗发现这种不公平的情况。真宗即下诏并代沿边戍兵超过二年的都代回,又下令自今所上的兵籍,需要注明戍兵调外地的年月。[3]

　　同年闰九月二十二日,当明德李太后奉灵于京师安肃门外旌孝乡之沙台同时,辽大军在承天萧太后及辽圣宗亲自统领下,已大举入侵北边重镇定州。宋军主帅王超列阵于唐河,按兵不敢出,令辽军气势益炽。寇准面对辽军汹汹来势,从容不迫,一方面布置调动北边各路

（接上页）后四·明德皇后李氏》,页44。李继和的二兄李继恂在景德元年四月二十一日卒,官至洛苑使、顺州刺史。礼官以在明德皇太后新丧之内,请罢成服发哀。真宗从礼官之议,但仍辍朝三日。

1　《长编》,卷五十六,景德元年四月甲寅至乙卯条,页1233;景德元年六月丁丑条,页1240—1242。附带一谈,是年四月,知镇戎军许均被指不称职,真宗以曹玮自知渭州代知镇戎军。

2　《长编》,卷五十六,景德元年七月丙戌至己丑条,页1243—1245;卷五十七,景德元年八月己未条,页1251。《宋史》,卷七《真宗纪二》,页124。

3　《长编》,卷五十六,景德元年七月己亥条,页1247;卷五十八,景德元年十一月戊辰条,页1282—1283。据李焘所考,真宗这通诏书颁于景德元年,但未记其月,因张旻(即张耆)任并代钤辖而附见。据《宋史·张耆传》所记,张耆任并代钤辖在咸平六年四月望都之战后,到景德元年底才召还,即是说李继和与张旻在咸平六年底到景德元年底同任并代钤辖。真宗颁下此诏是回应张旻的奏事,抑或回应李继和之报告? 待考。参见《宋史》,卷二百九十《张耆传》,页9710。

大军迎敌,另一方面力请真宗御驾亲征。[1]

李继和大概在十月中旬,从辽军主力未有进犯的河东路并、代前线,调往军情吃紧的河北定州的北平寨(今河北保定市满城区北漕河上),接替率兵出征的骁将田敏。[2]

十一月十八日,真宗御驾亲征。教李继和兴奋的是,乃兄李继隆经多年的争取,终于获得真宗的信任,担任驾前东面排阵使的要职,率禁旅扈从真宗再上沙场。而真宗的心腹,曾与李继和同任并代铃辖的张旻亦被召还随驾出征。[3]

在真宗君臣的协力下,特别是寇准主持大局有方,李继隆老将知兵,宋廷于景德元年十二月初七,与辽方订立著名的"澶渊之盟",双方言和息兵。李继隆以功除增加食邑外,再加开府仪同三司的阶官。[4] 当辽军退兵后,真宗为保不虞,先派遣曹彬长子、高阳关副都部署曹璨,率所部取贝冀路赴瀛州,再委保州路部署张凝为缘边巡检安抚使

---

1 《长编》,卷五十七,景德元年闰九月癸酉至丙子条,页1265—1269。
2 《宋史》,卷二百五十七《李继和附传》,页8974;卷二百九十《张旻传》,页9710。《长编》,卷五十七,景德元年闰九月己卯条,页1270;卷五十八,景德元年十月丁酉、乙巳条,页1277—1278。《宋史》李继和本传未记他徙北平寨之具体年月,只说"景德初,北边入寇,徙北平寨"。按:景德元年闰九月二十八日,任并代铃辖已为殿前都指挥使高琼之子高继勋(959—1036)。高继勋在闰九月前后,相信已代替张旻为并代铃辖。至于李继和何时调北平寨,考十月十七日,北平寨守将骁将田敏率本部克定州。二十五日,田敏等深入敌后,败辽军于易州南。李继和很有可能在田敏奉命率部远征时,调守北平寨。
3 《长编》,卷五十八,景德元年十一月戊辰条,页1282—1283。关于李继隆多番上书请求真宗许其再效命沙场的努力,以及他最终获真宗谅解,再委以重任的始末,可参阅本书第三章。
4 关于李继隆在景德之役的战功及表现,可参阅本书第三章。

赴赵州（今河北石家庄市赵县），监视辽军动向。李继和在这次军事行动担任张凝的副手，当辽军出境后，张凝回任保州部署，他亦回任并代钤辖。[1]

正当李继隆兄弟双双在景德之役立功，方庆家声重振时，李继隆却在景德二年正月初患病，延至二月初五卒，得年五十六。李继隆病重时，力疾修书召李继和回来嘱以后事。李继和火速从河东赶回京，总算见到乃兄最后一面。据《李继隆墓志铭》所记，李继和"飞驿而至"。李继隆和继和"相见甚欢，谈笑移晷，方寸不乱，比更衣而就舍，即瞑目以归全"。李继隆以元舅外戚及勋臣的身份，加上刚立下大功，真宗自然以最高规格殓葬，并对其子弟大加恩恤。李继隆遗奏其亲属牙校三十人迁官，真宗以李继隆乃明德太后兄，下旨援引太祖、太宗母舅杜审进（903—974）的恩例行恤典。于是李继隆的子侄，包括其子李昭亮、其侄李昭逊（李继恂子）都获超等迁秩：李昭亮迁洛苑副使，李昭逊特授内殿崇班。疏属包括李继隆的两个堂兄李继凝、李继昭之子李昭度（？—1048后）及李承信，分别授内殿崇班及供奉官。李继和不肯靠亡兄的遗恩升官，坚拒在亡兄的遗奏上列名。真宗知悉后，是年五月初三，特授他西上阁门使，列于横班使臣之阶。[2]

---

1 《长编》，卷五十八，景德元年十二月戊子条，页1294；十二月甲午至乙未条，页1296—1297。《宋史》，卷二百五十七《李继和附传》，页8974。《武夷新志》，卷十《李继隆墓志铭》，叶二十五下至二十六上。《宋会要辑稿》，第十六册，《蕃夷一之三十二、三十三·辽上》，页9731。
2 《长编》，卷五十九，景德二年二月癸未条，页1315—1316；卷六十，景德二年五月庚戌条，页1334。《武夷新志》，卷十《李继隆墓志铭》，叶十四下至十五上，二十四下至二十六上。

他回任并代钤辖后，处事较前老练。当时宋廷每有诏书约束边事，或有"当行极断"之语，有些边臣不详深意，草率地将涉案者处以极刑。李继和觉得不妥，便上奏真宗备言此事。真宗于是下诏，命令诏书中有云"重断、极断、处斩、决配之类"，均需禀明朝廷来裁决。[1]

景德二年十二月，真宗调整三衙管军的人事，原殿前都指挥使高琼及马军都指挥使葛霸以年老罢军职，刘谦（？—1040）及曹璨分别擢为殿前副都指挥使及马军副都指挥使，张旻任马军都虞候，李继和大概也在这时任殿前都虞候，领端州防御使。[2]

六、执掌禁旅

李继和入朝统率禁军，继承了亡兄担任三衙管军，统率禁军的名位。李继和被擢用为禁军精锐的殿前军都虞候，可见到真宗对李氏的信任和重用，不因李继隆之死而止。[3]

李继和甫任殿前都虞候不久，宋廷中枢在景德三年（1006）二月

---

[1] 《宋史》，卷二百五十七《李继和附传》，页8974。

[2] 《长编》，卷六十一，景德二年十二月癸未条，页1377—1378；卷六十三，景德三年六月甲午条，页1408。《宋史》，卷二百五十七《李继和附传》，页8974。李继和擢殿前都虞候年月不详，《宋史》本传记他迁西上阁门使后，"未几，擢殿前都虞候，领端州防御使"。按：《长编》该条未记谁人继曹璨任殿前都虞候，只记张旻擢马候，疑李继和即在此时拜殿候。又景德三年六月，见任步军副指挥使是王隐，三衙管军惟一未知有否补上的是步军都虞候、日骑天武四厢指挥使及龙神卫四厢都指挥使。

[3] 值得注意的是，李继和的侄儿李昭亮在仁宗朝也获擢用为管军，兄弟父子相继以外戚身份执掌禁军，可说是北宋一个特殊的案例。李昭亮在仁宗朝历任殿前都虞候、步军副都指挥使、殿前副都指挥使，担任三衙管军多年。参见《宋史》，卷四百六十四《外戚传中·李昭亮》，页13563—13564。他的生平，参见本书第五章。

即发生大变动：先是枢密使王继英卒，然后宰相寇准被罢。真宗任参政王旦为相，进谗攻倒寇准的王钦若和他的同党陈尧叟升任知枢密院事，参政冯拯留任，翰林学士赵安仁（958—1018）擢为参政，两个功臣子弟韩崇训和马知节都自枢密都承旨擢为签署枢密院事。[1]李继和与王旦以下的几个位列二府的文臣都没有什么渊源，反而与韩崇训及马知节均属功臣子弟。他以外戚身份擢升三衙管军，并未受文臣非议，大概因他在西北两边多立功勋，资历劳绩早已足够，而非凭裙带关系。

景德三年十月二十八日，李继和的二姐明德太后下葬于太宗永熙陵。相信在公在私，真宗当会委派李继和率领殿前禁兵护送。[2]景德四年（1007）正月二十一日，真宗往巩县（今河南郑州市巩义市）谒陵及赴西京河南府（即洛阳），直至三月初二还京。真宗在这两个月出巡，相信也是由李继和率禁兵护驾。李继和大概也可顺道拜祭在巩县永熙陵的二姐陵墓，及葬在河南府河南县偏桥村祖坟的亡父及亡兄。[3]

除扈从真宗出巡外，李继和的主要任务，就是负责京师的治安。

---

[1] 《长编》，卷六十二，景德三年二月丁亥条，页1387；丁酉至己亥条，页1389—1390。

[2] 《长编》，卷六十四，景德三年十月丁酉条，页1431。

[3] 《长编》，卷六十五，景德四年正月己亥至三月己亥条，页1442—1447。《武夷新志》，卷十《李继隆墓志铭》，叶二十五上。《长编》未载李继和这次有否率禁兵护驾，惟在情在理，由外戚李继和统殿前军护驾，并让他顺道拜祭亡父、亡兄及亡姐，是顺理成章的事。真宗诏许从官先茔在洛阳者，赐告拜祭。三衙管军中，李继和的祖茔即在洛阳，由他统率禁兵，就人地相宜。

京师禁军颇有骚扰百姓的,景德四年五月,真宗便以巡逻监察京师内外诸庙的禁军,有借战事为名来索取财物的,故令开封府侦捕严断,并申令殿前司及侍卫司常加约束。[1]对于一向从严治军的李继和而言,倒不是大问题。反而是真宗一向宽厚,如在闰五月二十七日,真宗遣使往御史台、三司、开封府、殿前司、侍卫司编类系囚;但到他御崇政殿审问时,却多所减免。[2]

李继和治军从严,与真宗处事宽大的不同作风,十一月二十日的一起殿前司军校诉讼事又可见一斑。李继和麾下的殿前司骁骑小校张信,一向不满本军指挥使盖赟御下严急。有一次眼见盖赟乘醉教习,决责部下却鞭挞过当,他就愤然拿起弓弰,联同部卒四十人,向盖赟厉声抗争,说他们惧怕有一天会被他借醉打死,跟着众人就前往马军司陈告。马军司(可能是新任马军都虞候的张旻)将此起纷争禀告枢密院,知枢密院事陈尧叟询问李继和的意见。李继和认为张信等人,有事竟不禀殿前司本部,应按军法处置。陈尧叟做不了主,于是面奏真宗,请求圣断。真宗认为若罪在张信等士伍,可以依照李继和的主张从严处断;但若是盖赟责罚士卒过当,就不能无视士卒的冤屈。与李继和同属将家子的签署枢密院事马知节认同李继和的意见,认为治军当从严,觉得盖赟责罚部属的做法未为过。他说太祖朝每任命将校,一定选取刚方有断而士伍畏威的人。但真宗仍认为不能为维护将校的权威,而不顾士卒的感受。他下令将有关人等下吏案劾,查明真

---

[1] 《长编》,卷六十五,景德四年五月己巳条,页1459。
[2] 《长编》,卷六十五,景德四年闰五月壬辰条,页1461。

相。盖赞辩解说，他虽然每日饮酒，但他所鞭打的士卒都是有过失的。李继和根据双方的供词，向真宗建议请斩讼告盖赞，以张信为首的士卒十余人，其余的人发配沙门岛（今山东烟台市长岛县西北庙岛），盖赞及本军都虞候均予以处分。真宗不同意李继和的处置，下诏只将张信弃市，其余的人决杖配隶外州，情节轻的稍后留于本州。至于盖赞本人，真宗认为实有过失，乃将他决杖配许州。本军都虞候以不能觉察，副指挥使不能裨赞，都下殿前司议罪。[1]真宗从轻发落士卒，而重责将校的处事方式，与李继和一力维护将校的权威，明显不同。事实上，李继和一贯的治军作风，就是"御下少恩，整众过峻"，"较阅之际，杖罚过当"。[2]是故他不认为盖赞杖责部下有何不妥。

真宗在翌年（1008）改元大中祥符，在王钦若等人的鼓动下，开始进行自欺欺人的天书封禅的闹剧。李继和却无缘参与这"盛典"，他在这年二月即染病，到二十四日且病重。真宗以李继和是皇舅之亲，打算亲临其丧。宰相王旦支持真宗"敦睦外族"的做法，并引太祖太宗母舅杜氏的先例。李继和在翌日（二十五）去世，得年仅四十六，还不及亡父及亡兄。真宗在李继和病卒当日，亲临其丧，并追赠李继和

---

[1]《长编》，卷六十七，景德四年十一月癸未条，页1507—1508。《宋会要辑稿》，第十四册，《刑法六之九至十·矜贷》，页8535。台湾师范大学历史系的硕士研究生赵士弘在讨论这起事件时，认为李继和与马知节仍然抱着太祖时代所设计的阶级法的思维，以军队的纪律应建立在长官的绝对惩罚权上，而忽视了这种方式会造成滥刑。李继和作为殿前司的长官，只能透过枢密院向朝廷提出处分的建议，真宗不许李继和行使处分部属的权力，这是一项军政上的改进。赵氏的分析合理。参见赵士弘：《唐末到北宋中叶兵变性质演变的研究》（台湾师范大学历史系硕士论文，2012年7月），第五章第三节《厢军的骚动与真宗的兵政革新》，页121—123。
[2]《宋史》，卷二百五十七《李继和附传》，页8974。

镇国军节度使，派遣诸王率宗室素服赴吊，并辍朝三日致哀。真宗以李氏族大，而李继和二子早卒，他的诸侄尚幼，就令三班选使臣代主理其家事。[1]宋廷在庆历四年（1044）六月因镇戎军守臣的上奏，称李继和在该地的祠庙有威灵，就加封他为安国公。到崇宁四年（1105）二月，又加封他为顺灵王。[2]

七、结论

李继和在太宗朝一直追随长兄转战西北，到真宗继位后得以独当一面，除在咸平五年九月至六年十一月前后一年余闲居京师，以及从景德二年十二月至大中祥符元年二月前后两年多在京执掌禁旅外，其余岁月都长期担任边将，在西、北两边度过。回应本文前言所论边臣疆吏各点，李继和的例子让我们看到，负责"守边"以至"拓边"之任的边臣边将，在宋廷眼中都是一时之选的能臣，诚如宋初名臣钱若水所云"遴择名臣，分理边郡"。他们在国家官员整体中的地位虽然官不过观察使，但赏赐待遇都从优，并且都获久任兼有很大的事权，那是内地守臣所无的。[3]而且守边有功的边将，还有很多像李继和一样，

---

[1] 《宋史》，卷一百二十四《礼志二十七》，页2902；卷二百五十七《李继和附传》，页8974。《长编》，卷六十八，大中祥符元年正月乙丑至戊辰条、己卯条，页1518—1520，1522；二月乙卯条，页1526—1527。《宋会要辑稿》，第三册，《礼四十一之四·发哀·皇舅》，页1633；《礼四十一之十六·临奠》，页1640；《礼四十一之三十八·辍朝·皇舅》，页1657。

[2] 《长编》，卷一百五十，庆历四年六月戊午条，页3638。《宋会要辑稿》，第二册，《礼二十之四十·历代帝王名臣祠·李继和祠》，页1007。

[3] 考在咸平二年十一月，深得人望的工部侍郎集贤学士钱若水上奏论安边之术时，便引述太祖效果良佳的用边将之术，"以郭进在邢州，李汉超在关南，何继筠在镇定，

获内召升任地位尊崇的三衙管军,甚至像真宗后期的马知节和曹玮出任枢臣。文臣守边有功的,如我们熟知的韩琦(1008—1075)和范仲淹(989—1052),在仁宗朝即以边功晋位宰执。至于宋代边臣疆吏在宋廷实施边疆政策方面,常起着关键的作用。他们对于边政很有发言权,宋廷很多时候都采纳他们的御边谋议。如李继和反对放弃灵州的意见,以及利用潘罗支对付李继迁的谋议,便大大影响了张齐贤,其部分也为真宗所采纳。

镇戎军是宋真宗初年新建置的西边要塞,一方面是宋廷防御西夏的重镇,后来又发展成宋廷拓边西北的前进基地。值得注意的是,宋廷在西北地区实施屯田即由镇戎军开始,并成为西北地区的屯田中心区域。[1]作为镇戎军的建城人及首任知军,李继和功不可没。他在镇戎军前后五载,建城置军,把这个原本是古原州的废墟,经营为宋

(接上页)贺惟忠在易州,李谦溥在隰州,姚内斌在庆州,董遵诲在通远,王彦升在原州,但得缘边巡检之名,不授行营部署之号,率皆十余年不易其任,立边功者厚加赏赉,其位或不过观察使。位不高则朝廷易制,久不易则边事尽知",“所以十七年中,北狄、西蕃不敢犯塞"。钱若水建议真宗"遴择名臣,分理边郡","如此则出必击寇,入则守城,不数年间,可致边烽罢警矣"。钱若水所引述的太祖用边将故事,后来一再被宋人引用。曾巩便在钱若水的议论上,再加以发挥,提出"太祖之置将也,隆之以恩,厚之以诚,富之以财,小其名而崇其势,略其细而求其大,久其官而责其成。每朝必命坐,赐与优厚,抚而遣之",于是十七年间即平定诸国,而"内则吴越闽海岁奉贡职,外则交州丁璉、高丽王伷请使向化,而契丹修好之使,数至于阙庭。拱把指麾,而天下一定,不知封疆之忧,盖太祖用将之术如此"。参见《长编》,卷四十五,咸平二年十一月丙子条,页972—974;曾巩(撰):陈杏珍、晁继周(点校):《曾巩集》,(北京:中华书局,1984年11月),下册,卷四十九《本朝政要策·任将》,页663—664。

1 李继和的继任人曹玮在知镇戎军任上即大量招募弓箭手在镇戎军及附近地区广行屯田。参见程龙:《北宋西北沿边屯田的空间分布与发展差异》,《中国农史》,2007年3期,页57—60。

廷西边屏障、环庆泾原各路的最大要塞，以及在夏人取得灵州后，宋人通往丝路，与诸蕃贸易的重要据点。[1]他守镇戎军的功勋，既得到宋廷的褒奖，也得到镇戎军人民的肯定。在他身后，镇戎军的军民为感念他"先知本军，政有威惠，蕃夷畏服"，以及建城洫以惠民的功德，就为他立祠庙，岁时致祭以尊崇之。仁宗庆历四年六月，当夏人入寇镇戎军时，李继和的祠庙屡现神光，晚上并听到甲马之声。据说夏人入庙参拜而不敢纵掠。镇戎军守臣即上奏宋廷，报告此一异事，并请求赐封。宋廷于是追封李继和为安国公，以其祠庙为安国公庙，并定额差官告祭。徽宗崇宁四年二月，宋廷又加封他为顺灵王，易其祠庙为顺灵王庙。他的祠庙到北宋末年仍存。[2]

至于李继和作为边将，他对宋初西边地区的民事、军事和外交方面所起的作用，除营建镇戎军城，让宋廷从此有一个控驭西疆的要塞外，最为人注目和肯定的，就是他在咸平年间几番上奏建议的御夏谋略，包括禁售青盐以经济制裁西夏，[3]招诱吐蕃以对付西夏，特别是力主连结潘罗支对付李继迁，以及在旧城的基础上广建城寨，从解决后勤补给方面打通陕西各路，让宋军能机动地防御夏人的进攻。他这些

---

[1] 镇戎军在李继和罢任后，由张志言及许均短暂地出掌。曹玮从景德元年四月代知镇戎军，直至景德四年六月罢任，前后担知镇戎军三年多，建树良多。参见《长编》，卷五十六，景德元年四月甲寅至乙卯条，页1233；卷六十，景德二年五月癸丑条，页1337—1338；卷六十四，景德三年十一月庚戌条，页1433；卷六十五，景德四年三月庚申条，页1449；六月辛亥条，页1463。
[2] 《长编》，卷一百五十，庆历四年六月戊午条，页3638。《宋史》，卷一百五《礼志八》，页2562。《宋会要辑稿》，第二册，《礼二十之四十·历代帝王名臣祠·李继和祠》，页1007；《礼二十一之四十八·诸神庙·顺灵王庙》，页1101—1102。
[3] 关于以禁售青盐来经济制裁西夏的讨论，可参阅第245页注1。

御夏谋议,其中最立竿见影的,就是他负责联络的潘罗支,在景德元年初击杀一直教宋廷寝食不安的李继迁,大大消除西疆的压力,使宋廷不必在西北两边作战。值得注意的是,仁宗以后主张拓边西北的边臣的不少谋议,都与李继和提出的不谋而合。笔者相信仁宗以后经略西夏的名臣如韩琦和范仲淹等,一定参考过李继和等的谋议和他经营镇戎军的成效。仁宗之世种世衡(985—1045)建青涧城(今陕西榆林市清涧县城),神宗之世李宪(1044—1094)开兰州(今甘肃兰州市),其构想和实行的手段,都很有李继和与曹玮经营镇戎军的影子。哲宗(1077—1100,1085—1100在位)朝西边名臣、时任泾原路经略使章楶(1027—1102),在元符二年(1099)三月上奏,当谈到在距镇羌寨(疑在今宁夏固原市西吉县沙沟乡下大寨堡附近)三十里的九羊谷筑寨的情况时,就引述了李继和及曹玮当年在镇戎军筑寨置堡的经验,称许他们筑三川寨(今宁夏固原市彭堡乡隔城子古城)和定川寨(今宁夏固原市中河乡大营村硝河西北岸黄嘴古城)时,虽然两寨相去才十八里,但山外的堡寨,处处可以相望,地理至近。夏人就是偶然寇略,因二寨相近而互相应援,终不成大患。他称二寨因扞蔽坚全,所以至今仍然得蒙其利。[1]此一例子说明李继和筑城建寨的经验,到北宋中后期拓边西北时,仍为边臣所乐道。

综合上述所论,李继和是宋初一员出类拔萃的边将。

至于李继和在上党李氏外戚将门的功业与地位,平情而论,李继和的官位及事迹,虽然比他两位寂寂无闻的亲兄李继恂及堂兄李继

---

[1] 《长编》,卷四百九十六,元符二年三月乙丑条,页11798。

昭要高要多，[1]但其将业实难言显赫。他一辈子没有立过像长兄李继隆多次击败辽军，与擒拿李继捧，收复夏州那样耀目的战功。他前半生跟随长兄在西边征战，担任的多是传递机要的任务，而非在沙场上浴血杀敌。到他的后半生，即从咸平六年十二月到景德二年十二月，李继和调往北边出任并代钤辖的这两年，因宋廷派给他的军务仅为防守辽军并未大举进攻的河东，故他没有像长兄一样，在澶州或河北的其他战场与辽军大战一场，得以建立显赫的功勋。他惟一能绍继长兄将业的，就是在后半生出守镇戎军，延续了李继隆在太宗晚年开展的守护西疆的事业。有赖早年长期追随长兄于西边，李继和积累了大量行阵的经验，以及西边山川地理、人情风土的知识。当长兄在真宗即位后被罢军职，离开西疆时，因缘际会，他获得真宗君臣赏识，被委以营建西疆要塞镇戎军的重任，得以独当一面，继承了长兄在西边未竟的事业，并成为有功一方的著名边臣；既无负长兄的期望，也为李氏将门增加了光彩。他后来以边功入掌禁旅，也就得免于靠外戚裙带关系混来富贵权位的批评。可惜，李继和在长兄过世后才三年也离世，没能达成亡兄的遗愿。上党李氏将门，以李昭亮为首的第三代，就只能凭自己的努力重振家声。李继和的早死，令李氏将门衰落了好一时期。

关于李继和作为武将的才具，杨亿在为李继隆所撰墓志铭中，曾称许李继和"智略辐凑，磊落不群，负文武之才，以功名自任"。李

---

[1] 《武夷新志》，卷十《李继隆墓志铭》，叶二十六上。李继隆兄弟有堂兄二人，都一早过世。居长的李继凝在太宗朝官至枢密直学士，成就不低，但并非武将。另一堂兄李继昭终于殿直，生平事迹不详。

泰和《宋史》的编者,也称许他"习武艺,好谈方略,颇知书,所至干治",公认其为文武兼资,有谋而处事干练的将才。至于他治军从严而近于苛刻的作风,宋人也不客气地批评他"性刚忍,御下少恩。整众过峻,部兵终日擐甲,常如寇至。较阅之际,杖罚过当,人多怨焉"。[1]这算不算他为将的大缺点,就见仁见智了。

最后值得一谈的,是李继和与他长兄一样,以外戚身份获擢用为三衙管军。宋真宗一朝,外戚而为三衙管军,首先是李继和,然后是曹璨,最后是刘美(962—1021)三人而已。论资历和战功,曹璨和李继和远在本为真宗章献刘皇后(969—1033,1022—1033摄政)前夫而冒认为其兄长的刘美之上。[2]他们是立有边功的功臣子弟,并非靠裙带关系混得权位。平情而论,曹、李二人是宋初三朝担任三衙管军的外戚中,算是较为称职的少数人。

---

[1] 《武夷新志》,卷十《李继隆墓志铭》,叶二十五下。《长编》,卷五十二,咸平五年九月甲午条,页1150。《宋史》,卷二百五十七《李继和附传》,页8973。考《宋史》李继和本传对他的评语完全与《长编》相同。

[2] 曹璨在景德二年十二月拜马军副都指挥使,大中祥符元年九月前迁殿前都指挥使,天禧二年(1018)九月罢军职,三年(1019)七月壬申(十七)卒。《宋史》本传称他"在禁卫十余年,未尝忤旨"。其妹曹贤妃在大中祥符中入宫,在大中祥符六年正月以美人晋婕妤,故他在大中祥符中以后就算是外戚。刘美在天禧三年授龙神卫四厢都指挥使,然后升任马军都虞候,五年加观察留后,是年卒。他担任管军前后不过三年,在三衙管军的位序也不高。虽然曹璨任管军比李继和略早,但他当时仍未有外戚的身份。参见第229页注1、第263页注2及《宋史》,卷八《真宗纪三》,页153、167;卷二百五十八《曹璨传》,页8983—8984;卷四百六十三《外戚传上·刘美》,页13548—13549。《长编》,卷六十一,景德二年十二月癸未条,页1377—1378;卷七十,大中祥符元年九月壬午条,页1566。《景定建康志》,卷二十六《侍卫马军司题名》,页1240、1277,注33、34。

李继和一族，虽然名为后家外戚，但真宗与李继和一家其实并没有血亲关系。明德李皇后不但并非真宗生母，她还在太宗死后涉嫌废立真宗，虽然真宗口口声声称李继隆为"元舅"，称李继和为"季舅"，对患病的明德李皇后给人他很尽孝的印象。当李继隆兄弟死后，又给李家很大的恩恤；不过，真宗对李家的信任和倚重，很大程度是从实际环境考虑，而不得不如此。可幸李继隆重获真宗委用后，在景德一役，既建大功又懂得谦让，加上很快又病亡，那就完全消除真宗对李家的疑虑。是故真宗后来愿意擢用守边有功的李继和为殿前都虞候，让他执掌京师精锐禁旅。虽然李继和早死，但看在他们兄弟多建功勋而又恭顺的份上，真宗就让李继和的诸侄，以功臣子弟兼外戚的身份，以恩荫的途径在仕途上进。当然，李氏能否重振家声，就看他们自身的本事了。他们的叔父李继和已经尽了他的本分，开拓了一条宽阔的道路给他们。

后记

本章原载《东方文化》第44卷第1,2期合刊（2011年12月），页181—213。文字略有修改，主要观点不变。

第五章

三代为将：北宋上党李氏外戚将门第三代传人李昭亮事迹考述——兼论宋仁宗重用外戚

一、导言

本章的主角李昭亮，是李继隆死后仅存之子，并且为上党李氏外戚将门第三代最重要的人物。当李氏第二代的三位核心人物太宗明德李皇后、李继隆、李继和，在真宗景德元年（1004）三月、景德二年（1005）二月及大中祥符元年（1008）二月先后病亡后，李氏将门顿时枝叶凋零，只剩下当时年方弱冠的李昭亮及他几位族弟李昭逊、李昭度（？—1048后）和李承信等第三代孤幼。[1]李氏能否维持将门声誉于不坠，就看李昭亮的表现与本事。

---

1 李继隆的二弟李继恂亦在景德元年四月病亡，遗下一子李昭逊。李昭逊后以伯父李继隆之遗荫，在景德二年二月特授内殿崇班。另李氏的疏属尚包括李继隆的两个已故的堂兄李继凝、李继昭之子李昭度及李承信，他们分别授内殿崇班及供奉官。李昭亮原有二兄李昭吉和李昭文，但都先李继隆逝世。参见《武夷新志》，卷十《李继隆墓志铭》，叶二十五上至二十六下；《宋会要辑稿》，第三册，《礼四十一之三十八·辍朝·皇舅》，页1657；《宋史》，卷七《真宗纪二》，页123、127；《长编》，卷六十八，大中祥符元年二月乙卯条，页1526—1527。

李昭亮虽是太宗明德李皇后的亲侄，但与真宗和仁宗父子实并无血缘关系。而且李皇后曾涉嫌废立真宗，真宗对李皇后以至在太宗朝手握兵权的李继隆，其实一直心存疑忌。[1]李昭亮要中兴李氏，其外戚后族的身份并不可恃。大概李昭亮充分认识到这一点，他在父、叔相继亡故后，一直安分守己，"为人和易"，加上给人"谙练近事，于吏治颇通敏"的印象，[2]是故从真宗、章献刘太后（970—1033，1022—1033摄政）到仁宗，都对他宠信有加。他在真宗朝后期出仕后，一直官运亨通，到仁宗亲政后，更深得信任；虽然不断受到文臣的批评，指斥他庸懦无才，但依然官符如火，不但被擢为三衙管军之首的殿帅，还建节封公，晋位使相。他后来罢军职出领大藩，还获授以"执政之渐"的宣徽使高位。他除了没有像亡父那样得以配飨宗庙，以及未能晋位枢臣外，武臣能得到的荣宠，他全都获得，而且更能享祖父、父亲、叔父所没有的七十一岁高寿。他能够无忧无虑到公卿之位，除了凭借出身贵胄之恩荫，以及本身善于为官，懂得迎合君主的优越主观条件外，偌大的运气是他有幸遇上仁宗为了平衡文臣集团之影响，而刻意重用外戚武臣的因缘际会，故他虽无显赫军功，却仍位列将相。本章的主旨，除通过此一个案以剖析北宋外戚将家子弟，如何在文臣操持国柄的大环境下维持其世家地位；另一个重要议题，就是透过李昭亮为仁宗重用的个案，论析仁宗如何借宠信外戚武臣来反制文臣集团的帝王术。

---

1 关于李皇后涉嫌废立真宗，以及真宗在即位后疑忌李继隆，并将之投闲置散多年之事，可参阅本书第三章。
2 《长编》，卷一百九十八，嘉祐八年二月甲寅条，页4791。

从宋代将门兴衰的角度来看,李昭亮的个案,也印证了"贵不过三代"的传统说法。李昭亮虽然历任将相(按:李昭亮后以节度使加同章事,位列使相),并曾多次出守西北大藩,却从没有参与大型战役,比起乃祖李处耘、乃父李继隆和叔父李继和的显赫战功,实在大大不如。他作为李氏将门的第三代,从官爵地位而言,算得上守成有余;但从立功沙场而论,却无法绍继祖、父辈的将业。北宋初年一度显赫的上党李氏外戚将门的衰落也从他身后开始。

李昭亮于《隆平集》、《东都事略》及《宋史》均有传。《隆平集》及《东都事略》均将李昭亮的生平事迹附于乃祖乃父传后,惟独《宋史》的编者将之编入《宋史·外戚传》,而不是附在乃祖乃父的传后,[1]《宋史》于此突显了李昭亮外戚的身份。值得一提的是,仁宗命翰林学士、权知开封府冯京(1021—1094)为李昭亮所撰《大宋故赠中书令良僖李公神道之碑》的残石,在1984年深秋为洛阳博物馆副馆长苏健(1939—)在洛阳市东南25公里的偃师市李村镇之南约4公里的袁沟村西、马庄村南重新发现〔按:清代经史考据金石大家、乾隆五十二年(1787)榜眼的孙星衍(1753—1818)和另一金石名家邢澍(1759—1823)合辑并初刊于嘉庆七年(1802)的《寰宇访碑录》早已著录此《神道碑》〕。全碑逾2500字,经苏健实地勘抄并与拓本校勘,碑文先后刊于1994年9月的《洛阳大学学报》和《中原文物》1995年第2期。虽然碑文损字甚多,但残存可认的碑文内容仍可补《宋史》《长编》等

---

[1] 参见《隆平集校证》,卷九《李处耘传附李昭亮传》,页276—277;《东都事略》,卷二十《李处耘附李昭亮传》,叶四下至五上(页354—355);《宋史》,卷四百六十四《外戚传中·李昭亮》,页13563—13564。

书不载的地方，对研究李昭亮生平事迹极有参考价值。[1]又该碑的图片可在网上搜得。笔者于2012年7月4日曾往洛阳市偃师市李村镇袁沟村作实地考察，该碑石仍竖立于田间，惟经二十多年之风雨侵蚀，除顶部的"大宋故赠中书令良僖李公神道之碑"仍清晰可辨外，碑身严重破裂，只有下半部少量文字仍可辨认（参见本书插图）。

二、少年贵胄

李昭亮原名昭庆，于仁宗天圣三年（1025）二月，以避章献刘太后祖父刘延庆之讳改今名。[2]他字晦之，在太宗淳化四年（993）出生于

---

[1] 考李昭亮的神道碑，由孙星衍、邢澍合辑的《寰宇访碑录》卷八已有著录，题为《赠中书令李昭亮神道碑》。只是苏健未有看到《寰宇访碑录》此一条记载。不过，孙、邢二人也和苏健一样，错认该碑的撰写人为"冯汉"，而不知其实是大名鼎鼎的皇祐元年（1049）状元冯京。本书第三章，第204页注2，即曾对这一碑铭的作者实为冯京，而非苏氏所认为的"冯元"，作过一番考证，可以参看。该碑的书写人为王璱（？—1069后），据李裕民教授的赐示，字文玉，成都华阳人，是神宗朝官至宰相王珪之兄，他亦是司马光景祐五年的同年进士，官至兵部郎中、三司度支判官。又此碑的史料价值，黄宽重学长在1998年的一篇专著，以大半页的篇幅谈及此碑，只是黄氏仍沿用苏健之误说，以为该碑的作者是冯元，参见孙星衍、邢澍：《寰宇访碑录》，《国学基本丛书》本（上海：商务印书馆，1935年7月），卷八，页323。苏健：《宋中书令李昭亮神道碑调查》，《洛阳大学学报》，第9卷第3期（1994年9月），页50—54（以下简称《李昭亮神道碑调查》）。苏健：《宋中书令李昭亮神道碑调查》，《中原文物》，1995年第2期，页98—101。李裕民：《宋代武将研究的杰作——〈攀龙附凤：北宋潞州上党李氏外戚将门研究〉》，《学术论丛》，2013年第6期（总138期），页64；现收入李著：《宋史考论二集》（北京：科学出版社，2022年2月），页383。黄宽重：《宋代的家族与社会》（台北：东大图书公司，2006年6月），第一章《近五十年中国出土宋人墓志资料》，页22。黄氏一文原名《宋史研究的重要史料——以中国大陆地区出土宋人墓志资料为例》，原载《新史学》九卷二期（1998年6月），页143—185，作者改写后作为该书第一章。

[2] 《宋史》，卷二百四十二《后妃传上·章献明肃刘皇后》，页8612。《长编》，卷一百三，天圣三年二月乙丑条，页2377。

京师，生母为楚国、荆国（自楚转封荆国）太夫人陈氏。[1]他有二兄李昭吉和李昭文，另有两姊两妹。[2]他出生之年，以马军都指挥使出守定州的父亲李继隆，在夏天（约四月至六月）被召还京师。太宗当面奖励他之余，改授静难军节度使，然后遣返定州屯所。[3]李昭亮生于淳化四年哪一月，史所不载，很有可能就是李继隆回朝的一段时间。李继隆这次被召还，很有可能是太宗的体恤，让他看到爱子的出生。

至道二年（996），他才四岁便以恩荫补东头供奉官，并许出入禁中。其姑母明德李皇后没有儿女，对他视如己出。至道三年（997）二月真宗继位后，他获准继续入宫入侍在四月被尊为太后的姑母，他还得到真宗的钟爱。他长期留在宫中，每十日始还家，并因应对老成而获帝后赏以金器。因乃父在这年五月被罢军职并外放为镇安军节度使（即陈州），故与父亲聚少离多。他在幼年除由母亲抚育外，因常出入宫

---

1 李昭亮的别字，《东都事略》及《宋史》本传均作"晦之"，惟《李昭亮神道碑》则作"昭庆"。苏健认为别字不该用李昭亮本来的名字，疑误。笔者同意苏氏的看法。关于李昭亮的生年，《隆平集》及《东都事略》记李昭亮得年七十一，而据《长编》，李昭亮卒于仁宗嘉祐八年二月，则上推李之生年当为太宗淳化四年。参见《宋史》，卷四百六十四《外戚传中·李昭亮》，页13563；《隆平集校证》，卷九《李处耘传附李昭亮传》，页276；《东都事略》，卷二十《李处耘附李昭亮传》，叶四下至五上（页354—355）；《李昭亮神道碑调查》，页51—53。按：苏健没有考究《长编》、《隆平集》及《东都事略》有关李昭亮卒年及得年的记载，故错以为李昭亮卒于嘉祐四年。又李昭亮二兄早逝之事实，《李昭亮神道碑调查》亦有言及，只是没有写上李昭吉及李昭文的名字。
2 李昭亮的二兄李昭吉及李昭文，生卒年不详，均在景德二年二月李继隆逝世前早夭。李昭亮的大姊及二姊也先父而逝，大姊"长及笄而亡"，二姊"适内殿崇班曹珤，亦逝矣"。李昭亮在父亡时尚有未出嫁的两幼妹。参见《李继隆墓志铭》，叶二十五上下。
3 参见本书第二章。

廷，习知宫廷规法，这对他形成后来谨慎和易的性格有一定的影响。[1]

咸平二年（999）十一月，李继隆生母齐国太夫人吴氏病逝，李昭亮年方七岁便以长孙身份临丧，据《李继隆墓志铭》所记，李继隆"居丧尽哀，几于灭性"，并请辞官守制，但真宗不许，仍诏李继隆起复，仍镇陈州。李昭亮在这段时间与父亲相聚多久，则史所未载。[2]

咸平三年（1000）十二月二日，李继隆因祝贺真宗寿诞承天节，得以入朝，并留京师半月，与儿子团聚。[3]咸平四年（1001）闰十二月，李太后的生母韩国太夫人陈氏卒，宋廷依例辍朝三天，却没有准许李继隆来朝致祭。[4]李昭亮再与父亲相聚，要等到咸平六年（1003）年七月

---

[1] 至道二年正月，太宗祀天地于圜丘，大赦天下兼加恩中外文武。李昭亮相信就是这时获恩授东头供奉官。又明德李皇后被尊为太后后，移居西宫嘉庆殿。咸平二年，宰相请别建宫立名以奉李太后，真宗从其议。咸平四年（1001）新宫建成，李太后移居之，真宗上宫名曰万安，人称李太后为万安太后。按：李昭亮的神道碑云："以兄子得入侍太后万安宫，古制可观。上与太后爱之。留□宣传，每十日□□□还（损12字），应□□成□立，喜赐以金器。"疑所缺字之意为李昭亮每留在宫中十日始还departure。因他应对老成自立，帝后喜赐以金器。参见《宋史》，卷五《太宗纪二》，页99；卷六《真宗纪一》，页104—105；卷二百四十二《后妃传上·明德李皇后》，页8610；卷四百六十四《外戚传中·李昭亮》，页13563。《李昭亮神道碑调查》，页51。关于李继隆在至道三年五月被投闲置散于陈州的缘故，可参阅本书第三章。

[2] 《武夷新志》，卷十《李继隆墓志铭》，叶二十三下。《宋会要辑稿》，第三册，《礼四十一之三十七·辍朝·皇外祖母楚国太夫人吴氏》，页1657。据《宋会要》所记，宋廷为吴氏之丧辍朝三日。又吴氏之封号为楚国太夫人，而非齐国太夫人，疑楚国太夫人之封号为后来加封。另《宋会要》又记吴氏为明德李后之母，而同条称韩国太夫人陈氏为李后嫡母。惟据《长编》所记，明德李后所生母实为陈氏，吴氏则其嫡母，《宋会要》当误记。参见《长编》，卷四百五十七，元祐六年四月辛亥条，页10945—10947。

[3] 参见本书第三章。

[4] 《宋会要辑稿》，第三册，《礼四十一之三十七·辍朝·皇外祖母韩国太夫人陈氏》，页1657。

李继隆获准再入朝时。这次李继隆留京师半载后,十二月十五日,真宗将他换节为山南东道(即襄州)节度使。但四天后,李太后发病,李继隆乃得续留京师。翌年(景德元年)正月,李继隆改判许州。未几,因李太后病重,欲见亲兄一面。三月,真宗再召李继隆还朝,并召入宫陪同游玩宴射。李继隆为释真宗之疑忌,只往万安宫门外拜上名笺,而始终没有入宫见亲妹一面。在李太后病重的日子,李昭亮便代父入宫侍候姑母。是月十五日,李太后病逝。翌月,昭亮的二叔李继恂亦病卒。李昭亮年方十二,即接连目睹李氏家人相继离世。[1]值得一提的是,李昭亮的三叔李继和,在咸平五年(1002)九月罢知镇戎军后,召还京师。他留京师逾一载,直至咸平六年十一月获委为并代钤辖。在李继和闲居京师的一载中,李昭亮与被父亲视为李氏将业继承人的三叔,相信应有不少的接触。[2]

李继隆在景德元年九月,因李太后暂殡于安肃门外之沙台,而再得以入朝参加葬礼。这时辽军在辽承天萧太后及辽圣宗亲自统领下,已大举入寇。李继隆即一再上书,请求真宗许他再上沙场御敌。最后真宗被他诚意感动,十一月十八日,真宗委李继隆为驾前东面排阵使,

---

[1] 考李继隆的妹夫、李昭亮的姑父直集贤院主客员外郎范贻孙在咸平五年二月暴中风眩而卒。李继隆似乎没有回京参加妹婿的丧礼,不过为范撰写墓志铭的则是他的知交杨亿。李昭亮大概代父参加了姑父的丧礼。参见本书第三章。
[2] 李继隆在至道三年五月外放陈州时,亲手笔录唐代名将李勣的《遗戒》授李继和,且说"吾不复预家事矣",将照管李氏子弟的责任交给继和,命幼弟在他启程往陈州之日,依《遗戒》之言而行之。李继隆一直培育李继和为李氏将门的继承人,他更对幼弟说:"吾门之不坠者系尔是赖。"在真宗初年,当李继隆被罢废于陈州时,李继和就成为李氏将门的管家人,自李昭亮以下,均受他的约束。参见本书第四章。

统领御前禁军扈从真宗北征。真宗为表示对李继隆的信任，还特别委任李昭亮担任行在与李继隆大军所在地澶州的联络人。李昭亮虽然只有十二岁，当真宗命他持诏到继隆军中，询问其父御敌方略，以及澶州宋军营阵的状况，并敌我众寡的形势。史称："昭亮年虽少，还奏称旨，""还奏合旨，上奇之曰：'此儿异日属重任。'"[1]他这番得体的覆旨，很有可能是李继隆一字一句亲授的，至于真宗对他的称许，也有可能是史臣对李昭亮溢美之词。不过，无论如何，从景德元年十一月至二年正月的宋辽景德之役，却是李昭亮一生难得，甚至是仅有一次由乃父亲授行军用兵之道。他在这次大征战中，虽然没上沙场杀敌，但这番阅历对他的后来的军旅生涯却是甚有裨益的。

李继隆在景德之役立下大功，深受真宗的褒奖，除增食邑千户外，特加开府仪同三司。然在景德二年正月底却突然病发，当亲弟李继和从北边赶返京师，他嘱以后事后，延至二月初五便病逝，得年才五十六。据称李昭亮"哀恸如礼"，真宗厚恤李家，将李昭亮以十三之龄，自东头供奉官超授洛苑副使，位列诸司副使。其族弟李昭逊、李昭度及李承信，也特授内殿崇班及供奉官。[2]十二月，即李继隆下葬并由杨亿撰写墓志铭的前后，李继和获召还京师，擢为殿前都虞候领端州防御使，统率禁军。往后数年，李昭亮等就在叔父李继和的扶持监护

---

[1] 参见本书第三章；《李昭亮神道碑调查》，页51。
[2] 参见本书第三章；《李昭亮神道碑调查》，页51。据韩见素（951—?）撰之《敕赐西岳乳香记一》所记，李承信在咸平六年九月，见任左班殿直、华州兵马监押兼在城巡检。他此时即以左班殿直超授供奉官。参见《全宋文》，第四册，卷七十九《韩见素·敕赐西岳乳香记一》，页429—431。

下成长。李继和治理禁旅的严整手法，后来显然为李昭亮所师法。[1]

景德三年（1006）十月，明德李太后下葬太宗永熙陵，李继和统率禁军监护，李昭亮相信以亲侄身份随员前往，恭送钟爱他的姑母入土为安。[2]没想到才一年多，在大中祥符元年二月底，他的监护人、三叔李继和却病卒于殿前都虞候任上。他们兄弟顿失扶持。真宗以李昭亮等尚幼，命三班院选使臣代料理他们家事。[3]

李昭亮在真宗大中祥符年间逐渐成长，而他在真宗朝后期的仕历与表现，据缺字甚多的《神道碑》所载，"祥符中，天子□□□累（损12字）骥院，议事明辨，天□以功□□事殿省，通习□品家，擢西上阁门使兼都大提举内弓箭军器库，视近□职，小心恭慎，未尝有过，上器异□□使馆劳□使。章圣晏驾，被选按□□□□顿（损51字）"。再参以《宋史》本传所载，他在大中祥符中，先供职于负责牧马的左右骐骥院，得到"议事明辨"的考语，然后给事殿中省，执掌皇帝元旦、冬至御殿、郊祀等礼仪时准备法物的职务。稍后，再自洛苑副使累迁至横班使臣的西上阁门使，并兼任总监内弓箭库及军器库公事的差遣，被视同近臣之职。他的表现是"小心恭慎，未尝有过"，故得到真宗的器重，后来还派他至驿馆慰劳辽使（按："使馆劳□使"一句中间缺一字，疑为"辽"字）。到真宗逝世，他又被委为按行山陵营造的桥道顿递使（按：此一句缺字损字甚多，据"按"及"顿"二字推想，李昭亮此

---

1 关于李继和治理禁军的严整近苛的手法，可参见本书第四章。
2 同上，第264页注3。
3 同上，第267页注1。

次的差遣疑为"按"行山陵营建的桥道"顿"递使）。[1]不过，根据《长编》的记载，李昭亮在真宗朝也曾因过失被责，并非如《神道碑》所说"未尝有过"。天禧三年（1019）七月，在他担任勾当翰林司职务时，便坐翰林司药童持刀入本署杀其他药童之过，从崇仪使降为西京左藏库使。不过，这并不是大过失，他依旧获真宗信任，留任勾当翰林司之职。到真宗逝世前，又升秩至横班使臣之西上阁门使。[2]

---

[1] 《李昭亮神道碑调查》，页51。《宋史》，卷四百六十四《外戚传中·李昭亮》，页13563。《宋史》李昭亮本传只记他在真宗朝累迁西上阁门使，并没有记其他职务。考太宗雍熙二年（985）十月，改天厩院为左、右骐骥院，不设院使，而置勾当官，由武官使臣或内侍使臣充任。咸平三年九月辖于群牧司。按：李昭亮当时应以洛苑副使任勾当左、右骐骥院的差遣。至于殿省，是殿中省的简称。又按：都大提举内弓箭军器库一差遣，总监内弓箭库和军器库的公事。龚延明引《长编》卷一百天圣三年（1025）三月庚寅条，以为此一差遣是该年三月八日所设，且由内侍担任。惟据《李昭亮神道碑》，此一差遣早在真宗朝后期已设立，且李昭亮亦曾任之，并不限于内臣。而天圣三年三月庚寅（初八）任此一差遣的是客省使、康州防御使李允则（953—1028）。李允则与李昭亮同是将家子，并非内臣，《长编》此条也没有说此一差遣置于此时。龚说有误。关于左右骐骥院及殿中省（简称殿省）在宋初的编制及职掌，以及都大提举内弓箭军器库之差遣，可参阅龚延明：《宋代官制辞典》（北京：中华书局，1997年4月），页262；《五、殿中省门》，页305；《都大提举内弓箭军器库》，页313；《左、右骐骥院》。《长编》，卷一百三，天圣三年三月庚寅条，页2378。

[2] 《长编》，卷九十四，天禧三年七月壬戌条，页2160；卷一百三，天圣三年八月戊午条，页2387。这次同被责降的人，还有入内都知宫苑使张景宗（？—1022后），皇城使王遵度（？—1025后），勾当皇城司韩守恩、周怀政（979？—1020）和蓝继宗（960—1036）。张景宗被降为左骐骥使，王遵度被降为翰林使，韩、周、蓝三人被罚金。他们都保留原职。按：王遵度是真宗藩邸旧人，在天圣三年八月任东上阁门使、会州刺史领皇城司，是真宗及刘太后信任的人。其余四人都是真宗宠信的内臣。又《长编》此条仍称李昭亮的本名"李昭庆"，他何时升西上阁门使不详，当在天禧三年七月之后。又笔者疑《长编》这条提及的勾当皇城司韩守恩，可能是将韩守英或邓守恩的讹写。参见《宋史》，卷四百六十六《宦者传一·邓守恩》，页13627—13628；卷四百六十七《宦者传二·韩守英》，页13632。

相较之下,李昭亮的族弟李昭度,在天禧五年(1021)三月仅以西染院副使为杭州(今浙江杭州市)驻泊兵马都监,同提举杭州、苏州(今江苏苏州市)一路兵甲巡检公事。不过,在上党李氏第三代的传人而言,他位列诸司副使并任大郡的兵马都监,也算是差强人意了。[1]

李昭亮在真宗朝,平步青云,以贵胄子弟的出身,和善于应对及有一定办事能力的优点,虽然并无战功,却获得真宗的宠信,年方三十,便位列西上阁门使横班正使的高位,比起他的父亲和叔父奋战沙场才得此地位,实在得来侥幸。[2]

三、帘前近臣

真宗于乾兴元年(1022)二月十九日病逝,仁宗以年幼继位而由章献刘太后摄政。[3]刘太后在临朝当政的十二年,一方面重用王曾(978—1038)、吕夷简(979—1044)、鲁宗道(966—1029)等甚孚人望的忠直文臣,以收人心;另一方面,她又宠信依附她的佞臣如王钦若、外戚如钱惟演(977—1034)以及一大批内臣,作为她的耳目和鹰犬,以制衡文臣集团,让她最终能大权独揽。

刘太后出身寒微,她没有自己的本家族人可以任用。她的前夫、后来认作亲兄的刘美早在她垂帘听政前死去。刘美与钱惟演妹郓国太夫人(?—1023)所生的儿子刘从德(1008—1031)和刘从广(1021—1076)均年幼,不能任大事,刘从德的妻父王蒙正(?—1037后)及

---

[1] 《全宋文》,第十四册,卷二百八十一《王随》《杭州放生池记》,页133—135。
[2] 考李昭亮在真宗逝世之乾兴元年(1022),年方三十。
[3] 《宋史》,卷八《真宗纪三》,页171—172;卷九《仁宗纪一》,页175—176。

另一姻家田承说（？—1029后）为中下级武官，刘美之婿马季良（？—1044后）也只是地位不高的文臣；她所能倚重的外戚就只有官拜枢密使的钱惟演。但钱惟演的投机作风，受到他的文臣同僚的不齿，很快便被逐出朝廷。在任用外戚方面，刘太后惟有退而求其次，任用一班对她输诚、但没有亲密族属关系的外戚。李昭亮即属于她要利用的外戚恩幸。[1]

---

[1] 章献刘后在真宗晚年，借真宗病昏常不能视事，进而干政，并借寇准与丁谓（966—1037）之权争，借丁谓、曹利用之手铲除反对她干政的寇准及李迪（976—1043）等人。她在摄政初年，为争取以王曾、吕夷简为首的文臣集团的支持以巩固权力，不惜牺牲惟她命是从但不负众望的丁谓，以及接受她宠信的外戚钱惟演被逐出朝的无奈。但另一方面，她为了反制王曾等，除了不动声色地重新起用正人君子所不齿的王钦若为首相外，又召用她的宠臣张耆回朝为枢密使，并且使用宦官、外戚为鹰犬来控制臣下。到了她权力巩固后，就借故罢免王曾，甚至杀掉起初依附她、后来又不智地开罪她、挑战她权力的枢密使曹利用。关于刘太后的权术和其权力的攫取，以及她与臣下的角力的种种情况，可参阅刘静贞：《北宋前期皇帝和他们的权力》（台北：稻乡出版社，1996年4月），第三章第四节《君权旁落》，页148—161；第四章《皇权之外》，页163—186。何冠环：《曹利用之死》，载何著：《北宋武将研究》，页233—272。刘从德的妻父王蒙正，在天圣元年六月，位不过是右侍禁、阁门祗候、嘉州犍为县（今四川乐山市犍为县）驻泊防遏边界公事；到天圣五年（1027）三月才不过是荆南驻泊都监。田承说到天圣四年七月位不过崇仪副使。至于刘美的女婿马季良，家本茶商。乾兴元年四月，刘太后特许他自光禄寺丞召试馆职。据说负责考试的翰林学士晏殊（991—1055）迎合刘太后之意，竟代刘作答，让他过关。三天后，刘太后即擢升钱惟演自枢密副使为枢密使。不过，是年十一月初一，刘太后在群臣压力下，被迫将钱惟演罢枢出为保大节度使。马季良在太常丞直史馆的位置上做了六年，到天圣六年（1028）六月丁亥（二十四），刘太后趁着首相王曾告病，特旨超擢马季良为龙图阁待制，才跻身于侍从之列。刘太后信任的宫中心腹，为大中祥符初年从刘美家选入宫中服侍她的林氏。林氏后来还做了仁宗乳母，封福昌县君。她在天禧末刘太后掌权时，曾预闻机密。乾兴元年四月初一，刘太后特赐封她为南康郡夫人；到天圣六年十月戊辰（初七），又晋封她为蒋国夫人。参见《长编》，卷九十八，乾兴元年四月庚子、壬寅条，页2278—2279；卷九十九，乾兴元年七月癸酉、丙子条，页2292—2293；十一月丁卯条，

李昭亮在乾兴元年二月二十日，因仁宗继位，百官进官一等，自泾王元俨（985—1044）以下诸皇亲均获优加恩典，而优迁为东上阁门使。[1]李昭亮在同年十一月初二再获一重大恩典，宋廷议定由其父李继隆，与李沆和王旦（957—1017）配飨真宗庙庭。[2]

仁宗于翌年改元天圣，八月，因首相冯拯病笃，刘太后有意召还钱惟演取代其相位；但遭群臣极力反对，只好退而求其次，召还她所宠信的王钦若，于九月初五日命为首相，以驾驭王曾以下一班文臣。[3]王钦若复任首相后，一切秉刘太后的意旨行事。一年后，即天圣二年（1024）九月，又主持选立仁宗皇后的大典。刘太后选中的仁宗郭皇后（1012—1035），是五代宋初的藩镇郭崇的曾孙女。值得注意的是，郭皇后与李昭亮一家有亲戚关系：她的祖父洛苑副使郭守璘是李处耘长婿，她的祖母是李继隆的大姐，李昭亮的姑母；她的父亲崇仪副使郭允恭（？—1017）是李昭亮的表兄，而论辈分她是李昭亮的表侄女。为什么刘太后会选中已衰落的将门郭氏女为仁宗皇后？据载刘太后以手书赐王钦若等，并谕众辅臣曰："自古外戚之家，鲜能以富贵自保，故兹选于衰旧之门，庶免他日或挠圣政也。"刘太后自己出身寒

（接上页）页2299—2300；卷一百，天圣元年六月己巳条，页2325；卷一百四，天圣四年七月乙丑条，页2413；卷一百五，天圣五年三月癸卯、丙辰条，页2437—2438；卷一百六，天圣六年六月丁亥条，页2475；十月戊辰条，页2483。

1 《长编》，卷九十八，乾兴元年二月己未条，页2272—2273。李昭亮自西上阁门使迁东上阁门使之年月未载，他在天圣三年三月已官东上阁门使，推想当在仁宗即位皇亲及百官均加官一等之时。

2 《长编》，卷九十九，乾兴元年十一月戊辰条，页2300。李继隆获此恩典前三天，钱惟演却被罢枢出镇。

3 《长编》，卷一百一，天圣元年八月甲寅至九月丙寅条，页2331—2333。

微,本家人丁单薄。猜测她选立郭氏女,真正的动机是不想仁宗的后家外戚有挑战她专政的力量,而不是为了防止他日干扰仁宗为政。李昭亮时任近职的东上阁门使,他分属郭氏的近亲。推想刘太后当从他那方面得知郭氏衰落的情况。十一月十三日,宋廷合祀天地于圜丘,大赦天下。百官上仁宗及刘太后尊号。宋廷赐百官及诸军恩典。八天后,即是月二十一日,宋廷正式册立郭皇后,从王钦若以下文武百官都获得加恩。[1]在这两次大典中,李昭亮当获得加官之恩典。[2]

天圣三年二月,李昭亮请求自本名的李昭庆更易为李昭亮,以避刘太后祖父刘延庆的名讳。本来刘太后早在乾兴元年十月十三日,下

---

[1] 天圣三年正月辛亥(二十八),宋廷加赠郭皇后曾祖中书令郭崇为尚书令兼中书令,追封其祖父郭守璘及父郭允恭为节度使(按:据《皇宋十朝纲要》所载,郭允恭自崇仪副使赠忠武军节度使中书令兼尚书令,郭守璘所赠官则不详)。其母、祖母及曾祖母并为国太夫人,可见郭皇后的祖父郭守璘及父亲郭允恭在天圣三年初已亡故(按:据《李继隆墓志铭》,郭守璘在景德二年前已亡故)。郭氏后人凋零,似乎获宋廷封授官职的人很少。仁宗本来属意在天圣元年初与郭氏同入宫的张美人(?—1028)为皇后,但刘太后坚持要立郭皇后。到天圣四年(1026)三月,张才人晋为美人。她在天圣六年九月二十七日(戊午)病逝,得年不详。仁宗顾念恩情,在明道二年(1033)十一月初三追册她为皇后,起陵台于奉先资福禅院。并赠其父供备库使张守瑛为邓州观察使。张氏为太祖朝首任三司使、骁卫上将军张美(918—985)的曾孙女,父为赠邓州观察使张守瑛。参见《长编》,卷一百二,天圣二年九月庚子条,页2367;十一月乙巳至辛亥条,页2369;卷一百三,天圣三年正月辛亥条,页2375;卷一百四,天圣四年三月丁巳条,页2405;卷一百六,天圣六年九月癸丑条,页2482;卷一百十三,明道二年十一月乙丑条,页2643。《武夷新志》,卷十《李继隆墓志铭》,叶二十六上。《宋史》,卷九《仁宗纪一》,页180,卷十《仁宗纪二》,页197;卷二百四十二《后妃传上·仁宗郭皇后》,页8619;卷二百五十九《张美传》,页8997—8998。《皇宋十朝纲要校正》,上册,卷一《太祖·三司使八人·张美》,页7;卷四《仁宗·皇后四·皇后张氏》,页144。

[2] 李昭亮在天圣四年三月,以东上阁门使高州刺史上言。猜测他领高州刺史之官位,是天圣二年十一月所恩授的。参见《宋会要辑稿》,第七册,《职官三十五之二·四方馆》,页3873。

令臣下只需避其父彭城郡王刘通的名讳。李昭亮这番着迹的奉迎举动，显然是再一次向刘太后输诚。[1]

李昭亮这次表态，效果似乎是正面的。刘太后命他以东上阁门使权点检客省和四方馆事。也许他兼差太多，这年三月，他本来兼任的都大提举内弓箭军器库的差遣，就由客省使、康州防御使李允则接任。[2]十一月三十日，王钦若病卒。十二月初五，王曾依次升为首相，张知白（956—1028）补次相。为了制衡王曾等力量，以及警告渐次逆拂她意的枢密使曹利用（971—1029），刘太后在是月十七日，从河阳召还她的心腹张耆，任为枢密使。[3]

李昭亮在中枢权力仍在角力之际，在近职的岗位上，行事谨慎小心。他的《神道碑》称："仁宗即位，以公先帝外亲，尤加礼遇。"他在天圣四年（1026）三月，以东上阁门使、高州刺史上言，奏称："自客省、四方馆阙官，相承以阁门使、副使名次在上者权行点检，不曾听候朝令。今客省、四方馆阙官，臣虽准例权行点检，即未受朝廷文字，虑亦非便，欲望特降旨挥差官。"刘太后准奏，特旨李昭亮权管勾客省、

---

[1] 本来在乾兴元年十月己酉（十三），礼仪院请避刘太后父祖名讳；但刘太后下诏，只需避其父讳。为此，通进司改为承进司。到天圣元年五月庚午（初八），宋廷又诏凡官名及州县名与刘太后父名相犯者均改，而没有提到要避刘太后祖父讳。李昭亮分明是刻意迎合刘太后。又据《长编》所载，除李昭亮外，还有其他近戚主动避刘太后祖讳。参见《长编》，卷九十九，乾兴元年十月己酉条，页2299；卷一百，天圣元年五月庚午条，页2322；卷一百三，天圣三年二月乙丑条，页2377。《宋史》，卷九《仁宗纪一》，页177；卷二百四十二《后妃传上·章献明肃刘皇后》，页8612。
[2] 《长编》，卷一百三，天圣三年三月庚寅条，页2378。《宋会要辑稿》，第七册，《职官三十五之二·四方馆》，页3873。
[3] 《长编》，卷一百三，天圣三年十一月戊申至十二月乙丑条，页2393—2395。

四方馆事。[1]李昭亮大概怕人说他揽权，就将已干了一段时期的兼差，要求朝廷给他正式的诏旨，让他名正言顺地行使职权。

除了安抚对她恭顺的李昭亮外，刘太后又拉拢其他近支的外戚，同年二月十二日，真宗妹冀国长公主（即荆国献穆大长公主，988—1051）与驸马都尉李遵勖（988—1038）的女婿、钱惟演的次子钱晦（？—1063后），获优迁自文阶的大理评事换武阶大使臣的内殿崇班。[2]

天圣六年（1028）四月初七，李遵勖以知澶州、宣州观察使辞朝往本镇。刘太后特置酒长春殿送行。本来观察使辞朝不用置酒相送，这次是特恩。刘太后正是视李遵勖为心腹耳目。[3]

---

[1]《李昭亮神道碑调查》，页51。《宋会要辑稿》，第七册，《职官三十五之二·四方馆》，页3873。
[2] 刘太后超擢李遵勖的女婿，因钱晦是钱惟演的儿子。李、钱两家外戚联姻，很有可能是刘太后撮合的。事实上，刘太后一直想召钱惟演回朝，而且对钱氏家人不断加封：乾兴元年十一月辛未（初五），诏钱惟演班在太宗驸马柴宗庆（982—1044）之上，二人并加检校太傅；天圣元年正月庚寅（二十五），封钱惟演妹、刘美妻为越国夫人；五月乙丑（初三）为钱氏卒而辍视朝三日；天圣三年正月壬子（二十九），加赠刘美为中书令，越国太夫人钱氏为郧国太夫人。参见《长编》，卷九十九，乾兴元年十一月辛未条，页2302；卷一百，天圣元年正月庚寅条，页2315；卷一百三，天圣三年正月壬子条，页2375；卷一百四，天圣四年二月己未条，页2401。李遵勖是太祖朝枢密使李崇矩（924—988）孙，李继昌（948—1019）子，而冀国长公主是太宗幼女，真宗最爱之幼妹。真宗即位封万寿长公主，改隋国长公主，大中祥符间下嫁李遵勖。天圣初年累封冀国长公主，至明道元年改魏国大长公主。仁宗皇祐三年卒，追封齐国大长公主，谥献穆。徽宗时改封荆国大长公主，故《宋史》作荆国大长公主。参见《宋史》，卷二百四十八《公主传·荆国大长公主》，页8774—8775；卷四百六十四《外戚传中·李遵勖》，页13567—13568。
[3]《长编》，卷一百六，天圣六年四月壬申条，页2470。

天圣七年（1029）正月十三日，宋廷中枢发生重大人事变化，原本刘太后宠信的枢密使曹利用，因多次违逆刘太后的意旨，并开罪了一大伙刘太后宠信的内臣，就给他的政敌曹玮（973—1030）等，牵连入其侄儿曹汭（？—1029）涉嫌谋反一案。以王曾为首的文臣集团，对曹利用当年投靠刘太后，党附丁谓，将寇准打倒的旧怨未消，这次就乐得袖手旁观，听任刘太后将他罢免及贬黜。二月十四日，曹利用再被贬为崇信军节度副使、房州（今湖北十堰市房县）安置。闰二月初二，曹更被押送他的内臣杨怀敏（？—1050）奉刘太后之命谋杀于途中。他的亲属及僚佐大部分被贬。次相张士逊（964—1049）因营救曹而被罢相，加上参政鲁宗道在二月初一病逝，刘太后乘机调整中枢人事：受她器重的参政吕夷简升为次相，枢密副使夏竦（985—1051）及权三司使薛奎（967—1034）拜参政，权知开封府陈尧佐（963—1044）擢枢密副使。[1]

李昭亮作为刘太后信任的外戚近臣，在这一场由刘太后导演的政治清算自然置身事外，他可不像刘太后的姻亲田承说那样，致书曹利用的管家田务成，谎称刘太后最宠信的钱惟演已有表章营救曹利用，最后事发而被责。[2]他安分在阁门供职，有时并作出有利刘太后立威的建议。好像在三月初一，他便以东上阁门使的身份上奏，指出在真宗忌辰及其他大忌辰，颇有臣僚称病请假而不去行香致祭。他认为这

---

[1] 《长编》，一百七，天圣七年正月癸卯至闰二月辛卯条，页2491—2499。
[2] 田承说所云钱惟演已出手救曹利用一事，一个可能是田承说用来骗取曹家金钱的个人行为，另一个可能是刘太后主使，有心布置的圈套来骗曹利用的。田承说事后只被薄责罚铜七斤。参见《长编》，卷一百七，天圣七年二月戊辰条，页2497。

些人的做法"颇涉不恭"。他请求今后各大忌辰,臣僚除了患病正在医治外,一律不许当天请假。违反规定的,由阁门具其姓名奏闻,并加以处分。刘太后自然批准。[1]同月二十六日,他又上奏,指出现时双日不坐朝,加上每月还有不少假,故算起来臣僚赴起居不过十日。然而仍颇有臣僚一个月竟有五六次告假不赴起居朝参。他请求将那些请朝假多过三次的臣僚,依不赴起居例论罪。至于三班使臣有否告朝假过三次,就由宣徽院察举。此番肃整朝纲的建议,自然又为刘太后所采纳。[2]

六月二十七日,刘太后借玉清昭应宫失火,将屡屡反对她过度专权和擢用其姻家的首相王曾罢知青州(今山东潍坊市青州市)。八月初三,以较顺从她的吕夷简升为首相,另再调整二府的人事。值得注意的是,她将其心腹张耆罢枢出为山南东道(即襄州)节度使,却起用她的政敌寇准的女婿、仁宗的太子宾客王曙(963—1034)为参政。[3]她在九月初三,将仁宗惟一在世的叔父定王元俨晋为镇王,以拉拢以他为首的宗室王亲。二十多天后,她又好言安抚自青州来朝、原为她政敌的李迪(971—1047),并将他徙知河南府(今河南洛阳市)。[4]刘太后分化文臣集团的手段,教人叹为观止,到天圣八年(1030),她的权力越加巩固,开罪她的人都被贬黜,而她的姻亲外戚就获不次

---

[1] 《宋会要辑稿》,第三册,《礼四十二之六、七·国忌》,页1674。
[2] 《宋会要辑稿》,第四册,《仪制二之十二·常参起居》,页2322。
[3] 张耆被罢枢密使的原因不详,又因吕夷简与参政夏竦不协,刘太后就将夏易为枢密副使,而由枢密副使陈尧佐改为参政。参见《长编》,卷一百八,天圣七年六月甲寅条,页2517—2518;八月己丑至辛亥条,页2520—2521。
[4] 《长编》,卷一百八,天圣七年九月戊午、壬午条,页2522—2523。

擢升。如在天圣八年四月十二日,京西转运使王彬(?—1030后),就因奏劾刘太后的姻家马崇正横行不法之罪,被徙为河北转运使。同月二十九日,钱惟演以疾求来朝京师,就再无人可以反对。[1]而刘太后视同己出的侄儿和州刺史知卫州(今河南新乡市卫辉市)刘从德,这年六月获她颁敕书嘉奖。其实他的所谓政绩,是卫州通判戴融(?—1031后)谄媚刘从德造出来的。凡巴结迎合刘从德的人都获他推荐升官。这等荒唐的事从吕夷简以下,都晓得刘太后的厉害,却不敢提出异议。至于卫州所在的监司官,除转运使王立(?—1033后)不买账,按劾不避外,其余都为刘太后的权势而顺从。[2]八月二十六日,刘太后将钱惟演徙判近畿的陈州,他要回朝看来指日可待。[3]九月十五日,因枢密副使姜遵(963—1030)病卒,四天后,刘太后就擢用枢密直学士赵

---

1 《长编》,卷一百九,天圣八年四月甲午、辛亥条,页2539。《宋史》,卷三百四《王彬传》,页10076—10077。王彬原籍光州固始(今河南信阳市固始县),祖父王彦英随族人王潮(846—897)入闽。王潮建国后,王彦英因不容于王潮,举家入新罗国。王彦英父子均受新罗国所用。王彬年十八以宾贡入宋太学,淳化三年(992)举进士第,是王钦若、王曙及丁谓等之同年进士。他出仕后屡任职中外,颇有治绩。他忤刘太后意后,连徙河东、陕西转运使,后回朝复为三司盐铁判官,判都欠、凭由司,累迁太常少卿而卒,卒年不详。

2 例如卫州县吏李熙辅便因懂得侍候刘从德,获荐于朝。刘太后居然说刘从德能荐士,即证明他能为政,即日擢李熙辅京官。另一个拍刘从德马屁的河南从事郑骧也得擢美官。又河北转运使王立字成之,潍州北海人(今山东潍坊市),《涑水记闻》有其小传。他登咸平三年(1000)进士第,仁宗天圣年间历江南东、陕西、河北、河东路转运使。后徙知扬州。明道二年以太常少卿为户部副使,累迁右谏议大夫知密州(今山东潍坊市诸城市)而卒。参见《长编》,卷一百九,天圣八年六月乙巳条,页2541;司马光:《涑水记闻》,卷十二,页227—228。

3 《长编》,卷一百九,天圣八年八月丁未条,页2543。又前宰相知江宁府(今江苏南京市)张士逊即接替钱惟演知许州。

稹（963—1038）为枢密副使，史称赵稹因平日交结出入宫禁的刘美家婢而获得刘太后擢用。[1]

李昭亮以"练习近事"及"喜交权贵"著名；[2]不过，在此段外戚大受刘太后肆意宠用的日子，他却选择离开朝廷，出守边郡。

四、出入朝廷

据《李昭亮神道碑》及《宋史》本传所记，李昭亮在天圣年间离开朝廷，担任河东路的兵职，首先出为潞州（今山西长治市）兵马钤辖，然后徙领麟、府路军马事。考二碑传均没有记李昭亮出任潞州及麟、府路兵马钤辖二兵职的年月，唯据他在天圣七年三月仍以东上阁门使之职奏事，他出守潞州最早当在是年四月之后。他离开朝廷，出守边镇，《神道碑》说是出于他的请求，"滋欲从以兵事"。[3]看来这是李昭亮聪明的选择，一方面他身为将家子，在朝中担任近臣，虽然"练习近事"，但倘没有一点戎马守边的历练，他日就是获得升迁，也只会

---

1 《长编》，卷一百九，天圣八年九月乙丑至己巳条，页2544。
2 《宋史》，卷四百六十四《外戚传中·李昭亮》，页13564。《东都事略》，卷二十《李处耘附李昭亮传》，叶五上（页355）。
3 考《李昭亮神道碑》记，"仁宗即位，以公先帝外亲，尤加礼遇，除□□□使（缺字疑为'东阁门'）。滋欲从以兵事，乃□□（缺字疑为'出为'）潞州曰兵□□（缺字疑为'钤辖'），迁□□（缺字疑为'管勾'）麟府路军马事"，与《宋史》所记吻合。参见《李昭亮神道碑调查》，页51；《宋史》，卷四百六十四《外戚传中·李昭亮》，页13563。又天圣九年六月初四，翰林学士宋绶（991—1040）、西上阁门使曹琮（？—1045）、夏元亨上新编皇太后仪制五卷，诏命曰《内东门仪制》。若李昭亮此时尚在东上阁门使任上，当由他上此仪制，而非曹、夏二人。据此，李昭亮在天圣九年六月前当已出守北边。参见《长编》，卷一百十，天圣九年六月庚辰条，页2562。

给人讥刺徒靠裙带关系。另一方面,大概他渐察觉到刘太后在权力巩固后,肆意拔擢她那些无功无劳的外戚幸臣,群臣虽然无法阻止,怨愤却久久难平。更重要的是仁宗已长大成人,刘太后仍不肯接纳忠言,还政仁宗。[1]一旦刘太后辞世或变政,依附于她的外戚幸臣就会不容于仁宗及他的支持者。能及早离开朝廷,不被仁宗及文臣集团视为刘太后亲信的外戚亲幸,当是李昭亮明哲保身之道。

值得注意的是,在天圣八年十一月初六,与李昭亮的出身官职颇相似的西上閤门副使、勾当翰林司郭承祐(993—1051),以盗御酒及用上方金器之罪,被除名配岳州(今湖南岳阳市)。郭的曾祖父是五代强藩郭从义(909—971),属于将家子,他本人是真宗弟舒王元偁(980—1014)的女婿,又是仁宗东宫旧臣。仁宗亲政后,他获得重用。他这次被重贬,既可能是他恃宠犯法所致,亦很有可能是刘太后给仁宗及其支持者的一个警告。[2]相较之下,李昭亮自请出朝,不恋栈近臣之位,显较郭承祐高明得多。

李昭亮出守李氏原籍的潞州,可算是一份优差。天圣九年(1031)六月初三,辽圣宗病逝,由长子辽兴宗(1016—1055,1031—1055在

---

[1] 刘太后信任的驸马都尉李遵勖便曾向刘太后进言,但刘太后不纳,不肯还政仁宗。参见第289页注2。另翰林学士宋绶在天圣九年十月,亦因上书请让仁宗听政,而为刘太后逐出朝廷。参见《长编》,卷一百十,天圣九年十月己卯条,页2567。

[2] 《长编》,卷一百九,天圣八年十一月乙卯条,页2547;卷一百十,天圣九年正月辛酉至辛未条,页2552—2553。《宋史》,卷二百五十二《郭从义附郭承祐传》,页8850—8853。钱惟演一直托病久留京师,不肯赴任陈州,而且图谋入相。另外原为仁宗宫僚及曹利用死党的张士逊也图谋复相。朝臣一直抗拒二人的图谋,直至天圣九年正月,刘太后碍于朝臣的强大反对力量,才打消复用二人的念头。刘太后一直与支持仁宗的朝臣角力。

位）继位。[1] 辽国遭新丧，自然无暇在边庭寻事，是故北庭安晏，边上无警。李昭亮在潞州及在麟州（今陕西榆林市神木市）、府州（今陕西榆林市府谷县）的事迹史所不载，大概无甚大事值得一书。

据《李昭亮神道碑》及《宋史·李昭亮传》的记载，李昭亮徙任麟、府路军马事后，大概在天圣九年初，一度召还，出任随侍君主左右的禁军职位管勾军头引见司，并兼三司衔司，执掌所辖之大将、军将名籍及其水陆押运官物等差遣安排。他一如其叔父李继和，治军严整而且精明，任内曾查出冒领已死或在逃的禁军军饷竟达数百人。不久，他再被委出知北边重镇代州，兼河东沿边安抚使。再迁一官为四方馆使而二度领麟、府路军马事。《神道碑》称许他在代州及麟州、府州之日，"明练边事，御军严整，益以武烈著称"。[2]

---

1 《长编》，卷一百十，天圣九年六月丁丑至己卯条，页2599—2560。
2 李昭亮召还任职管勾军头引见司兼三司衔司，以及出守代州及再领麟府路军马事的确实年月均不详。推想当在天圣九年初。按：《神道碑》记："还（损13字）（按：损字疑为《宋史》本传所记李任管勾军头引进司兼三司衔司及出知代州之事，下一句'州'字之前所损的当为'知代'二字），州兼锋辂河东。公□（缺字疑为'兼'）安抚阁门，又知四方馆使，复领麟、府路军马事。公明练边事，御军严整，益以武烈著称。"与《宋史·李昭亮传》所记可互补。据《宋会要·职官》"安抚使"条所记："河北、河东别置司，长任。景德三年置河北沿边安抚使，以雄州知州充，又有副使，以诸司副使以上充，不常置。都监以祗候以上充，并掌北边或机交聘之事，副使、都监迭巡所部。大中祥符元年置河东安抚司，管勾官二人，一以代州知州充，一以阁门祗候以上充。今陕西沿边大将帅亦皆带安抚使名。近制：官轻则为管勾安抚司事。凡诸路安抚之名，并以逐州知州充，掌抚绥良民。"另考《长编》卷一百十记天圣九年十二月丁卯，宋廷下诏："河北、河东沿边安抚副使、都监并同管勾安抚公事使臣、诸路承受使臣，自今到阙奏事，只得住十日；令阁门、内侍省催促进发，如遇急速，不在此限。"据《宋会要》及《长编》以上两条相关的记载，李昭亮知代州时当兼任河东安抚使或副使。按：他当时已官四方馆使，应兼安抚使。参见《李昭亮神道碑调查》，页51；《宋史》，卷四百六十四《外戚传中·李昭亮》，页13563；《长编》，卷一百十，天圣九年十二月丁卯

是年五月三日,李昭亮的亲属获加封恩典,因宋廷再次追封郭皇后的先人,李昭亮的姑母李氏,即郭皇后的祖母获加赠韩国太夫人。[1] 李氏寻常的风光,与刘氏的稍后发生的大厄无疑是一大对比。十一月二十二日,刘太后视同己出的侄儿刘从德从相州(今河南安阳市)以病召还京师,但卒于道上。刘从德之死,伤透刘太后之心,而大大影响了她的健康。刘太后为恩恤刘氏族人,录用了大批刘氏内外姻戚。刘氏外戚表面风光,其实已到夕阳无限好的时候。[2]

　　天圣十年(1032)初,宋廷已酝酿巨变,首先是仁宗的宫僚张士逊,于二月初九复相。十七天后,仁宗生母李宸妃(987—1032)病逝,刘太后虽然不愿意,但最后听从宰相吕夷简的劝告,以后礼殓葬李宸妃。聪明如吕夷简,知道刘太后百年之后,仁宗亲政,一定会改弦易辙。[3]大概在吕夷简的安排下,并得到刘太后的同意,李宸妃的亲弟

(接上页)条,页2572;《宋会要辑稿》,第七册,《职官四十一之七十九·安抚使》,页4039。又关于军头引见司及三司衙司的职掌与沿革,可参见龚延明:《宋代官制辞典》,页126、416—417。

1　《宋会要辑稿》,第四册,《仪制十二之三·外戚追赠》,页2551。
2　刘从德得年仅二十四,刘太后追赠他保宁军节度使,封荣国公,谥康怀。刘太后伤痛其余,将他的姻亲马季良、钱暧(992—1047)、王蒙正各迁两官,马季良子马直方(?—1053后)擢为大理评事。几名御史交章论奏,反对刘太后对她的外戚加恩,均遭到贬黜。另外,益州路转运使高觌(?—1040后),在明道元年(1032)正月,以奏论王蒙正占田嘉州(今四川乐山市)不纳税,而被刘太后借故贬降通判杭州。高觌字会之,宿州蕲人(今安徽宿州市),他贬通判杭州后,徙知福州(今福建福州市),累迁给事中知单州卒。卒年及得年不详。参见《长编》,卷一百十,天圣九年十一月乙未条,页2571及注23;卷一百十一,明道元年正月己丑条,页2575。《宋史》,卷三百一《高觌传》,页10001。
3　《长编》,卷一百十一,明道元年二月庚戌、丁卯条,页2576—2577。

李用和（989—1050）得以在三月二十二日自三班使臣的右侍禁、阁门祗候超擢为诸司副使的礼宾副使。[1]刘太后在安抚仁宗一系势力之余，又做另一手准备：八月，他的心腹殿前副都指挥使杨崇勋获擢为宣徽南院使兼枢密副使，辅助另一心腹枢密使张耆。另一心腹夏守赟（997—1042）则接任殿帅，牢牢控制兵权。她已开始部署去世后之权力安排。[2]是月底，两名官职低微的文臣殿中丞滕宗谅（991—1047）和秘书丞刘越（？—1033）却不惜冒犯刘太后的淫威，上书请她还政仁宗。刘太后自然不予理会。另一名地位低微的外戚疏属、奉礼郎刘涣（998—1078）亦上疏请太后还政。刘太后这回大怒，要将刘涣黥面配白州（今广西玉林市博白县），幸得吕夷简等解救始获免。[3]十一月初六，仁宗改元明道，大赦天下，百官皆进官一等。李昭亮即以恩典晋秩一级为引进使领贺州团练使。[4]刘太后借这次改元加官晋爵，笼络

1　《长编》，卷一百十一，明道元年三月己丑至癸巳条，页2579。
2　明道元年七月乙酉（十六），参政王曙以疾自请罢职。刘太后在八月辛丑（初二），就擢升三司使晏殊为枢密副使，同月甲寅（十五），再擢杨崇勋枢副。她又在同月丙辰（十七）加张耆右仆射之职。参见《长编》，卷一百十一，明道元年七月乙酉条、八月辛丑、甲寅、丙辰、甲子条，页2584—2587。
3　《长编》，卷一百六，天圣六年七月乙巳条，页2476；卷一百十一，明道元年八月丁卯条，页2588；卷一百十三，明道二年十一月戊寅条，页2644。《宋史》，卷三百三《滕宗谅传附刘越传》，10037—10038；卷三百二十四《刘文质传附刘涣传》，页10492—10494。刘涣上书的年月，《宋史》本传记"天圣中"，但《长编》所引《杨氏编年》作天圣九年六月。李焘认为据《国史·吕夷简传》的说法，刘涣上疏当是天圣末年（十年或明道元年）。刘涣为太祖祖母翼祖简穆刘皇后的后人，天圣六年七月以父刘文质荫为将作监主簿，以文官之途仕进。
4　《李昭亮神道碑调查》，页51。《长编》，卷一百十一，明道元年十一月甲戌条，页2591—2592。

296　　攀龙附凤

宗室外戚及群臣，但仍有大臣据理力争，反对她违制披帝服往太庙行礼。为此，她特别召她信任的驸马都尉李遵勖入宫，并屏退左右，问他听到外面有什么议论。李遵勖起初不肯回答，当刘太后坚持要他说真话时，他就说外面的人议论，仁宗既已行冠礼，刘太后就应在适当的时候还政于仁宗。她不以为忤，只辩称仁宗尚幼，宫中内侍多，怕仁宗受他们影响，才暂不撤帘。她受此挫折，大概心有不甘，在十二月初五，就再擢升官不久并无功勋的杨崇勋为枢密使。[1] 就在宋廷权争暗涌不断之时，李昭亮的嫡母定国太夫人阎氏病逝，他返京奔丧，并请解职守制。[2]

---

[1]《长编》，卷一百十一，明道元年十二月辛丑至壬寅条，页2595—2596；卷一百二十二，宝元元年八月庚寅条，页2878。《宋史》，卷十《仁宗纪二》，页194。反对她披帝服的有参政晏殊和参政薛奎。据《长编》所记，李遵勖入见刘太后在"天圣末"，疑即天圣十年或明道元年底。

[2] 参见《李昭亮神道碑调查》，页51；《宋史》，卷四百六十四《外戚传中·李昭亮》，页13562；《李继隆墓志铭》，叶25上。按：《李昭亮神道碑》记："明道初，恩迁引进使。□(当为'丁'字)定国太夫人，□(疑为'泣'字)血还□(疑为'京'或'阙'字)，恳请绝报，不听。"而《宋史》李昭亮本传则记他迁引进使而领贺州团练使。考《神道碑》介绍李昭亮亲属时，在李继隆加封开国公后一段，记李氏获得封号的眷属，但这一段碑文既有损字，又有缺字，不易看得清楚她们是谁。原文如下："(损5字)，陈□□夫人□□；吴□，□国太夫人；杨氏，□国太夫人；公所生母陈氏，特封楚荆太夫人。"考神道碑文上面所提到的陈氏、吴氏及杨氏，配合《李继隆墓志铭》所记，应当为李继隆之两位母亲及元配杨氏。值得注意的是，《李继隆墓志铭》并没有提到李昭亮的生母陈氏，很可能陈氏当时身份只是婢妾。而《李昭亮神道碑》则没有著录李继隆的继室，封凉国夫人的天水阎氏。怀疑她的姓氏正好在损字中。李昭亮之两位祖母齐国(楚国)太夫人吴氏及韩国太夫人陈氏，均先后在咸平二年及四年逝世，而李继隆的元配杨氏也早逝，这时令李昭亮泣血守制的定国太夫人，当是陈氏或阎氏。《神道碑》因去关键的封字，故此定国太夫人究竟是谁，一时不易确定，笔者认为神道碑的作者冯京不会一时称陈氏为定国太夫人，一时称她为楚荆太夫人。故此定国太夫人为李继隆继室阎氏的可能性较大。

明道二年（1033）三月二十九日，刘太后病逝。仁宗亲政，一方面起用李迪、宋绶、王随（973—1039）、李咨（982—1036）、王德用（980—1058）等不附刘太后的文武大臣，另一方面罢免刘太后亲信的自吕夷简、张耆、夏竦以下的宰执大臣。刘太后所宠信的外戚从钱惟演、马季良以下悉数被驱逐出朝并贬官。[1]仁宗最厚待的外戚是他亲母舅李用和，既赐宅又升官。而在刘太后临朝末年敢于上疏请还政的外戚疏属刘涣也获召用，自大理评事擢为左正言。[2]仁宗对李昭亮也另眼相看，大概在明道二年中起用他勾当三班院，管辖三班使臣的任用。[3]九月十五日，李昭亮以引进使之职位上言：指初见国忌日依近期所降之敕命，在佛像前别设牌位供养，但只以粗恶斋食供奉神位。他认为这样做是深深亵渎神明。他请求今后依从旧例，不再安奉神位，

---

1 《长编》，卷一百十二，明道二年三月庚寅至甲午条、四月庚子、庚戌至己未条，页2609—2614；卷一百十三，明道二年八月丙寅、甲申条，页2635—2636。刘太后死时的二府大臣，仁宗亲政后获得留用的只有仁宗的宫僚张士逊和不附太后的参政薛奎。又马季良自龙图阁直学士工部郎中降为濠州防御使，令离京赴本州岛，钱惟演亦得离京判河南府。到是年八月，仁宗再落钱惟演同平章事衔，令他赴崇信军（即随州，今湖北随州市）本镇。仁宗并将钱惟演的儿子、娶郭皇后妹的钱暧，落集贤校理职，令随钱惟演行。马季良也在同月，再贬为左屯卫将军、滁州（今安徽滁州市）安置。

2 《长编》，卷一百十二，明道二年六月甲辰条，页2619；卷一百十三，明道二年十一月戊寅条，页2644。

3 《李昭亮神道碑调查》，页51。考碑文作"句□三州院"，应为"勾当三班院"，又碑文没有记李昭亮任此职之年月，论理他需要守制至少三月，起复后才可任新职，猜想他任勾当三班院当在明道二年中。关于勾当三班院的职掌和资格，《宋会要》引《两朝国史志》的说法："三班院勾当院官无常员，文臣以两制以上，武臣诸司使以上充。常置籍以总使臣之名，均其出使庶务，定其任使远近之等级，及考其殿最上于朝。凡借职以上至供奉，皆隶焉。"李昭亮以引进使勾当三班院，在资历上适合。参见《宋会要辑稿》，第六册，《职官十一之五十七·三班院》，页3344。

只依旧在佛像前行香诵读疏文。对他这番合理的请求，宋廷准奏。[1]

李昭亮在仁宗亲政后获得重用，显然是他在刘太后晚年时懂得韬光养晦所致：宁可出守边郡，也不求在朝担任近臣；即使一度回朝任职禁军，也远离宫禁。比起另一外戚四方馆使王克明（？—1038后）因着意讨好刘太后，而在是年七月为仁宗贬黜，[2]李昭亮可算是识时务的俊杰了。

十二月二十三日，宋宫忽来一场大风波，仁宗受到已于十月复相的吕夷简及内侍右班副都知阎文应（？—1039）等人的教唆，将他素所不喜的郭皇后废黜。由右司谏范仲淹带头的一批少壮台谏官，包括刘涣等十人力陈不可。吕夷简在仁宗的同意下，将范仲淹等或贬或罚。[3]李

---

[1]《宋会要辑稿》，第三册，《礼四十二之七·国忌》，页1674。

[2] 王克明是太祖长婿王承衍孙，王世隆（？—1004）幼子，也是刘太后的侄婿。他在刘太后初患病时，曾派人入宫，说刘太后有灾，当为她禳除之。于是获刘太后赏赐白金百两。明道二年七月二十一日，御史向仁宗告发此事，于是被仁宗贬为左武卫大将军、寿州（今安徽淮南市寿县）都监。参见《长编》，卷一百一十二，明道二年七月辛巳条，页2626。

[3]《长编》，卷一百一十三，明道二年十月戊午至己未条，页2640—2641；十二月甲寅至丙辰条，页2648—2654。按：首相张士逊与枢密使杨崇勋在十月戊午（二十六）宋廷举行奉安刘太后及李太后神御的大典时，饮酒过时不至，被御史中丞范讽所劾而双双被罢。仁宗复用吕夷简为相，并再起用王曙为枢密使，擢升王德用为枢密副使，端明殿学士宋绶为参政，权三司使蔡齐（986—1037）为枢密副使。吕夷简当初被罢相，因郭皇后对仁宗说吕也是刘太后的亲信所致，故吕夷简挟怨唆使仁宗废后。关于郭皇后被废的原因及背景，近期的研究可参阅杨果、刘广丰：《宋仁宗郭皇后被废案探议》，《史学集刊》，2008年第1期（2008年1月），页56—60。又笔者亦撰有《小文臣与大宦官：范仲淹与仁宗朝权阉阎文应之交锋》一文，探究这次废后风波和考论仁宗前期宠信、官至入内都知的权阉阎文应在郭后被废及后来暴卒之事的责任。该文原载《中国文化研究所学报》，第58期（2014年1月），页65—88。现收入笔者著：《宫闱内外：宋代内臣研究》。

昭亮与郭皇后有亲属关系,他在这事上取态如何,惜文献无征,不得而知。

仁宗在翌年(1034)改元景祐。据《李昭亮神道碑》及《宋史·李昭亮传》的记载,李在担任勾当三班院后,先后出守瀛州和定州,遥领之官由贺州团练使迁成州团练使,再迁宁州防御使。惟他出守两地的年月,群书无载。[1]李之亮认为李昭亮在景祐元年从知瀛州徙知定州,接替是年八月初三自定州徙为环庆路副都部署的龙神卫四厢都指挥使刘平(973—1040后),一直任至景祐四年(1037)。然考景祐二年(1035)八月十一日,宋廷以知制诰李淑(1003—1059)为同勾当三班院,故笔者怀疑李昭亮在此时才罢勾当三班院,出守瀛州。[2]据《李昭亮神道碑》所载,李昭亮在任勾当三班院后岁余出守瀛、定二州,则他出守瀛州当在景祐二年后。《神道碑》记他兼任高阳关都部署,这当是他知瀛州的兼差。据载因瀛州居于宋辽北界,故辽使一年数次经过。辽使每提出难题诘难李昭亮。李昭亮"直以辞挫其奸意,虏客意折",

---

[1] 《李昭亮神道碑调查》,页51。《宋史》,卷四百六十四《外戚传中·李昭亮》,页13562。李之亮认为李昭亮从明道元年接张纶(962—1036)之任,一直担任知瀛州至景祐元年。不过,他并无确证。范仲淹所撰的张纶神道碑,也没有明确记载张纶是在哪一年离开瀛州往清河郡(按:即贝州)。另外李之亮也忽略了李昭亮在明道二年九月,仍在引进使勾当三班院任上。李昭亮出守瀛州,最快也要在明道二年九月后。参见李之亮:《宋河北河东大郡守臣易替考》(成都:巴蜀书社,2001年5月),页88,"瀛州河间府"条;范仲淹(撰),李勇先、王蓉贵(校点):《范仲淹全集》(成都:四川大学出版社,2002年9月),上册,《范文正公文集》,卷十二《宋故乾州刺史张公神道碑》,页287—289。

[2] 《长编》,卷一百十五,景祐元年八月庚申条,页2692;卷一百十七,景祐二年八月壬戌条,页2752。《宋会要辑稿》,第八册,《职官六十三之一·避亲嫌》,页4755。李之亮:《宋河北河东大郡守臣易替考》,页183—184,"定州中山府"条。

不能再提出什么问题。[1]

李昭亮在何年徙知定州,群书未载。考景祐四年闰四月二十七日,真定府、定州路都部署、武宁军节度使夏守恩(?—1037)所为不法,本路转运使杨偕(980—1049)、张存(984—1071)得到定州通判李参(?—1068后)的举报,奏上宋廷。仁宗命侍御史赵及等审问得实,将夏守恩除名配连州(今广东清远市连州市)编管。其弟殿前都指挥使、同为刘太后心腹的定国军节度使夏守赟,亦受牵连罢军职,改镇海(即青州)节度使并令赴本镇,其子四方馆使夏元亨(后改名夏随,998—1040)亦出知卫州。[2] 笔者猜想李昭亮当在此时,自瀛州徙知定州,接替夏守恩定州的职务,他的遥领官职亦因应地迁为延州观察使。定州是他的父亲李继隆长期戍守的北庭重镇,他像其父一样,不敢掉以轻心,据载他常顾虑边粮不足,希望有所改善。[3]

李昭亮在景祐年间的事迹,就只有《神道碑》上面所记他守瀛州和定州的一点记载。至于宋廷在景祐年间发生的大事,对李昭亮有直接或间接影响,而值得我们注意的,首先是刘太后最信任的外戚钱惟演在景祐元年七月卒于随州(今湖北随州市)。然后是两位甚得人

1　《李昭亮神道碑调查》,页51。考碑文云:"路(应为'岁')余,瀛定二州、成州团练使、敬□宁州防御使、高阳关路都总管(按:都总管以避英宗原名'曙'而从都部署改)。州居,北房空戎使岁过,数假设疑问以试公。公直以辞挫其奸意。房客意折,□(疑为'不'字)能复□(疑为'言'字)。"按:高阳关即瀛州,李昭亮任高阳关都总管,兼知瀛州是顺理成章的。他遥领之官当先为成州团练使,再进一阶为宁州防御使。
2　《长编》,卷一百二十,景祐四年闰四月己亥条,页2830。
3　《李昭亮神道碑调查》,页51。碑文云:"□□□(疑为'寻徙定')州,特迁延州观察使。公常患边食不足,欲□□□代(损6字)高(损28字)。"因碑文在谈到李昭亮顾虑边粮不足后就损字三十余,故难辨其改善军粮储备之建议。

望的直臣前任参政薛奎和枢密使王曙先后于八月逝世。[1]更骇人听闻的是，仁宗因纵欲过度，在王曙卒后才五日竟染上几乎不起的重病。两天后回朝复任枢相的元老重臣王曾，与章惠杨太后（984—1036）、吕夷简及入内都都知阎文应协力下，一方面靠仁宗姑母魏国大长公主（即献穆大长公主、李遵勖妻）所荐之良医许希治好仁宗的病，另一方面将仁宗宠幸的尚美人和杨美人逐出宫，并废黜尚美人父尚继斌及其弟尚继恩、尚继能，另贬责依附尚氏的宗室六宅使赵从演（？—1034后）为六宅副使，东八作副使赵从湜（？—1060）〔按：赵从湜是太宗驸马王贻永（986—1056）之女婿〕为内殿承制，二人均不许朝谒。太宗驸马吴元扆（962—1011）之从子吴守则（？—1038后）及真宗的宠臣、后降辽国的王继忠（？—1023后）之子王怀节亦以交通尚氏被责降。九月十一日，赵从湜的姻家司农少卿王贻庆（963—1041）也以私请禁中之罪被责降。他所请托的正是尚氏。[2]王曾及吕夷简等以雷霆手段处置深受仁宗宠爱的尚美人一族，相信是防微杜渐，防止仁宗一旦任性执意以尚美人为后时，就会令尚氏成为新的外戚势力。在群臣

---

[1] 《长编》，卷一百十五，景祐元年七月乙巳条，页2690；八月庚申、癸亥条，页2692—2693。

[2] 《长编》，卷一百十五，景祐元年八月戊辰至九月丁酉条，页2694—2699；卷一百七十九，至和二年五月辛未条，页4337。赵从演及赵从湜都是太祖次子德芳（958—981）之孙。而王贻庆是太祖朝宰相王溥（922—982）第四子，其兄王贻正之子王克明（后改名贻永）尚太宗郑国公主，而赵从湜是王贻永的女婿，故王贻庆算得上是从湜的姻亲。参见第311页注1。王贻庆有墓志铭拓本传世，可参见河南省文物研究所、河南省洛阳地区文管处（编）：《千唐志斋藏志》（北京：文物出版社，1984年1月），下册，《一二六五·宋故中散大夫守司农少卿分司西京上柱国祁县开国子食邑六百户赐紫金鱼袋王公墓志铭并序》（陈经撰），页1265。

的坚持下，仁宗在九月十八日终于接纳以开国功臣曹彬之孙女为皇后（慈圣光献皇后，1016—1079）。[1]

另一件值得我们注意的事，是仁宗在景祐二年四月，委任他的姑父、镇国节度使、驸马都尉李遵勖判许州。这项任命，反映了仁宗的用人政策：他不理会文臣的反对，委他信任的外戚治郡，而且是重要的州郡。李遵勖和李昭亮一样，虽是贵戚，但深谙吏治，颇得民心。[2]

另一件与李昭亮当有切身关系的宫廷大事，就是在景祐二年十一月初八，被废的郭皇后暴卒，中外疑为入内都都知阎文应所害。仁宗早就后悔当初以一时之气废后，本来有重召郭后之意。郭皇后之死，仁宗歉疚伤悼之余，除以后礼葬之外，又超迁后兄郭中和、郭中庸官职。十二月初一，仁宗听从范仲淹之劾奏，将涉嫌谋害郭皇后的阎文应父子重贬。景祐三年正月十三日，再追册郭皇后为皇后，命官护葬。[3]作为郭皇后亲属的李昭亮，当初郭皇后被废，他与仁宗之间很难

---

[1] 《长编》，卷一百十五，景祐元年九月甲辰条，页2700。仁宗初时想立寿州茶商陈氏女为皇后，因吕夷简等人强烈反对作罢。吕夷简力请仁宗从速册立曹皇后，还有他的私心，他怕仁宗会复立他之前怂恿废立的郭皇后。关于吕夷简在废郭后及立曹后的角色，参阅何冠环：《小文臣与大宦官：范仲淹与仁宗朝权阉阎文应之交锋》，载《宫闱内外：宋代内臣研究》，下册，页217—222。

[2] 《长编》，卷一百十六，景祐二年四月丙辰条，页2726；一百二十二，宝元元年八月庚辰条，页2878。李遵勖在刘太后死后，曾向仁宗密奏刘太后乳母晋国夫人林氏以前多干预政事，实朝廷之患。他建议仁宗将她移居别院，限其进见，以平息众论。仁宗自然采纳其言。如前所述，其妻魏国大长公主，又荐医人治好仁宗的病，故他深受仁宗信任。

[3] 《长编》，卷一百十七，景祐二年十一月戊子条，页2762，十二月辛亥条，页2764；卷一百十八，景祐三年正月壬辰至丁酉条，页2774。关于郭皇后是否真的是阎文应挟怨下毒谋害的问题，笔者认为有嫌疑指使阎文应下手的人，是章惠杨太后。参见何冠环：

说全无芥蒂，现随着仁宗恢复郭皇后的名分，并善待郭氏族人以为补偿，李昭亮当可释怀了。

最后一件值得我们注意的事，是仁宗对待那些权位不高、资历尚浅的外戚的态度。景祐三年十一月初四，杨太后无疾而终。仁宗感念杨太后抚育之恩，厚恤其外家，并擢升其弟杨景宗父子官职。[1]仁宗厚待他所亲信的外戚之余，对于刘太后外戚，亦区别对待。景祐四年二月初九，刘从德妻父王蒙正，以与父婢私通之罪，被除名配广南编管，但刘从德弟刘从广则得到厚待。三月二十七日，当他十七岁时，仁宗即安排他娶荆王元俨女，并升授他滁州防御使。[2]总的来说，仁宗在亲政后，在许多方面一改刘太后之政，但在重用外戚方面，和刘太后却同出一辙。

李昭亮在担任近臣以及出任边帅多年，累积足够资历后，在康定年间又绍继亡父李继隆、亡叔李继和，获任众多武将所冀求的三衙管军高职。

五、管军生涯

景祐五年（1038）中，当西夏主元昊（1004—1048，1032—1048在位）已紧锣密鼓准备入侵以及称帝之际，仁宗最尊崇的外戚李遵勖及

（接上页）《小文臣与大宦官：范仲淹与仁宗朝权阉阎文应之交锋》，载《宫闱内外：宋代内臣研究》，下册，页225—229、232—234。

1 《长编》，卷一百十九，景祐三年十一月戊寅至戊戌条，页2811—2812。
2 《长编》，卷一百二十，景祐四年二月壬子条，页2820—2821；三月庚子条，页2825。

元老重臣王曾却先后于是年八月十六日及十一月二十六日病逝（按：十一月十八日，仁宗改景祐五年为宝元元年）。[1]十二月初四，鄜延路都钤辖司奏元昊反，宋廷随即将素号知兵的殿前都虞候、邕州观察使、环庆路副部署刘平徙为鄜延路副部署，另以三司使夏竦知永兴军，河南府范雍（979—1046）徙知延州兼鄜延路都部署、鄜延、环庆安抚使，以应付元昊的来犯。[2]

元昊在康定元年（1040）正月入寇延州，大破宋军于三川口（约今陕西延安市西20公里处，即今延安市安塞区、延安市境的西川河汇入延河处），俘宋将刘平及石元孙（993—1064）后，[3]宋廷震恐，重新部署防务。同年三月，宋廷应陕西经略安抚副使韩琦之请，诏各路包括秦州（今甘肃天水市）本界各置烽候。不过，稍后韩琦上奏，指出"惟秦凤一路，去贼甚远，比之别路，未足多虞"。他又请"令秦州曹琮兼管勾泾原路兵马公事，准备分擘秦凤闲兵，互相策应"。[4]李昭亮在元昊入侵之际，一直镇守定州，仁宗并没有将他调往西疆。同年十一月，仁宗还将他自延州观察使加感德军节度观察留后之职，并命他长子阁门通事舍人、勾当御厨李惟贤（？—1064后）持升官诰命至中山（即

---

1 《长编》，卷一百二十二，宝元元年八月庚辰条，页2878；九月己酉条，页2880—2881；十月甲戌条，页2882—2883；十一月庚戌、戊午条，页2886。
2 《长编》，卷一百二十二，宝元元年十二月丙寅至癸酉、己卯条，页2887—2888。
3 关于刘平和石元孙被元昊设伏于三川口以致全军覆没的经过及分析，可参何冠环：《败军之将刘平（973—1040后）——兼论宋代的儒将》，载何著：《北宋武将研究》，页312—317。
4 《长编》，卷一百二十六，康定元年三月乙丑条，页2985，三月癸未条，页2995—2997。

定州）授给他。[1]稍后，李昭亮和叔父李继和一样，以感德军留后，获仁宗径授殿前都虞候，而不必经过龙神卫厢都指挥使、捧日天武四厢都指挥使、步军都虞候和马军都虞候四阶。他这次擢升管军，获仁宗召见，不过并未像叔父一样留在京师执掌禁旅，而是以管军之衔，自知定州徙为秦凤路副都部署、经略招讨副使，担任曹皇后叔父、知秦州、秦凤路都部署兼本路安抚使曹琮（988—1045）的副手。仁宗授以方略，并厚赐而遣。据《神道碑》所记，他在秦凤路副部署任上，以酒犒劳军士，又在敌前大陈甲兵军容，令诸军以旗鼓扬威武于境上，据称因此敌军累月不敢犯，那即是说，李昭亮所部并没有和西夏军交战。[2]在曹琮和李昭亮辖下的秦凤路，并没有受到夏军的攻击。李昭亮其实没有立下什么汗马功劳。他的《神道碑》所记显然是溢美之词。

---

1 《全宋文》，第43册，卷九三八《李惟贤·北岳题名一·康定元年十一月十一日》《北岳题名二·康定元年十一月十七日》，页367—368。按：原碑刻刊于光绪《重修曲阳县志》卷十二。据《北岳题名二》所记，李惟贤因持授父诰命至定州，并往北岳，同往的尚有其弟李惟宝、李惟贲及李惟康。李惟宝等三人当时可能随李昭亮守定州。
2 《李昭亮神道碑调查》，页51。《宋史》，卷二百五十八《曹彬传附曹琮传》，页8989—8990；卷四百六十四《外戚传中·李昭亮》，页13563。《长编》，卷一百二十三，宝元二年四月乙丑条，页2902；卷一百二十四，宝元二年七月戊午条，页2918。考《神道碑》云："李元昊叛边，逎留天诛，诏授公殿前都虞候为秦凤路副都总管，经略招讨□（据《宋史》，当为'副'字）使。□（缺字疑为'朝'字）京师，□□（缺字疑为'授方'）略，赐予尉□（缺字疑为'劳'字）□□厚。公既□□□□前，（损26字）候（损6字），酒以犒军士，□大陈甲兵，□□军旗鼓扬威武于境上。房月去不敢犯。"从碑文所记，李昭亮擢殿前都虞候，当在宝元元年十二月元昊叛宋之后。又李昭亮的上司曹琮初为同州观察使，后加定国军节度观察留后，兼同管勾泾原路兵马。他的官位比李昭亮略高。另仁宗在宝元二年七月戊午（二十九），又以知永兴军夏竦徙知泾州（今甘肃平凉市泾川县），并兼泾原秦凤路缘边经略安抚使、泾原路都部署，作为曹琮及李昭亮名义上的上司。李昭亮大概因官位已高，所以不用从管军最低一阶的龙神卫四厢都指挥使做起，而径授管军第四高位的殿前都虞候。

关于李昭亮获擢殿前都虞候的确实年月，群书均不载。从宝元元年到康定元年这三年中，先后拜殿前都虞候而有较确实年或月的有五人：首先是刘平。他从景祐四年闰四月自马军都虞候迁殿前都虞候，在宝元二年（1039）五月或六月再迁步军副都挥使。第二人是仁宗母舅李用和，据他的墓志铭所记，他在宝元二年以鄜州观察使径授殿前都虞候。康定元年再迁步军副都指挥使，同年十二月再迁马军副都指挥使。第三人为刘平在三川口之役的副将、同为外戚及将家子石元孙，据《长编》所记，在宝元二年六月前已任殿前都虞候、荣州防御使。但据《景定建康志》所载，他要到康定元年正月才迁殿前都虞候。此处疑《长编》误记石元孙拜殿候年月。他在同月三川口之役被俘，宋廷以为他阵亡，他的军职自然罢去。第四人是位次石元孙的孙廉（？—1040后），他在康定元年四月自马军都虞候迁殿前都虞候，同年十二月罢军职。第五人是葛怀敏（？—1042），他在康定元年十二月自捧日天武四厢都指挥使超擢为殿前都虞候。[1]宋制，殿前都虞候可同时委用两员。[2]那究竟李昭亮在何时擢殿前都虞候？

李昭亮擢任管军的一个可能时间是，当刘平在宝元二年五月或

---

[1] 参见《景定建康志》，卷二十六《侍卫马军司题名记》，页1241—1242。《长编》，卷一百二十三，宝元二年六月辛未条，页2909；卷一百二十九，康定元年十二月癸卯条，页3061。宋祁：《景文集》，文渊阁《四库全书》本，卷五十八《李郡王墓志铭》，叶十一下。按：李用和于翌年再迁步军副都指挥使，当是替补刘平的缺。又《马军司题名》记李用和诸人在康定元年十一月迁官，惟《长编》记诸人拜罢在十二月癸卯，疑《马军司题名》将十二月讹写为十一月。关于刘平自殿前都虞候擢步军副都挥使的年月，可参见何冠环：《败军之将刘平（973—1040后）——兼论宋代的儒将》，页309—310及注52。
[2] 好像在宋太宗至道二年（996）四月到至道三年（997）正月，范廷召和王昭远便同时担任殿前都虞候之职。参见《宋太宗实录》，卷七十七，页170；卷八十，页201。

六月自殿前都虞候升步军副都指挥使时，李昭亮和李用和同时增补为殿前都虞候，但石元孙最晚也在康定元年正月自马军都虞候迁殿前都虞候，这叫人难以置信，宋廷这时会同时委用三员殿前都虞候。故这一可能性不高。另一个可能是当刘平及石元孙在康定元年正月兵败被俘于三川口，宋廷到同年四月，认定二人殁于王事而加以追赠时，由李用和补刘平步帅之缺，并由马军都虞候孙廉补石之遗缺，另再特任李昭亮为殿前都虞候。[1]笔者认为后者的可能性较高。

不过值得注意的是，康定元年十二月二十二日，宋廷调整三衙管军人事，步军副都挥使李用和迁马军副都指挥使，步帅一缺本来由殿前都虞候依次替补，但原殿前都虞候孙廉被罢军职出为随州观察使、天雄军副都部署。步帅一职却由低殿候一阶的马军都虞候方荣（？—1042后）升任。倘李昭亮当时同为殿前都虞候，为何他不获补授为步帅？这有两个解释：第一，李昭亮当时尚未任为殿候。第二，宋廷以他并无战功，且他担任殿候日子尚暂，不宜那么快便再擢为步帅。笔者以为前者的情况较有可能。因为被擢升的人如李用和等，也不见得有何战功，只是凭资历依次升补而已。因方荣超升步帅，而原步军都虞候刘兴（？—1042后）又同时被罢军职，宋廷就擢升捧日天武四厢都指挥使葛怀敏依次升任殿候。[2]另外，上文所记李惟贤刻于康定元年

---

[1]《长编》，卷一百二十七，康定元年四月丁未条，页3007。《马军司题名》，页1242。
[2]《长编》，卷一百二十九，康定元年十二月癸卯条，页3061。考这次三衙人事变动中，殿前副都指挥使、宁远军节度使郑守忠（？—1042）罢为安远军节度使知徐州（今江苏徐州市），他的遗缺由马军副都指挥使、威武军留后高化（969—1048）升任，并建节为建武军节度使。至于方荣马军都虞候之缺，就由龙神卫四厢都指挥使任福（981—1041）升授。另宋廷再任宁州刺史、鄜延路副都部署许怀德（978—1061）为

十一月的《北岳题名》，并未有言及其父已带殿前都虞候。此或可旁证李昭亮在康定元年十一月仍未任管军。

据《长编》和《宋史》所记，监察御史刘元瑜（？—1065）于康定年间曾上书仁宗，力陈三员外戚"李用和、曹琮、李昭亮不可典军"。[1]考仁宗在康定二年（1041）十一月二十日改元庆历，刘元瑜在"康定年间"上书，很有可能指未改元庆历的康定二年。而曹琮是在康定二年（即庆历元年）四月自秦凤路副都部署知秦州徙陕西路副都部署。翌月（五月），即加步军副都指挥使。倘李昭亮在康定元年底或二年初拜殿候，而刘元瑜所言，在康定年间三名外戚同时担任管军之说法没有错：李用和任马帅，曹琮任步帅，而李昭亮任殿候。《长编》便明确记李昭亮在庆历元年（即康定二年）十一月初六，以秦凤路副都部署、殿前都虞候、感德军留后之职衔，与资历比他稍低的另一名殿前都虞候、泾原副部署、眉州防御使葛怀敏，以及环庆副部署、滁州团练使知庆州王仲宝（？—1047），并兼任本路招讨经略安抚副使。[2]根据以上所考，笔者以为李昭亮任殿前都虞候最可能的时间，当是庆历元年初。

仁宗重用他信任的外戚执掌兵权，不但任用李用和、李昭亮和曹

（接上页）龙神卫四厢都指挥使。宋廷又诏：步军都虞候及捧日天武四厢都指挥使两缺，暂不补人，俟边将有功始除之。

[1] 《长编》，卷一百五十四，庆历五年二月辛亥条，页3744。《宋史》，卷三百四《刘元瑜传》，页10072。

[2] 《长编》，卷一百三十一，庆历元年四月甲申条，页3115；卷一百三十四，庆历元年十一月壬子、丙寅条，页3196、3198。曹琮在康定二年五月徙陕西路副都部署后，李昭亮很有可能在这时接任秦凤路副都部署。

琮等人执掌禁军,早在康定元年三月二十四日,当宋廷调整二府人事时,他更罕有地委任太宗的驸马、保安军节度使王贻永为同知枢密院事。[1]仁宗用人惟亲的做法,惹来文臣的非议,李昭亮的上司、管勾秦凤路部署司事兼知秦州韩琦,在庆历元年十月,便上奏批评:"(李)昭亮本贵家子,生平未识行阵,今备边方急,岂宜居是任?"翌年(庆历二年,1042)正月,仁宗终于听从韩琦的意见,将李昭亮从秦凤路副部署徙为永兴军部署。[2]这是继刘元瑜后,宋廷文臣另一次对李昭亮获得重用的异议。不过,也有文臣对李昭亮获得任用而加以肯定的,例如时知寿州(今安徽淮南市寿县)的名臣宋祁(998—1061)便在覆李昭亮信说他"显奉宸恩,就兼戎垒。居幕府折冲之任,用假鹰扬;领羽林宿卫之兵,遥资肺附。亲贤参倚,忠毅兼推"。[3]

---

[1] 《长编》,卷一百二十六,康定元年三月戊寅条,页2988;卷一百二十八,康定元年九月戊辰条,页3043;卷一百四十,庆历三年三月辛卯条,页3359。《宋史》,卷十《仁宗纪二》,页207、209;卷二百四十八《公主传·雍国大长公主》,页8774;卷四百六十四《外戚传中·王贻永》,页13561—13562。王贻永是太祖宰相王溥孙,咸平六年(1003)尚太宗第五女郑国公主(?—1004)。公主在景德元年卒,他仍拥有驸马都尉的封号。王贻永在康定元年九月十六改枢密副使,庆历三年三月再加宣徽南院使。
[2] 《长编》,卷一百三十四,庆历元年十月甲午条,页3191;十二月甲申条,页3205;卷一百三十五,庆历二年正月癸酉条,页3219。韩琦(撰),李之亮、徐正英(笺注):《安阳集编年笺注》(成都:巴蜀书社,2000年10月),下册,《附录一·韩琦诗文补编》卷二《李昭亮不宜为秦凤路马步军副都总管奏》,页1618;《附录三·韩魏公家传》卷二,页1774。按:《韩魏公家传》记韩琦之奏上于庆历元年十月,而《长编》将之系于庆历二年正月癸酉条李昭亮徙知永兴军时。又原鄜延副部署、龙神卫四厢都指挥使许怀德坐失律,已先在庆历元年十二月徙为秦凤副部署,似乎是预备接李昭亮秦凤副部署之职。
[3] 宋祁这封题为《回李太尉启》的书信,没记年月,亦未注明李太尉是谁。国内两位年轻学者在2003年及2005年所撰写的两篇宋祁年谱及宋祁诗文系年的硕士论文,也曾考证这篇《回李太尉启》的年月,却没有考出确实的答案。笔者试据该书信之前所收的《贺范太尉启》《回夏太尉启二首》《回陈太尉谢启》三道书信,和之后所收的

李昭亮调回内地的永兴军后的事迹不详,《神道碑》记他"复镇定州,行半道,迁侍卫亲近骑军副都指挥使"。[1] 按庆历二年三月十三日,河阳三城节度使杨崇勋复平章事判定州兼真定府定州路都部署。四月二十一日,宋廷先徙知澶州王德用为真定府、定州路都部署。五月二十四日,仁宗以王德用判定州兼三路都部署,将杨崇勋徙判成德军(即真定府或镇州)。而在这年十一月前后,任知定州的是另一员功臣兼外戚子弟、引进使王克基(?—1045后)。[2] 参以各书所载,李昭亮

(接上页)《回寿州杨太尉启》一信,可知此信的李太尉即李昭亮。首先,从这四封书信的内容推测,范太尉当是范雍,夏太尉当是夏竦,而陈太尉当是陈尧佐,而杨太尉就一定是与宋祁交好的杨崇勋。从时间上去看,据《长编》,在宝元二年七月戊午,陈尧佐自郑州(今河南郑州市)判永兴军,而原知永兴军的夏竦改知泾州兼泾原秦凤路缘边经略安抚使泾原路都部署,而知延州范雍兼鄜延环庆路缘边经略安抚使鄜延路都部署。他们三人的新任命完全符合宋祁所写的三道书信的贺词,故可以推论它们写在宝元二年七月后。至于《回寿州杨太尉启》论理应写于宝元二年七月以后,然考杨崇勋知寿州在景祐元年八月,而到宝元元年四月已改知亳州。一个可能是宋祁在宝元二年以后仍沿用杨崇勋的旧职位称呼他,另外很可能编次《景文集》的人把宋祁书信的编年次序弄错。笔者以为这封《回李太尉启》应撰写于康定元年至庆历元年间。又《回李太尉启》一文言及受书人是"亲贤参倚",并称他领羽林宿卫而就兼戎垒。以此而论,这个李太尉的身份当是外戚而任管军并出守大藩的人,这与李昭亮当时的身份吻合。故笔者推论这是宋祁在康定元年至庆历初年回复他的信。该信后面说:"渥命需行,荣函首暨。阅谦言之数悉,庆使范之光华。其在钦铭,并于诚悃。"可以看出李昭亮曾很客气地致书宋祁,而宋祁也就回信恭贺他的任命。李昭亮善交士大夫,于此可见一斑。参见《景文集》,卷五十四《贺范太尉启》《回夏太尉启二首》《回陈太尉谢启》《回李太尉启》《回寿州杨太尉启》,叶五下至八上。《长编》,卷一百十五,景祐元年八月辛酉条,页2692—2693;卷一百二十二,宝元元年四月癸酉条,页2871;卷一百二十四,宝元二年七月戊午至甲子条,页2919—2920。何灏:《宋祁年谱》(四川大学硕士论文,2003年3月)。温洁:《宋祁诗文系年及行实考述》(郑州大学硕士论文,2005年5月)。

1 《李昭亮神道碑调查》,页51。按碑文"侍卫亲近骑军副都指挥使"应为侍卫亲军步军副都指挥使。不知抄录碑文的人有误,还是原文有此讹误。
2 《长编》,卷一百三十五,庆历二年三月丙辰条,页3227;四月甲午条,页3239;五

有可能是在庆历二年六月后、十一月前自永兴军部署改授知定州,但在赴定州任上升任步军副都指挥使而调新职。考曹琮在庆历二年三月自步军副都指挥使迁马军副都指挥使,马帅李用和拜殿帅。李昭亮可能在是年稍后迁步军副都挥使。[1]据《神道碑》及《宋史》本传所记,他在加步帅后数月,迁并代路副都部署兼知代州。[2]宋廷在是年七月初四,以御前忠佐马军都军头田朏(?—1045后)为西京作坊使、并代州都监,东头供奉官郝质(?—1083)为内殿崇班、忻代都巡检使,领兵屯崞县(今山西忻州市原平市)以控扼辽夏二敌。二人为李昭亮麾下得力战将。[3]

宋军继在庆历元年二月骁将马军都虞候任福(981—1041)兵败于好水川(今宁夏固原市西吉县境内之什字路河川)后,到庆历二年

(接上页)月丙寅条,页3267—3268;卷一百三十八,十一月丁酉条,页3327;卷一百五十四,庆历五年正月庚辰条,页3739—3740。《宋史》,卷二百五十《王审琦传附王承衍传》,页8817—8818。按:王克基是太祖功臣王审琦曾孙、太祖长驸马王承衍孙,王世隆子,王克明兄。

[1] 《景定建康志》,卷二十六《侍卫马军司题名记》,页1242。《长编》,卷一百三十五,庆历二年三月甲辰条,页3227;四月辛巳条,页3236;卷一百三十八,庆历二年十一月乙酉条,页3325。据《长编》所记,在庆历二年三月初一,担任殿帅、马帅和步帅分别是高化、李用和及曹琮。到四月初八,高化已罢军职出知相州。而到庆历二年十一月李用和与曹琮已分别任殿帅及马帅。考《马军司题名》记曹琮在庆历二年三月任马帅,可知在庆历二年三月因高化罢殿帅,李用和和曹琮依次补升殿帅和马帅。而李昭亮相信在这时由殿候升步帅。

[2] 《李昭亮神道碑调查》,页51。《宋史》,卷四百六十四《外戚传中·李昭亮》,页13563。按:《神道碑》记:"未数月□□□并□□副都总管兼'荆'(当为'并')、代、石、瀛、麟、兖□□□八州观察副使□□□□从□就(损6字)定路都总管(损6字)。"《宋史》本传则云:"并代州路副都总管、安抚招讨副使。未几,守代州,再徙真定路都总管。"(按:副都总管是避英宗讳而改的)

[3] 《长编》,卷一百三十七,庆历二年七月乙巳条,页3281。

闰九月再覆师于定川寨（今宁夏固原市中河乡大营村硝河西北岸黄嘴古城），主将殿前都虞候葛怀敏阵亡。宋人批评出身将家子的葛怀敏"通时事，善候人情，故多以材荐之。及用为将，而轻率昧于应变，遂至覆军"。[1]出身和性情与葛怀敏颇相近的李昭亮，不久即受到文臣的猛烈批评。十月二十八日，御史中丞贾昌朝（998—1065）上疏，首先不点名批评已死的葛怀敏及仍在边任的李昭亮这等恩幸子弟：

> 饰厨传，沽名誉，不由勋效，坐取武爵者多矣。其志不过利转迁之速，俸赐之厚尔，御侮平患，何望于兹？然乘边鄙无事，尚得以自容。昨西羌之叛，骤择将领，鸠集士众，士不素练，固难指纵，将未得人，岂免屡易？以屡易之将驭不练之士，故战必致败。

接着他又不客气地批评像李用和、李昭亮、曹琮等"亲旧、恩幸已任军职者，便当为将"，然而他们"兵谋、战法素不知晓，一旦付千万士卒之命，使庸人致之死地。此用亲旧、恩幸之弊也"。最后他点了李昭亮的名字，严词指出像李昭亮这样"守方镇者无数更易，管军并刺史以上官秩，宜审其所授，以待有功。如杨崇勋、李昭亮辈恩幸之人，尚在边任，宜速别选人代之"。仁宗听从贾昌朝的意见，十二月初二，将不孚人望且非他亲信的杨崇勋自边防重镇的成德军改判内地的郑

---

[1]《宋史》，卷十一《仁宗纪三》，页211、214。《长编》，卷一百三十一，庆历元年二月己丑至丁酉条，页3100—3103；卷一百三十七，庆历二年闰九月癸巳条，页3300—3303；卷一百三十八，十月癸丑条，页3314—3315。

州（今河南郑州市）。[1]李昭亮比葛怀敏幸运的是，他在并、代一线没有受到元昊的攻击，而仁宗对他仍然宠信有加，不像杨崇勋那样因贾昌朝的进言被调离边郡。

庆历三年（1043）二月初五，李昭亮的上司知并州（即太原）明镐（989—1048）向宋廷奏请，从今并代路制置军马事而连辽边界的，交给经略使便宜处分。仁宗从其议。[2]李昭亮在这事的权责方面，似乎没有异议。

三月二十一日，当权二十多年的吕夷简罢相，仁宗相应地调整二府的人事。仁宗信任的外戚王贻永留任并加宣徽南院使，仁宗仍以外戚亲信占执政一席位。[3]七月初一，仁宗的心腹龙神卫四厢都指挥使郭承祐，自知澶州徙为真定府、定州马步军都部署，接替知谏院欧阳修所批评"凡庸轻巧，非将臣之材"的知定州王克基。[4]但在西边御夏有功而升任参知政事的范仲淹，以及言官欧阳修，极力反对郭承祐任为镇定都部署。郭承祐既是仁宗藩邸亲信，又是宗室华王元偁的女

---

[1] 《长编》，卷一百三十八，庆历二年十月戊辰条，页3316；十二月辛丑条，页3328；卷一百四十一，庆历三年五月丁卯条，页3372。《宋史》，卷二百八十五《贾昌朝传》，页9614—9615。杨崇勋判成德军时，包庇其子杨宗诲受贿，为御史严劾。仁宗以杨曾任枢密使，到庆历三年五月，就令他休致以存其体面。

[2] 《长编》，卷一百三十九，庆历三年二月癸卯条，页3347。

[3] 《长编》，卷一百四十，庆历三年三月乙酉至辛卯条，页3358—3359。

[4] 《长编》，卷一百三十八，庆历二年十月辛亥条，页3314；卷一百四十一，庆历三年五月乙未条，页3382—3383；卷一百四十二，庆历三年七月丙寅条，页3395。郭承祐在庆历二年十月十一日自卫州防御使知澶州拜龙神卫四厢都指挥使，时人已讥笑他才不胜任。又欧阳修在庆历三年五月上书，曾严词批评知镇州张存和知定州王克基不称职。郭承祐在七月调镇定都部署兼知定州相信是接王克基之任的。

婿，具有准外戚的身份。在范等的文臣眼中，郭承祐偏偏是"凡庸奴隶之材"，那是他们所不能容忍的。仁宗迫于朝议，首先在同月二十五日，调知保州（今河北保定市）、东染院使、封州刺史康德舆（？—1055后）为真定府、定州路兵马铃辖，暂时代郭承祐管领兵马。到九月初十，便解除他镇定都部署之职，将他徙知相州。[1]郭的遗缺，仁宗出人意表的委李昭亮接任。十月初三，李昭亮自步军副都指挥使、感德军留后为真定府、定州路都部署。而以康德舆换其任知代州。值得注意的是，当郭承祐备受文臣攻击时，李昭亮的长子李惟贤，在庆历三年八月十五日，以阁门通事舍人被选中担任贺契丹国母正旦副使。[2]仁宗显然对李昭亮一家圣眷正隆。

李昭亮的任命，马上招致言官强烈的反对。欧阳修"伏见朝廷自河东移李昭亮为真定都部署"，痛陈他对此事的批评：

> 李昭亮不材，不堪为将帅，不可委兵柄。此一人，陛下圣心久自知之，执政大臣非不知之，天下之人亦共知之，不审因何遽有此命？大凡朝廷行事不当者，或为小事而忽略，容有不知，致误施行而至乖错者有矣，未有以天下大可忧患，而上下共知之事，公然乖谬，任以非人如此者。

---

[1] 《长编》，卷一百四十二，庆历三年七月丁丑至戊寅条，页3399—3402；七月庚寅条，页3405；八月丁未条，页3417；卷一百四十三，庆历三年九月甲戌条，页3447。
[2] 《长编》，卷一百四十二，庆历三年八月己酉条，页3418；卷一百四十四，庆历三年十月丁酉条，页3476、3478。仁宗以避契丹讳故，命李惟贤暂改名为李宝臣，以他的名字（贤）犯了辽景宗耶律贤之讳。

他猜想两府大臣所以有此议，"必因施昌言等近奏三路阙部署，而目下无人，以昭亮塞请，而欲徐别选择，不过如此而已"。但施氏没有想到"朝廷作事常患因循，应急则草草且行，才过便休，不复留意"。他批评"只如差郭承祐于镇定，寻以非才罢之，以康德舆为钤辖，阙却部署一职，本待徐择其人。臣初喜朝廷必能自此精于选任，经今数月，何曾用意求人？一旦昌言奏来，又遣昭亮且去。今平时无事之际，尚如此不能选人任用，若一旦仓黄事动，更于何处求人？故臣谓朝议欲徐择人而代昭亮者，乃虚语尔"。他认为"方天下至广，不可谓之无人，但朝廷无术以得以尔。宁用不材以败事，不肯劳心而择材。事至忧危，可为恸哭"。他最后请仁宗"出于睿断，其昭亮早令两府择人替换"。[1]另一言官知谏院蔡襄（1012—1067）亦提出异议，他点名批评"河北镇定都部署李昭亮、镇州张存、雄州王德基、澶州李昭述等，或居要郡，或总重兵，假使智能尽厌服乎人，犹恐计虑或见轻于虏；而况指数名姓，明知委任非人，尚令列在边防，得不取笑夷狄？李昭亮、张存、李昭述、王德基，乞速行差替"。[2]但仁宗并没有采纳他们的意见罢免李昭亮。显然李昭亮出任大军镇元戎，完全是仁宗的意思。当时担任参政的范仲淹、枢密副使的富弼（1004—1083）大概反对不来，

1　《长编》，卷一百四十四，庆历三年十月丁酉条，页3476—3477。《欧阳修全集》，第四册，卷一百一《论李昭亮不可将兵札子》，页1550—1551。
2　参见蔡襄（撰），吴以宁（点校）：《蔡襄集》（上海：上海古籍出版社，1996年8月），卷二十《奏议·言河北帅臣》，页351。按：蔡襄此奏未系年月，蒋维锬将之系于庆历三年五六月间，实有误。蒋氏未审李昭亮任镇定都部署在庆历三年十月。蔡襄此奏应上于庆历三年十月以后。参见蒋维锬：《蔡襄年谱》（厦门：厦门大学出版社，2000年12月），页46。

很有可能是范等授意由欧阳修等出面,以言官的身份对李昭亮的任命提出异议。

庆历四年(1044)正月和二月,宗室和外戚最为尊长的仁宗叔父荆王元俨及太宗驸马柴宗庆(982—1044)先后逝世。[1]王贻永、李用和及李昭亮等便成为外戚中最尊长的。二月二十三日,崇政殿说书赵师民(？—1053后)上书论事,其中"命将帅"一项,他便婉转地说"比年之来,师出败衄,虑陛下未尽将将之善也",隐隐地批评仁宗用人不当。他另外在"择守宰"一项,即指出吏治不澄的危害,说"向日吏能盖寡,用兵以来尤甚。严督责以为善治,促赋敛以为能才,外饰拊养之名,内行苛刻之实。或束缚疲民,以为军卒,受招募之赏,或放纵奸吏,傍缘公赋,逞率割之欲",结果是"强者起而劫州间,弱者转而填沟壑"。[2]仁宗似乎没有采纳赵的谏言,相反,他在三月,更要不次拔擢他所宠爱的张修媛(即张贵妃,1024—1054)的叔父张尧佐(987—1058),以职方员外郎提点开封府界诸县镇公事。谏官右正言余靖(1000—1064),上奏反对。仁宗碍于物议,暂收回成命。[3]

五月初一,枢密副使韩琦和参知政事范仲淹并对于崇政殿,其中一项议题就是李昭亮辖下的真定府、定州路的屯兵防务问题。二人指出:"自来真定府、定州、高阳关分为三路,其所辖兵马未甚整齐,乃

---

[1] 《长编》,卷一百四十六,庆历四年正月乙亥条,页3531;二月壬寅条,页3540。
[2] 《长编》,卷一百四十六,庆历四年二月丙辰条,页3544—3547。
[3] 《长编》,卷一百四十七,庆历四年三月己巳条,页3555—3556。赵汝愚(1140—1196)(编),北京大学中国中古史研究中心(校点整理):《宋朝诸臣奏议》(上海:上海古籍出版社,1999年12月),上册,卷三十四《帝系门·外戚上·余靖·上仁宗论张尧佐不当与府界提点》,页330。

有一州兵马却属两路之处，又未晓本路将来以何处控扼，合用重兵若干，又甚处只宜固守，合屯兵若干，及三路互相应援次第。"二人奏请"须差近臣往彼密为经略，方可预定法制，临时不至差失。或事宜未动，亦当相度兵马合那移于何处驻泊，使就刍粮，以省边费。庶免先自匮乏，至用兵之日，重困生民"。[1]本来这番筹议，应该由本职真定府、定州路都部署的李昭亮上奏，在宋廷文臣看来，他显然没有尽本身之职责，做好防务。

这年六月二十八日，宋廷以镇戎军上奏，称夏兵入寇时，李昭亮叔父李继和之祠庙数有神光及夜闻甲马声之灵验，因加封李继和为安国公，以其庙为安国庙。[2]这一锦上添花的恩典，也旁证了仁宗对李昭亮之宠信未减。就在这时，枢密副使富弼奏上他著名的《河北守御十二策》，在其中第六策任用宗室条，他借当任用宗室的理由，批评仁宗重用外戚的做法，称仁宗"任李用和为殿前副都指挥使，任曹琮为马军副都指挥使者，是任亲也。用和与琮诚亲矣，然皆异姓。异姓者尚可亲信，则宗室同姓，与陛下是骨肉之亲，反不可信哉？"[3]富弼这里没有点在管军排名第三的步军副都指挥使李昭亮的名字，当时禁军管军三帅均由外戚担任，而两府又有王贻永任枢副，外戚权势之大，实前所未有。富弼此奏显然是希望借宗室之力量来制衡外戚。仁宗很聪明地在七月十九日响应富弼之议，大封宗室，自冯翊郡公德文（？—1046）、宁江节度使允让（995—1059）、安化留后允弼（1008—1069）、镇国留

---

[1] 《长编》，卷一百四十九，庆历四年五月壬戌条，页3602。

[2] 《长编》，卷一百五十，庆历四年六月戊午条，页3638。

[3] 《长编》，卷一百五十，庆历四年六月戊午条，页3646。

后允良（？—1067）以下为郡王；左屯卫大将军从蔼（？—1046后）、左屯卫大将军从煦（？—1045）、洺州团练使守巽（？—1046）等为国公、郡公，[1]但仁宗并没有改变重用外戚的做法。

八月初五，赵师民先前的担忧不幸言中，河北边郡的保州也因长吏之弊政，而激起兵变。权保州云翼军都监韦贵，与保州通判石待举（996—1044）等在酒宴上发生冲突，韦贵痛骂石待举等"削减兵粮为己功"，结果激起众愤持刀作反。石待举和如京使、知保州刘继宗，走马承受刘宗言，缘边巡检都监王守一均被叛兵所杀。与保州相邻的知广信军（今河北保定市徐水区西遂城）刘贻孙（？—1047后）与走马承受宋有言闻报，即往保州城下晓谕叛兵，当中有欲降的，但当诸路军来讨时，城内叛军又闭城固守拒命。初九日，枢密院收到保州守军三千兵变的奏报后，马上请得诏旨，派内臣入内供奉官刘保信（？—1063后）驰驿往视察之。十一日，又命知制诰田况（1003—1061）往保州城下，相度处置叛军事，许他便宜行事。宋廷先采安抚政策，十二日，令赐保州投诚兵员特支钱。十三日，降敕榜招安保州叛军。又命知雄州王德基（？—1049后）通报辽国，因保州兵变，本路宋军会出动平乱，宜教辽人不必惊动。十四日，宋廷正式任命田况为龙图阁直学士知成德军，充真定府、定州路安抚使，统率李昭亮以下军兵平乱。另任欧阳修为龙图阁直学士、河北都转运按察使。欧阳修随即上奏，请许他每遇军马攻伐招抚保州事宜，与田况和李昭亮等共同商量施行，仍请

---

[1] 《长编》，卷一百五十一，庆历四年七月戊寅条，页3667；八月辛卯条，页3674。允弼后来娶了李昭亮的幼女。参见第374注2。

将他这札抄写与田况等知照。这时知谏院蔡襄奏称保州军士闭城作乱，然后杀党中懦弱的十余人，指为首恶，以用来向宋廷求取招安的手段。他反对朝廷用招安之策，认为当派知定州王果（？—1050后）领兵随榜入保州城，将叛军尽行诛杀，才可以制止骄兵叛乱之祸源。他说今天州兵杀官吏，闭城门，而后得到朝廷招安宽宥之事传播天下，就会教人轻视朝廷。他主张以劲兵入城诛三千叛卒，以绝天下祸乱之萌。但宋廷仍希望招安。十五日，宋廷赐保州城下诸军将校特支钱，准备进攻。大概是鼓励将校士气，因枢密使杜衍（978—1057）的奏请，同日，宋廷将庸懦无才的恩幸子弟郭承祐罢去军职，而将在西边屡立战功起于行伍的狄青（1008—1057），超授为管军之捧日天武四厢都指挥使、惠州团练使、泾原部署。[1]

八月二十五日，宋廷以诸道兵集结保州城下，未有统领，即命河北宣抚使富弼前往保州节制诸军。宋廷再降敕榜招安，命田况等暂退兵，派人带榜文入城，晓谕叛军：若开门投降，就一切存抚；如继续抗命，就继续攻城，城破之日，叛军家眷无分老幼都会被诛杀。当王果攻城时，叛军在城埤大呼："得李步军来，我降矣。"王果等奏上宋

---

[1] 《长编》，卷一百五十一，庆历四年八月甲午、戊戌至乙巳条，页3676—3677、3683—3685；卷一百五十二，庆历四年九月庚午条，页3700。《欧阳修全集》，第五册，卷一百一十七《乞许同商量保州事札子》，页1781。保州兵变的祸首韦贵，本是刘太后侄刘从德的家奴。因刘从德之死，得补三班使臣，累迁西头供奉官，权保州、广信军、安肃军（今河北保定市徐水区）缘边巡检。他后来做官军的内应，策动叛军投降，又保护百姓不为乱军所害。乱平后，他只薄责为右侍禁监岳州茶盐酒税。御史包拯认为他罪大而责罚太轻，但宋廷没有再贬降他。关于庆历四年八月保州兵变的研究，可参阅杨国宜：《庆历新政时期保州兵变的评价问题》，《安徽师范大学学报》第21卷（1993年）第3期，页303—310。

廷,于是仁宗派遣李昭亮负责招安。是日李昭亮来到保州城下,与田况一同晓谕叛军投降,但叛军仍未肯相信。李昭亮麾下的右侍禁郭逵(1022—1088)请缨入城与叛军谈判,田况与李昭亮即遣之,结果靠着郭的胆识和机智,以及原本激起叛变的权保州都监韦贵(?—1044后)、兵马监押侍其臻(?—1044后)等作为内应及策动,叛军二千人开城投降。田况得首恶四百二十九人名字,令内臣入内押班、沿边都巡检杨怀敏率兵入城,将之尽行坑杀八大井中。投降的二千余人,就分隶诸州。据说富弼本来想将这二千人也杀死,赖欧阳修力谏而止。宋廷又徙具有外戚身份的工部郎中、知沧州刘涣为吉州刺史知保州。[1]

九月初三,田况奏上宋廷保州乱平,麾下有功将士列为五等。宋廷赏有功将士之余,也贬责一批有过之官员。初四日,宋廷以李昭亮及杨怀敏奉敕书招叛卒开城投降,并诛首恶数百之劳,免他们失察之罪。到初七日,李昭亮就以平定保州兵变之功,加淮康军留后知定州。仁宗又敕使者劳问,赐黄金三百两,给节度使俸,以褒其功。李的功劳其实有多大?《长编》引《国史·李昭亮传》,称"昭亮从数十人叩城

---

[1] 《长编》,卷一百五十一,庆历四年八月甲寅条,页3688;卷一百五十二,庆历四年九月庚午条,页3699—3700。张邦基(?—1148后)(撰),孔凡礼(点校),《墨庄漫录》(与《过庭录》《可书》合本)(北京:中华书局,2002年8月),卷八《欧阳文忠公四事》,页224—226。《宋史》,卷三百三十九《欧阳修传》,页10377;卷三百二十四《刘文质传附刘涣传》,页10492—10494。刘涣甫至保州,因点检军资库,有虞候张吉无礼及擅开金银笼子,不服刘涣指挥,就给刘斩首以立军威。欧阳修这回却为刘涣说话,称保州新经兵乱,河北士卒素骄,应该让长吏权宜处置,不必依常法,他请朝廷不用为此事诘问刘涣。参见《欧阳修全集》,卷一百十七《乞不诘问刘涣斩人》,页1788。

扉,袒示城上,不以甲楯自蔽,为晓谕祸福,贼遂降"。但李焘认为这是饰说,当从《涑水记闻》的说法,真正有功的是后来加阁门祗候的郭逵。李焘亦引《宋会要》的说法,李昭亮和杨怀敏派遣郭逵入城劝降,但李不当独领此功。另外,李昭亮入保州城后,还不守军纪,私下将叛卒的女口分隶诸军,甚至收为己用。保州通判冯博文等就效他所为。此事给欧阳修知道,就将冯系狱。李昭亮才慌忙把原已纳入己家的女口释出。欧阳修并没有放过他,两番上奏严劾李昭亮,但仁宗包庇他,置之不问。[1]

平情而论,李昭亮这次算是立了功,虽然有点因人成事的味道。

---

[1] 《长编》,卷一百五十二,庆历四年九月辛酉至乙亥条,页3696—3701。《宋会要辑稿》,第八册,《职官六十四之四十七·黜降官一》,页4792;第十四册,《兵十之十五·出师四·云翼军》,页8801。《涑水记闻》,卷十一,页204。考《李昭亮神道碑》关于李在保州兵变的表现,因有关部分脱文损字甚多,所记不很清楚。碑文云:"音乐为尽(损5字)州盗库兵,杀官吏,闭城坚守。朝廷忧□,以□镇兵围城□□□帅招□降,纳(损6字)尉来则束手,归命天子□□招(损5字)。数骑□□城下(损6字),或□为(损5字),以彼怀(损7字),叛卒皆缒而下,向□□□罪,公(损6字)降。明日推乱卒首事者,斩数百人,余纵不问。城□□□,天子以其功,欲□□旗铖□□□卫,师以官为先,□□□得躐迁。时曹琮□□留□□□□指挥□□□进公(损8字)节度观察□复定州(损5字)。上使昭德军节度使□□给之。□□□□两。公顿首言曰:臣亦何功而辄冒秩禄,坏(损6字)。上不□也。明年,□□□□又观□。几何而琮'军'(疑为'卒'字),遂超使公故而(损6字)军节度使。"考以上碑文,和李焘所引的《国史·李昭亮传》一样,夸大了李昭亮的功绩,而讳言他侵占叛兵女口之过失,又夸大了仁宗要授他节钺(为节度使),他以位在曹琮之下而不受之事。他入城后杀所谓首恶的叛军数百,以及被命知定州一节,均与《长编》所记同。而仁宗赏他节度使佩及赏黄金三百两,则与《李昭亮神道碑调查》(页51)相合,而增加了他谦恭地称其功劳不该受厚禄之饰词。至于《宋史·李昭亮传》所记李昭亮在城外招降一节,相信因袭《国史·李昭亮传》的说法,记"昭亮从轻骑数十人,不持甲盾弓矢,叩城门呼城上曰:'尔辈第来降,我保其无虞也。不尔,几无噍类矣。'卒稍稍缒城下。明日,相率开门降"。参见《李昭亮神道碑调查》,页51;《宋史》,卷四百六十四《外戚传中·李昭亮》,页13563。

马运法说他在定州路都部署任内"不仅毫无作为,还引发了保州兵变",则有点苛刻。[1]他身为大将,一向以治军整严见称,这次纵容部属兼自己私纳叛兵女口事上,明显有过,于是给欧阳修抓住把柄不放。欧阳修的文集保留了他两篇奏劾李昭亮的奏疏,第一篇奏疏记他在保州的恶行:

> 巡历至保州,访闻得部署李昭亮昨因保州开门后入城,将云翼第九兵士妻女分配与诸州军军员等。本为是作乱兵士妻女,配与军营,要行戒励。却于其中拣选军人女子,先自将下昭亮本家及手下兵士。使臣、通判官等递相仿效,亦各私取归家。军民传闻,道路喧沸。其李昭亮等知臣觉察举行,遂却转递出外,即日未知去处。寻据定州通判冯博文状陈首,称收得长行许秀女一人。臣等勾到许秀女子小姐及元传送兵士杨遂、王在共三人,已牒送真定府通判王鹏,于本府置院推勘去讫。[2]

当仁宗对欧阳修前奏不予理会时,他就再上奏,先严劾李昭亮身为大将,却不能统辖部众,以致保州兵士作乱。当朝廷累降敕榜屈法招诱,叛卒方肯归降。开城后,李昭亮一方面转帖号令诸军不得私取人口并财物,另一方面却将叛卒女口私入本家。欧阳修痛责李昭亮"忝为大将,不恤国家忧患,幸此乱兵,利其妻女"。当欧阳修当面询

---

[1] 马运法:《北宋武将王德用家族研究》(西北大学硕士论文,2010年6月),页44—45。
[2] 《欧阳修全集》,第五册,卷一百十七《奏李昭亮私取叛兵子女》,页1786—1787。

问李昭亮可有此事时，李却谎称不曾收得。等到冯博文供认罪状，才急忙送女口至保州自首。欧阳修就再痛斥"李昭亮身为大将，不忧国家，幸此乱兵，私取妻女，其情理不轻，况已发觉，无容自首"。欧阳修再次请求许他根究李昭亮违纪之事。[1]

正如前面所述，仁宗没有理会欧阳修两番劾奏，不但没有处分李昭亮，还对他赏赐有加。后来李昭亮不断受廷臣批评，可能种因于此次仁宗处置不当。[2]

庆历五年（1045）正月二十八日，庆历新政的中坚宰相杜衍、参政范仲淹及枢副富弼均罢政出外。仁宗以枢密使贾昌朝升任宰相，而以他宠信的外戚王贻永升任枢密使。王是继钱惟演后以外戚担任枢使的人。[3]因仁宗一意委他信任的外戚亲信担任要职的情况不断，于是引起言官的反对。殿中侍御史梅挚（995—1059）及右正言钱明逸（1015—1071）即劾奏新知邢州郭承祐贪污，新任滑州都部署魏昭昺（？—1045后）人材猥下，而欧阳修又两章严劾郭承祐不当邢州市任。

---

1 《欧阳修全集》，第五册，卷一百十七《乞推究李昭亮》，页1787—1788。顺带一提，邓广铭教授的《读〈宋史〉札记》未完成稿，其中即有"《欧阳修传》记李昭亮纳保州叛兵妇女事失实（《宋史》卷三一九）"一条考证。邓氏据欧阳修的几篇相关的奏章所载，考证《宋史·欧阳修传》之记载失实，指出欧阳修连番上奏，正为追究当时平叛宋军地位最高的李昭亮，在纳保州叛卒妇女的责任。参见邓广铭：《邓广铭全集》第九卷（石家庄：河北教育出版社，2005年7月），《读〈宋史〉札记》，页426—428。
2 马运法认为仁宗宽待李昭亮之另一结果，是宋廷文臣强烈要求今后以文臣兼任河北地区都部署，李昭亮去职后，也是武将出任定州都部署的结束。不过，马氏无法解释到嘉祐五年（1060）二月，仁宗又再授李昭亮充定州路都部署之事实，他只能说这是仁宗对李昭亮的特恩，不属于正常的任命。参见马运法：《北宋武将王德用家族研究》，页45。
3 《长编》，卷一百五十四，庆历五年正月乙酉条，页3740—3742。

二月初六，仁宗碍于朝议，将郭承祐徙为河阳（今河南焦作市孟州市）部署，魏昭昺改为陕州（今河南三门峡市陕县）部署。[1]

同为外戚的李昭亮再任定州的政绩如何？欧阳修在《乞令边臣辨明地界》一奏，便批评"其如朝廷选任非人，从来以定州一路付与李昭亮。其人昏懦而不晓事机，虽有勾当事人，并不能先词探得起寨事端。及已立了寨栅，又不能预防侵界之患。直至囚捉了巡边指挥使汤则，侵了银坊以南边地，大兴人夫，垒立城寨，至今终不能辨理疆界，拒绝侵凌"。[2]欧阳修对李昭亮针锋相对、毫不放松，容或带有强烈的偏见，唯讽刺的是，据韩琦的记载，李昭亮在定州的"政绩"，却是修筑了现在定州市尚存著名的众春园。[3]

这年三月，仁宗以他的母舅殿前副都指挥使李用和多病，已向辅臣提出要召李昭亮回京管掌殿前司事。五月二十九日，马军副都指挥使曹琮卒于任。闰五月初三，李用和以老请解军职，仁宗准许并优授

---

[1] 《长编》，卷一百五十四，庆历五年正月丁丑条，页3739；二月癸巳条，页3746。《宋史》，卷二百四十九《魏仁浦传附魏咸信传》，页8805—8807。《欧阳修全集》，卷一百十七《乞罢郭承祐知邢州》《再奏郭承祐》，页1791—1792。魏昭昺是太祖宰相魏仁浦孙，太祖驸马魏咸信幼子，本名昭侃。他在庆历五年正月丁丑（二十）自郢州防御使升为鄜州观察使、滑州都部署。

[2] 《欧阳修全集》，卷一百十八《乞令边臣辨明地界》，页1816。

[3] 据韩琦在皇祐三年（1051）正月所撰的《定州众春园记》所载，这个名园，在"郡城东北隅，潴水为塘，广百余田亩，植柳数万本。亭榭花草之盛，冠于北垂。盖今宣徽李公昭亮始兴之，后寖废焉。予之来，惧陷其心于不公也，复完而兴之"。可知此园始建于李昭亮知定州时。参见《安阳集编年笺注》，卷二十一《记·定州众春园记》，页693—696。按：该记的注者李之亮以为韩琦指李昭亮在景祐年间初知定州时修众春园。惟笔者认为李昭亮修此园当在庆历四年至五年这一次。至于众春园在宋后的变化，参见翔之：《定州众春园考》，《文物春秋》，2002年第1期，页27—36。

为宣徽北院使。殿帅一职，宋廷于是以可能已权管殿前司事的李昭亮依次补升，并将他自淮康军留后建节为宁武军节度使。宋廷又以许怀德继任马帅，并由马军都虞候王元（？—1045后）升任殿前都虞候，王信（988—1048）任马军都虞候。李昭亮是年五十三岁，终于攀至三衙管军最高的殿帅职位，比亡父的马帅及亡叔的殿候为高。[1]

知制诰张方平（1007—1091）奉命所撰写的一道除李昭亮殿帅制文，对李昭亮的才干吹嘘一番。这篇文字收在吕祖谦（1137—1181）所编的《皇朝文鉴》卷三十四，作为范文，这篇夸奖李昭亮功绩的官样文章，突出了李显赫外戚身份和他统率禁旅的才干：

> 外拥节旄，方镇元戎之重；内司禁卫，大微上将之雄。匪时英材，畴若嘉命，图用亲率，宜扬大庭。具官李昭亮，诚禀忠淳，风力敏给，世载其德，有狐赵之旧勋；文定厥祥，乃姜任之高姓。早阶华显，允蹈中和，入从法从之华，出领翰垣之要，属以

---

[1]《长编》，卷一百五十五，庆历五年三月己未条，页3759；五月甲申条，页3774；卷一百五十六，庆历五年闰五月丙戌至戊子条，页3777—3778；卷一百六十三，庆历八年三月乙丑条，页3937。《景定建康志》，卷二十六《侍卫马军司题名记》，页1242。《东都事略》，卷二十《李处耘传附李昭亮传》，叶五上（页355）。《宋史》，卷四百六十四《外戚传中·李昭亮》，页13563。李昭亮建节的军号，《长编》庆历五年闰五月戊子条、《宋史》及《东都事略》李昭亮本传均作武宁军，即徐州（今江苏徐州市），但《长编》庆历八年三月乙丑条则作宁武军。考《宋大诏令集》卷一百的《李昭亮加恩制·庆历七年十一月》就记李昭亮实为宁武军节度使，按宁武军节度使即利州（今四川广元市）。而制文记李之所领之官即为"利州管内观察处置等使、使持节利州诸军事、利州刺史"，与宁武军合。又徐州（武宁军）的地位要比利州（宁武军）高，李昭亮从淮康军留后授节度使，不应径授武宁军，授宁武军节度使就较合理。参见《宋大诏令集》，卷一百《李昭亮加恩制·庆历七年南郊》，页368。

军政，契于士心，训抚有方，简稽允肃。眷殿岩之离卫，率王旅之选锋，典兹中权，职在圻交。特赐节钺之命，爰将注意之隆，峻以等威，统诸环列。于戏，齐钺所付，是为王之爪牙；兰锜之岩，实曰予之心膂。勉旃诚报，茂对宠休。[1]

不过，奉命撰写的制文虽然夸夸其言，但张方平在稍后的时候所上的一篇奏疏《论补军职》，便批评"今内则禁兵寖骄，极须弹压；外则边患不测，常资防备。昭亮、王元恐未任专干心膂"。[2]

李昭亮担任殿帅的表现究如何？宋人对他的评价倒是正面的。当时的禁军如张方平所说因承平日久，而禁军将帅多因循，于是军士纵驰。李昭亮虽然打仗作战并无表现，擢任管军乃"缘恩泽进"；但他本是将家子，熟习军中事。当他统率禁旅时，多所更革。好像在庆历五年六月二十六日，他便向枢密院陈奏，要求凡奏报公事，免除执杖穿窄衣升殿。枢密院考虑他的提请后，就请仁宗批准三衙管军如奏本司事就如旧例，但若是奏禀他事及在后殿侍候，就许宽免执杖及窄衣升殿之例。仁宗接受这合理的陈论。又好像在庆历六年（1046），宋廷议论调

---

[1] 张方平（撰），郑涵（点校）：《张方平集》（郑州：中州古籍出版社，1992年10月），《佚著辑录·除李昭亮殿前副都指挥使武宁军节度使制》，页765—766。
[2] 《张方平集》，卷二十四《论补军职》，页373—374。这一篇奏议录自赵汝愚（1140—1196）编的《宋朝诸臣奏议》卷六十四，原注云："庆历四年上，时知制诰。"然考王元擢殿前都虞候在庆历五年闰五月，文中所云"昨差出许怀德后，马步军皆缺都帅，遂自环庆路抽回殿前都虞候王元，令权勾当步军司公事"。已是庆历五年月之事。参见《马军司题名》，页1242；《宋朝诸臣奏议》，卷六十四《百官门·三衙·张方平·上仁宗乞择人分总禁卫》页708。又许怀德罢马帅出镇在庆历六年七月。很有可能此奏上于庆历六年七月后，而非庆历四年。

发军队的问题。他上言指以往调发诸军时,先行引见,试以战阵然后迁补校长。现时因没暇试诸军战阵,他请挑选强壮有武技的,每十人一同引见,将他们转资升迁,然后遣送屯所。宋廷接受他的合理做法。庆历七年(1047)四月二十九曰,李昭亮又上言指在非正常的时间放廷臣朝参,值日的阁门承受用以审核出入人等的机制有漏洞。他要求加以改善:令阁门给印纸付与值宿的承受官,遇上非时放朝参的廷臣出入,就令他们填写报告,留下凭证记录。至于李昭亮治军,就很有父亲和叔父的严整作风。据宋人所记,万胜军和龙猛军部分军卒因赌博争胜,竟然拆下屋椽互击,一时教市民惶恐。李昭亮得报后,马上拘捕犯事者斩之,并杖责万胜军主连州刺史宋绪,诸军为之股栗。有一次仁宗祀南郊大典,有骑卒丢失弓,本来以恩赦不必治罪,但李昭亮以骑卒宿卫不谨,不可宽恕,仍将之配隶下军以作惩处,于是禁军军纪得到整肃。[1]

李昭亮担任殿帅,表现算是差强人意,他在庆历五年十二月十五日,提出比照夏竦的恩例,要求朝廷给他大例请俸。仁宗诏称李昭亮

---

[1] 《长编》,卷一百五十六,庆历五年闰五月丙戌条,页3777—3778。《宋史》,卷一百九十六《兵志十》,页4896;卷四百六十四《外戚传中·李昭亮》,页13563—13564。《宋会要辑稿》,第四册,《仪制一之九·垂拱殿视朝》,页2301—2302;《仪制六之十·群臣奏事》,页2406。《李昭亮神道碑》对他治军之表现,因损字太多,记载不详。碑文仅云:"旋故尽卫兵□师(损5字)。上监仙(损5字)游平(损7字)□而旧仪废失,上以□公。公□建□搜□□卫(损7字)大整(损7字)使近位宣旨□□□上(损32字)会邪,遂为罢猎。万胜、龙猛卒争博,追夜□□,尽拔(损10字又一行)典兵。"从此段破损不堪的文字,大概只看到与群书所载相同,宋廷以禁军"旧仪废失",就委李昭亮为殿帅整顿。他大概曾劝谏仁宗停止狩猎,又严惩了因赌博而发生争执的万胜及龙猛军卒。参见《李昭亮神道碑调查》,页51。

任观察留后时，公料钱已给四百贯，这次特许他依大例定支余。又规定此是特例，其他人不得引为前例。按《李昭亮神道碑》记在保州兵乱平定时，仁宗给李厚赏以酬其功时，李昭亮表示"臣亦何功而辄冒秩禄"。比对李昭亮现时要求加恩之举，则李昭亮当日上言不受厚赏，显然是一番作态，并非真的谦让知足（当然这也许是《神道碑》溢美不实之词）。不过，李昭亮任殿帅，倒不是只顾自己的好处和利益，他也为麾下士卒争取合理的利益。庆历七年二月十一日，仁宗命内侍二员提举月给军粮，监察军粮的好坏和份量，就大大改善了军士伙食的质量。第二天当诸监仓官进呈军粮予仁宗查察时，李昭亮就率殿下的卫士罗拜谢恩。《长编》载命内侍纠察军粮之议，出自侍御史吴鼎臣（？—1051后）。笔者相信身为殿帅的李昭亮也当有建言。[1]

宋仁宗厚待及信任李昭亮，还可见于他处理他与马军副都指挥使许怀德相争一事。庆历六年七月二十五日，李昭亮与许怀德"帅臣失和"，李昭亮往两府陈告。仁宗为安抚许怀德，就因他上殿乞请，而给他加特恩自遂州观察使升一级为安静军留后。[2]

仁宗如此处理这次李、许之争，正是他一贯优待他所信任的外戚

---

[1] 《宋会要辑稿》，第八册，《职官五十七之三十七・俸禄》，页4577。《长编》，卷一百五十六，庆历五年闰五月戊子条，页3777—3778；卷一百六十，庆历七年二月丙辰条，页3862—3863。

[2] 《长编》，卷一百五十九，庆历六年七月癸卯条，页3841—3842。《张方平集》，卷二十五《论许怀德迁除》，页381。对于仁宗如此处置许怀德，言官包括包拯纷纷上奏反对。御史中丞张方平上言，认为许怀德在边城为将，向无才誉。他在庆历五年闰五月从防御使改观察使，并自殿前都虞候迁马军副都指挥使，已是过分。现在因他与李昭亮失和，为免事端而将他罢军职是恰当的，但为此而将他迁官一级，实难服众。他主张只除许环卫官，或给他一郡守之职，但仁宗不听。

的反映。他有时甚至不管文臣言官的反对，给予这些并无表现的外戚过厚的赏赐。尤其对他至亲的母舅李用和一家。好像在庆历五年闰五月二十四日，仁宗便再加已授宣徽北院使的李用和为彰信节度使、同平章事，晋位使相。又许他张伞击杖子，上下马如二府大臣仪仗，并规定此是特恩，他人不得援例。又诏给他的公使钱特依宗室例，每岁给一半。李用和罢殿帅授宣徽北院使时，认为他的外甥给他的恩典不够，并不入谢。仁宗于是再加他使相，以作补偿。御史中丞王拱辰（1012—1085）上言批评仁宗此举不当，指出太祖及太宗的母舅杜审琼（897—966）事两朝有劳，尚且得不到宣徽使之位。这本是祖宗保全后家之道。可李用和却无功而骄，获授宣徽使仍不满足。他认为仁宗这样依母舅私欲而授予名器，实在不当。

仁宗不但不纳谏言，还不次擢用李用和的儿子。八月十一日，便委李用和长子李璋（1021—1073）优差，以供备库副使、阁门通事舍人为契丹国母正旦副使。不到一年，在庆历六年七月十二日，又将李璋擢为西上阁门副使，让他从诸司副使升为横班副使。同月二十三日，又将洪福禅院之庄产邸店赐李家。到庆历七年四月二十一日，又擢李璋弟李珣（？—1098后）自内殿承制阁门祗候为阁门通事舍人。五月初二，仁宗更以李用和幼子、年方十三的李玮（1035—1093）尚他的长女、年方十岁的福康公主（1038—1070），李玮封左卫将军、驸马都尉〔按：福康公主要到嘉祐六年（1061）六月才出降〕。[1]

---

[1]《长编》，卷一百五十六，庆历五年闰五月己酉条，页3779；卷一百五十七，八月甲子条，页3797；卷一百五十九，庆历六年七月庚寅至壬寅条，页3840—3841；卷一百六十，庆历七年五月丙子条，页3873。仁宗在庆历六年七月二十四日对宰相表示，本来李用

除李用和一家外,仁宗在庆历五年六月十四日,又让他在枢府的亲信王贻永以枢密使兼群牧制置使,增大他的权力。到庆历六年二月初二,更加王贻永同平章事,晋位枢相。七年十二月初八,以加恩百官故,又晋封他为遂国公。[1]另外为感念杨太后之恩,同年十月十二日又擢升无功而才庸的太后亲弟杨景宗,自成州防御使为徐州观察使,另给他留后的俸赐。到庆历七年九月初二,就真除他为建宁军留后知潞州,而给他节度使俸。到八年正月十六日,因召他回朝任禁军的勾当军头司,又特给他公使钱三分之一。[2]

至于屡被文臣弹劾的郭承祐,仁宗仍一意孤行地在庆历五年十二月初二复任他为殿前都虞候、并代都部署知代州。监察御史包拯(999—1062)上言反对,称郭"累任无状,朝野佥知,物议喧然以为不可"。他认为"今朝廷委任郭承祐,必恐败事"。但仁宗依然听不入耳。到庆历六年九月初一,仁宗又将他改知邢州。知谏院钱明逸称郭曾知邢州,不为百姓所接受,仁宗这项任命,会教邢州百姓不安。仁宗总算纳谏,将郭承祐改知相州。[3]

值得注意的是,仁宗宠信的外戚中,尚有他的新宠张美人

(接上页)和的次子李珣求为通事舍人,仁宗没有答应,并对李珣说:"朝廷爵赏,所以天下共也。傥戚里之家,兄弟迁补如己欲,朕何以待诸旧勋乎?"不过,到庆历七年四月乙丑(二十一),他还是如李珣所愿。

[1] 《长编》,卷一百五十六,庆历五年六月戊辰条,页3785;卷一百五十八,庆历六年二月癸丑条,页3820;卷一百六十一,庆历七年十二月戊申条,页3892。

[2] 《长编》,卷一百五十七,庆历五年十月甲子条,页3803;卷一百六十一,庆历七年九月癸酉条,页3885;卷一百六十二,庆历八年正月乙酉条,页3904。

[3] 《长编》,卷一百五十七,庆历五年十二月癸丑条,页3810—3811;卷一百五十九,庆历六年九月戊寅条,页3845。

（1024—1054，即后来的张贵妃、追谥温成张皇后）的家人，尤其是她的叔父张尧佐。庆历六年九月十三日，侍御史知杂事梅挚即借灾异上奏，指张尧佐得以任权陕西转运使，并非有才，而是"由宫掖之进"。但仁宗依然擢张尧佐为户部副使。到庆历七年七月初九，仁宗更超擢张为天章阁待制、河东都转运使，使张位列侍从。[1]

庆历七年十一月，宋廷行南郊大典，百官均获加恩。李昭亮的加恩制除夸奖他的功劳和才具外，又列出他的所有阶勋爵邑及官职差遣，以及他外戚将家的身份。制文云：

> 门下。类帝致诚，礼讫修于吉土；荷天敷祐，庆遐浃于绵区。其有世嗣公侯，躬荣将帅，夙著总戎之效，宜循进律之文。爰降丝纶，诞告中外。忠果守正功臣、殿前副都指挥使、宁武军节度、利州管内观察处置等使、金紫光禄大夫、检校兵部尚书、

---

[1]《长编》，卷一百二十九，康定元年十月癸未条，页3050；卷一百三十四，庆历元年十二月丁酉条，页3208；卷一百三十七，庆历二年闰九月癸未条，页3300；卷一百四十二，庆历三年八月戊申条，页3417—3418；卷一百五十八，庆历六年四月辛未条，页3826；一百五十九，庆历六年九月庚寅条，页3846；卷一百六十，庆历七年五月己卯条，页3874；卷一百六十一，庆历七年七月壬午条，页3881。张美人是河南人，她的祖母是外戚钱氏女，父张尧封登进士但早死。张氏幼年已入宫，长大后得幸于仁宗。康定元年十月晋为才人，庆历元年十二月丁酉（二十二）进修媛。庆历二年闰九月癸未（十三），仁宗破例追封位仅修媛的她三代。她"宠爱日盛，冠于后庭"。庆历三年八月戊申（十四）再自修媛晋位美人。仁宗在庆历六年四月二十一，又再进封其母安定郡君曹氏为清河郡夫人。到庆历七年五月己卯（初五），又特赠张美人兄张化基为密州观察使。关于仁宗与她的不寻常爱情，及张家权势得以扩展的最近期的研究，可参阅张明华：《北宋宫廷的〈长恨歌〉——宋仁宗与张贵妃宫廷爱情研究》，《咸宁学院学报》第32卷第1期（2012年1月），页22—26。

使持节利州诸军事、利州刺史、兼御史大夫、上柱国、陇西郡开国公、食邑九千五百户、食实封一千三百户李昭亮,性钟端敏,智适变通。有制众之良谋,为承家之令器。环拱早扬于茂绩,藩宣荐洽于休声。《诗》曰"贻谋",《易》称"善庆"。带河砺岳,能绍于先猷;授土苴茅,不忝于世烈。虎豹习韬钤之略,貔貅归臂指之踪。统翊卫之六师,总东西之二广。风清号令,日著威名。具扬七德之方,岂止万夫之特。属修郊礼,爰侍皇舆,勤劳载宣,忠力弥劭。是用进加宠数,式示恩私,号美褒功,赋增多邑,旌崇之命,焕耀尔躬。于戏!衍戚里之芳猷,扬名有裕;副将坛之休烈,慎守无亏。勿渝金石之诚,队列旗常之绩。可。[1]

这一篇不知谁人撰写,一派歌功颂德的制文,说李昭亮"性钟端敏,智适变通。有制众之良谋,为承家之令器",倒还有几分符合事实。至于说他"带河砺岳,能绍于先猷;授土苴茅,不忝于先烈。虎豹习韬钤之略,貔貅归臂指之踪。统翊卫之六师,总东西之二广。风清号令,日著威名",就有夸大失实之嫌。然而,李昭亮加恩不到数月,便要鞠躬解职引退。

庆历八年(1048)正月辛未(初二),教宋廷寝食不安的西夏主元昊被子所弑,另宋军在文彦博(1006—1097)指挥下也平定了河北贝州王则之乱,一时间内忧外患都解除。[2]在贝州之乱中,李昭亮之族弟

---

[1] 《宋大诏令集》,卷一百《李昭亮加恩制·庆历七年南郊》,页368。
[2] 《长编》,卷一百六十二,庆历八年正月辛未至闰正月戊申条,页3901—3907。

恩州（即贝州）钤辖、皇城使李昭度以不察妖党结构起事，在庆历八年闰正月辛酉（初七），追三官降为濠州团练副使。而另一仁宗所信用的外戚子弟、前知冀州（今河北衡水市冀州区）李端懿（1013—1060），也以失察之过，在二月丁丑（初九），自济州防御使贬为单州团练使知均州（今湖北十堰市丹江口市）。[1]就在李昭度被贬的同一日，崇政殿亲从官颜秀等四人谋变，他们杀军校，劫兵仗，并登延和殿，焚烧宫帘，斫伤宫人手臂，最后四人均被宿卫兵所杀。这一骇人事件，宋廷追究责任，负责皇城保安、刚调任勾当皇城司的杨景宗被降为徐州观察使出知济州（今山东菏泽市巨野县南），另一外戚、开始为仁宗重用的刘永年（1030—1084）亦自北作坊使、廉州团练使降为洛苑使、英州刺史。[2]

在这次宫禁事故中，李昭亮身为殿帅，自然不能置身事外。这时朝廷的气氛也对他不利。三月二十五日，仁宗御迎阳门，召见一众知制诰、待制、谏官和御史，诏他们上奏有关边防备御、将帅能否、朝政得失等问题之意见。仁宗在给天章阁待制兼侍讲、知制诰曾公亮（999—1078）的御札中慨叹"牧守之职，以惠绥吾民，而罕闻奏最；将

---

[1] 《宋会要辑稿》，第八册，《职官六十五之二·黜降官二》，页4798。《长编》，卷一百六十二，庆历八年闰正月辛酉条，页3908；卷一百六十三，庆历八年二月丁丑条，页3918。《欧阳修全集》，第二册，卷三十三《镇潼军节度观察留后李公（端懿）墓志铭》，页490—493。李端懿是李遵勖和献穆大长公主长子，是仁宗的亲表弟，比仁宗年轻三岁。他幼年时，真宗命他为仁宗的侍读。仁宗与他甚为亲爱，曾解方玉带赐之。他稍长，即出入宫禁，与仁宗礼如家人。他这次被贬知均州，未行即改滑州兵马钤辖。
[2] 《长编》，卷一百六十二，庆历八年闰正月辛酉条，页3908—3911；卷一百六十三，庆历八年二月癸酉条，页3916。刘永年为刘从德子。又在这次事件中，两员内臣、勾当皇城司入内副都知邓保吉（？—1067）及杨怀敏均被责降，为文臣所痛恨的杨怀敏最后被累入内副都知。

帅之任，以威伏四夷，而艰于称职。岂制度未立，不能变通于时邪？岂简擢靡臻，不能劝励于下邪？西北多故，虏态难常，献奇谲空言者多，陈悠久实效者少"。曾公亮在回奏仁宗有关"将帅之任，所以威服四夷，而罕闻称职"之问，指出根本原因在将帅"选之未得其要，或用之不尽其才"。他请求"自今择将未加迁擢，必先试以行阵疆场之事。所试有效至于三四，始与显官厚禄，以重其任，然后委其命而勿制，用其言而勿疑"。曾公亮这番话虽然没有点名批评无甚战功而坐上高位的李昭亮，但弦外之音隐隐可闻。这时开封府正审理一批被指控妄言休咎的兵士，而供词中牵涉到李昭亮。同样应诏言事的殿中侍御史何郯（1004—1072）就不客气地奏请仁宗，请另委别人执掌殿前司事。在此不利环境下，知几的李昭亮就知难而退，自请罢军职。仁宗在是月二十七日便罢李昭亮军职，大概援引李用和之例，又特加李昭亮宣徽北院使。宋人称"自殿前司迁此，国家恩例也"。[1]

---

[1] 《长编》，卷一百六十，庆历七年三月己亥条，页3868；卷一百六十三，庆历八年三月癸亥至乙丑条，页3935—3937。《宋会要辑稿》，第五册，《职官六之四十四·宣徽院》，页3177。《东都事略》，卷二十《李处耘传附李昭亮传》，叶五上（页355）。《李昭亮神道碑调查》，页51。《宋朝诸臣奏议》，下册，卷一百四十七《总议门·总议三》《曾公亮·上仁宗答诏条画时务》，页1677—1681。考曾公亮此奏，在文末记"庆历八年三月上，时知制诰"，与《长编》所记吻合。《长编》记仁宗在三月癸亥（二十五）召言官入见迎阳门，命他们各上条议，而曾公亮以母病在告，仁宗因遣内侍赐诏令上对。惟《宋朝诸臣奏议》所收的曾公亮这篇奏议，却说"臣今月十六日面奉御札"。疑"十六日"是"二十六日"之讹写。仁宗谕众言官的诏书，《长编》仅节录其大意，而详见曾公亮此奏所引述。按：《神道碑》说李昭亮"典兵□（当是'久'），屡辞重任，遂加宣徽北院使判高阳关路都总管"，并没有提他罢军职的真正原因，也漏记他先加宣徽北院使，才升南院使，及出判河阳之事。至于李判高阳关路都总管（即部署）之事，《长编》《宋史》及《东都事略》均未载。

四月，李昭亮出判河阳府（即孟州），仁宗于垂拱殿置酒为他饯行，因仁宗从弟安静军节度使允迪（1014—1048）在三月卒，以在殡礼之故，这次饯别宴会就没有奏乐。[1]李昭亮从庆历元年初擢殿前都虞候，到庆历八年三月罢殿前副都指挥使，担任管军前后七年多。前四年他以管军之职历任西北大军镇包括秦凤路、永兴军路、并代路、真定府、定州路之副都部署重要兵职，后三年则入朝执掌殿前司禁旅，虽然不及亡父李继隆任管军十二年之久，却比亡叔李继和只任管军两年为长。

六、亲旧勋贤

李昭亮罢殿帅出守大藩，离开权力核心后，与李用和等已先退下的外戚成为仁宗的"亲旧勋贤"。仁宗优礼他们之余，也擢用他们的子弟。[2]当李昭亮出守河阳后，仁宗继续任用他信任的外戚执掌禁军。庆

---

[1] 《长编》，卷一百六十三，庆历八年三月乙丑条，页3937。《宋史》，卷四百六十四《外戚传中·李昭亮》，页13564。《东都事略》，卷二十《李处耘传附李昭亮传》，叶五上（页355）。《李昭亮神道碑调查》，页51。《张方平集》，卷三十八《皇从弟故推诚保顺翊戴功臣安静军节度使梓州管内观察处置等使金紫光禄大夫检校尚书右仆射使持节梓州诸军事梓州刺史兼御史大夫上柱国天水郡开国公食邑六千六百户食实封二千一百户赠太尉追封永嘉郡王墓志铭·庆历八年五月》，页655—656。

[2] 庆历八年八月庚辰（十四），仁宗便以李用和子李璋以如京副使阁门通事舍人任契丹国母生辰副使。李璋在庆历七年四月为大使臣的内殿承制，才一年多便擢诸司副使的如京副使。十月辛未（初一），仁宗又亲往李用和家视疾，以示优礼。另外在皇祐元年三月己亥（初七），李遵勖次子邢州观察使李端愿（？—1091）被人告发，私通其父婢并杀驴享宾客。仁宗只轻夺他一官，没有深究。参见《长编》，卷一百六十五，庆历八年八月庚辰条，页3964；十月壬午条，页3969；卷一百六十六，皇祐元年三月己亥条，页3991。另见第330页注1。

历八年四月他先以马帅许怀德依次补为殿帅。八月十一日,许怀德以过罢殿帅出知亳州(今安徽亳州市)。十七日,再以他的心腹郭承祐接任殿帅。[1]仁宗不但继续以心腹外戚典军,他更拔擢他宠信的外戚进入文臣的权力核心。早在是年四月初六,他便特迁外戚新贵张尧佐任权知开封府这项要职。侍御史张昪(992—1077)批评张尧佐只靠侄女的恩泽而获得超升,会示天下人以不公,但仁宗不听。[2]十月十七日,仁宗将张美人晋位为贵妃,令所司择日准备册礼。张家的恩宠一时无两。翰林学士宋祁没有依张贵妃之愿撰写册文,开罪了她,便被罢职出知许州。而那个当日暗助张贵妃的知谏院王贽(994—1069)在十一月二十一日就获荐擢为天章阁待制,并由他捧呈张贵妃册礼之玉册。[3]

---

1 《景定建康志》,卷二十六《侍卫马军司题名记》,页1242。《长编》,卷一百六十四,庆历八年六月丙辰条,页3958;卷一百六十五,庆历八年八月丁丑条,页3961。考《马军司题名》载许怀德于庆历八年四月改差,即是指他于此月补升为殿帅。又《马军司题名》载郭承祐于庆历八年四月除马军副都指挥使,八月改差。而据《长编》,郭承祐于是年七月丙辰(二十)以马军副都指挥使、武安军留后为澶州修河部署,戊午(二十二)加建武节度使,庚申(二十四)权知澶州。八月癸未(十七)再迁殿帅。

2 《长编》,卷一百六十四,庆历八年四月甲戌条,页3944。

3 早在庆历八年闰正月宫中谋变的事平息后,仁宗已和辅臣说张美人有扈跸之功。到至和元年(1054)正月张贵妃死时,仁宗又对辅臣说当晚事变,张贵妃挺身从别寝到来遮护仁宗。当时枢密使夏竦迎合仁宗,倡言要给予张美人所谓"尊异之礼"。宰相陈执中不知怎么办,幸而翰林学士张方平极力反对,认为曹皇后在而尊张美人,不合礼法。陈听从张之言而反对夏之议。当时同知谏院王贽迎合夏竦,称谋叛之贼"根本起于皇后阁前",请查究其事,冀图牵涉曹皇后,暗助张美人更上一层楼。幸而殿中侍御史何郯入见仁宗时直斥王贽之言乃"奸人之谋,不可不察",而仁宗总算没有做出傻事。据《长编》所载,事变时曹皇后从容不迫地指挥平乱,张美人其实没有什么功劳。不过到这年十月,仁宗仍再以张美人扈跸之功而将她晋位贵妃。张贵妃甚为感激王贽之襄助,密赐金币以万计,又对人说王乃"我家谏官也",并荐他为天章阁待制,让他仁宗在十二月初三册立张贵妃庆典同时，再加两个外戚勋旧恩典：李用和兼侍中，另赐他及王贻永非二府大臣不赐的笏头金带。稍后又特除刘太后侄、十年未迁官的外戚刘从广自滁州防御使为宣州观察使。[1]仁宗于翌年（1049）改元皇祐。他在正月十八日，再擢升张尧佐自龙图阁直学士为端明殿学士、给事中、提举在京诸司库务。三月十一日，再擢张权三司使。就在同日，李昭亮也获新任命，徙为陕西安抚使判延州。四月，移镇为天平军节度使仍判延州。五月十六日，李再除鄜延路经略安抚使，再任封疆。[2]

（接上页）可以有资格捧张贵妃册礼之玉册。张方平曾为王贽写墓志铭，不过张方平却讳言王得官乃张贵妃所荐。参见《长编》，卷一百六十二，庆历八年闰正月甲子条，页3911—3912；卷一百六十五，庆历八年十月壬午条，页3969—3972；十一月乙卯条，页3974；卷一百七十六，至和元年正月癸酉条，页4249。《张方平集》，《乐全集》，卷三十九《朝散大夫守尚书户部侍郎致仕上柱国太原郡开国公食邑二千九百户食实封五百户赐紫金鱼袋王公墓志铭并序》（以下简称《王公墓志铭并序》），页680—684。

1 《长编》，卷一百六十五，庆历八年十一月丁巳、癸亥条；十二月丁卯至乙亥条，页3974—3975；十二月壬午条，页3978。张贵妃行册礼时，有礼官刻意迎合，提出张贵妃当受外命妇拜。判太常寺张揆（？—1059）及同知礼院部必（1005—1069）均以于礼不合而反对。

2 《长编》，卷一百六十六，皇祐元年正月辛亥条，页3982；三月癸卯条，页3996；卷五月丁未条，页4000；卷一百六十七，十二月壬戌条，页4024。考张尧佐在庆历七年七月擢天章阁待制，到皇祐元年正月，在一年半中，他的贴职已连跳数级，从天章阁待制、龙图阁待制、天章阁直学士、龙图阁直学士，径授端明殿学士。又关于李昭亮移镇天平军，《神道碑》记"□岁，易天（损8字）判延州"，相信碑文原写作"逾岁，易天平军节度使判延州"，与《长编》所记合。至于《宋史》本传则只简略地记他"徙定州，改天平、彰信、泰宁军节度使"，提到他曾移镇天平军，却没有交代年月。参见《李昭亮神道碑调查》，页51；《宋史》，卷四百六十四《外戚传中·李昭亮》，页13564。附带一谈，李昭亮长子李惟贤在皇祐元年二月二日，以广济军（今山东菏泽市定陶县北）都监进太宗、真宗御书一轴，仁宗诏将他改为曹州兵马都监。李惟贤进御书，当是奉李昭亮之命而为。到三月，李昭亮即被改职。参见《宋会要辑稿》，第五册，《崇儒六之八·御书》，页2865。

八月初二，因宰相陈执中（990—1059）罢，仁宗调整二府人事，以文彦博为首相，宋庠（996—1066）为次相。仁宗信任的外戚王贻永仍留任枢密使兼再加侍中。仁宗虽宠张贵妃，但曹皇后的族人也加以拔用。是月十九日，曹后从弟供备库副使曹偕（？—1061后），被选为契丹国母生辰副使。[1]仁宗重用外戚，可他们并不争气。二十四日，卫士王安私藏兵器在衣箧中，却从勾当引见司杨景宗进入禁门。守门人搜得兵器，杨景宗仍隐匿此事不上报。御史中丞郭劝（981—1052）请治杨景宗罪，奏章数上而仁宗仍不肯听。郭劝廷争整日，翌日（二十五），仁宗以众怒难犯，才同意将杨景宗自建宁军留后贬为左监门卫大将军，送均州安置。杨景宗曾请求尽纳官爵而留在京师，侍御史何郯极言不可，仁宗最后仍开恩，稍后将杨景宗徙往邓州（今河南南阳市邓州市）。[2]九月初五，仁宗虽然在监察御史陈旭（后改名陈升之，1011—1079）极力反对下，仍将张尧佐擢为礼部侍郎、三司使，[3]但殿帅郭承祐表现实在太差，不断受到御史的弹劾，仁宗迫于众议，只好在同月二十一日，将他罢为宣徽南院使、同群牧制置使，而重召他的前任许怀德复为殿帅。郭承祐以过失罢军职，居然还加比李昭亮还要官高的宣徽南院使，仁宗的任性可见一斑。因御史攻击得紧，郭承祐稍后被出判应天府（今河南商丘市）。他本来还想希求恩典留职宣徽院，但知谏院钱彦远（994—1050）连上三奏反对，仁宗才即日命他出离京赴应

1　《长编》，卷一百六十七，皇祐元年八月壬戌、己卯条，页4009—4011。
2　《长编》，卷一百六十七，皇祐元年八月甲申条，页4012—4013。仁宗在十月十二日许杨景宗从均州徙邓州。
3　《长编》，卷一百六十七，皇祐元年九月乙未条，页4013—4014。

天府之任。[1]因郭承祐之罢，侍御史知杂事何剡再上一奏，请求"连姻臣僚更不得除授典掌侍卫及枢要之任"。在奏中他点了已罢殿帅的李昭亮及继任殿帅郭承祐的名字，指出："祖宗典故，宗室姻戚未尝委之典禁兵及任要官。近年因李昭亮授管干殿前马步军都指挥使公事，郭承祐相继被用，遂成此例。缘自先朝至今，宗室诸院尚未有预领民事者。今以兵权付之近戚，窃恐竞相扳援，渐干国政。"他请求诏中书门下及枢密院查考祖宗故事，以后凡与宗室连姻臣僚更不得除授典掌侍卫及枢要之任，并立为永制。不过，仁宗并没有接纳他的意见，照样任用外戚如故。[2]

相较上述这些备受文臣批评弹劾的外戚，李昭亮在延州的表现尚差强人意。是年十二月，当枢密使庞籍（988—1063）与宰相文彦博以国用不足而建议裁军时，缘边的帅臣包括李昭亮都加以反对，认为兵士都习于弓刀，不愿归农。如果将他们裁去，他们就会因失去衣粮而聚啸为盗。仁宗起初犹豫不决，当文、庞二人力陈利害后，他始下定决心简汰陕西、河北、河东及京东西路弱兵八万，其中六万余全放归农，

---

[1] 郭承祐早在皇祐元年六月陈执中仍在相位时，已被御史弹劾他屡谒宰相于本厅，坐久不退。他又被侍御史知杂事何郑劾他曾犯赃，以及任殿帅时所为暴刻不法，为士卒所怨苦。何反对授他宣徽南院使及制置群牧事，请将他出外藩。后来仁宗终于接受何之意见。参见《长编》，卷一百六十六，皇祐元年六月戊寅条，页4001；卷一百六十七，九月辛亥条，页4015。苏颂（1021—1101）（撰），王同策等（点校）：《苏魏公集》（北京：中华书局，1988年9月），卷五十二《碑铭·钱起居神道碑》，页793。
[2] 考何剡此奏只知上于皇祐元年，未系何月。惟看其内容，谈到与宗室联姻之臣僚而典军的，当是指郭承祐。推想此奏上于郭承祐被罢后。参见《宋朝诸臣奏议》，卷三十四《帝系门·外戚上·何剡·上仁宗论连姻臣僚更不得除授典掌侍卫及枢要之任》，页331。

二万人各减衣粮之半。在众议纷纭时,李昭亮以鄜延经略安抚使再上奏,改称陕西路所汰免的保捷军卒特别多,他们不少故意缩颈曲胭,诈作短小,以欺骗官长,让他们被列入裁汰之列。李昭亮的上奏及时帮了庞籍等之忙。庞即对仁宗说,若兵士不愿归农,他们何必装扮弱小?仁宗于是接受庞裁军之议。[1]

李昭亮在缘边防务上也作出适当的改革。他在皇祐二年(1050)六月十七日,便请将陕西沿边没有使臣勾管的小堡寨更为铺。宋廷依其请。[2]李昭亮在延州的表现,他的《神道碑》说:"□□羌部,基侯清谧。"也许有溢美之处。而宋廷所赐下的《赐彰武军(按:即延州)三军将吏僧道百姓等诏》则似较公允,肯定李昭亮治延州的政绩:"朕以李昭亮门济忠猷,世承勋烈。向澄兵氛于保塞,命书社于济阴。升冠内微倚,临北道显庸。惟茂令闻,逾昭进兼宰铉之名,就司留钥之务。辅藩惟旧,台钺有光。缅想吏民,遥承节制,嘉闻异数,增慰舆情。"[3]

据蔡襄的记载,李昭亮在延州颇有政绩,还因为他识拔了蔡襄的同年进士蜀人蒲师道(1008—1053),委以太常丞武宁军节度推官署延州通判事。李昭亮后来徙澶州和并州,都辟他为从事。蒲师道感激李昭亮知遇之恩,事无巨细,都尽力谋划。据说蒲"沉静有识虑,压于贵势,必诤辨是非,平居鲜语人过。喜察奸贪,捂其手则已,不务苛

---

[1] 《长编》,卷一百六十七,皇祐元年十二月壬戌条,页4023—4024。《涑水记闻》,卷五,页91。
[2] 《长编》,卷一百六十八,皇祐二年六月壬申条,页4046。《宋会要辑稿》,第十六册,《方域二十之十六·诸堡·堡寨城垒杂录》,页9689。
[3] 《李昭亮神道碑调查》,页51。胡宿:《文恭集》,文渊阁《四库全书》本,卷二十四《内制·赐彰武军三军将吏僧道百姓等诏》,叶十三下。

烦。善议论，上书言御戎、备蜀、广储嗣事，皆切于世者"。[1]倘蔡襄对其同年之才干不太夸大，那李昭亮实在有知人之明。

李昭亮离开权力核心是明智的。仁宗肆意重用外戚，尤其是重用张尧佐，引起文臣集团的不满。从皇祐二年六月开始，言官首先严劾郭承祐在判应天府时种种不法，迫仁宗将郭承祐解去宣徽南院使之职。接着包拯、陈旭、吴奎（1010—1067）等严词痛劾张尧佐，指他无德无能担任三司使之要职，称他是"凡庸之人，徒缘宠私，骤阶显列，是非倒置，职业都忘，诸路不胜其诛求，内帑亦烦于借助。法制刓弊，商旅阻行，而尧佐洋洋自得，不知羞辱，召来灾沴，实自斯人"。包拯更再独自上奏，指张尧佐"早缘恩泽，骤涉华显，任之会府，委以大计，而本职隳废，利权反复，公私困敝，中外危惧"。他更直击仁宗的要害，提出"历代后妃之族，虽有才者，未尝假以事权，又况庸常不才者乎？"他们要求罢张尧佐三司使，别授他职，给他富贵以保全之。仁宗初时不理会群臣的公议，继较早前追赠张贵妃母曹氏的曾祖及祖父官职，又特封张贵妃第八妹为清河郡君。[2]就在仁宗君臣为此事激烈争议时，七月丙申（十一），仁宗亲舅李用和病卒，仁宗给予李家极大的恩恤，

---

[1] 《蔡襄集》，卷三十九《墓志铭二·太常丞管勾河东安抚使机宜文字蒲君墓志铭·至和元年十一月》，页716—718。蒲师道字叔范，四川阆州（今四川阆中市）人，天圣八年二十岁中乙科进士，但最后只官太常丞。他的儿子蒲宗孟（1028—1093）是北宋后期名臣，中举的主考官刚好是蔡襄。
[2] 《长编》，卷一百六十八，皇祐二年六月戊辰、辛未至庚辰条，页4045—4047；卷一百六十九，八月丁巳条，页4053。言官在皇祐二年八月，再奏郭承祐不当知亳州，结果郭再被贬为许州部署。

并超擢其子李珣自西上阁门副使为西上阁门使,并赐第给钱。[1]

八月初五,侍御史知杂事何郯出知汉州(今四川德阳市广汉市)前,再上奏陈说利害,他指出仁宗若如众人所猜,进一步将张尧佐擢入二府,"命行之日,言事之臣必以死争"。他又借刚逝世的李用和的待遇,提出不若"富贵尧佐而不假之以权,如李用和处之,正得宜也",并痛陈"前古外戚成败之间,其鉴不远,崇宠过当,则不免祸咎,抑损得所,则必能安全。祸咎安全,不惟其家系之,抑亦国随而兴衰也。此书传所载,不可悉数。陛下聪明,固宜监观往事,以为社稷之计"。他又直言:"前岁陛下备礼册命贵妃,外廷纷纭,已有物议,然臣当时未尝论列者,盖以天子列嫔妃之位,明著典章,若不干预政事,置亦无害。今用尧佐至三司使,已是预政事,况欲进处二府,则天下之议,当以为如何?"何郯这番直谏,将仁宗的私心点破,他的话可以代表文臣对仁宗重用外戚的立场底线。[2]侍御史彭思永(1000—1070)亦继续进言,他以参政已出缺,恐怕张尧佐早晚会补上执政之位。他力陈"外戚秉政,宦官用事,皆非宗社之福"。仁宗大怒,要降罪于他。虽然在谏官吴奎及御史中丞郭劝力保下,彭只罢御史出知宣州(今安

---

[1] 仁宗在李用和病笃时,曾亲往视疾。到李病卒,又临奠哭之恸,并赐谥恭僖,追赠太师、中书令、陇西郡王,特罢朝五日,制服苑中,又亲撰神道碑,亲篆曰"亲贤之碑"。参见《长编》,卷一百六十八,皇祐二年七月丙申条,页4049。
[2] 《长编》,卷一百六十九,皇祐二年八月己未条,页4053—4055;九月庚子条,页4060。《宋朝诸臣奏议》,卷三十四《帝系门·外戚上·何郯·上仁宗论张尧佐不可进处二府》,页331—332。附带一谈,当张贵妃一家权势熏天时,本来曾教导张贵妃父张尧封的知制诰稽颖(?—1050)却没有乘机巴结。当张贵妃尚为修媛时,曾命其弟张化基往见稽,请为张尧封编次文集,并写序言,但稽拒绝。

徽宣城市），但仁宗对何剡及彭思永的忠言，却始终听不入耳。同月十三日，他又将李用和的长子李璋自龙神卫四厢都指挥使、眉州防御使擢两级为黔州观察使、步军都虞候，准备培植他像李用和一样控扼禁军，另又加两个表弟李珣和李玮官职。幸而李璋知道谦退之道，在群臣反对仁宗重用张尧佐的气氛下，明智地辞谢仁宗给他们兄弟之特恩。[1]

是年九月初七，仁宗首次对在外的勋旧大臣在大礼日加恩，下诏俟明堂大礼完毕，以袭衣、金带、器币、鞍马赐夏竦、王德用、程琳（988—1056）和李昭亮等。十月初二，当明堂大礼毕后，仁宗加恩宗室百官，王贻永加镇海节度使，进封邓国公。李昭亮相信也在这时晋位宣徽南院使并移镇彰信军节度使。[2]他的长子李惟贤，也因这次祀天地于明堂的大典，百官进秩一等之恩，得以升一级为阁门通事舍人。李惟贤的制文说他"非善音吐，有姿范者，不得预于此选"，而他"出簪缨之后，侍轩闼之下，久典赞谒，十更年序。向经陪祀之庆，依从升秩

---

[1]《长编》，卷一百六十九，皇祐二年八月丁卯条，页4057；九月辛亥条，页4061。其实早在皇祐元年，当李璋自东上阁门使拜龙神卫四厢都指挥使时，知谏院钱彦远已上奏反对，但仁宗不听。参见《宋朝诸臣奏议》，卷三十四《帝系门·外戚上·钱彦远·上仁宗论不可令李璋管军》，页331。
[2]《长编》，卷一百六十九，皇祐二年九月辛卯条，页4059；十月丙辰条，页4062；卷一百七十，皇祐三年七月乙亥条，页4098。《宋会要辑稿》，第三册，《礼二十五之十五·郊祀赏赐·杂录》，页1212；第四册，《礼六十二之四十·贵赐一》，页2134。李昭亮在皇祐三年七月已任宣徽南院使、彰信军节度使，他是最有可能在皇祐二年十月仁宗加恩百官时获擢升的。《神道碑》云："改节□彰（损30字）。"与《长编》及《宋史》本传记他为彰信军节度使合。参见《李昭亮神道碑调查》，页51；《宋史》，卷四百六十四《外戚传中·李昭亮》，页13564。

之科,愿回霈恩"。[1]

  到闰十一月初六,仁宗终于对众多文臣之要求让步,罢张尧佐三司使,改授宣徽南院使、淮康军节度使、景灵宫使,作为补偿。同时又下诏后妃之家,不得除二府职位。翌日(初七),又授张同群牧制置使。初八,又赐张尧佐二子进士出身。仁宗这样做,引起了文臣的反弹,知谏院包拯在三天后(初十)便上奏强烈反对授无大功勋的张尧佐为宣徽南院使。稍后新授御史中丞的王举正(991—1060)也上奏附和包拯之议。十五日,王举正在退朝后,请留百官廷争。又再率殿中侍御史张择行(?—1051后)、唐介(1010—1069)及谏官包拯、陈旭、吴奎等在仁宗前极言利害,并在殿庑痛责宰相。仁宗一意孤行地任用外戚之举,结果激起言官一场盛大的抗议行动。仁宗对言官集体抗争大怒,要惩办众言官,幸而枢密副使梁适(1010—1070)善言化解仁宗之怒气,而张尧佐也知众怒难犯,主动辞去宣徽使及景灵宫使之职,教仁宗等有下台之阶,才化解一场了君臣对立之风波。仁宗一意重用外戚,

---

[1] 胡宿曾撰有一道《李推实可阁门通事舍人制》的制文,制文称获授阁门通事舍人的"李推实""经陪祀之庆,依从升秩之科"。考胡宿在皇祐二年十二月前已任知制诰,直至四年九月升任翰林学士,在这段期间宋廷举行的祀祭大典就只有皇祐二年九月辛亥(二十七)的祀明堂大典,可知胡宿这篇制文当撰于皇祐二年十月后。又李惟贤在皇祐三年八月即以阁门通事舍人使辽(参见348注1),而该制文称"李推实"出于簪缨之后,正与李惟贤身份吻合。笔者认为这道制文的受文人"李推实",其实是李惟贤的讹写:"推"与"惟"字型相近,而李惟贤很有可能本来名"惟实",后来因避英宗的本讳"宗实"才改名"惟贤"。参见《宋史》,卷十二《仁宗纪四》,页230;卷十三《英宗纪》,页253。胡宿:《文恭集》卷十七《李推实可阁门通事舍人制》,叶十五下至十六上。

以制衡文臣集团,在这次交锋显然输了一仗。[1]

皇祐三年(1051)正月十三日,宗室中最尊长、最贤德的仁宗姑母魏国大长公主病重,仁宗亲往视疾。延至三月二十五日,公主病逝。仁宗辍朝五日,追封齐国大长公主,谥献穆。亲制挽辞,又篆碑首曰"褒亲旌德之碑"。四月初六,仁宗感念姑母之恩,超擢姑母的三子李端懿、李端愿(?—1091)、李端愨(?—1098)分别为镇国留后、镇东留后及陵州团练使,其孙李谅(?—1116后)为供备库副使,李评(1032—1083)、李说并为内殿承制,又以其婿东上阁门使钱晦领忠州防御使。值得注意的是,仁宗虽然在擢用张尧佐之事上受挫,但他并没有改变重用外戚的方针。在他的至亲中,母舅李用和与姑母献穆大长公主是他爱慕最深的,重用他们的子弟,就顺理成章。[2]而屡次犯过的外戚,好像杨景宗这样的人,仁宗倒明智地不予重用。[3]

---

[1] 《长编》,卷一百六十九,皇祐二年闰十一月己未至己巳条,页4067—4070;卷一百七十,皇祐三年二月戊申条,页4082;三月庚申条,页4084。《宋朝诸臣奏议》,卷三十四《帝学门·外戚上·包拯、王举正、司马光·上仁宗论张尧佐除四使不当》,页332—334。考当时为殿中丞同知太常礼院的司马光在十二月本来已草就另一奏,打算声援包拯和王举正,但张尧佐很快便罢宣徽使,司马光就没有上奏。又比部员外郎杜枢在这次抗争风波中,因大力支持王举正,并且曾要彻查张贵妃母门客张彦方之受贿案,开罪于当权的执政,被秋后算账,被黜监衡州(今湖南衡阳市)税。而被指不敢穷治张彦方狱的权知开封府刘沆(995—1060),同年三月就获张贵妃荐为参知政事。言官相继论列刘沆不应擢升,但仁宗不听。

[2] 早在皇祐二年三月,仁宗已擢用献穆大长公主的女婿钱晦以西上阁门使、贵州团练使任契丹回谢国信副使。九个月后钱晦已擢为东上阁门使领忠州防御使。参见《长编》,卷一百六十八,皇祐二年三月己酉条,页4035;卷一百七十,皇祐三年正月乙丑条,页4077;三月丙子条,页4085—4087。

[3] 仁宗在皇祐三年六月戊子(初九),汝州部署杨景宗求为郡守。仁宗对辅臣说:"景宗,章惠太后之弟,朕岂不念之?然性贪虐,老而益甚,今与郡,则一方之民受祸矣。"

李昭亮自然比杨景宗强得多。他在皇祐三年七月二十七日，由延州徙判澶州。据包拯所述，李昭亮在延州时，已多次上奏请移近郡，宋廷因许他自延州改判澶州。但当他赴澶州任而往京师朝见时，他又请留在京师。仁宗答允，下诏令李昭亮在宣徽院供职。包拯称外间议论近日黄河颇有可能决溢为患，李昭亮因此托辞不去。包拯批评李昭亮"今其名位兼中外之重，亦可以同休戚矣。而计较一小利害，不肯宣力，矧天下利害固有大于此者，朝廷欲谁使哉？大臣举措果如此，将何以励小臣哉？"他要求仁宗维持原来的命令，让李昭亮出判澶州。仁宗敷衍包拯，下旨说让李昭亮在京休假三个月，然后赴任，并说待边帅有缺，就将他调职。但数天后，仁宗却下旨将李昭亮改判成德军（即真定府），接替改知秦州的李昭述（？—1059）。[1]

　　御史中丞王举正和知谏院包拯，对仁宗出尔反尔，一味厚待他们忌惮的外戚李昭亮，大为不满。包拯再上第二奏，指仁宗除李昭亮知真定府，"中外闻之，无不竦骇"。他痛责李昭亮"素奸回，妄有所

（接上页）故并无准其所请。参见《长编》，卷一百七十，皇祐三年六月戊子条，页4093。
[1] 包拯（撰），杨国宜（整理）：《包拯集编年校补》（合肥：黄山书社，1989年12月），卷三《论李昭亮第一章》《论李昭亮第二章》，页175—178。《长编》，卷一百七十，皇祐三年七月乙亥条，页4098。这里附带一谈李昭述的家世和生卒事，李昭述是太宗朝宰相李昉（925—996）孙，真宗朝翰林学士李宗谔（965—1013）子。胡宿为李昭述所撰的墓志铭，记李昭述卒于嘉祐四年（1059），得年"九十九"。若以此推算，则李昭述"生"于建隆二年（961），比他的父亲还要早，那是完全不合理的事。疑他得年七十九，而非九十九。文渊阁《四库全书》本的《文恭集》恐有讹误。（按：《全宋文》所录的相同篇章亦与《四库全书》本同）参见《文恭集》，卷三十八《宋翰林侍读学士朝请大夫尚书右丞提举万寿观公事勾当三班院上柱国陇西郡开国公食邑二千五百户食实封六百户赐紫金鱼袋礼部尚书谥恪李公墓志铭》，叶六上至十二下。

请","先在延州日,累求便郡,朝廷优进职名,特移近辅。既而又图边任,遽有此命。是可否在于昭亮,而朝廷之命令不行,此岂大臣之所为哉?"请求仁宗马上令李昭亮依旧出守澶州。在言官的压力下,仁宗让步,于是李昭亮在八月初四,又复判澶州。仁宗为安抚李昭亮,同月十七日,又拔选李昭亮的长子李惟贤以阁门通事舍人为契丹生辰副使。外戚子弟这次获选使辽的,还有曹皇后之族弟曹偓(?—1069后)。[1]仁宗也在同月十三日,将闲居京师半年深为言官痛恶的张尧佐,再度授宣徽南院使出判河阳。但言官仍不放过张尧佐,御史中丞王举正、知谏院包拯、陈旭和吴奎相继上言,反对再授张宣徽使高位。但仁宗不予理会。仁宗又在九月初五,赐李昭亮父李继隆《神道碑》额曰"显功",大大给了李家面子。[2]

张尧佐授宣徽使的风波却并未平息,殿中侍御史里行唐介,继续独力反对此项任命。当仁宗拒不受理后,他转而弹劾宰相文彦博,指控他在知益州(即成都)日,曾制作间金奇锦送赠张贵妃,故此得到张贵妃的举荐而得拜相。文彦博后来擢用张尧佐,就是为了暗中交结和讨好张贵妃。唐又劾文彦博专权任私,挟邪为党。唐介这番上言大大激怒仁宗,十月十九日,仁宗将唐介重贬春州(今广东阳春市)

---

[1] 《长编》,卷一百七十,皇祐三年七月乙亥条,页4098;卷一百七十一,皇祐三年八月乙未条,页4106。《包拯集编年校补》,卷三《论李昭亮第二章》,页177—178。曹偓使辽回来,即以仁宗圣诞擢礼宾副使。参见沈遘(1028—1067):《西溪集》,文渊阁《四库全书》本,卷六《内殿承制阁门祗候曹偓可礼宾副使》,叶十七上。
[2] 《长编》,卷一百七十一,皇祐三年八月辛卯至乙未条,页4105—4107;九月癸丑条,页4108。《宋朝诸臣奏议》,卷三十四《帝系门·外戚上·王举正、包拯·上仁宗论张尧佐再除宣徽使》,页335—336。

别驾。因众人之求情,二天后改英州(今广东英德市)别驾。但在翌日(二十二),文彦博亦被罢相出知许州。因唐介称谏官吴奎勾结文彦博,仁宗就一并将有份反对张尧佐的吴奎罢知密州(今山东潍坊市诸城市)。包拯上奏请留吴奎,仁宗就拿包出气,责他实与吴奎一党。[1]

十一月初二,不久前被仁宗批评为庸人的保静军节度使知许州郭承祐卒于任上。[2]仁宗信任的外戚亲旧就剩下李昭亮等数人。李昭亮在判澶州的表现,据《神道碑》所记,他治河工作是称职的,云:"岁□□防,输□□□□状用一科(损7字)隐脱。公实计所当徭役。今裁□岁,减丁夫之半,□省河工数千百万计。堤(损7字)周。"从上面文字脱落颇多的碑文推测,李昭亮施工,懂得节省民力,他治河之才能又颇有父风。[3]

李昭亮在皇祐四年(1052)四月初七自澶州改并州兼河东经略安抚使,他在延州识拔的幕僚蒲师道,也继续跟随他由澶州到并州,以太常丞管勾河东安抚使司文书之职辅助他,直至皇祐五年(1053)四月

---

[1] 《长编》,卷一百七十一,皇祐三年十月丁酉至庚子条,页4113—4116;卷一百八十八,嘉祐三年九月辛巳条,页4528。据《长编》引吕陶(1027—1103)《记闻》所载,唐介将进用张尧佐,比为唐玄宗(685—762,712—756在位)用杨国忠(?—756)以及所引致之安史之乱。仁宗反驳唐介之危言,唐更进一步说仁宗将不如唐玄宗,因为玄宗有太子肃宗(711—762,756—762在位)为他匡复,仁宗却无子嗣。唐介这番话于是大大激怒了仁宗,故被重贬。

[2] 皇祐三年十月丙申(十八),京西转运使苏舜元(1006—1054)上言,称郭承祐才堪将帅,请将他徙判郑州。仁宗批评郭承祐实庸人,苏舜元举荐不当。但不到半月,郭承祐却已病亡。参见《长编》,卷一百七十一,皇祐三年十月丙申条,页4113;十一月己酉条,页4117。

[3] 《李昭亮神道碑调查》,页51。关于李继隆在陈州治河的表现,可参阅本书第三章。

一日卒于官。[1]而他的长子李惟贤出使辽国后,在是年七月前已擢为东上阁门副使,在阁门供职,并曾上奏论阁门仪制,得到仁宗的认可。[2]

皇祐四年五月初一,广南少数民族领袖侬智高(?—1055)反宋,并攻占广西重镇邕州(今广西南宁市)。当这场动乱正在威胁宋的南疆时,仁宗最宠信的外戚、担任枢臣已十四年的王贻永以疾请求罢职。但仁宗不答应,既下手诏抚谕,又派太医诊视,而且亲临王宅视疾,又颁赐名贵药方及当面取王服用糜粥进食。仁宗如此厚待,王贻永自言宠禄过盛,仍恳请罢枢使之职,并解使相之印归第。虽然王贻永谦退,但仁宗仍舍不得他在枢府惟一的心腹亲旧大臣,只罢王贻永侍中,改授他彰信军节度使同平章事,仍留任枢密使之职,希望王康复后再为他效力。[3]事实上,自张尧佐罢去,李昭亮等出外,外戚在朝中掌军政大权的已寥寥可数。

宋廷先后派有武干的文臣杨畋(1007—1062)、余靖及孙沔(996—1066)讨伐侬智高,但均无功。有份从征的外戚子弟、曹琮之子洛苑副使曹修(?—1052后)亦以兵败被贬降。是年十月,仁宗终于派已擢为枢密副使的狄青统兵南征。[4]狄青不负仁宗所望,于皇祐五

---

1 李昭亮神道碑记李在澶州治河后,"迁河东经略安抚使□总管□并州(损31字)"。《宋史》本传亦记他判澶州后徙并州。至于徙并州的年月,《长编》记在皇祐四年四月壬午,天章阁待制李柬之调知澶州,李昭亮应在这时自澶州改并州。参见《李昭亮神道碑调查》,页52;《宋史》,卷四百六十四《外戚传中·李昭亮》,页13564;《蔡襄集》,卷三十九《墓志铭二·太常丞管勾河东安抚使机宜文字蒲君墓志铭·至和元年十一月》,页716、718;《长编》,卷一百七十二,皇祐四年四月壬午条,页4141。
2 《宋会要辑稿》,第四册,《仪制一之九至十·垂拱殿视朝》,页2301—2302。
3 《长编》,卷一百七十二,皇祐四年五月乙巳、丁未条,页4142、4144。
4 《长编》,卷一百七十二,皇祐四年六月丙戌条,页4152;卷一百七十三,皇祐四年

年正月十七日，大破侬智高大军于归仁铺（今广西南宁市东），并收复邕州。[1]二十一日，在北疆的李昭亮徙判成德军，由知定州韩琦代知并州，而由知成德军宋祁徙知定州。宋廷这时将北边三大镇的主帅作出大调动，肇因于河东走马承受内臣廖浩然（？—1055后）对李昭亮的诬告。此事据《韩魏公家传》、《长编》及《宋史》所记，韩琦至并州，"首罢昭亮所兴不急之役"。猜测李昭亮在并州，可能修建工事，打治军器，训练士卒，以防辽夏二敌入侵。他的举措却给廖浩然诬告他生事，甚至诬告他有所图谋。韩琦到任后，即为李昭亮洗雪不白之冤，上奏逐走廖浩然，指责他"所奏多不实"，以及"诬逐一大帅"（按：即指李昭亮）。[2]仁宗虽然将李昭亮徙知真定府，但他仍命翰林学士胡宿（986—1067）撰写敕书，大大安抚他这位勋旧亲贤，敕书云：

> 地滨北落，月旅西成。冲气荐和，下滋于宝稼；灵苗合穗，交荫于绮塍。昭万宝之顺成，示三登之长楸。卿兼荣麾钺，长治戎翰；睹擢颖于遐疆，喜同符于异亩。伻图来上，列牍以闻，将顺在兹，钦叹曷已。[3]

（接上页）九月丙辰至十月辛巳条，页4172—4176。
1 《长编》，卷一百七十四，皇祐五年正月丁巳至戊午条，页4192—4193。
2 《安阳集编年笺注》，下册，《附录三》《韩魏公家传》卷四，页1798。《长编》，卷一百七十四，皇祐五年正月壬戌条，页4194。《宋史》，卷三百十二《韩琦传》，页10224。
3 李昭亮两次判成德军，他已官至节度使，制文例由翰林学士撰写。考胡宿到皇祐四年九月甲寅（十二）升授翰林侍读学士，皇祐五年正月十二日，胡宿以翰林侍读学士权同知贡举。八月甲寅（十八）已以翰林学士上言。据此，这篇制文应写于皇祐五年正月当李昭亮再次判成德军时。又这篇制文亦收入胡宿的《内制》集中，当亦为他仁宗又设御宴送别即将出守真定府的李昭亮。当时有份侍宴的集贤校理司马光（1019—1086），相信秉承仁宗之意，写了一篇《御宴送李宣徽昭亮知真定府口号》，以志盛宴，自然也大大夸奖了李昭亮之功德才干。口号前的一首七律云：

> 匈奴旧畏李将军，今日重来几代孙。旗尾飘扬山烧裂，马蹄腾踏塞尘昏。胡儿稽颡朝南阙，天子垂衣御北门。幕府事闲刁斗静，碧潭佳景日开樽。

接着司马光又以四六大大地称赞李昭亮出守真定府之人地相宜，其文云：

> 天文垂象，贵将陪扈于太微；地险流形，常山控临于大漠。矧圣神之御辨，怀荒憬以向风。秋尘无惊，夜户不闭。眷是股肱之郡，委于心膂之臣。某官武节兼人，雄规绝众。元戎十乘，董锐士以启行；清酒百壶，命贤王而出饯。荣生道路，威动塞垣。驻大旆于近郊，留朱轮于清禁。某叨居乐部，幸对台光。不揆芜才，敢献口号。

（接上页）任翰林学士时所撰。参见《长编》，卷一百七十三，皇祐四年九月甲寅条，页4171；卷一百七十五，皇祐五年八月甲寅条，页4230。《宋会要辑稿》，第九册，《选举一之十一·贡举一》，页5252。《文恭集》，卷二十五《内制·赐彰信军节度使判成德军李昭亮敕书》，叶十三上下。

最后司马光又以第二首七律作结：

> 秋风萧瑟引华旌，祖宴高张出斗城。玉馔芳菲罗百品，铁衣照耀拥千兵。骊歌未阕长杨苑，骑吹先临细柳营。雨露酞恩何以报，沙场不惜树功名。[1]

仁宗这一阵子对外戚没有像先前那样的公然袒护，除将李昭亮徙职外，稍后又将失职的两名外戚左藏库使沈惟恭（？—1070后）及阁门通事舍人张承衍（？—1053后）贬职出外。当沈德妃（994—1076）和乐安郡主为其亲弟与夫婿乞求留京师时，仁宗却说："已行之命，为国戚所回，则法徒设矣。"拒绝她们的请求。[2]不过，一有机会，仁宗又复用他宠信的外戚。是年五月初七，他趁着宰相庞籍、参政梁适及枢密使高若讷间发生权力斗争，就罢免文臣出身的枢密使高若讷，擢用平侬智高有大功的武臣狄青为枢密使。他又同时将张尧佐从河阳召回朝供

---

[1] 司马光（撰），李文泽、霞绍晖（校点）：《司马光集》（成都：四川大学出版社，2010年2月），第三册，卷六十九《赠谕训乐词·御筵送李宣徽昭亮知真定府口号》，页1418。
[2] 沈德妃是太祖、太宗朝宰相沈义伦（909—987）孙女，真宗的妃子，是仁宗时宫中位份最尊而最高寿的太妃。沈惟恭是她的弟弟，后来又回升为文思使、康州刺史，在嘉祐元年八月还被选派为契丹国母生辰副使。不过，其人却颇不长进。他在熙宁三年（1070）五月，被人告发为门客求请恩典被拒后有怨言，自皇城使、开州团练使除名，琼州（今海南海口市）安置。乐安郡主是仁宗亲母章懿太后的养女，过继于太宗次子昭成太子元僖（966—992）为女。张承衍是她的夫婿。参见《长编》，卷一百七十四，皇祐五年正月庚午至二月壬申条，页4196—4197；卷一百八十三，嘉祐元年八月丙寅条，页4438；卷二百一十一，熙宁三年五月丁未条，页5135—5136。《宋史》，卷二百四十二《后妃传上·真宗沈贵妃》，页8619。

职于宣徽院。稍后，又将素来反对外戚任事的御史中丞王举正迫退。[1]

不少外戚子弟在这段时期受到仁宗的委用。其中最有表现的，是秦州部署刘涣，他在闰七月十三日，率军大败蕃部，斩首二千余。十四日，仁宗将他自泽州团练使擢为本州防御使。[2]八月十五日，仁宗选外戚钱昺（？—1053后）为契丹国母生辰副使。九月初四，又任他的兄长、献穆大长公主的女婿钱晦自东上阁门使、忠州团练使知河中府（今山西运城市永济市西）。仁宗特别召见他，赐字"安民"，又训他不要纵酒作乐，"使人谓为贵戚子弟"。[3]

仁宗翌年改元至和（1054），那个不成材，使酒任气的外戚宠臣杨景宗在正月初七病卒，获追赠武安节度使兼太尉，谥庄定。翌日（初八），张贵妃卒。仁宗悲悼不止，入内押班石全彬（？—1070）迎合帝意，提出以皇后礼仪为皇仪殿治丧。刚复相不久的陈执中不敢违反仁宗之意愿，结果张贵妃还被追册为温成皇后。爱屋及乌，仁宗还擢拔了她的亲属自张希甫、张及甫、张正甫、张山甫（？—1085）以下等十数人官职。另外他还不顾臣下反对，诏太常礼院为张贵妃立小忌。三月十四日张贵妃母曹氏卒，仁宗又辍朝三日，幸其第临奠。[4]同月十一日，王贻永屡次求罢后，仁宗不得已将他罢为景灵宫使，但仍加右仆射

---

1 《长编》，卷一百七十四，皇祐五年五月乙巳至丙午条、癸亥条，页4207—4209、4211。

2 《长编》，卷一百七十五，皇祐五年闰七月庚辰至辛巳条，页4224—4225。《宋史》，卷十二《仁宗纪四》，页235。

3 《长编》，卷一百七十五，皇祐五年八月辛亥条，页4229；九月庚午条，页4232。

4 《长编》，卷一百七十六，至和元年正月壬申至己丑条，页4248—4251；二月丁酉、戊申、己未条；三月壬申条，页4252—4255。

兼侍中。仁宗又诏依宗室例，岁赐他在京公使钱五千缗，又许他进朝如二府大臣例。仁宗即召还判郑州的元老王德用为枢密使，代替王贻永。枢府和三衙这时已没有外戚在位。[1]

老一辈的外戚退出朝廷，仁宗就进用后辈的外戚。三月十三日，仁宗先命他的表弟、献穆大长公主长子镇潼军留后李端懿与翰林学士曾公亮同试入内医官，稍后再委以其他职务。[2]仁宗没有冷落曹皇后的族人。他特别为治黄河之事，诏问曹皇后弟、知澶州曹佾（1018—1089）的意见。因他的意见与执政有异，仁宗不想曹佾为难，六月十五日，又将他改知青州。十八日，仁宗又追封曹皇后父曹玘为东海郡王。仁宗也不忘旧情，将张贵妃父张尧封追封为清河郡王，母曹氏为齐国夫人。到七月十一日，又为张贵妃旧宅立庙及葬地立祠殿，并题葬所为"温成皇后园"。[3]仁宗当然没有忘记李昭亮，他的长子李惟贤早已自东上阁门副使擢为西上阁门使，位列横班使臣，供奉御前，担任李昭亮在真宗晚年及仁宗初年的职位。这年六月二十七日李惟贤便曾上言，请

---

[1] 《长编》，卷一百七十六，至和元年三月己巳条，页4254—4255。宋人对王贻永评价很正面，说他"常远(«远»原作«）权利，归第则杜门谢宾客，迄无过失，人称其谦静"。又说他曾面折权势很大的入内押班杨怀敏。史称当杨怀敏自河北入奏堤塘事时，曾在两府大臣前奏拟升黜者数十人。众人不敢发言，还尊称他为"太傅"，惟有王贻永怒责他不当，教他缩头而退。事后庞籍等也表示王贻永发怒，对裁抑内臣如杨怀敏，实是好事。参见江休复（1005—1060）（撰），储玲玲（整理）：《江邻几杂志》，收入朱易安、傅璇琮等（主编）：《全宋笔记》第一编第五册（郑州：大象出版社，2003年10月），页142。

[2] 《长编》，卷一百七十六，至和元年三月辛未条，页4255；卷一百八十，至和二年六月乙卯条，页4355。仁宗在至和二年六月乙卯（二十八），便重用李端懿为知郓州，并赐诗以宠之。

[3] 《长编》，卷一百七十六，至和元年六月壬寅至乙巳条，页4263；七月丁卯条，页4264。

令教坊不得于殿廷侍立班内时假装使臣以为戏耍。八月十七日，又擢用李昭亮的第三子李惟宾（？—1075后）以西头供奉官、阁门祗候为契丹正旦副使。至于其他外戚子弟，仁宗也不次任用，李璋早在六月后被擢用为天平军留后知澶州，担任修治六塔河的重任。九月二十六日，其弟李珣以德州刺史为回谢契丹副使。十一月二十九日，又擢王贻永子王道卿（？—1054后）自西京作坊使为横班的西上阁门使。[1]

至和二年（1055）四月初六，仁宗又命当年曾严劾李昭亮的翰林学士欧阳修撰写口谕，慰抚李昭亮，该口宣云："卿宣劳边鄙，颇历岁时。因乃子之言行，俾过家而赐问。式彰宠眷，以耀私门。"[2]这里所说的乃子，相信是担任西上阁门使的李惟贤。五月二十三日，欧阳修又奉命撰写一道诏书，赐给判大名府（今河北邯郸市大名县）的贾昌朝、判陈州的程琳和判成德军的李昭亮，以回报他们进奉上寿金酒器一副和马六匹。[3]李昭亮在真定的政绩如何？他的《神道碑》说他"政有威

---

[1] 《长编》，卷一百七十六，至和元年六月乙未条，页4263；八月壬寅条，页4271；卷一百七十七，至和元年九月辛巳条，页4281；十一月癸未条，页4292；卷一百七十八，至和二年二月癸卯条，页4312；卷一百七十九，至和二年五月辛未条，页4337；卷一百八十一，至和二年十二月戊子条，页4385。《李昭亮神道碑调查》，页52。《宋会要辑稿》，第三册，《礼四十五之十三·宴享》，页1726。曹佾在至和元年六月壬寅（初十）自澶州徙知青州，则李璋当在此时任知澶州。他后来在至和二年十二月再兼修河都部署。又李惟贤在至和元年六月二十七日，已以西上阁门使上奏言阁门之事，他当在至和元年六月前已任此职。又仁宗于至和二年五月辛未（十四），因王贻永之请，将他的女婿宗室从渥自左屯卫大将军擢为右神武军大将军。

[2] 《欧阳修全集》，卷八十三《内制集卷二·抚问宣徽南院使彰信军节度使判真定府李昭亮口宣·四月六日》，页1211。

[3] 《欧阳修全集》，卷八十三《内制集卷二·赐判大名府贾昌朝判陈州程琳判成德军李昭亮等进奉上寿金酒器一副马六匹诏·五月二十三日》，页1215。

惠，岁丰人乐，属县民得合穗千者□□献之。□□□□书褒焉"。[1]这多似是官样文章，不能尽信。

对于仁宗优礼外戚，并擢用他们担任要职，殿中侍御史赵抃（1008—1084）在十月初二日便上奏表示异议，特别批评以曹佾知青州，李端懿知郓州（今山东菏泽市郓城县）并各带安抚使不当，认为他们才谋不足，但仁宗没有理会。[2]

至和三年［按：九月辛卯（十二）改元嘉祐元年，1056］正月初一，仁宗御大庆殿接受百官朝贺时突然中风。初七，仁宗更在禁中神智不清地大呼曹皇后与他素所不喜的内臣张茂则（1016—1094）谋逆。二月二十二日，仁宗初步康复，并可以御延和殿见群臣。在这两个多月，幸赖宰相文彦博及富弼等将危机善加化解，而复任殿帅的老将许怀德也完全听令于文彦博等，才没有造成更大的政治危机。不过，仁宗无子，一旦再出事，谁将继承皇位，成为文臣们忧虑的问题。自文彦博以下，文臣一致同意请仁宗立幼养于宫中的宗室赵宗实（即英宗，1032—1067，1063—1067在位）为皇嗣。五月初三，知谏院范镇（1008—1089）带头上奏，请立宗实为太子。[3]对臣下要求立储这大事，仁宗一直没有回应。他所信赖的外戚重臣王贻永却不幸于同月

---

[1] 《李昭亮神道碑调查》，页52。
[2] 《长编》，卷一百八十一，至和二年十月丙戌条，页4378。《欧阳修全集》，卷三十三《镇潼军节度观察留后李公墓志铭》，页492。曹佾要到嘉祐元年八月，才自青州徙许州。而李端懿要到嘉祐五年二月，才自郓州徙潭州。
[3] 文彦博早于至和二年六月复相，富弼亦同时拜次相。参见《长编》，卷一百八十，至和二年六月戊戌条，页4353；卷一八二，嘉祐元年正月甲寅至二月丙午条，页4394—4397；五月甲申条，页4406—4408。《宋史》，卷十二《仁宗纪四》，页239—240。

二十五日病逝，得年七十一。仁宗以病体初复，不及临丧，只命二府大臣及宗室往致奠，也没有机会咨询王贻永有关立嗣的意见。[1]

对仁宗来说，这年确是多事之秋。同年六月十一日修治六塔河工失败，知澶州兼修河都部署李璋以失职被徙知曹州，其他负责官员也被贬责，不过处分都从轻。殿中侍御史孙抃（996—1064）两度上奏，认为李璋等应从公议从严处分，但仁宗仍不肯对他的表弟重责。而且稍后还赐给李璋弟祁州团练使李珣大例俸给。[2]而对于群臣上言请求立储之议，仁宗亦一概不理。当宋廷笼罩于一片忧疑的气氛下，素得军心而有大功的枢密使狄青竟无辜受到知制诰刘敞（1019—1068）、翰林学士欧阳修等一班文臣的无情攻击。八月初四，仁宗迫于众议，将狄青罢枢出判陈州，而改以三司使韩琦代为枢密使。[3]九月十二日，仁宗改元嘉祐，行谢天地礼于大庆殿，并大赦天下。十一月初三，在御史赵抃的弹劾下，王德用也多次求退，仁宗无奈将王解职。枢府两员有勋劳并得仁宗信任的武臣于是相继去位，而素不为文臣所喜的仁宗宠臣入内副都知石全彬也被罢副都知职。文臣集团终于在权力天平的角力中占得上风。[4]

1　《长编》，卷一百八十二，嘉祐元年五月丙午条，页4408—4409。《隆平集校证》，卷四《王溥传附王贻永传》，页142。
2　《长编》，卷一百八十二，嘉祐元年六月辛酉至己巳条，页4411—4412；卷一百八十三，七月壬辰、庚子条，页4429—4430。孙抃在六月十九日及七月十二日两度上奏。而仁宗在七月二十给李珣赐特俸。
3　《长编》，卷一百八十三，嘉祐元年八月癸亥条，页4435。
4　《长编》，卷一百八十四，嘉祐元年九月辛卯、丁未条，页4447、4449；十一月辛巳条，页4451—4452。

就在宋廷中枢人事大变之际，仁宗在王德用罢枢翌日（初四），加李昭亮同平章事，并将他改判已升为北京的大名府，并赐以蜀锦涂金纹罗，亲自书曰"李昭亮亲贤勋旧"，命其子阁门祗候李惟宾持以赐之。[1]仁宗这时委李昭亮以判大名府的重任，并将他晋位使相，笔者以为不纯是因改元而循例给李昭亮加恩。当王贻永逝世后，李昭亮成为外戚中最尊最长且名位最高的人，仁宗很有可能想下一步将他召入枢府，填补王德用之缺，以制衡文臣集团。考属于少数反对罢狄青职的宰相刘沆（995—1060），当狄青被御史攻击而遭罢时，他曾上奏仁宗，指责御史们"去陛下将相，削陛下爪牙，殆将有不测之谋"。[2]他这番话很有可能教仁宗警觉文臣力量已近难制。事实上，仁宗即借授李昭亮使相及移镇大名府的机会，将他召还京师，并命翰林学士胡宿撰写赐茶药两道口宣，好言抚慰，制文曰：

> 卿召言侯藩，入觐王所，历严途之阻越，谅旅从之勤疲，爰举匪颁，以将眷劳。（一）

> 卿外自国藩，入修王觐，历悠长之官道，冒严厉之时寒，言

---

[1] 《长编》，卷一百八十四，嘉祐元年十一月己丑条，页4454。《李昭亮神道碑调查》，页52。王应麟，《玉海》，卷三十四《庆历飞白端敏二字 文儒字》，叶十一下。
[2] 《长编》，卷一百八十四，嘉祐元年十二月壬子条，页4459—4460。刘沆在三名宰相中排名第三，他一直与台官不睦，说他们结朋党，台官也一直攻击他在张贵妃葬礼上迎合仁宗。御史中丞张昇连上十七章弹劾他，刘沆自知不敌，就自请罢相出外。仁宗于嘉祐元年十二月初五就将他罢相出知应天府。

念勤斯，固应劳止，爰伸迎赉，用示眷恩。（二）[1]

文臣未必看不出仁宗的意图。在他们极力的坚持下，原先获得从宽处分的治河诸臣，到十一月甲辰（二十六），即李昭亮获召归阙的二十多天后，均被重责，其中仁宗力保的外戚李璋自天平军留后降为邢州观察使。[2]

李昭亮是明白人，他大概知道这时不宜再卷入朝中之权争，他即上奏推辞仁宗给他的恩命。仁宗不允，同年十二月五日命翰林学士欧阳修再下诏命，要他接受，制文再大大夸奖他一番，特别突出他是勋阀旧德："卿勋阀之门，世承旧德，忠勤之节，效著厥官。惟别都管钥之严，兼方面镇临之重，俾提相印，增宠将牻。喜辞让之有仪，在眷怀而岂易。尔无固执，往复新恩。"[3]李昭亮这年六十四岁，官拜使相后，他获得的官位已不逊亡父。

仁宗对他的恩待，还见于擢用其子李惟贤。相信也是这一年，仁宗擢李惟贤以西上閤门使领高州刺史出知莫州时，仁宗还命翰林学士王珪撰写制文，既述他显赫家世，称许他的才具，又激励他立功：

> 具官某，维尔祖父三世秉钺，元勋之门，焯于金石。肆尔孝

---

[1] 《文恭集》，卷二十五《内制·赐彰信军节度使新授同中书门下平章事判大名府李昭亮赴阙茶药口宣》，叶十三下。
[2] 《长编》，卷一百八十四，嘉祐元年十一月甲辰条，页4456—4457。
[3] 《欧阳修全集》，卷八十五《内制集卷四·赐新除同中书门下平章事判大名府依前彰信军节度使李昭亮让恩命不允诏·十二月五日》，页1242。

谨忠勤，职予上阁之事。赞相仪矩，间或敢言，戎人奉觞，谕以非礼，兹岂庸庸之所及耶？朕思义安襟喉之要，故兼以刺符而临遣之。噫！男子有四方之志，则功名富贵，非安然而可图也。况尔家传将略之旧。其慷慨北行，以宽予阃外之寄。[1]

李惟贤出知莫州后，碰上莫州的州仓粟米陈腐，戍兵大为鼓噪，不肯接受。莫州民怕此事引起兵变，大为震恐。李惟贤闻报，即驰往军中晓谕，解释因边兵众多才会仓库存粮多，仓粮多而积存久，就不免有粮米变得陈腐。他说人人都要新粮，那么旧粮如何处理？他这番道理教众军无话可说。他这时又使出乃父治军的手段，立斩带头闹事的人一名，流配从犯十人，于是军中帖然听命。李惟贤这次维持李氏将门的家声，也没负仁宗的识拔。[2]

七、安享晚年

嘉祐是仁宗最后一个年号，前后八年。近年宋史学者有称这段时期为"嘉祐之治"。曹家齐教授归纳所谓"嘉祐之治"的主要表现是：一、政局安定；二、人才之盛；三、政治清明。而其中朝廷内部团结，没有党争。[3]从另一个角度去看，在这一段时期，仁宗对文臣集团采让

---

1 《华阳集》，卷四十《制词·西上阁门使李惟贤可高州刺史知莫州制》，叶五下至六上。
2 《宋史》，卷四百六十四《外戚传中·李昭亮附李惟贤》，页13564。考《宋史》李惟贤本传没有记载李惟贤出知莫州的年月。他在至和二年尚在朝供职，而在嘉祐三年十月召还京师（见第363页注2），推想他当在嘉祐元年以后出知莫州。
3 参见曹家齐：《"嘉祐之治"问题探论》，《学术月刊》，2004年第九期，页60—66。曹教授后来又对嘉祐之治的问题进一步探讨，参见曹家齐：《赵宋当朝盛世说之造

步妥协的态度，不再强行任用外戚及内臣，而大体上施政服从文臣的公议。李昭亮在这时期，一方面年事已高，另一方面文臣会对他大用有强烈意见，于是选择退下来，安享晚年。

嘉祐二年（1057）二月到三月，三位已罢相及罢枢的元老重臣杜衍、王德用及狄青先后逝世。仁宗对狄青无过被罢，而致愤郁殁于陈州，大概有歉意，于是发哀于帝苑中，赠中书令，谥武襄。稍令仁宗宽怀的，就是外戚子弟后辈的刘永年，三月以单州防御使任契丹回谢副使，表现不辱使命，当辽人留难宋使，故意在驿门外放置巨石时，他独力将巨石从驿门掷去。众人都惊叹他的神力。[1]

六月戊辰（二十三），仁宗将长女福康公主册为兖国公主，出降早在庆历七年五月已定亲的驸马都尉李玮，并迁李玮为濮州团练使。仁宗并给李氏兄弟加恩：李璋自邢州观察使迁镇海军留后，李珣自祁州团练使迁均州防御使。仁宗以此厚待他的母舅家人。李璋却有点不知足，十月二十七日，再求仁宗以内降方式授他节度使。知谏院陈旭引仁宗的近诏严劾，结果李璋被罚铜二十斤，受到一点教训。[2]

嘉祐三年（1058）四月二十四日，原知河南府的尚书左丞吴育（1004—1058）卒。李昭亮于是向仁宗请求将他调离北边重镇的北京

（接上页）就及其影响——宋朝"祖宗家法与嘉祐之治"新论》，《中国史研究》2007年4期，页69—89。

1 《长编》，卷一百八十五，嘉祐二年二月壬戌，页4468—4469；三月戊戌至庚子条，页4473—4474。《宋史》，卷十二《仁宗纪四》，页241。杜衍卒于二月十六日，王德用卒于二月二十七日，狄青卒于三月二十七日。
2 《长编》，卷一百八十六，嘉祐元年六月丙寅至七月丁丑、乙未至己酉条，页4483—4487；十月庚午条，页4493。

大名府，而徙往内地的西京河南府。但仁宗不答应，并且命翰林学士撰写一道制文，婉拒李昭亮的请求，说"省所上表乞移判河南府事，具悉。朕惟魏、洛之重，皆为别郡，将率所居，难于屡易"。然后夸奖李昭亮"卿以中外勤劳之绩，有抚绥扞御之材，自膺寄任之雄，方厚倚毗之意"。再抚慰一番，说："遽兹列奏，嘉乃好谦。宜体眷怀，靖安尔位。所乞宜不允。故兹诏示，想宜知悉。夏热，卿比平安好？遣书，指不多及。"仁宗倒也一视同仁，当已在京供职六年的宣徽南院使张尧佐也请求此优差时，也命欧阳修在五月二日撰写诏旨婉拒其请。最后此职授给了在六月初七罢相的文彦博。[1]李昭亮及张尧佐求西京优差，大概他们明白在文臣集团操掌国政下，他们要在仕途更上一层楼，已不太可能，不如引退，觅得善地，颐养天年。这回仁宗不允二人之请，可能是他仍想在适当时候重用这两名亲信的外戚。不过，张尧佐却在是年九月十三日卒于任上。仁宗哀悼之余，赠张尧佐太师并赐其家僦舍钱日三千。[2]

仁宗在同月二十三日又擢用出使有功的外戚子弟刘永年自单州团练使为齐州防御使、高阳关部署。但台谏官反对此一任命，称刘永年

---

[1] 《长编》，卷一百八十七，嘉祐三年四月甲子条，页4508；六月丙午条，页4511。《欧阳修全集》，卷八十六《内制集卷五》《赐彰信军节度使检校太保同中书门下平章事判大名府李昭亮乞知西京不允诏》《赐宣徽南院使淮康军节度使张尧佐乞知西京不允诏·五月二日》，页1261—1262。李昭亮之诏未系月日，当在四月二十四日后，五月二日前。

[2] 宋人对张尧佐的评价不算太差，说他"起寒士，持身谨畏，颇通吏治，晓法律"，只是批评他"而晚节以戚里进，遽至崇显，恋嫪恩宠，为世所鄙"。倘若他不是外戚，宋人对他的评价会稍高。参见《长编》，卷一百八十九，嘉祐三年九月辛巳条，页4528。

这次升官只为戚里关系，而不是有军功。仁宗拗不过言官，只好将刘永年复官为复州团练使知泾州（今甘肃平凉市泾川县）。[1]

仁宗对李昭亮也算得上照顾，十月初五，因提举诸司库务的内臣内侍副都知武继隆（？—1061后），被谏官劾奏诸多不法事，被罢职出为海州（今江苏连云港市）兵马都监，而同任提举诸司库务的翰林学士赵概（996—1083）也被御史所劾出知郓州。仁宗就将李惟贤从莫州召回，任为提举诸司库务，代替武继隆，而由翰林学士胡宿代替赵概的差遣。[2]据蔡襄在嘉祐四年（1059）所写的《李阁使新种洛花二首》两篇七言绝句所间接透露，李惟贤这年因任职京师而有机会将洛阳佳种（大概是牡丹）移种于家，并致信给予他交好、时知泉州（今福建泉州市）的蔡襄，于是蔡襄写诗两篇以志。[3]值得注意的是，蔡襄虽然

1　《长编》，卷一百八十八，嘉祐三年九月辛卯条，页4529。
2　《长编》，卷一百八十八，嘉祐三年十月己未至甲子条，页4530—4533；卷一百九十，嘉祐四年七月甲辰条，页4579。《宋史》，卷四百六十四《外戚传中·李昭亮传附李惟贤》，页13564。《宋史》李惟贤本传未载他出知莫州后召还任提举诸司库务之年月，而他在嘉祐五年初再出知冀州（见本页注3），故他当在嘉祐五年以前在京任提举诸司库务。按：赵概及武继隆在嘉祐三年十月同罢提举诸司库务，李惟贤当在此时召还接任该职。又胡宿在嘉祐四年七月十二日已任此差遣，相信他是接赵概这一位置的。
3　吴以宁据宋本《忠惠集》所作的校勘记，提到这首诗的诗题"李阁使"下有小字体的"唯贤言"三字，认为这个"李阁使"就是李惟贤。另据蒋维锬的考证，两诗写于嘉祐四年。蔡襄在嘉祐三年七月知泉州，这一年仍任泉州。不过蒋氏失考这个李阁使就是当时官西上阁门使的李惟贤，却也不在泉州，蔡襄也没有应邀到李阁使家赏牡丹，蒋氏其实误读误解这两首诗的意思。考蔡氏第一诗云："堂下朱兰小魏红，一枝浓艳占春风。新闻洛下传佳种，未必开时胜旧丛。"第二首诗云："园馆春游只帝京，可怜哀悴海边城。纵然得酒心犹在，若也逢花眼亦生。"分明只是说闻得李惟贤在帝京新种洛花，而惋惜在海边的泉州没有得见。参见蔡襄（著），吴以宁（点校）：《蔡襄集》（上海：上海古籍出版社，1996年8月），卷八《李阁使唯贤言新种洛花二首》，页140、154"校勘记"（1）；蒋维锬：《蔡襄年谱》（厦门：厦门大学出版社，2000年12月），页147、152。

曾批评过李昭亮,但和他父子都有交情,这也是李昭亮喜交结士大夫的一例。

值得一提的是,仁宗在十月下诏为亡故多时的郭皇后在景灵宫建影殿,虽因翰林学士欧阳修及领太常礼院孙抃的反对而作罢,但见得出仁宗顾念旧情。郭皇后是李昭亮的远亲,她的荣辱也不免与李家有一定的牵连。[1]

嘉祐四年(1059)二月初三,当年反对外戚执政最力的唐介,复为天章阁待制、知谏院。[2]于此任命,可以看到仁宗此时对任用外戚的态度,已有所妥协,他倾向尊重文臣的主流意见,不再轻易授外戚以要职。

三月,有议者论募义勇作为河北的伏兵,请"令河北邢、冀二州分东西两路,命二郡守分领,以时阅习,寇至即两路义勇翔集赴援,使其腹背受敌"。宋廷将其议下河北诸州郡长吏时,李昭亮领头的一番回奏,则说的有理兼具识见。他先引述中唐名将泽潞留后李抱真(733—794)的成功经验,李当时从所在之民户三丁抽一,在农闲时令这些民兵分曹校射,岁终来总校射,以定赏罚。三年后部民都善射,部内共练得劲卒二万。因不耗廪费,府库得到充实,就以此修缮兵甲,备好

---

1 《长编》,卷一百八十八,嘉祐三年十月甲子条,页4532—4533;卷一百九十,嘉祐四年七月庚申至八月甲戌、庚辰、乙酉条,页4581—4590。《苏魏公文集》,卷六十三《行状·朝请大夫太子少傅致仕赠太子太保孙公行状》,页967。翰林侍读学士杨安国(约988—1060)再在嘉祐四年七月奏请建郭皇后影殿于洪福宫。仁宗下诏礼院详议,礼官表示可行,但知制诰刘敞在八月却上奏反对。仁宗命下学士院议此事,宋廷为此事一直争议不决。

2 《长编》,卷一百八十九,嘉祐四年二月戊辰条,页4549。

战具，于是李抱真得以雄视山东，而天下都称李所领的昭义兵冠于诸军。他又指所谓民兵只可城守，难备战阵，并非的论。他批评在盛平无事时，将民兵分为两路，置官统领，以为可张兵势，但实在外可使敌人疑而生谋，内亦摇动众心，实非得计。他认为应先让民兵在所在地方训练两三年，当武艺稍精，渐习行阵时，遇上敌人来犯，命能将统驭，示以赏罚，乃可出战。他又认为行军布阵，量敌应机，系于临时便宜，而难于预设图谋。至于河北及河东都是边州之地，早已自置义勇，而州县以时按阅之制，已很熟习。他觉得真的使用义勇助战当无问题。宋廷结果依其议。[1]

四月十四日，李昭亮与贾昌朝、文彦博、宋庠及程勘等一众在外出守大藩的大臣，各进上寿金器及良马庆贺仁宗的诞辰乾元节。仁宗即命翰林学士王珪（1019—1085）赐诏慰奖。十月十一日，宋廷举行大典，十二日，祫于太庙，大赦天下。在大名府的李昭亮再向仁宗贡良马以贺。仁宗再命王珪撰写诏文赐之，称许他"乃驰诚于北阙，爰纳贡于上阙。载谅倾勤，靡忘嘉叹"。十七日，仁宗加恩百官。宋庠恩封莒国公，文彦博恩封潞国公的同时，李昭亮也获加食邑七百户、食实封四百户，赐"推诚保德守正佐运翊戴功臣"的封号。在欧阳修的笔下，李昭亮是"志尚纯悫，资诚敏明。世蒙旧德之余，早遘重熙之盛，备于

---

[1] 当时的覆奏由李昭亮带头外，合奏的还有定州的庞籍、真定府的钱明逸和高阳关的王贽。其实早在皇祐元年二月，当时为户部副使的包拯也有相同的看法。参见《长编》，卷一百六十六，皇祐元年二月辛未条，页3986—3987；卷一百八十九，嘉祐四年三月己未条，页4558—4559。《宋史》，卷一百九十《兵志四》，页4706—4707。《张方平集》，《乐全集》，卷三十九《王公墓志铭并序》，页683。

器使，奋厥材猷"，而且才兼文武，"好学诗书，知将率之为体；兼推威信，抚士卒以克和。入则有宿卫之勤，出则著扞城之效。寄之方面，屡守于要藩；班乃政条，颇闻于佳誉"。为此，宋廷就授他北京留守之职，"乃眷别都之重，实司留钥之严。拥节秉钧，并享崇高之贵；治戎抚俗，兼资镇静之材。兹惟图任之艰，方属倚毗之意，是用因需恩之浃洽，推异数之便蕃，广乃疏封，增其真户，仍畴美绩，褒以嘉名"。[1]欧阳修这篇官样文章，将李昭亮捧得功勋卓著。他当年多番上奏痛劾李昭亮，现是奉旨颂德歌功，实在不无讽刺。

李昭亮倒也以克尽厥职来回报仁宗对他的恩赏。十一月二十二日，他以大名府路安抚使上奏，指出河北州军现在缺乏义勇，请求在第二年开始，在三年内并令补足缺额。其中强壮的州军而没有经教阅的，当义勇补足后亦得补回教阅。他合理的建议得到宋廷的接纳。[2]

嘉祐五年（1060）二月十五日，仁宗将文彦博徙判大名府，同日将李昭亮加检校太傅，移镇泰宁军节度使徙判定州，并充定州路都部署兼安抚使，再加食邑七百户、食实封三百户。又是欧阳修负责撰写制文，他再弹老调，称誉这个他心中可能不怎样欣赏的外戚一番，说李昭亮"资质纯厚，器识通明。世有勋庸，蔚为旧德。家传韬略，济

---

[1] 《宋史》，卷十二《仁宗纪四》，页245。《长编》，卷一百九十，嘉祐四年十月甲子至戊寅条，页4595—4596。王珪：《华阳集》文渊阁《四库全书》本，卷十九《制词·赐贾昌朝文彦博宋庠李昭亮程勘各进乾元节上寿金酒器并马诏》，叶十一下；卷二十《制词·赐彰信军节度使同中书门下平章事李昭亮贺裕享进马诏》，叶三上。《欧阳修全集》，卷八十七《内制集卷六》，《除宋庠制加恩进封》《除李昭亮制加恩》，页1274—1275。

[2] 《宋会要辑稿》，第十四册，《兵二之一·义勇保甲》，页8621。

以美材。爰自壮龄，早膺奖擢。训齐士伍，号令信于恩威；宿卫朝廷，勤劳著于夙夜。屡被蕃宣之寄，实资镇抚之才"。然后提到将他徙职，"惟留钥之别都，乃宿兵之重地。岁时滋久，誉望益嘉。眷言中山，还尔旧治"。

姑不论其中的溢美之词，欧阳修这番话倒是李昭亮一辈子戎马生涯的简述。欧阳修在制文的末段又加上"宣国威灵，用绥宁于边鄙；求民疾苦，以班布于教条。俾无北顾之忧，惟我老成之倚"。[1]仁宗似是告诉李昭亮，调他第三度知定州，是为了尽其所长，仍要重用他。李昭亮得诏后，便将公事交与本路转运使，然后赴定州之任。[2]不久，仁宗又将李惟贤自提举诸司库务加荣州团练使出知冀州。名臣诗人都官员外郎梅尧臣（1002—1060）有诗送给他，诗云："騕褭黄金络，春风北渡河。将军守汉法，壮士发燕歌。绿水塘蒲短，晴天塞雁多。家声复年少，玃铄笑廉颇。"最后两句，就言及他的家声及年纪，也暗比他的父亲李昭亮。李惟贤到任后，遇上迁补禁军，当时凡隶籍后犯赃污的皆黜为下军。李惟贤提出异议，认为武士何必责以廉节，而且他们过去已抵罪，现在不应再以新令贬黜他们。仁宗接纳他的意见更改此制。[3]

---

[1] 《欧阳修全集》，卷八十九《内制集卷八》，《除文彦博易镇判大名府制·二月十五日》《除李昭亮检校太保判定州制·二月十五日》，页1298—1299。

[2] 《安阳集编年校注》，卷三十六《移判相州乞交割公事札子》，页1102。据韩琦的记载，李昭亮和文彦博、贾昌朝一样，在大名府移替之日，宋廷均有旨令交割公事与转运使一员。

[3] 据李之亮引朱东润（1896—1988）的考证，李惟贤当在嘉祐元年出知冀州。而李惟贤知冀州直至嘉祐七年（1062）。考梅尧臣在嘉祐元年撰有《送李阁使知冀州》五

除将李昭亮徙判定州外，仁宗也在二月十八日内三度诏旨，将从郓州代还的李端懿自镇潼军留后建节为宁远军节度使，并徙知澶州。但御史中丞韩绛（1012—1088）对仁宗如此擢用李端懿大加反对，认为李端懿无功，不当领节度使。仁宗抵不住臣下的反对，到三月初六，只好让步将李端懿复为留后仍知澶州。但李端懿到澶州才五个月，在八月初九便卒于任上，得年才四十八。仁宗收到他死讯时方燕禁中，即命辍乐以致哀，并赐李家黄金三百两作为赙金，赠他感德军节度使，谥良定。后从其弟李端愿之请，再赠侍中。[1]李端懿本来是仁宗刻意栽培的外戚亲信，他短命而逝，对仁宗自是不轻的打击。

仁宗最料不到的，是他一心提拔的舅氏李家，特别是他拣为乘龙快婿的李玮，却以貌陋及才庸一直不为兖国公主所喜。而李玮的生母杨氏在宫中又开罪了公主，公主就夜开皇城门入诉仁宗于禁中。李玮惶恐自劾，仁宗于九月二十四日将李玮贬官一级，第二天改免降官，只罚铜二十斤，许他留京师。言官对这场公主与驸马的家务事纷纷议论，

（接上页）律一首，朱东润考证李阁使就是当时官西上阁门使的李惟贤。又梅尧臣卒于是年四月二十五日，他这首诗当撰于四月或以前。参见梅尧臣（撰）、朱东润（校注）：《梅尧臣集编年校注》（上海：上海古籍出版社，1980年11月），卷三十《本卷注》《李阁使知冀州》，页1133、1136；李之亮：《宋河北河东大郡守臣易替考》，《冀州》，页74；《宋史》，卷四百六十四《外戚传中·李昭亮附李惟贤》，页13564。

1 《长编》，卷一百九十一，嘉祐五年二月甲戌条，页4613；卷一百九十二，嘉祐五年八月乙丑条，页4640。《欧阳修全集》，卷三十三《镇潼军节度观察留后李公墓志铭》，页490—491；卷八十九《内制集卷八》，《除李端懿宁远军节度使知澶州制·二月十八日》《赐新除宁远军节度使李端懿让恩命第一表不允断来章批答口宣·二月十八日》《阁门赐新除宁远军节度使知澶州李端懿告敕口宣·二月十八日》，页1300—1301。

仁宗于是责降了公主宫中一批内臣及公主的乳母韩氏。就在此事尚未平息之际，十一月初二，廷臣包括杨畋及范镇又反对仁宗无故擢升两名外戚——李珣为相州观察使，刘永年为齐州防御使。仁宗最初不纳谏言，最后终于妥协，收回成命。翌日（初三），因翰林学士欧阳修上奏批评外戚知客省事之东上阁门使曹偕所谓贡马，但只有空表而马不至，虽然未加罪，但也不可赐予诏书褒奖。仁宗结果也依从欧阳修之言，不给曹偕赐诏。[1]

李昭亮在定州一年多，在嘉祐六年（1061）初便屡次上奏称老疾不能任边事，希望罢边任返京师退休。《神道碑》记："岁余，谓官属曰：吾□□□矣，不可以处方任。盖求朝乎。乃上章曰：臣罢□得以先后□□累第□惠环□□□。当天下无事时，不能□膏原野，以□□□大焉。"[2]但他的请求不获接受。仁宗还命翰林学士王珪赐诏，隐隐地批评他，诏文云：

> 敕：夫大河以北，盖天下襟喉之地，而总帅之臣可易属哉？卿以勋戚之旧，履将相之贵，更历中外，输勤一心，何感而上书，愿解边剧以自适，岂朕所以属老成之意邪？且年隆而知愈深，宠至者倚弥重。宜安乃服，以永时之休名。所乞宜不允。[3]

---

1 《长编》，卷一百九十二，嘉祐五年九月庚戌至十月戊子条，页4646—4648；十一月辛卯条，页4649。殿中侍御史吕诲（1014—1071）在十一月还借李玮与公主失和事，弹劾了枢密使宋庠。
2 《宋史》，卷四百六十四《外戚传中·李昭亮》，页13564。《李昭亮神道碑调查》，页52。
3 《华阳集》，卷十八《制词·赐判定州李昭亮乞宫观及移郡不允诏》，叶十三下至十四上。

不让李昭亮回朝，究竟是仁宗之意思，还是宋廷文臣的主意，暂难确定。笔者认为仁宗仍想李昭亮担当重任，不想他闲置京师。据《玉海》所记："是岁之夏，赐判定州李昭亮御诗一章。"[1]这首钓鱼诗相信是安抚李昭亮之作。

不过，仁宗终于经受不了李昭亮屡次请求，四月二十七日，因枢密副使陈旭罢枢，就命他出知定州，接替李昭亮。[2]于是李昭亮被召还京，授景灵宫使，并移镇昭德军节度使。仁宗命翰林学士胡宿撰写制文，召他赴阙，制文云："卿参中阶之象，帅北落之师，烦我老成，亦已久次。方升庸于旄镇，命总职于琳庭。亟奉介圭，促祗召节。"[3]据《神道碑》所记，仁宗以殊礼迎接这位硕果仅存的外戚亲旧，"□（疑为'昭'字）德□□□□（疑为'军节度使'），官吏将至门郊劳燕，赐问遗皆踰旧典。入对便殿，上□改□见礼□具□目（损7字），公俶蹐陈让，朝议以为荣"。[4]

李昭亮抵京师后，仁宗除特赐方团金带外，[5]再命翰林学士胡宿撰写制文，正式授他景灵宫使并换节为昭德军节度使。昭德军即潞州上党，是李昭亮的原籍，仁宗选此地作为李昭亮的新授节镇，显然是一种特恩。王珪撰写这一篇制文，和上一篇的语气大大不同，

---

[1] 王应麟（1223—1296）：《玉海》，文渊阁《四库全书》本，卷三十《嘉祐赏花钓鱼诗》，叶四十四上。
[2] 《长编》，卷一百九十三，嘉祐六年四月庚辰条，页4666。
[3] 《文恭集》，卷二十五《内制·赐新除昭德军节度使同中书门下平章事充景灵宫使李昭亮赴阙敕书》，叶十四上。
[4] 《李昭亮神道碑调查》，页52。
[5] 王应麟：《玉海》，卷八十六《建隆赐玉带》，叶二十三下。

把李昭亮外戚将家的家世，一生的内外仕历，以溢美的文辞写出来。制文云：

> 具官李昭亮，器略深明，诚怀冲厚，禀山西之胜气，通圯上之秘韬。粤自大门，载忠规于奕世，眷言尔考，著勋力于先朝。称辛苏之将家，为挚任之后族，克生哲嗣，聿济美猷。亦尝干不庭之方，有御侮之力。入居宿卫，提利兵而谁何；出护将屯，领中军之节制。向厘符钥之任，就升衮钺之崇。逮满北门之更，复委中山之镇，苟愿不作，拊循有方。久去阙庭，频移星岁，宜入奉于朝请，特申霈于宠灵。换上党之节旄，分壶关之茅土，益增真食，弥衍采田，俾司典密之都，仍踵太清之职。体貌惟旧，恩礼攸宜。于戏！真祖在天，实佑庆灵之祚；瑰宫置使，必先台宰之臣。[1]

仁宗为何不援引王贻永的例子，将回到京师的李昭亮擢入枢府？可能的原因是李昭亮年老多病，他在嘉祐六年已年六十九。另一可能原因是文臣强烈反对再以外戚为执政。

仁宗在嘉祐六年七月初七，因集贤校理江休复（1005—1061）上言昭宪杜太后（902—961）的后人多流落民间，请求推恩。仁宗于是录杜太后、太祖孝明王皇后（942—963）、孝惠贺皇后（929—958）、孝

---

[1] 《文恭集》，卷二十二《内制·除李昭亮依前检校太傅同中书门下平章事充景灵宫使昭德军节度使制》，叶九下至十下。

章宋皇后（952—995）、太宗淑德尹皇后的子孙十九人，给予进秩及授官。不久又录太宗懿德符皇后（942—975）曾孙二人为官。[1]仁宗体恤太祖、太宗之后家子孙，他自然厚待自家之外戚子弟。八月初九，马军副都指挥使王凯（996—1061）卒。九月，仁宗即以李璋补授马帅之职，到十二月十五日，因殿前副都挥使许怀德卒，李璋即依次迁殿帅，和其父李用和一样，擢为三衙管军之首，代仁宗统御禁军。仁宗说到底仍是信任由本家的外戚统军。另外，在十月初一，仁宗又命他的驸马李玮举堪为将者。[2]仁宗也没有忘记他心爱的张贵妃的家人，是年闰八月初九，仁宗派使者出使辽国，张尧佐子张山甫便以西染院副使、阁门通事舍人选为契丹生辰副使。[3]

当仁宗仍在厚待他的外戚时，以宰相韩琦为首的文臣，终于在十月十三日获得仁宗的同意，确定了英宗的嗣子身份，并先授泰州防御使知宗正寺。[4]

嘉祐七年（1062）二月二十五日，仁宗因无法化解女儿及婿李玮的恶劣关系，只好应李璋的请求，许李玮与公主离异。李玮也为此出知卫州。仁宗知道过在公主，责备女儿之余，又赐李玮黄金二百两，并感叹说："凡人富贵，亦不必为主婿也。"[5]此一场悲剧无疑是仁宗刻

1　《长编》，卷一百九十四，嘉祐六年七月戊子条，页4690。
2　《长编》，卷一百九十四，嘉祐六年八月己未条，页4698；卷一百九十五，嘉祐六年十月庚辰条，页4725；十二月甲午条，页4733。《景定建康志》，卷二十六《侍卫马军司题名记》，页1243。
3　《长编》，卷一百九十五，嘉祐六年闰八月乙酉条，页4717。
4　《长编》，卷一百九十五，嘉祐六年十月壬辰条，页4727。
5　《长编》，卷一百九十六，嘉祐七年二月癸卯、壬子条，页4741—4743。

意宠信外戚却弄巧成拙的典型事例。

外戚子弟也有表现良好的，六月十三日，仁宗任刘永年以单州团练使为汝州团练使知代州。他到任后，看到辽人过境取山木积十余里，并将之运回辽境。刘永年就命人纵火，一夕将之烧尽。他上奏宋廷，得到仁宗的称许。辽人后移文代州，要捕捉纵火的人。刘永年回答说纵火之盗固然有罪，但此事发生在宋境，于辽人何干？辽人吃了哑巴亏，就无话可说了。[1]

八月初七，仁宗召集所有宗室入宫，宣布他将立皇子。李昭亮为最尊长的外戚，相信也当被召。两天后，赐英宗名曙。九月初一，英宗晋封齐州防御使、巨鹿郡公。初五，仁宗朝飨李昭亮任使的景灵宫，初六，再飨太庙。初七，大飨明堂，大赦天下。[2]仁宗做了立嗣的最重要决定，因百官加恩，李玮恢复驸马都尉名号，并改官安州观察使。十二月二十三日及二十七日，仁宗两度召辅臣、近侍、三司副使、台谏官、皇子、宗室、驸马都尉及管军往龙图阁及天章阁观看祖宗御书及瑞物，又幸宝文阁为飞白书赐群臣，随后又大宴于群玉殿。这两次宴会，李昭亮大概也有参加。[3]

这两次大宴似乎是仁宗与群臣道别的最后宴会。一个多月后，在嘉祐八年（1063）二月十一日，仁宗即不豫。而在一个多月内，宋廷连丧三员元老大臣，计以太子太傅致仕的田况卒于二月十三日，太子太保

1　《长编》，卷一百九十六，嘉祐七年六月癸未条，页4762。
2　《长编》，卷一百九十七，嘉祐七年八月辛巳至九月辛亥条，页4773—4778。
3　《长编》，卷一百九十七，嘉祐七年十一月己巳条、十二月丙申至庚子，页4784—4785。

庞籍卒于三月初六，昭德军节度使同平章事李昭亮卒于三月十二日。仁宗赠李昭亮中书令，谥良僖，并辍朝两天。因仁宗病重，没有临李昭亮之丧。仁宗加赠赙金，以二府大臣礼遣使者吊祭。灵发之日，又赐卤簿鼓吹，派内臣持节护丧。然在同月二十九日，仁宗也病逝。[1]作为仁宗最信任的外戚之一，李昭亮由仁宗继位始，即已供职中外，辅佐仁宗四十余年，又和他同月而终，算得上是特别的君臣情分。

仁宗一生宠用外戚，在英宗继位的过程中，身为殿帅的武胜军节度使李璋总算没有负仁宗的提拔，尽了他的本分，稳定了军心，没有出任何乱事。至于仁宗一手提拔的外戚子弟，在英宗继位时，即以李璋与其弟驸马都尉同州观察使李玮、镇东留后李端愿等三人辈分最高，官位最尊。[2]但随着仁宗之逝，外戚在政治舞台的影响力就大大减弱。至于以李昭亮长子李惟贤为首的李氏外戚将门第四代，一方面才能不足，另一方面也没有乃父的机遇，慢慢走向衰败之途。

八、将门余绪

李昭亮娶妻王氏，早卒，有妾三人为他料理家事。[3]他有子九人，

---

1 《长编》，卷一百九十八，嘉祐八年二月癸未至三月辛未条，页4790—4792。《宋会要辑稿》，第三册，《礼四十一之五十·辍朝·使相》，页1665。《李昭亮神道碑调查》，页52。据李昭亮后人的墓志铭所载，李昭亮后来又被追封为崇国公，惟何时追封不详。参见范祖禹：《范太史集》，文渊阁《四库全书》本，卷四十九《皇族墓志铭》《左班殿直妻李氏墓志铭》，叶十下至十一上。
2 《长编》，卷一百九十八，嘉祐八年四月壬申至癸酉条，页4792—4794。
3 据江休复转引谢师直的说法，李昭亮其中的宠妾三夫人姓张，李昭亮曾为其父瀛州店叟张三郎作水陆道场，将他处于主位，而李之祖父李处耘则置于宾位，据说李昭亮为之焚香拜跪，不胜其劳。参见江休复：《江邻几杂志》，页154。

分别是李惟贤、李惟宝（？—1073后）、李惟实、李惟贡、李惟贽、李惟赓、李惟贺、李惟贯、李惟赏。有女五人，有孙二十一人。[1]李昭亮对光大李氏的最大贡献，除位极人臣，维持家门富贵外，也生育众多儿女。李继隆亡故时只有他一子，李继和等也没有太多儿女，李氏一度人丁单薄。到李昭亮中兴家门后，李氏族人便大大繁衍，兴旺起来。

李昭亮诸子中，以长子李惟贤较有事功，他的仕历最近也受到学术界的注意。[2]他在李昭亮逝世时已官至西上閤门使、荣州团练使。冯京称许他"练达朝仪，连出曲射，皆有声绩"。[3]据他本传所记，他在閤门供职时，因善宣辞令、习朝仪，故颇为仁宗所喜。这项能力颇有父风。仁宗在他担任閤门通事舍人时便曾先后亲书"忠信李惟贤"五字及"李惟贤忠孝勤谨"七字赐他。[4]他大概在英宗继位后徙知恩州，后迁四方馆使而卒。卒年及得年均不详。[5]据他的女儿寿安县君李氏（1032—1100）的墓志铭所记，他最后赠右金吾卫上将军。据说他这个女儿"少而婉熟，不好嬉戏"，李惟贤与其妻异之，常常说要为她择佳偶。最后李惟贤为女儿选了太祖四世孙华州观察使华阴侯赵世将

---

1 《隆平集校证》，卷九《李处耘传附李昭亮传》，页277。《李昭亮神道碑调查》，页52。据《神道碑》所记，李昭亮元配王氏生六子：李惟贤、李惟实、李惟宾、李惟赏、李惟质、李惟贲。

2 赵冬梅教授在她的专著中，便以李惟贤的仕历作为武选官升迁的案例加以讨论。不过，赵氏并没有详考李惟贤每一差遣的除授年月。参见赵冬梅：《文武之间：北宋武选官研究》（北京：北京大学出版社，2010年3月），页160—161。

3 《李昭亮神道碑调查》，页52。

4 《宋史》，卷四百六十四《外戚传中·李昭亮附李惟贤》，页13564。不著撰人（编）：《锦绣万花谷·续集》，文渊阁《四库全书》本，卷三《閤门》，叶四下至五上。

5 《宋史》，卷四百六十四《外戚传中·李昭亮附李惟閤门贤》，页13564。

（？—1076）。这次婚配，被称为"爱自相门，来嫔帝族，既荣且贵"。据说李氏女不以出身贵家为骄，"克尽妇道，闺门肃雍"，获封寿安县君。"事舅姑以礼，睦族人有恩，宫邸称美。"当赵世将殁后，她辟一室独处，屏去华丽。她治家有方，三十年间内外无间言。她闻悉人有急难，都会恻然加以赒恤。她又雅好儒释之学，据说颇通其义。子孙对她敬畏，承其志而检自身，都得到别人的称誉。她有子女九人，孙、曾孙数十人。她在元符三年（1100）十一月卒，得年六十九。她似乎是李昭亮孙辈中最长寿的一位。[1]李惟贤有一子名李宗述，官至供备库副使。李宗述女（1077—1104）嫁宗室右侍禁赵叔庞。据说她"性谨约，不嘉华侈"，卒于崇宁三年（1104）七月，得年只得二十八。[2]

李昭亮次子李惟宝在父亡时官南作坊使。神宗熙宁三年（1070）八月十四日，他以两浙同提点刑狱、南作坊使的官职，坐没有劾祖无择（1006—1085）和苗振（？—1070后）失职事，被降一官及一等差遣。[3]据他的曾孙女的墓志铭所记，他最后赠左骁卫大将军。他至少有一个儿子李宗旦，官至左藏库副使。李宗旦的儿子李豫官至右侍禁。李豫娶妻柴氏，一女年十八适宗室左班殿直武翼郎赵士铙。李氏女

---

[1] 王□：《宋宗室赠华州观察使华阴侯世将妻寿安县君李氏墓志铭》，收入张羽新（主编）：《新中国出土墓志·河南（壹）》，下册（北京：文物出版社，1994年2月），页313。《景文集》，卷五十八《皇从任全州观察使追封新兴侯墓志铭》，叶五下至六下。赵世将是太祖次子德芳三世孙，其父为全州观察使赵从郁（998—1041）。从郁也有墓志铭传世，世将是他的第三子。

[2] 慕容彦逢（1067—1117）：《摛文堂集》，文渊阁《四库全书》本，卷十四《墓志·宗室右侍禁夫人李氏墓志铭》，叶二十五上下。

[3] 《长编》，卷二百十四，熙宁三年八月辛未条，页5203。《宋会要辑稿》，第八册，《职官六十五之三十四·黜降官二》，页4817。《李昭亮神道碑调查》，页52。

(1071—1091)据说"事舅姑孝敬,嫁之明年,姑病,扶侍恭承汤药,灼臂祈请数日而愈"。她在元祐六年(1091)六月卒,得年仅二十一。[1]李惟宝还有一女,嫁宗室太子右监门率府率赵仲顾(1055—1080)。[2]

他的第三子李惟宾在父亡时官内殿承制阁门祗候,到熙宁四年(1071)八月二十一日,已迁至西染院副使、阁门通事舍人而被选为辽主正旦副使,出使辽国。到熙宁七年(1074),他已擢至皇城使兼阁门通事舍人,并担任接伴辽使副使。熙宁八年(1075)八月初七,他又以皇城使兼阁门通事舍人第三度被选为辽主正旦副使。[3]

李昭亮的幺子李惟赏事迹不详,父卒时官如京副使,据他两个嫁予宗室的女儿之墓志铭所载,他官至右骐骥副使,后追封右骁卫将军。娶妻曹氏,是曹皇后弟曹佾之孙女,封谯郡君。他的一个女儿长

---

1 范祖禹:《范太史集》,卷四十九《皇族墓志铭》《左班殿直妻李氏墓志铭》,叶十下至十一上。《许翰集》,《襄陵文集》,卷一《李宗旦边功转一官蕃官藏布特转两官制》,页9;《李宗旦边功转官制》,页10。《皇宋十朝纲要校正》,下册,卷十五《徽宗·中书舍人百二十人·许翰》,页413。《宋会要辑稿》,第四册,《仪制三之四十五·朝仪班序》,页2354。考许翰的《襄陵文集》收有两篇关于李宗旦以边功迁官的制文,这个立边功的李宗旦是否李惟宝的儿子,暂难确定。据《皇宋十朝纲要》记载,许翰任中书舍人,要在徽宗(1082—1135,1100—1126在位)后期;而《宋会要》也清楚记载,许翰要到徽宗宣和元年(1119)才试中书舍人。即是说许翰撰写这两篇制文最早也要在宣和元年后。按:李宗旦的孙女儿在元祐六年(1091)六月卒时已二十一岁,身为祖父的李宗旦应至少五十多岁,元祐六年距宣和元年又二十七年,从年岁来看,宣和元年立边功迁官的李宗旦似乎不应是李昭亮之孙。

2 王安礼(1034—1095):《王魏公集》,文渊阁《四库全书》本,卷七《宋宗室金紫光禄大夫检校国子祭酒行太子右监门率府率兼御史大夫护军天水郡开国伯食邑九百户赠左领军卫将军墓志铭》,叶十四上下。

3 《长编》,卷二百二十六,熙宁四年八月癸酉条,页5506;卷二百六十,熙宁八年二月甲申条,页6344;卷二百六十七,熙宁八年八月丙申条,页6545。《李昭亮神道碑调查》,页52。

寿县君李氏（1064—1087）嫁宗室右监门卫大将军赵仲戭（？—1094后）。据范祖禹（1041—1098）所记，李惟赏在她幼年便过世，她为兄嫂所养大。"性和静，处于闺室，虽姻戚罕获接见。自恨幼失怙持，每时节忌日，哀号不食，家人称其孝。"她年二十出嫁，恪守妇道，侍奉其姑荣国夫人，"居夫室未尝厉声，宗族疏戚交誉其美"，但这个大家闺秀却短命，在元祐二年（1087）十月便卒，得年只二十四。[1]另一个女儿李氏（1073—1086），年十五适宗室淮康军留后、沂国公之子左班殿直赵士澧。据范祖禹的说法，她和姐姐一样是闺秀家风，"聪慧而安静，幼丧其母，深处房闼，兄弟罕见其面。既嫁，事舅淮康孝敬，衣服饮食不务华侈。见其夫好学则有喜色，欲罄所有以助之"。她也得年不永，年十六即逝世。[2]

李昭亮有女五人，据《神道碑》所记，李昭亮卒时，他的长女嫁宗室监门卫将军赵克练，次适供备库副使杨忠，再次适侍禁刘□。其余二人幼未出嫁。[3]据《赠相王谧孝定墓志铭》所载，李昭亮另有一女，相信是幼女，后来嫁仁宗的从兄东平郡王允弼，封崇国夫人，据说她"淑明有贤誉，上承下接，以宜其族人"。[4]

---

1 《李昭亮神道碑调查》，页52。《范太史集》，卷四十五《皇族墓志铭》《右监门卫大将军妻长寿县君李氏墓志铭·元祐九年二月》，叶十四下至十五上。
2 《范太史集》，卷四十九《皇族墓志铭》《左班殿直妻李氏墓志铭》，叶十五下至十六上；卷五十四《皇族石记》《右监门卫大将军第二子墓记》，叶一下。曹佾封济阳郡王，后追封沂王。参见《宋史》，卷四百六十四《外戚传中·曹佾》，页13572—13573。
3 《李昭亮神道碑调查》，页52。考宗室左班殿直赵士澧妻杨氏之祖，金吾卫大将军杨忠，可能即是李昭亮的女婿。杨忠父杨延福官至左监门卫上将军。参见《范太史集》，卷五十二《皇族墓志铭·左班殿直妻杨氏墓志铭》，叶一上下。
4 《华阳集》，卷五十七《墓志铭》《宗室推诚保顺同德亮节守正佐运翊戴功臣凤翔李昭亮有孙二十一人，姓名可考的只有前文所述李惟贤子李宗述和李惟宝子李宗旦。至于曾孙目前可考的，除李宗旦子李豫外，还有不知属哪一房的李谌。这个李谌倒败坏了李氏的家声。据《长编》所记，他在元丰七年（1084）七月初六，向开封府陈请，乞求乃祖李处耘的画像。他之前犯法，因遇到大赦，于是得以免罪。神宗（1048—1085，1067—1085在位）俯允其请。[1]李昭亮的子孙与宗室及其他外戚通婚极多，上面所引述的例子就有八起。然而李氏一门到了南宋以后，就湮没无闻，很有可能和许多北宋世家，例如地位背景相近的陈州宛丘符氏外戚将门一样已走向没落了。[2]

　　考在绍兴十八年（1148）二月壬子（二十三），监登闻鼓院徐琏上言，请将历朝配享功臣绘像于庙庭，以示不忘崇德报功之意。他以累朝佐命功臣不过十余人，今之臣僚与其家子孙必有存其绘像的，就请诏有司访寻，后摹于景灵宫廷之壁。宋廷下礼部讨论后，就下诸路转运司，委所管州军寻访配享功臣之家。五月甲子（初七），宋廷命有司将访得的配享功臣像绘摹置于景灵宫廷之壁，其中李继隆之像与李

（接上页）雄武等军节度管内观察处置等使开府仪同三司检校太傅守太保兼中书令行凤翔尹使持节泰州诸军事泰州刺史上柱国东平郡王食邑一万七千一百户食实封四千八百户赠太师尚书令兼中书令追封相王谥孝定墓志铭》，叶一上至五下。
1　《长编》，卷三百四十七，元丰七年七月癸卯条，页8322。
2　北宋符氏外戚将门的情况，与李昭亮的将门有很多地方相似。符氏成为北宋外戚，因符彦卿（898—975）女嫁宋太宗，被尊为懿德符皇后（942—975）。符氏第三、四代以后，因子弟没有特别的事功，家门已走向衰落。不过，符氏族人与赵家宗室通婚的例子很多，仍保有世家大族的地位。这方面与上党李氏将门后来的情况很相近。有关符氏外戚将门在北宋的兴衰情况，可参阅何冠环：《北宋外戚将门陈州宛丘符氏考论》，载何著：《北宋武将研究续编》，上册，页3—65。

沆、王旦合置于熙文殿。可知在南宋初年李继隆后人尚在，只是已无显达知名者。另也未载李家后人居于何地。[1]

九、结论

冯京奉命为李昭亮撰写《神道碑》铭，对李昭亮自然称扬备至，说他"寿考□□，外戚莫与□□"。又称他"气质端厚，沉勇有武略。少显朝迁，精密谨信，出入禁门"，是故仁宗"特亲爱之"，而他"克己奉公，□发吏事，带□□皆有条"。[2]冯京对李昭亮的考语当然只是隐恶扬善。李昭亮得年七十一，与王贻永相同，寿数远远超过乃祖、乃父及乃叔，一辈子可说是"多福、多寿、多男子"。然则，他算不算庸人多福？从曾巩、王称到李焘，宋人对李昭亮的评价都很一致，一方面称许他待人"为人和易"，治军方面则"军政颇严""军政特严"；至于办事治郡方面则"谙练近事，于吏治颇通敏，善委僚佐，故数更藩镇无他过"。另一方面也批评他"喜交权要，颇为时所非"，以及治家无方，在妻王氏早死后，他所宠爱的三妾相继干预家政，却并不阻止。[3]

客观而论，这些评价都有其失实之处。李昭亮作为上党李氏外戚将门第三代的领军人物，虽然出将入相，历任三衙管军至殿帅，并出

---

[1] 《建炎以来系年要录》，第六册，卷一百五十七，绍兴十八年五月甲子条，页2707。《宋会要辑稿》，第四册，《礼五十九·配享功臣》，页2090。

[2] 《李昭亮神道碑调查》，页52。

[3] 《隆平集校证》，卷九《李处耘传附李昭亮传》，页276—277。《东都事略》，卷二十《李处耘传附李昭亮传》，叶五上（页355）。《长编》，卷一百九十八，嘉祐八年三月甲寅条，页4791。《宋史》，卷四百六十四《外戚传中·李昭亮》，页13564。按：《宋史》的编者对李昭亮的评语全因袭《长编》。

守西北几乎所有大军镇包括定州（中山府）、镇州（真定府、成德军）、瀛州（高阳关）、大名府（北京）、澶州、并州（太原府）、代州、延州、秦州，兼任所在的路都部署，却一辈子没有参与任何一场具规模的战斗。他有份平定保州的兵变，却只是因人成事，而且事后还因私纳叛军女口而遭文臣严劾。比起他的父亲一生奋战西北沙场，立下许多汗马功劳，叔父营建镇戎军，筹划几许御边谋议，成为一时边将典范，他的将业实在无可称道。不过他总算有将家子的一点遗传，在治军从严，治事干练方面还获得一点正面的评价，在仁宗所宠信的外戚中，他还算是差强人意。

《宋史》编者将李昭亮收入《外戚传》是很有识见的。他在真宗晚年以及仁宗一朝，是以外戚亲旧的身份获得进用，而宋廷文臣对他许多的批评也是针对他外戚的身份而发。值得宋史研究者的注意，宋仁宗亲政后，虽然一反刘太后许多作为做法，罢免刘太后亲信的人，但另一方面却与刘后同样宠信外戚与内臣，不理文臣的反对，（有时肆意地）任用亲信外戚及内臣，作为反制文臣集团的工具和手段。他亲政后最信任和重用的外戚，分别是来自后妃和公主家族的三李、一王、一张，即李昭亮一族、姑父李遵勖一族和母舅李用和一族、姑父王贻永一族及张贵妃叔父张尧佐一族。另外，仁宗也提拔曹皇后的家人和杨太后的族人。刘太后当权时最宠信的钱惟演及刘美后人，仁宗后来也不次提拔。至于太祖朝的外戚族人，他曾擢拔太祖驸马石保吉的侄儿石元孙至殿前都虞候。惜石在三川口之役兵败被俘。[1]另外，太祖

---

1 关于石元孙在仁宗朝备受重用和他后来因兵败被俘，为夏人释回后不再受仁宗重

祖母翼祖简穆刘太后的族人刘涣、刘沪（1000—1047）兄弟也得到他的重用，建立边功。曾在明道末年上书请刘太后还政仁宗的刘涣，尤其简在帝心，成为仁宗朝出入文武，曾被誉为儒将的名臣。[1]

值得注意的是，仁宗刻意擢用外戚为三衙管军，特别是殿前军，为他牢牢掌握兵柄，曾有一段时期，竟然殿前、马军、步军三帅都由外戚担任，到他逝世时，殿帅一职仍是由外戚李璋出任。另外，他一直委任姑父王贻永担任枢密使长达十五年，为他在西府把关。若非文臣强烈反对，他可能已擢升已任三司使的外戚张尧佐为参政，进而拜相。对于仁宗大量擢用才庸识陋的外戚，文臣集团起初尚加容忍，后来便群起反对，以至多次在言官的策动下集体抗议，迫仁宗收回成命。在这种反外戚当政的气氛下，李昭亮便屡受文臣的严劾。他最终没有更上一层楼，继王贻永入主枢府，可能是在文臣的强大压力下仁宗迫得让步。李昭亮在仁宗朝的仕历，可以在一个侧面让我们看到仁宗施政时重用外戚的帝王术。黄燕生在撰写宋仁宗的传记时，只注意到仁宗宠信李昭亮、杨景宗和李用和父子，而招来文臣言官的抵制，却未察仁宗重用他们的用心，似乎低估了仁宗的治术。[2]

（接上页）用的情况，以及开封浚仪石氏外戚将门与潞州上党李氏外戚将门兴衰贤愚的比较，可参见何冠环：《北宋外戚将门开封浚仪石氏第三代传人石元孙事迹考述》，载何著：《北宋武将研究续编》，页113—140、152—154。

[1] 关于保州保塞刘氏外戚将门的事迹，可参阅何冠环：《北宋保州保塞外戚将门刘氏事迹考》，载何著：《北宋武将研究续编》，上册，页67—112。

[2] 黄燕生在他的专著中用了近一页的篇幅简介李昭亮的生平事迹，并指出他是张尧佐外，仁宗恩宠不衰的外戚之一。然他所引用的史料，只及于《宋史·外戚传》及《包拯集》，而并未注意到李昭亮的神道碑已刊出。又他也未注意仁宗所宠信的外戚，还有李遵勖父子、王贻永和石元孙等人。参见黄燕生：《宋仁宗·宋英宗》（长春：吉林文史

作为中兴李氏将门的李昭亮,他行事任官小心谨慎,与人和易,广结善缘。他虽然与仁宗没有真正的血缘关系,却一辈子获仁宗信用,尊为勋旧亲贤,既维持家门于不坠,又扶掖子弟进用。他子女儿孙众多,于本来人丁单薄的李氏,实在大有贡献,可谓尽孝。冯京奉命为他撰写的《神道碑》,也沿用杨亿为李继隆写的墓志铭的说法,称扬李昭亮恪守父训,继续以唐李勣治家从严的家训为法,训育子弟成材。[1]我们从有限的李氏后代记载所见,李氏女子嫁入宗室之门全都恪守妇道。而李氏子弟从李惟贤以下虽然没有显赫事功,除了李谌外,均没有败坏家声的记载。宋人批评李昭亮在其妻王氏死后,任由三妾干预家务,又讽他为其妾父作水陆道场,礼所不合,[2]这不过是宋人一种偏见而已。

(接上页)出版社,1997年12月),第六章《松弛的岁月》,页205—213、220—226。

[1] 《神道碑》记云:"□□□□临薨,手写唐李勣(损5字),继□曰:女以是诚后世子孙循守之。故公家父子兄弟常以相敕厉。闭门自守,不敢干□。□□□恂恂还(损11字)不忌功,神不□,盈而世□之□日,以昌太□□或哉。"考碑文脱字甚多,此段第一句当指李继隆临终时手写李勣《遗训》授李继和等。参见《李昭亮神道碑调查》,页52;《武夷新集》,卷十《李继隆墓志铭》,叶二十五下至二十六上。
[2] 《宋史》,卷四百六十四《外戚传中·李昭亮》,页13564。另参见第376页注3。

第六章

将门末代：从新出土墓志铭补考李昭亮后代事迹

一、导言

笔者在2012年7月4日往河南偃师市李村镇袁沟村西实地察看李昭亮神道碑，当时曾向该市的李洪普科长查询李昭亮碑以外的李氏族人墓是否有发现。当时的回覆是尚未有所发现。本书在2013年5月初版后，不久据网上所报道，在2015年10月始，河南省对位于河南偃师市李村镇袁沟村，被列为省级文物保护单位的李昭亮神道碑——宋故赠中书令良僖李公神道碑的保护性碑楼建设工程开工建设。河南省拨付专项资金20万元建设，工程主要包括：碑体错位扶正、裂纹修复和碑楼建设。[1]

据网上所示，2017年中李昭亮碑保护性碑楼已建成。[2]惜笔者后

---

[1] 洛阳市人民政府网站《李公神道碑保护性碑楼建设工程开工建设》，2015-10-23 15:57https://m.hnlykfq.gov.cn/portal/article/index/id/10219

[2] 《洛阳寻古：北宋李昭亮神道碑，碑体巨大站立其前凛凛的倾压之感》2017-5-29洛邑沐伊发表于文化，原文网址：https://kknews.cc/culture/3jev9ny.html 原文网址：https://kkne.ws/53ed04

来两番往洛阳游览，因行程紧密，没有机会再临偃师市李村镇李昭亮碑观看。

笔者在2024年7月11日，蒙开封市河南大学历史文化学院耿元骊教授邀请，参加唐宋史青年学者研习班，主持一次演讲。会后耿教授盛情款待，驱车前往伊川县、巩义市、洛阳偃师区（2021年撤市设区）、新郑市走访二程祠、永昭陵、永厚陵、范仲淹墓、欧阳修墓、李诫墓。7月13日路过洛阳市，和洛阳市诸位好友畅聚论学，洛阳师范学院历史文化学院毛阳光教授和笔者一见如故，闻知笔者当年走访李昭亮碑，就见告在2023年偃师区出土了李昭亮后人两方墓志，均是因建筑道路过程而出土，以致碑文有所损坏。我闻之喜不自胜。毛教授于翌日（14日）即微信传来此两方墓志。此两方墓志，分别是李昭亮子李惟贤和李惟实的两个儿子。可惜其名字在关键地方却因损破而辨认不清，其中李惟贤子一墓志勉强可认头二字为李宗。

本书第五章的最后部分考述了李昭亮诸子女及其后人的情况。其中李昭亮的孙儿（李氏第五代）姓名可考的，只有其长子李惟贤之子李宗述，和次子李惟宝之子李宗旦。孙女可考的也只有李惟贤女适宗室赵世将的寿安县君李氏，李惟宝女适宗室赵仲颀，李惟赏二女分别适宗室赵仲戫的长寿县君李氏，和适宗室赵士澧李氏。曾孙（李氏第六代）姓名只有李宗旦子李豫和不知出自哪房的李谌。曾孙女可考的只有李宗述女适宗室赵叔庞的李氏。而李昭亮的玄孙女（李氏第七代）姓名可考的只有李豫女适宗室赵士铙的李氏。其中李惟贤女寿安县君李氏，和李宗述女适宗室赵叔庞的李氏，以及李惟赏女长寿县君李氏有墓志铭传世。反而从李惟贤以下李氏第四、五、六、七代男性均未见有墓志铭传世。这次出土的两方墓志,罕见的较详尽记录了李氏第五代男性生平事迹,而且该两方墓志,还记录了各代李氏家族人物不见于其他文献的珍贵资料。笔者于本章,拟据此二墓志,结合其他宋人文献,补考李昭亮一房的后代情况。

二、李惟贤子左藏库副使李宗□事迹考

由孙览(1043—1101)所撰的《宋故左藏库副使前知隰州军州事李君墓志铭》(拓片见书前插页,录文见附录二),墓志的墓主是李昭亮长子李惟贤子,即李昭亮的长孙。可惜在名字的关键部分,只辨认出李姓下的第一字为"宗",第二字因破损认不出来。据本书第五章所记,李惟贤诸子可考的只有李宗述。本墓志的墓主官至左藏库副使知隰州(今山西临汾市隰县),从官位和经历来看,与李宗述只官至供备库副使不吻合。他似乎是李惟贤的长子。据孙览所记,他卒于哲宗元符三年(1100)中,得年五十八。以此上推,他当生于仁宗庆历三年(1043)。有趣的是,为他撰写墓志的孙览,和他同庚,而只后他一年而卒。

他的亲生母亲是文安县太君(姓氏不考),嫡母是崇安郡君张氏。他自少就以祖父李昭亮的恩荫补授三班使臣的右侍禁。皇祐中(二年,1050)九月辛亥(廿七),宋廷大飨天地于明堂,大赦天下,百官进秩一等,他即进一阶左侍禁。是年他才八岁。[1]

据墓志所记,他方数岁时,书法大家兼名臣蔡襄(1012—1067)

---

[1] 脱脱(1314—1355)(纂):《宋史》(北京:中华书局点校本,1977年11月)。卷十二《仁宗纪四》,页230。按:皇祐年间只有皇祐二年举行了明堂大典,故墓志说皇祐中当为皇祐二年。

见其父李惟贤，一见他就说："此儿后当有立。"并即与另一书家王洙（997—1057）书十六字命其名字。[1]他成年后，大概在仁宗嘉祐初年间，宗室相王允弼（？—1069）妻以季女德安郡主（？—1092），授西头供奉官，又奏迁他高一阶的东头供奉官。[2]值得注意的是，正如第五章所记，李昭亮的幼女，即宗□父李惟贤之妹，便嫁允弼为妻。李氏两代都和允弼联姻。

英宗（1032-1067，1063—1067在位）在嘉祐八年（1063）四月壬申朔（初一）继位后，癸酉（初二），大赦天下，赐百官爵一等，李宗□就自东头供奉官迁升大使臣的内殿崇班，并授管勾都进奏院。按都进奏院总领天下邮递，即总领全国诸路监司及所属州府军监与中央朝廷上下往来邮递事，是一项重要的差遣。[3]大概在英宗治平初年，李惟贤

---

[1] 考蔡襄曾撰七律《李阁使新种洛花二首》。现存之诗一云："堂下朱兰小魏红，一枝浓艳洛占春风。新闻洛下传佳种，未必开时胜旧丛。园馆春游只帝京，可怜哀悼海边城。纵然得酒心犹太，若也逢花眼亦生。"这个李阁使疑就是和蔡有交的时官西上阁门使的李惟贤。另蔡集有《致崇班书》一封，云："襄启：为别日久，倾系良多。自抵京都，首承问书，感激！贤郎回适以紫冗，不果裁答。秋凉，宫下安邑。未期展睎，更自寿，不一一。襄白崇班足下。闰月十七。疑这封答书是致时为内殿崇班的李惟贤，而所称的贤郎可能就是李的长子李宗□。参见蔡襄（著），吴以宁（点校）：《蔡襄集》（上海：上海古籍出版社，1996年8月），卷八《律诗五·李阁使新种洛花二首》，页140；《蔡忠惠集外集》，二《轶文·致崇班书》，页755。

[2] 墓志所记的相王当指太宗子封相王的元偓（977—1018），另元偓子允弼后亦追封相王。从年龄而言，元偓早于真宗末年卒，不可能将他的幼女嫁予李惟贤之子。这里的相王似指允弼居多。参见《宋史》，卷二百四十五《宗室传二·镇王元偓附允弼》，页8702—8703。

[3] 《宋史》，卷十三《英宗纪》，页254。考龚延明先生的《宋代官制辞典》只有"勾当都进奏院公事"一条，没有李氏所任的管勾都进奏院的差遣。李氏墓志所记由大使臣充管勾都进奏院一差遣，可补龚氏一书此条的不足。有关都进奏院的职掌沿革和编制等，可参见龚延明（编著）：《宋代官制辞典》（增订本）（北京：中华书局，2017年12月

卒，李宗□就以父的遗奏所乞恩迁一阶为内殿承制，成为大使臣的最高品阶。考李惟贤卒年不详，据李宗□墓志可确知在治平初年间（可能在二年，1065），他最后的官职是四方馆使荣州团练使赠左金吾卫上将军。[1]

值得一提的是，神宗的藩邸旧臣韩维（1017—1098）在神宗即位后即撰知制诰时，他曾撰《内殿崇班李宗哲可内承制》制词，这个从内殿崇班迁内殿承制的李宗哲，疑就是本篇的墓主。

制词云：敕。集夫列侍，殿墀承传，制旨非肃恪信谨者，弗能任也。尔以绩效，进服厥官，其思勤身，有以称职。可。[2]

可惜以上的制词没有透露这个李宗哲是否外戚子弟，暂时仍难判断他是否本文的墓主。

李宗□守制满，在神宗熙宁元年（1068）起复，获授勾当法酒库权翰林司，负责内廷酒的酿造，[3]稍后出监两浙路的睦州（今浙江建德市）七所酒务的差遣，[4]并迁一阶为供备库副使，进入诸司副使的

（接上页）二版），第四编《元丰正名后中枢机构类之一·都进奏院》，页180—181。
1 考李宗□在熙宁元年起复任勾当法酒库，以他三年守制计算，李惟贤似在治平二年（1065）卒。
2 韩维：《南阳集》，文渊阁《四库全书》本，卷十六《内殿崇班李宗哲可内承制》，叶七上；《皇宋十朝纲要校正》，上册，卷八《神宗·知制诰四十五人·韩维》，页267。
3 考法酒库是监当局名，隶光禄寺，设于内酒坊，负责造供御酒及祠祭，给赐臣僚法酒。翰林司为内诸司名，掌供奉御酒茶汤水果以及皇帝游玩宴会等事务。参见《宋代官制辞典》，第五编《元丰正名后中枢机构类之二·法酒库、翰林司》，页328—329。
4 据李华瑞的研究，睦州有酒务七：旧在城、建德县、桐庐县、青溪县、遂安县、寿昌县、分水县。参见李华瑞：《宋代酒的生产和征榷》（保定：河北大学出版社，1995年3月），第七章《官榷酒制度》，页162。

第六章 将门末代：从新出土墓志铭补考李昭亮后代事迹

行列。

不过，李氏安于出任京师内管理筦库之差遣，而不乐出任外官。他在睦州二年，就以疾告归京师，辞官闲居奉亲。孙觉称许他澹于势利，怡然自得。稍后他获授勾当东京浚仪县（真宗大中祥符后改祥符县，今河南开封市祥符区）的九龙庙，[1]又辟将作监勾当公事。据孙觉所记，在元丰中，他任将作监丞，就和李氏同事，称许他任事赴功，不避寒暑。大概在元丰末年，他的嫡母崇安郡君张氏逝世，他乃再持服守制，离开将作监之任。

李宗□在元丰八年（1085）或元祐元年（1086）大概已服除可任职。大概在哲宗（1077—1100，1085—1100在位）继位后，于元祐元年闰二月出任知瀛州兼高阳关路安抚使的吕公孺（1021—1090），奏请

---

1 据《长编》和《宋会要》所记，九龙庙在东京开封府的浚仪县。太宗雍熙四年十二月二十一日，诏以亲耕籍田，遣官奏告外，又命官祭九龙、黄沟等七庙。真宗景德三年十二月，命自后开封府县文宣王、浚仪县崔府君、天王、毕卓及九龙等庙，皆遣官祭告。又神宗朝宰相王珪（1019—1085）之孙王直方在元丰末年曾居于东京九龙庙侧。勾当九龙庙是祠职，是授权贵子弟的优差。元丰七年（1084）七月甲寅（十七），王安石（1021—1086）之弟，时任尚书左丞的王安礼（1034—1095）被侍御史张汝贤（？—1087）劾奏，以他曾求请其子王枋勾当九龙庙之祠职，宋廷以王所为不合制，最后王安礼被罢左丞为端明殿学士出知江宁府（今江苏南京市），而张汝贤也罢御史。考九龙庙原有池一个。皇祐三年（1051）四月丁亥（初七），宋廷以庙櫺摧圮，诏许修葺。而伪传池水能治愈疾病，京师人们赴之不可胜计。仁宗（1010—1063，1022—1063在位）以其惑众而塞之。参见《长编》，卷一百七十，皇祐三年四月丁亥条，页4088；卷三百四十七，元丰七年七月甲寅条，页8327—8333；卷四百八十六，绍圣四年四月丁未条注，页11558；卷五百，元符元年七月辛未条注，页11924。徐松（1781—1848）（辑），刘琳、刁忠民、舒大刚、尹波等（校点）：《宋会要辑稿》（上海：上海古籍出版社，2014年6月），第二册，《礼十四之九、二十一·群祀一》，页747、753。

以李宗□充雄、霸州沿界河巡检都监。[1]作为将家子,能出任北边守臣,当是他乐意为之。

根据宋廷之旧例,任满再留即可补郡守。李氏在北边三年任满再留可以升任知州。但他以其亲母文安县太君既老且病,就辞却补授知州之任,留任雄霸州界河巡检的兵职。代还,已从多年前诸司副使最低一阶的供备库副使累迁十阶为文思副使。大概在元祐末年,其母文安君病逝,他丁忧守制。元祐八年(1093)九月戊寅(初三),宣仁高太后(1032—1093)崩,己卯(初四),诏以太后园陵为山陵。甲申(初九),命宰相吕大防(1027—1097)为山陵使。壬辰(十七),诏山陵修奉从约。李氏这时就被征起复护役。绍圣元年(1094)二月己酉(初七),哲宗葬祖母高太后于永厚陵。[2]山陵事毕,始许李氏终其母丧。因修陵有功,哲宗命他勾当其早年曾权任的翰林司。他因避亲嫌,改管勾在京沟河城壕公事,又改左金吾六军仪仗司。他的官阶也从文思副使迁五阶为左藏库副使。

---

1 吕公孺是仁宗朝宰相吕夷简(979—1044)幼子。据《长编》,吕公孺在元祐二年(1087)二月辛亥(二十八)自龙图阁直学士知瀛州(今河北河间市)徙知秦州(今甘肃天水市)。按:知瀛州例兼高阳关路安抚使,李氏墓志记吕公孺以高阳关路安抚使奏以李氏充雄霸州巡检兵职,与《长编》记吕氏在元祐二年二月见知瀛州吻合。疑吕氏早在元祐元年闰二月已继徙知太原府(今山西太原市)的谢景温(1021—1097)知瀛州。参见《长编》,卷三百六十八,元祐元年闰二月庚寅条,页8855;卷三百九十五,元祐二年二月辛亥条,页9642。关于吕公孺的家世与事迹,同门好友王章伟博士关于河南吕氏家族的专著有所论及。可参见王章伟:《近世社会的形成:宋代的士族与民间信仰》(成都:四川人民出版社,2024年5月),《士族篇》,《宋代新门阀——河南吕氏家族研究》,第二节《河南吕氏家族之发展》,页50—51。
2 《宋史》,卷十七《哲宗纪一》,页336—337;卷十八《哲宗纪二》,页339。

绍圣三年（1096），为他写墓志的孙览以户部侍郎龙图阁直学士出知河东府（今山西太原市），因当日在将作监和李氏同事目睹知其能干，在陛辞之日，就极荐李氏材力可备边，于是哲宗命他权知河东的隰州，一年后真除。孙览作为李的上司，称许他在知隰州任上，御军治民，威爱蔼然，河东一路咸推为能吏。大概在绍圣四年（1097）或至元符三年（1100）初，他罢任返京师。元符三年正月己卯（十二）哲宗崩，徽宗（1082—1135，1100—1125在位）继位。他获授巡检京师南面，并命他告谕真定府路。孙览说他在元符三年罢知河东府，和李氏相遇于京师。孙说李氏壮强无恙；但数月后，在是年五月二十一日，却卒于洛阳宣平里，享年五十八。孙览说宋廷已知其能，方欲擢用，而他不幸早死，终未究其所长而用。

其妻德安郡主赵氏先早其八年卒，得年不详。他有子十一人，于上党潞州李氏外戚将门属第六代，长子李解早卒，次子李鼎，在元符三年时任西头供奉官，三子李随，时任左班殿直，四子李革，时任三班奉职，五子李常，时任三班借职。其余诸子李谦、李丰、李观、李损、李涣、李暎，元符三年时尚未出仕。女十二人，长适左侍禁曹懿文，次女出家为尼，法名法璃，为左街护国院尼，次适宗室左侍禁赵子明（？—1115后），次适西京进士赵俯，其余在室未嫁。孙男女七人，属李氏第七代，名字未载于墓志。李宗□卒时勋至护军，爵封陇西郡开国侯，食邑一千三百户。元符三年八月二十六日，李氏子弟将他葬于河南府河南县太尉乡偏搞里、追封韩王的李处耘之祖茔，以其妻德安郡主赵氏祔。下葬前，李氏家人请得孙览为写墓志及作铭。铭文自然大大溢美李氏历代的功勋和李氏的德行：

> 有宋受命，僭伪削平。佐佑艺祖，韩王是营。忠武烈烈，遹追厥声。畴庸在天，配食庙廷。王之裔孙，继有显闻。逶迤百年，会猎禁门。侯其似之，无念乃勋。端庄而温，敏裕以文。世德克勤，不茹不绁。

在孙览笔下，李宗□起家贵胄，却不自骄矜，而操尚修洁，喜与四方贤士大夫游。说他平居论议，看出他有志建立功名以光大其将家。并说有宾客造请，他必延礼慰藉之，尝说追慕少时优游里闬。他多藏古书画以自娱，终日闭门，不交世俗，看似无意于仕进。但当他为人所知举官，出治吏事，他又能日夜克勤，经营职务。因用心做事，故能够于所至的职位上以称职闻。孙览称许他性情宽裕温恭，办事敏健济办，处事待人，奉上接下，无不得其欢心。他的上司均赏识其才而多荐拔之。宰相韩忠彦（1038—1109）和副相门下侍郎李清臣（1032—1102），都是赏识李氏的大臣。

总结李氏的一生，他作为潞州上党李氏外戚将家第五代长房传人，生于贵胄之家，不用沙场立功，就自三班使臣累迁至诸司副使，并且成为宗室相王女婿，也因这身份，而获授内廷法酒库、翰林司和将作监等主管笼库差遣的优差。作为将家子，他也获荐出任北边高阳关路的雄霸州界河沿边巡检，以及河东路的知隰州边任。只是他没有机会像先辈立功西、北两边，从而像祖父辈获得更高的武阶和武职。他祖父李昭亮官拜管军，官至使相，其父李惟贤也官至横班的四方馆使领荣州团练使。李宗□最后只官至才诸司副使的左藏库副使。与父祖比较，可说是每下愈况，一代不如一代。他的儿子在他死时，也和他的出仕时一样，以三班使臣起家，但考诸史乘，李氏第六代和第七代子孙均寂寂无闻，其名字多不载于史籍，也见证了李氏将门的没落。事实上，也赖在哲宗绍符年间在西北立功，在《宋史》有传的孙览撰写的一篇李氏墓志，而且在2023年有幸出土，才教我们得以较多知悉李氏将门第五代的李宗□及其后代的事迹。[1]

三、李惟实子文思副使李宗□事迹考

和第一节的李惟贤子左藏库副使李宗□一样，李惟实子文思副使李宗□（1044—1101）的出土墓志也缺了他的名字。他的先世从李处耘到李昭亮，墓志所记的官职包括追封的，都和李惟贤子李宗□一致。而据其墓志，则知其父李惟实最后任东头供奉官阁门祗候赠□□□□将军。

他卒于徽宗的建中靖国元年（1101）二月甲午（初三）通远军的官舍，享年五十八，以此上推，他当生于庆历四年（1044）。他和堂兄弟李宗□一样，在皇祐中（二年，1050）九月辛亥（廿七），他年方七岁时，适逢宋廷大飨天地于明堂，大赦天下，百官进秩一等，他因祖父李

---

[1] 考孙览字传师，高邮（今江苏扬州市高邮市）人，进士登第。其兄孙觉（1028—1090）是神宗朝儒学名臣，《宋史》有传，孙览传附于其兄传后。时人以孙觉为旧党，但孙览却在神宗和哲宗亲政的绍符时期多立边功，特别是知河东府时击退夏人，城葭芦寨（即晋宁军，今陕西榆林市佳县县城西北神泉乡大西沟村西古城）而还并以功擢枢密直学士。史称他虽立边功，议论多触时政，故屡被绌削。卒年五十九。参见《宋史》，卷三百四十四《孙觉传附孙览传》，页10925—10929。又书写墓志的张维清及篆盖的王嵎事迹暂未可考。考检索《建炎以来系年要录》，南宋初年有李革和李观其人，但不知是否是李惟贤的后代。《要录》也没有记载他们的家世，疑只是同名。

昭亮的恩荫而补右侍禁，然后和其堂兄左藏库副使李宗□的仕历相近，历三班使臣的左侍禁、西头供奉官、东头供奉官，转大使臣的内殿崇班、内殿承制，然后迁诸司副使的供备库副使、西京左藏库副使，最后至文思副使。他获授的勋为上护军，差遣先后任河南府渑池县（今河南三门峡市渑池县）及某州甲仗、防城库，梓州兴城[1]、凤州（今陕西宝鸡市凤县）水银冶、郑州管城县（今河南郑州市管城回族区）贾谷山采石场、开封陈留县（今河南开封市祥符区陈留镇）河口镇酒税、润州（今江苏镇江市）等州兵马都监。最后任通远军兵马都监兼在城巡检专管勾买马上护军。

据贾讷所记，李宗□是治河专家。当时东南水陆要冲，广平与低湿的地方分布不均。昔日善于治水的人，便作三堰，北曰京口（今江苏镇江市），以限江湖。南曰吕城（今江苏丹阳市吕城镇），又南曰奔牛（今江苏常州市新北区奔牛镇）。宋廷的议者，急目前之利，就主张从吕城瀹河以限奔牛堰，于是造成吕城水浅，舟船往来者皆不胜其弊。元祐中，宋廷议恢复吕城堰，同知枢密院事林希（1035—1101）以其事委李宗□为润州（今江苏镇江市）等州兵马都监。李创石磓（按：磓字乃辟字，《辞源》有"石盐木"一词，俗称格木、铁木，疑即此）木沟以

---

[1] 兴城是何地？据周必大（1126—1204）所撰《恭州太守任君续墓志铭》，所记墓主恭州太任续（1120—1176）的先世任"畹生椿，尝参梓州军，遂徙鄞之兴城"，"兴城之任，世以儒科显"。"鄞之兴城"，疑兴城就是梓州州治的郪县（今四川绵阳市三台县）。参见周必大（撰），王瑞来（点校）：《周必大集校证》（上海：上海古籍出版社，2020年11月），第二册，卷三十四《省斋文稿三十四》，《墓志铭·恭州太守任君续墓志铭》，页513—514。

调节河水,河运得以恢复通行,人赖其利。[1]

大概在绍圣元符年间,枢密院选才,他获授通远军,崇宁三年升为巩州(今甘肃定西市陇西县)兵马都监,成为西北沿边的守将。撰写墓志的贾讷称许他临政简易,不为苛核,恻然常有爱人利物之心。通远军的甲仗库一向以坐甲兵取送监官,久而为例,李宗□承袭此例而不问。但他的上司知通远军(墓志作州将)康谓(?—1099后)却以此论其过失。[2]他却恬然不介意。

---

[1] 关于吕城水闸,据《宋会要·食货八》所记:"庆元五年正月十九日,两浙转运、浙西提举司言:以知镇江府万锺乞于吕城仿临安、嘉兴二闸之制,添置一闸。两司委官相视,镇江府地形高峻,东至常州,运河迤逦就下,每遇水涨,河流湍急,吕城两闸岁久损坏。今若依仿三闸之制,本府自备工役添造一闸,则隄防周备,可保无虞。但今来吕城两闸既已损坏,若不先行修整。"另《宋会要·方城十七》亦记在宣和五年(1123)"八月七日,发运提举司、廉访所言:两浙运河,自今河身淤淀,稍愆雨泽,便有浅涩,至妨漕运,合行深濬。数内镇江府地名新丰界,运河底有古置经函,系准备西岸民田水长泄入江。今来若行取折开濬,恐雨水连并,却致损坏堤岸,无以发泄。今相度,镇江府丹阳县界运河,可开深至经函上下,却于两岸展出河身作马齿开阔外,有吕城闸外至杭州一带河道,各合用水手打将河底,一例开深五尺,亦作马齿开阔。"参见《宋会要辑稿》,第八册,《食货八之四十三·水闸·吕城闸》,页6169;第十六册,《方城十七之十五·水利》,页9618——9619。

[2] 据《宋会要》所载,在绍圣四年(1097)正月二十四日,以知通远军康谓等修筑蕃市城毕工,赐银绢有差。而到元符二年(1099)三月二十二日,宋廷贬降时任熙河第五将知通远军降授庄宅副使康谓,追七官免勒停,权管勾通远军。另据《长编》所记,在元符二年六月己丑(十八),知通远军康谓丁母忧,乞解官持服,宋廷不许。八月戊戌(二十八),宋廷诏苗履(1060—1102后)、康谓和李澄选兵马同王赡(?—1101)入取青唐。九月丁未(初八),宋廷再促康谓等选兵马同王赡入青唐。可知从绍圣四年正月前到元符二年九月后,知通远军的是熙河第五将康谓。当康谓率兵入青唐,可能由李宗□以兵马都监权知通远军事。参见《宋会要辑稿》,第八册,《职官六十七之二十五·黜降官四》,页4860—4861;第十五册,《方城八之二十七·修城上·蕃市城》,页9439。《长编》,卷五百十一,元符二年六月己丑条,页12164;卷五百十四,元符二年八月戊戌条,页12233;卷五百十五,元符二年九月丁未条,页12242。

贾讷指出通远军扼熙河路,于镇抚青唐诸族纳款为要。通远军毗连熙河等三州,地迫任重,他数次权知军事,宋廷以非敏于专裁者不能当此任。时蕃部二十万计,在他治下,得免于扰。贾讷说李自以承勋贤亲旧之后,不敢骄堕,遇事必精审详慎,而为时人所称。当世大臣如宝文阁待制王汾(?—1097后)[1],同知枢密院事林希、宰相章惇(1035—1106)皆深知他之所长,尝力荐之,但他不及被重用就过世了。

贾讷称许他天生孝爱,乐善好学,而尤喜于读史,不逐势利权豪,恬澹自若而常无功名之意。他的同母弟李宗裔早世,其子无依,他就对侄儿汲汲赒养,如若己出。他薄于功名,平居常对人说人所信的话,行人所信之行。他买田建屋,优游于万安、玉泉之间,准备晚年居此养老。他曾手记在熙宁丙辰(九年,1076)中,梦执掌祥源宫,后再见祥源宫于梦中。到逮元祐辛未(六年,1091),他这年四十八,梦中他敬礼佛像,礼过其数至五十八而止。当他逝世,正合五十八之数。贾讷认为这是他的精神由梦流通,而他的得年,正与梦符合。所以他临终之时,神色不乱,衣冠俨然,若有所从。贾讷说李宗□可谓达于死生而能自了然者矣。

---

[1] 考墓志王汾前缺三字,据《长编》及《宋会要》知为宝文阁待制。王汾是宋初名臣王禹偁(954—1001)曾孙,仕至兵部侍郎。他在元祐六年(1091)九月辛亥(二十六),以兵部侍郎为宝文阁待制自请出知齐州(今山东济南市),绍圣四年(1097)十月十八日,他自中大夫、充宝文阁待制致仕落宝文阁待制,依前官致仕。崇宁二年(1103)九月二十五日,他被列入元祐党籍。参见《宋史》,卷二百九十三《王禹偁传》,页9800。《长编》,卷四百六十六,元祐六年九月辛亥条,页11135。《宋会要辑稿》,第八册,《职官六十七之十六·黜降官四》,页4855;《职官六十八之九·黜降官五》,页4877。

李宗□以建中靖国元年二月甲午（初三）卒于通远军之官舍，享年五十八。他娶贾氏，封福昌县君。有子两人，长子李震，东头供奉官，次子李霁，幼亡。有女二人，长早卒，次适供备库副使（缺名）。孙男一人，名李䚦，习进士。孙女若干人。他的家人在建中靖国元年五月丙寅（初六）之吉日，将他归葬于河南府河南县太尉乡偏先祖李处耘先茔之次。其子李震以贾讷与他家有葭莩之旧，故此泣而请铭。贾讷因其请，既以悲其死，而又以亲戚关系不忍不铭，就为他撰写墓志，并撰铭曰：

> 李氏之兴，世有显人。韩王佐命，□勿枢衡。忠武奋庸，股肱心膂。良傅翊卫，折冲御侮。节旄衮服，相望后先。公不替德，承继绵绵。□□□和，宽裕以降。弗骄弗矜，以简以易。才大德博，屈而不伸。□□□□，势利莫与。寿孰主之，寿与梦契。安于佳城，藏千万世。

考李惟实子文思副使李宗□，其名字待考。其墓志提到的同母李宗裔，据《长编》所记，在熙宁十年（1077）四月癸卯（廿四），提举在京诸司库务言，布库监官李宗裔等擅离局，乞差替。神宗批示："宗裔等违慢不职，可依所奏，庶在京官司有所警厉。"[1]他以后事迹不详，可能在熙宁十年不久便卒，为其伯父收养的儿子名字不载，事迹亦不考。

1　《长编》，卷二百八十一，熙宁十年四月癸卯条，页6894。

值得一提的是，据《宋会要·职官六十》及《长编》所记，于神宗熙宁四年（1071）正月二十五日辛亥，"以内殿承制、阁门祗候、同勾当汴口李宗善为礼宾副使。宗善明习水事，在汴口十二年，都水监请增秩再任故也"。[1] 这个亦善于治水的李宗善是否就是本文的墓主？惟墓志未载李宗□曾官礼宾副使和同勾当汴口。待考。

至于墓志的作者贾讷，《宋史》无传，据墓志所记，他与墓主李宗□有葭莩之旧，即是李的远亲，考李妻贾氏福昌县君，可能就是贾讷的族人。

在宋人文集中，《苏轼诗集》有《送贾讷倅眉》七律二首，这个任眉州（今四川眉山市）通判的贾讷，疑即此人。此诗作于元祐元年（1086）。据王文诰注，贾讷时官朝奉郎。

其一：

当年入蜀叹空回，未见峨眉肯再来。童子遥知颂襦袴，使君先已洗樽罍。鹿头北望应逢雁，人日东郊尚有梅。我老不堪歌《乐职》，后生试觅子渊才。

其二：

老翁山下玉渊回，手植青松三万栽。父老得书知我在，小轩临水为君开。试看——龙蛇活，更听萧萧风雨哀。便与甘棠同

---

[1] 《宋会要辑稿》，第八册，《职官六十之二十一·久任官、再任》，页4676、4688；《长编》，卷二百一十九，熙宁四年正月辛亥条，页5329。

不剪，苍髯白甲待归来。[1]

又据孔凡礼注，苏轼在元祐三年（1088）撰有《闻眉倅贾倅往祭东茔作谢启》（即《谢贾朝奉启》）：

> 右轼启。
>
> 自蜀徂京，几四千里；携孥去国，盖二十年。侧闻松楸，已中梁柱。过而下马，空瞻董相之陵；酹以只鸡，谁副桥公之约。宦游岁晚，坐念泷流。未报不赀之恩，敢怀盍归之意。常恐樵牧不禁，行有雍门之悲；雨露既濡，空引太行之望。岂谓通判某官，政先慈孝，义笃友朋。首隆学校之师儒，次访里闾之耆旧。自嗟来暮，不闻拔薤之规；尚意神交，特致生刍之奠。父老感叹，桑梓光华。深衣练冠，莫克垂涕于墓道；昔襦今袴，尚能鼓舞于民谣。仰佩之深，力占难尽。[2]

这位为苏轼称许的眉州通判贾朝奉当即是贾讷。他和苏辙（1039—1112）的交情也不错，他出任通判眉州时，苏辙也有一诗送他。诗云：

---

1 苏轼（1037—1101）（撰），清王文诰（1764—?）（辑注），孔凡礼（1923—2010）（点校）：《苏轼诗集》（北京：中华书局，1982年2月），第五册，卷二十七《送贾讷倅眉州二首》，页1452—1453。
2 苏轼（撰），孔凡礼（点校）：《苏轼文集》（北京：中华书局，1986年3月），第四册，卷四十六《启·谢贾朝奉启》，页1340。

归念长依落日边，壶浆今见迓新官。声传已觉讴歌遍，身到前知政令宽。民病贤人来已暮，时平蜀道本无难。明年我欲修桑梓，为赏庭前荔子丹。眉州倅厅旧有荔支二株，甚大。[1]

至于篆盖的朝奉郎勾当在京新城里左厢所赐绯鱼袋贾若水也可能也是贾氏族人。考《长编》记，在熙宁十年（1077）五月辛亥（初二），京东转运司言，莱芜县（山东济南市莱芜区）巡检、左班殿直贾若水（？—1077后）坐以功赎过，免勒停。[2]不过，这个贾若水是三班使臣的武官，与篆盖的文臣贾若水朝奉郎不合。据徐乾学（1631—1694）所编的《资治通鉴后编》所记，在政和五年（1115）正月丙戌（十五），泸南晏州（今四川宜宾市兴文县）夷卜漏（？—1115）反，于是年十一月为梓州路的提点刑狱贾若水，佐梓州转运使赵遹（？—1133）平定。[3]从时间和官职而言，这个贾若水就较有可能是在建中靖国元年为李宗□墓篆盖的同一人。他也有可能是李宗□和贾讷的亲属。

至于李宗□的长子李震，在其父卒时官三班使臣之首的东头供奉官，他以后的事迹暂不可考。按文彦博（1006—1097）在元祐六年（1091）七月奏状所附载的《熙河兰岷路经略安抚使司公文》，记载了熙河兰岷路的经略使范育（？—1095），近遣管勾河州（今甘肃临夏回

1　苏辙（撰），曾枣庄、马德富（校点）：《栾城集》（上海：上海古籍出版社，1987年3月），上册，卷十四《诗八十五首·送贾讷朝奉通判眉州》，页345。
2　《长编》，卷二百八十二，熙宁十年五月辛亥条，页6901。
3　徐乾学（编）：《资治通鉴后编》，文渊阁《四库全书》本，卷九十九《宋纪九十九》，叶一上至二下。

族自治州临夏市）西原堡左班殿直李震,管押拂林国般次赴阙,并已帖李震因管押上健马一匹,送赴致政太师衙（即文彦博）收纳。[1]这位在元祐六年管勾河州西原堡的左殿直李震,疑就是李宗□的长子东头供奉官李震。考从元祐六年到建中靖国元年（1101）,前后刚好十年,李震由左班殿直,历四阶迁至东头供奉官,是合理的升迁,作为将家子,他和父亲一样出任西北武职,也是顺理成章。

这位文思副使李宗□,和他的堂兄左藏库副使李宗□一样,以外戚子弟起家,而和宗室联姻。虽然曾做过西边的守臣,也有一定的治事能力,在治河方面特别治昌城闸有一点成绩,也曾获一些大臣的推荐,但事功其实平平,绍符开边,他似乎没有从征,只在知通远军康谓率兵入青唐时权知军事。是故《宋史》《长编》《宋会要》并没有记载他的什么建树。若非其墓志铭有幸出土传世,后人也许并不知李昭亮有这位孙子。

四、结论

这两方于2023年出土的潞州上党李氏外戚将门第五代后人墓志,让我们知道李昭亮的孙子女,除了本书第五章提到的李惟贤子李宗述,其女寿安县君李氏,以及李惟宝之子李宗旦及其女赵仲顾妻,以及李惟赏的两个女儿长寿县君李氏及赵士澧妻外,还有李惟实之子李宗裔,以及其兄文思副使李宗□,和李惟贤之子左藏库副使李

---

[1] 文彦博（撰）,申利（校注）:《文彦博集校注》（北京：中华书局,2016年2月）,下册,卷三十七《辞免·奏状二·附载〈熙河兰岷路经略安抚使司公文〉》,页903。

宗□。至于李氏第六代，除了本书第五章所考的李宗旦子李豫外，这两方墓志铭还提供了左藏库副使李宗□的十一个儿子的名字：长子李解、次子李鼎、三子李随、四子李革、五子李常、六子李谦、七子李丰、八子李观、九子李损、十子李涣、十一子李睽。另外也记载了他有女十二人，长适左侍禁曹懿文，次女出家为尼，法名法璕，为左街护国院尼，次适宗室左侍禁赵子明，[1]次适西京进士赵俯，其余在室未嫁。至于文思副使李宗□，有子两人，长子李震和次子李霁，有女二人 长早卒，次适供备库副使（缺名）。

至于李氏第七代，除了本书第五章所考的李豫之女赵士铙妻外，这两方墓志就记左藏库副使李宗□有孙男女七人，惟名字未载于墓志。而文思副使李宗□就有孙男一人，名李魖，习进士；有孙女若干人，名不载。

这两方墓志，也记载了在北宋末年，从李处耘到李惟贤等最后获追封的官位，以及他们李氏继续和宋宗室联姻的状况，包括李惟贤子娶相王允弼女，其女适宗室左侍禁赵子明。李氏子弟因多从三班使臣受荫出仕，他们就多任武职，绍继将门的传统，只有第七代的李魖习进士，拟从文臣之途入仕。但李氏第五代的子弟所任的武职，只及诸司副使，第六代子弟则只及于三班使臣，可说是每下愈况。虽然李氏子弟仍是宗室、外戚和不少文臣联姻的对像，而他们和文臣的关系也不太坏，获得不少位高权重的文臣推荐职位，并获得孙览和贾讷颇有

---

[1] 据清初大儒顾炎武（1613—1682）的记载，在长清县（今山东济南市长清区）的灵岩寺，有政和乙未（五年，1115）赵子明题名。从时间去看，这个赵子明当是李氏之婿。参见顾炎武：《金石文字记》，文渊阁《四库全书》本，卷六《灵岩寺》，叶九上。

时望的文臣为他们撰写墓志。然而，李氏子弟从第五代开始，却不再有出类拔萃，可重振李氏将门家声的人物。考宋廷在高宗绍兴十八年（1148），再次表扬李继隆之功，而间接提到李氏在南宋初年仍有后人，惜史书没有记载他们的姓名。上述两方墓志所记述的李氏第六代和第七代李氏子孙，可能在南宋初年仍在世，只是并无事功，名声不显，故名字也没记下来。当然，李氏外戚将门能传世七代，在整个宋代也是罕有的。期盼再有新的李氏外戚将门后人的墓志出土，让我们可以知道他们在南宋以后的状况。

余 论

北宋潞州上党外戚李氏将门，从李处耘以太祖从龙功臣起家，到第二代的李继隆兄弟，因太宗明德李皇后正位中宫，于是从功臣子弟成为外戚。李继隆兄弟战功彪炳，对辽对夏的战役几乎无役不预，而多建功勋，包括导致宋辽缔结澶渊之盟的景德之役，他们兄弟可说是宋初外戚统军最成功的典范，这一点似乎过去未受宋史研究者的注视。第三代的李昭亮，凭其善于为官，加上有相当的办事能力，乃得到从真宗、章献刘太后到仁宗的宠信。他虽然没有父祖的赫赫战功，却有"无灾无难到公卿"的偌大运气，最后职至殿帅，官拜使相，得享高寿而功名令终。然而，李氏外戚将门到李昭亮这一代，已到了盛极转衰的转折点。第四代的李惟贤兄弟虽然勉强撑着外戚将门的旗帜，但从他们以下，李氏再没有出过出类拔萃，建立新功业的子弟，从神宗到徽宗朝五十多年的宋廷拓边西北的军事行动，以及其间宋廷对交趾、辽、金的征战，都找不到李氏后人的踪影。我们大概可以初步判定：李氏外戚将门就像许多北宋外戚将门一样，从北宋中期开始就走向衰落。事实上，他们后代的名字，只见于与赵宋宗室通婚的记录上。到宋室南渡后，潞州上党李氏更是湮没无闻。这一因北宋建国而兴起的新世家，从上升到衰落，历经四代，而第三代正是盛衰的分水岭。从研究宋代社会流动的角度来看，像李氏这些新世家，就经历第一代成功向上流动，第二代克绍箕裘，第三代到达顶峰，而第四代盛极而衰的历程。古人说富贵不过三代，李氏外戚将门能维持富贵三代，已比宋代不少外戚将门两代而衰强得多。[1]

从家族发展史的视角来看，李氏外戚将门始终标榜其"尚武"家风。因宋廷重视文阶的制度下，外戚将家子弟凭恩荫出身的大部分获授武阶官之三班使臣，故他们多半从武官之途仕进。然而为了出仕的需要，也为了和文臣打交道，加上李继隆兄弟好读书的遗教，李氏将门的子弟都文武兼修，而多了点书卷气，这也是北宋中后期将门子弟普遍流行的风尚。至于李氏的妇女，因讲求门当户对，而绝大部分与宗室、名公及巨卿联姻，故她们自幼都受到严格的家庭教育，务必在出嫁后恪守妇道，以维护李氏外戚世家的家声。我们所见到的数个李氏妇女墓志铭，都着意宣传李氏这一世家名门应有的家风。成为外戚之家后，李氏子弟生于安乐，坐享富贵之余，祖辈在沙场建功立业的辉煌，逐渐成为历史陈迹。李氏外戚将门，往后只有将门之虚名，而仅有外戚之实。因文献无征，我们无从确知，究竟是宋室君主不给李氏将门后人机会，还是他们实在太不成材。笔者以为后者的可能

---

[1] 如太祖的孝惠贺皇后（929—958）、孝明王皇后（942—963）。贺皇后兄贺怀浦（？—986）及其子贺令图（？—986）均在太宗雍熙三年（986）战殁，而后代除了词人贺铸（1052—1125）稍有文名外，余均湮没无闻。孝明王皇后弟王继勋（？—977）在太宗即位后，以罪被太宗所诛杀。其子王惟德（？—1011后）在真宗时更沦为乞丐。参见何冠环：《宋太祖朝的外戚武将》，收入何著：《北宋武将研究》，页73—77。

性较高。

宋史研究者在过去多有谈论宋代文臣武将的关系，以前粗略地概括为"重文轻武"，后来修正为"崇文抑武"或"以文制武"。[1]然这些讨论似乎忽略了宋代君主(包括女主)的角色，换一句话说，宋代君主为了长治久安，为了巩固他们的统治，他们是否一贯不变地实行"以文制武"或"崇文抑武"的治术？笔者对此成说是有怀疑的。外戚无论从家世和出身而言，大部分都属于武臣。宋室帝后果真由始至终地支持文臣集团去抵制、压抑与他们有血缘之亲的外戚吗？宋代文臣集团与外戚集团在政治上之角力，实在值得研究宋代政治史的学者注意。

对宋代外戚政治多有研究的张邦炜教授，在他的专著《宋代皇亲与政治》里，举出北宋钱惟演(977—1034)、张尧佐(987—1058)、韩忠彦(1038—1109)及郑居中(1059—1123)这四个外戚例子，分别论述他们对朝政的影响。张氏认为钱、张二人备受文臣集团的围攻而当不成宰相；韩、郑虽任宰相，但任期短暂。总的来说，张氏认为北宋的外戚权势有限。张氏认为宋代待外戚之法，是"优遇与防范相结合"，"关键在于不给实权"。[2]张氏所举的四个外戚例子，几乎全属于出于文臣之家的外戚(按：钱氏虽出于吴越国武家，但钱惟演本人一直担

---

[1] 好像香港年青宋史学者邱逸最近期出版研究宋代《孙子兵法》的专书，便仍然沿用"崇文抑武"的说法，并对它的意涵有所讨论。参见邱逸：《兵书上的战车：宋代〈孙子兵法〉研究》(香港：中华书局，2012年10月)，第二章《宋代兵书的整理与"崇文抑武"政策》，页44—47；第七章《结论："崇文抑武"和〈孙子兵法〉》，页377—379。
[2] 张邦炜：《宋代皇亲与政治》(成都：四川人民出版社，1993年12月)，第三章《宋代外戚与政治》，页200—262。

任文臣），而张氏并未有详考在北宋外戚掌军的问题，宋人所谓外戚不掌兵柄的说法，根本不是事实，李继隆父子兄弟便相继执掌禁军。李氏外戚将门的个案，其实让我们清楚看到，赵宋王室刻意使用（或说利用）信任的心腹外戚执掌兵权，张氏文中提及的仁宗舅父李用和父子，虽无赫赫战功，却父子相继地担任殿帅，执掌禁军。宋代君主对外戚不只优遇，还委以重任，特别是兵权。我们可以说，宋代文臣集团的确一直费尽心力去防范及抵制外戚掌军政大权；但我们却看不到宋代君主在这方面与文臣有多大的共识。笔者近期研究开封浚仪石氏外戚将门及保州保塞刘氏外戚将门的所得，更巩固笔者在本书提出的一种看法：宋室统治者在开国时实行以文制武，以文臣制约武臣，成功地防范了五代武臣擅权的局面后，到真宗、仁宗以后，当有见文臣集团力量坐大，足以制衡君权时，又反过头来利用以出身将门为主的外戚亲信，并加上内臣从旁协助，去反制文臣集团的力量。这种趋势从仁宗朝一直延至北宋末年。观乎李昭亮所主要经历的仁宗朝，文臣集团一方面不断批评、反对以至力阻外戚获委军政重任；另一方面，从刘太后到仁宗又不断委任他们信任的外戚以军政重任。当文臣集团反对力量较大时，帝后会作出妥协；但反对的声音一旦减弱，他们就毫不犹豫授外戚以大权，正如第五章所提到，仁宗朝有一段时间，曾教人侧目的是，从枢密使、殿帅、马帅到步帅统统由外戚出任，兵权尽在外戚之手。

神宗继位后，文臣集团间之党争因变法而激化，政治舞台上的主角看来尽是文臣。不过，倘若我们细心观察查考，从仁宗末年已出头的几家外戚将门，包括以仁宗姑父李遵勖父子为代表之李氏将门、仁宗曹皇后之曹氏将门，以及英宗高皇后之高氏将门，在英宗以后其实继续发挥着不可轻视的政治及军事影响力。在不少重大事件中甚至发挥关键作用。[1]究竟英宗以下诸帝使用外戚掌权的用心，与仁宗的取向是否一脉相承？值得我们探究。笔者希望将来从更多的外戚将门的个案研究，可以进一步厘清上述的初步看法，而深化我们对宋代外戚政治的认识。

---

[1] 笔者最近已开展另一研究，考述本书"绪言"提到的由李崇矩起家，并因其孙李遵勖尚太宗幼女齐国献穆大长公主而成为外戚的另一支潞州上党李氏外戚将门的历史。按：笔者此项研究已完成，分别以《北宋公主之楷模：李遵勖妻献穆大长公主》及《北宋中后期外戚子弟李端懿、李端愿、李端悫、李评事迹考述》为题，前篇刊于《华中国学》，第二卷（2014年4月），页101—127及《华中国学》，第三卷（2015年1月），页27—56；后篇未刊。现均收入何著：《北宋武将研究续编》，上册，页161—252；中册，页253—276。

附录一

宋辽唐河、徐河之战新考

导言

宋太宗（976—997在位）在太平兴国四年（979）六月至七月之高梁河之战后，在雍熙三年（986）正月再度伐辽，企图收复幽燕失土。由于整体战略的失误，以及统军将领临阵应变的种种错误，宋军在同年五月、七月及十二月先后在岐沟关（今河北保定市涿州市西南）、陈家谷（今山西朔州市西南）及君子馆（今河北河间市北君子馆）三役中惨败。到端拱元年（988）初，宋军已从主动进攻变成被动防御。辽军得势不饶人，在以后两年不断进犯宋境，河北州郡因被辽骑侵凌，全线陷入惶恐不安的状况。据宋人的记载，直至宋军在端拱元年（988）十一月的唐河（按：唐河亦名滱河，源出今河北保定市唐县北，南流经唐县城东，至今保定市定州市北）之战，及二年（989）七月的徐河（今称徐水，源出今河北保定市易县五回岭，东南流，经今河北保定市安新县注入白洋淀）之战后，两番击败入寇的辽军，才扭转了劣势，使吃紧的边防转危为安。

不过，这两场对宋军意义重大的战役，却不见于辽人的官私记载。究竟是宋人夸大其词，将小胜仗说成大胜仗，还是辽人讳言其败？1972年，台湾宋史前辈程光裕教授（1918—2019）曾撰有《宋太宗对辽战争考》一书,其中第十一章,即为《唐河与徐河之战》,该章引录了宋辽双方相关史料作出论述,惜并没有讨论上述问题。另在1994年,台湾东吴大学的蒋武雄教授在其《耶律休哥与辽宋战争》一文里,也有一节专论耶律休哥(?—998)与徐河之役,惜论析亦未超过程书。大陆学者方面。四川大学的王晓波教授撰于2010年的《宋太宗雍熙北伐失败后的对辽策略》一文,其中一节《唐河与徐河之战》,亦曾以两页的篇幅略论及此两场战役。[1]本文即试在上述的研究基础上,补入其他可见的有关记载,重新考订这两场战役的真相。

唐河及徐河两役,宋军的主将是太宗明德李皇后(960—1004)长兄李继隆(950—1005)。李继隆在宋初外戚武将中是少数战功卓著者。他在太宗及真宗(968—1022,997—1022在位)两朝对辽对夏的战斗,几乎无役不予。而且临阵时随机应变,不盲从皇帝或主帅的指令,更是其独特的指挥作风。他在太平兴国四年(979)满城(今河北保定市满城区)之战、雍熙三年君子馆之战出任副将时,均临阵依照自己对战局形势的判断相应行动,而不依照太宗或主帅预先设计的战法。结果他在满城之战以违令而胜,但在君子馆一役却以违令而教主将刘廷让(929—987)失援而败。君子馆之役,李继隆担着怯懦不战的恶名,而唐河及徐河两役之得失,正关系着李继隆之军旅生涯之荣辱,故本文另一重点为考证这位宋初外戚名将在此两役的战功。

---

[1] 参阅程光裕:《宋太宗对辽战争考》(台北:台湾商务印书馆,1972年),页162—178;蒋武雄:《耶律休哥与辽宋战争》,原刊《中国历史学会史学集刊》第二十六期(1994年9月),现收入宋史座谈会(编):《宋史研究集》,第二十八辑,(台北:"国立编译馆",1998年),页463—498;王晓波:《宋辽战争论论》(成都:四川大学出版社,2011年4月),《宋太宗雍熙北伐失败后的对辽策略》,页71—73。按:王晓波该文原撰于2000年7月,于2010年修改后收入其专书。对于王文的观点,笔者会在下文加以评述。

一、唐河之役

宋军在君子馆之役惨败后,于太宗端拱改元的头五个月,宋的北边尚算安宁。这年闰五月中旬,太宗分别召镇守高阳关(今河北保定市高阳县东旧城)、镇州(今河北石家庄市正定县)及定州(今河北保定市定州市)的三员大将崔翰(930—992)、郭守文(935—989)及田重进(929—997)来朝。但不到半月,边防却出现危机:在北边要地平戎军(即保定军,今河北廊坊市文安县)镇守的勇将、钦州(今广西钦州市)刺史陈廷山(954前—988)被知霸州(今河北廊坊市霸州市)石曦(920—993)指控私通辽大将耶律休哥。陈廷山被宋廷拘捕,随即押送京师审理。太宗在六月初一以陈廷山通敌谋叛有据,将他诛杀。[1] 前方大将谋反被诛的震撼尚未平息,太宗所倚重的心腹外戚刘文裕(944—988)又在镇州都部署任上病逝。[2] 面对北边这番人事变故,太宗一如以往,委用他信任的外戚为他守边。太宗首先在七月二十五日调其妻舅、懿德符皇后(942—975)之弟符昭愿(945—1001)知

---

[1] 崔翰在端拱元年闰五月十八日自高阳关来朝前,太宗已早在闰五月六日任命洺州(今河北邯郸市永年区东南)防御使刘福(？—991)为高阳关兵马都部署替代。稍后太宗又令他的爱将傅潜(939—1017)以殿前副都指挥使出为高阳关都部署。刘福后来迁凉州(今甘肃武威市)观察使判雄州(今河北保定市雄县),于淳化二年(991)二月卒于高阳关任上。参见钱若水(960—1003)(撰),燕永成(点校):《宋太宗实录》(兰州:甘肃人民出版社,2005年11月),卷四十四,页138—140。《宋史》,卷五《太宗纪二》,页82;卷二百七十九《傅潜传》,页9473。李焘(1115—1184):《长编》(北京:中华书局点校本,1979—1995年),卷三十二,淳化二年二月丁巳条,页711。关于陈廷山被诛的本末考论,可参何冠环:《论宋太宗朝武将之党争》,收入何著:《北宋武将研究》(香港:中华书局,2003年6月),页121—124,"陈廷山之死与田绍斌之贬"。

[2] 刘文裕卒于端拱元年何月不详,但是年七月二十七日太宗命潘美知镇州,八月十日郭守文以宣徽南院使充镇州路都部署。疑刘文裕已在是年七月底前卒,故太宗先后委潘美及郭守文接其职。参见《宋太宗实录》,卷四十五,页145;《宋史》,卷四百六十三《刘文裕传》,页13547。

并州（今山西太原市），接替在同月二十七日调知镇州的宿将潘美（925—991）。然后在八月二十六日任命太祖（927—976，960—976在位）的三个主婿王承衍（947—998）、石保吉（954—1010）及魏咸信（949—1017）分赴贝州（今河北邢台市清河县）、沧州（今河北沧州市）及相州（今河南安阳市）本镇戍守。接着再委任他的爱婿吴元扆（963—1012）以鄯州（今青海海东市乐都区）观察使知孟州（今河南焦作市孟州市），接替右谏议大夫韩丕（？—1009）。[1]而最为太宗倚重的李继隆，自然榜上有名。在是年九月初一，太宗命李继隆以马军都指挥使出为定州兵马都部署，接替易、定兵马都部署田重进的防务。[2]

太宗调整北边防务来得及时，因辽圣宗（972—1031，982—1031在位）早在是年八月九日已决定出兵攻宋而遣使祭永州木叶山（今内蒙古翁牛特旗东部）。就在李继隆出守定州不久，在是年九月十四日，辽主赴幽州（今北京市）。五日后，辽军祭旗鼓南伐。宋人记载这次辽军南犯共有八万之

---

[1] 按：左谏议大夫韩丕在端拱元年闰五月初五出知孟州，至八月由吴元扆接任。另濮州（今山东菏泽市鄄城县）防御使杨赞亦早在闰五月初六日获委为贝州兵马都部署，至八月由王承衍继任。附带一谈，在三名太祖的主婿中，王承衍甚得太宗信任，当他镇守贝州时，他的妻子昭庆公主（？—1008）不时召入皇宫，太宗对他的侄女且言及诸将得失，甚见亲信。当时单州（今山东菏泽市单县东南）防御使高琼（935—1006）任贝州部署，在王承衍麾下。他对自己没有像王超（？—1013）、范廷召（927—1001）等获擢升，感到失意。王承衍从昭庆公主处知道其实太宗对高琼另眼相看，迟早会擢升他，就以此安慰高琼。到端拱二年，高琼果然被召还，同年三月被擢为步军都指挥使出为并代都部署。从昭庆公主可以出入宫禁并预闻将领宜用之事，可见王承衍受到太宗之宠信。参见《宋太宗实录》，卷四十四，页138；卷四十五，页145，148—149。《宋史》，卷五《太宗纪二》，页82—83。王珪（1019—1085）：《华阳集》，文渊阁《四库全书》本，卷四十九《烈武高卫王神道碑铭》，叶三上至三下。
[2] 《宋太宗实录》，卷四十五，页150。又太宗在九月十六日，又委任他两员藩邸旧人王超和王昭远（944—999）并为殿前都虞候。

众。同月二十六日,辽军抵宋军控制的涿州(今河北保定市涿州市),向宋军招降不果,就在十月二日发动进攻。涿州很快被攻破,宋守军弃城南撤,被辽军大将耶律斜轸(?—999)及驸马萧排押(?—1023)追击而大败。[1]十月五日,在宋军的顽抗下,辽军仍攻下宋军要塞沙堆驿,俘获宋军甚众。二天后以宋降军分置七指挥,号归圣军。[2]同月二十三日,奚六部长奚和朔奴(?—995后),率领本部兵由别道进击,攻破易州(今河北保定市易县)重要军事据点狼山寨(今河北保定市定州市西北),并俘获宋军甚众。同月

---

[1] 关于辽军这次南侵的总兵力,《辽史》并没有记载。杨亿(974—1020)所撰的《李继隆墓志铭》就说辽军攻定州时,有众八万,相信这是宋人对辽军总兵力的估计。参见杨亿:《武夷新集》,文渊阁《四库全书》本,卷十《李继隆墓志铭》,叶二十一下。又辽将耶律休哥与萧排押等,在端拱元年(即辽统和六年)八月初四,早已作出试探性的行动,统兵至易州,遇宋兵,杀宋军指挥使而还。五日后,辽主即命人祭木叶山。到九月十二日,耶律休哥又派人将他所获的宋谍者献上,教圣宗进一步了解宋军虚实。关于涿州之战,《圣宗纪三》称辽将萧恒德(?—996)和萧挞览(?—1004)均在攻城时中流矢,但二人的本传却称他们是在攻沙堆驿时受伤,现从本传所载。参见《辽史》,卷十二《圣宗纪三》,页141—143;卷八十五《萧挞览传》,页1445;卷八十八《萧恒德传》,页1476。

[2] 沙堆驿的确实位置不详,《辽史》各传多有提及此地,当在易州境内。关于辽圣宗统和六年(即端拱元年)九月沙堆之战,据《辽史·耶律隆运传》所载,韩德让(941—1011,即耶律隆运)率部围沙堆,宋军乘夜来袭,韩不敢轻敌,严阵以待,结果击败宋军。又据《辽史·萧挞览传》所记,萧在是年秋从圣宗南征,攻沙堆而力战被创。另《辽史·萧恒德传》载,当辽军围沙堆驿,萧恒德独当一面,当时城上矢石如雨,但恒德意气自若,督将士夺其阵。及城陷,萧中流矢。以此看来,守沙堆驿的宋军,曾力拒辽军来犯。参见《辽史》,卷十二《圣宗纪三》,页142;卷八十二《耶律隆运传》,页1422;卷八十五《萧挞览传》,页1445;卷八十八《萧恒德传》,页1476。按:萧恒德为萧排押之弟,二人都尚主,萧排押另有一弟名萧札刺。又《圣宗纪三》以萧排押为萧"亚",萧恒德为萧"勤"德。据魏奎阁的考证,萧排押与萧恒德之父,正是萧挞览(凛)。关于萧家父子兄弟之生平事迹,可参阅魏奎阁:《萧排押父为萧挞凛考》,载《辽海文物学刊》(沈阳),1991年第2期(总第12期),页83—86。

二十八日，又败宋军于益津关（即霸州）。[1]两天后，辽军进至长城口（在易州遂城县，即威虏军附近），据辽人所记，宋的定州守将"李兴"以兵来拒，为耶律休哥所败，并被辽军追击五六里。[2]考当时宋定州守将无人名"李兴"，可能又是辽人误传，像在君子馆一役将李继隆讹作"李敬源"一样。[3]这个"李兴"虽然不一定是李继隆的讹称，不过，当是李继隆麾下某一部将的讹称。据《宋史·荆嗣传》所记，宋勇将荆嗣（？—1014）"又从李继隆御敌于北平寨，将赴满城，道遇敌，疾战，俘获甚众。又战于鸾女祠"。考北平寨在定州北九十里，雍熙元年（984）置。至于鸾女祠所在不详，疑即是保州清苑县的圣女祠。从时间和地理位置来看，《辽史》所记为耶律休哥败于离满城不远的长城口之宋将"李兴"，很有可能就是打算从定州北平寨增援满城，被辽军截击的荆嗣。[4]

---

1 《辽史》，卷十二《圣宗纪三》，页142；卷七十八《萧继先传》，页1398；卷八十五《奚和朔奴传》，页1450。按：奚和朔奴字筹宁，《圣宗纪三》所记之"筹宁"即是他。又有份攻克狼山石垒的，还有驸马萧继先（？—1006后）。
2 《辽史》，卷十二《圣宗纪三》，页142。
3 考所谓宋将"李敬源"，在《辽史·耶律休哥传》和《辽史·耶律沙传》均与刘廷让同时出现于君子馆之战，前传称李敬源为耶律休哥所杀，后传记耶律沙败刘廷让及李敬源军，没说李被杀。这两处提及的李敬源，显然就是李继隆的讹称。关于李继隆被讹称为"李敬源"的问题，亡友曾瑞龙教授（1960—2003）曾有精闢论述。参见《辽史》，卷八十三《耶律休哥传》，页1433；卷八十四《耶律沙传》，页1440。曾瑞龙：《向战略防御的过渡：宋辽陈家谷与君子馆战役》，载曾著：《经略幽燕》，页277。另一可能是宋廷在是月二十九日以步军都指挥使戴兴（？—999）出为澶州（今河南濮阳市）都部署，辽人也许将澶州的戴兴与定州的李继隆的名字颠倒弄错。参见《宋史》，卷五《太宗纪二》，页83。
4 《宋史》荆嗣本传所记他"又战于鸾女祠"之事，当与上文赴满城增援而遇敌，是前后不同的两件事。据《太平寰宇记》，保州清苑县东南三十五里外的樊舆城西南隅有圣女祠。考清苑县原属莫州，后周世宗（921—959，954—959在位）取莫州后，宋初在清苑县建保塞军，太平兴国六年（981）建为保州。然在辽人眼中，清苑仍属莫州。

据《辽史》所记，辽军在是年十一月初一乘胜进攻长城口，辽军将长城口四面包围。宋守军顽抗，终于在初七日失守。宋军奋勇突围，但被杀者甚众。同月初八，辽军围攻满城，十一日城破，宋守军投降。十五日辽军更深入宋境，破祁州（今河北石家庄市无极县），并纵兵大掠。十六日再破定州西南五十里的新乐县（今河北石家庄市新乐市东北）。十七日又破小狼山寨。二十四日辽军又在霸州击溃宋军千人。辽军在十二月在宋境休整后，在翌年（端拱二年，989）正月班师。在回军中，在同月二十一日进攻宋重镇易州。宋军从遂城（即威虏军，今河北保定市徐水区西遂城镇）来援，被辽铁林军击败。同月二十二日，辽军攻陷易州，宋易州刺史刘墀（？—989后）投降。到月底，辽大军经收复的岐沟关返南京幽州。这次辽军南侵，以收复涿州及易州之重大胜利告终。[1]

（接上页）按《辽史·圣宗纪二》，在端拱元年十一月二十六日记耶律休哥"献黄皮室详隐徇地莫州所获马二十五、士卒二十人"。疑这是辽军与荆嗣在莫州（即保州清苑县）交战的战利品。《宋史》荆嗣本传没言明他从李继隆御敌于北平寨于何年何月，但李继隆为定州都部署在端拱元年九月，而下文又提及唐河桥，并言及他与耶律休哥交战，则他这次所参预的殆为唐河之役无疑。当然，《宋史》说荆嗣击败辽军，"俘获甚众"，与《辽史》说辽军战胜，都是自说自话。大概是互有伤亡，不分胜负。只是荆嗣被辽军所阻，无法援救满城。参见《宋史》，卷二百七十二《荆嗣传》，页9313；《辽史》，卷十二《圣宗纪三》，页142；乐史（930—1007）（撰），王文楚等（点校）：《太平寰宇记》（北京：中华书局，2007年11月），卷六十八《保州》，页1375—1377；王存（1023—1101）（撰），王文楚、魏嵩山（点校）：《元丰九域志》（北京：中华书局，1984年12月），卷二《定州》，页78—80。

[1] 《辽史》，卷十二《圣宗纪三》，页142—143；卷八十八《萧排押传》，页1475—1476。考辽收复满城，奋勇先登的是萧排押，他以功改南京统军使。而攻克长城口，奋勇先登的是萧排押之弟萧恒德。关于辽收复易州的年月及相关问题，可参阅伍伯常：《易州失陷年月考——兼论南宋至清编纂北宋历史的特色》，载杨炎廷（编）：《宋史论文集——罗球庆老师荣休纪念专辑》（香港：中国史研究会，1994年8月），页1—19。又端拱二年正月二十一日宋辽遂城之战，《宋史·王荣传》记述有"王硬弓"之称的龙卫都指挥使王荣（947—1016）曾在端拱初"率兵戍遂城，边骑来寇，击败之，擒千余

对于辽军在端拱元年九月至二年正月之大规模南侵，从宋人所修的《续资治通鉴长编》及《东都事略》诸书，到据宋官方记载修成的《宋史》，均讳言惨败。另对涿州得而复失，以及后周世宗（921—959，954—959在位）辛苦取得的易州最终给辽人取回，群书均语焉不详。[1]反而从杨亿的《李继隆墓志铭》到李焘的《长编》等书，却大肆渲染李继隆与其副将、定州监军袁继忠（938—992），在端拱元年十一月，以二万之众，在定州州治安喜县北八里的唐河，大破辽军八万，并一直追杀越过曹河，斩首万五千级，获马万匹。为了渲染这次胜仗的真实性，宋人还特别描述李继隆所以能"以寡胜众"，在于他不墨守太宗在诸将出征辞行时所授的以坚守不出为主的作战方略。他自己判断形势，拿定主意出击辽军，并接受监军袁继忠的建议，重用骁勇的易州静塞骑兵为先锋。在杨亿及李焘笔下，李继隆和袁继忠是智勇兼备，忠义过人。

据《长编》所记，李继隆首先在战前听从袁继忠的意见，安抚易州诸寨失守后原属诸寨的静塞骁勇骑兵，为慰他们丢失妻儿之痛，特别迁升其军额，优以廪给，并将他们配置于袁继忠麾下。后来这支精锐骑兵，成为攻破辽军的一路奇兵。然后当辽军来势汹汹，兵锋直指唐河以北时，定州诸

（接上页）人"。疑在端拱二年正月领兵自威虏军来援易州的宋军，即是王荣所部。参见《宋史》，卷二百八十《王荣传》，页9499。

[1] 据《宋会要》所载，田重进在雍熙三年十二月五日于定州上言，他所部已攻下岐沟关，杀守城千余人，并获牛羊积聚器甲甚众。《宋史·太宗纪二》所记相同。惟据曾瑞龙的考证，其实田重进早在雍熙三年十一月底已夺回岐沟关，而据《辽史·圣宗纪三》的记载，辽要到端拱元年十月才攻克涿州。至于易州，自从周世宗收复后，直至端拱二年正月，一直由宋控扼，《辽史·地理志》清楚记载直至统和七年（即端拱二年）才被辽人收复。徐松（1781—1848）（辑），刘琳、刁忠民、舒大刚、尹波等（校点）：《宋会要辑稿》（上海：上海古籍出版社，2014年6月），第十六册，《蕃夷一之十一·辽上》，页9717。《宋史》，卷五《太宗纪二》，页79。曾瑞龙：《经略幽燕》，页261。《辽史》，卷十二《圣宗纪三》，页142；卷四十《地理志四·易州》，页566。

将均不敢出战,而主张遵照太宗诏书,实行坚壁清野,不与辽军交战。但袁继忠力主出兵迎战,认为"契丹在近,今城中屯重兵而不能剪灭,令长驱深入,侵略他郡,谋自安之计可也, 岂折冲御侮之用乎!我将身先士卒,死于敌矣"。据说袁继忠辞气慷慨,镇伏了诸将,但胆小怕死的监军内侍林延寿五人仍坚执太宗诏书不可违抗,不同意出战。身为主帅的李继隆在这关键时刻发挥作用,他完全支持袁继忠的主张,再一次表现出"将在外,君命有所不受"的为将宗旨,他说"阃外之事,将帅得专焉"。又表示"往年河间不即死者,固将有以报国家耳"。他是主帅,又是后兄贵戚, 区区几名小黄门自然阻不了他,结果他与袁继忠率军出击。

据《宋史·荆嗣传》的说法,李继隆出击前,预先派步兵二千,埋伏于定州古城下。辽军进攻定州,李继隆派守御于定州北九十里的勇将荆嗣来援。荆部抵唐河桥,扼桥路出战。他突破辽军包围数重,与伏兵会合,分为三队,背水列阵。这时耶律休哥率骑百余队临烽火台挑战,荆嗣整兵与辽军战数回合。李继隆的主力到来,在东边列阵,合击辽军。在担任李军摧锋的易州静塞骑兵奋勇攻击下,辽阵被攻入,辽骑大溃。太宗闻得捷报大为嘉奖,袁继忠特别得厚赐,而荆嗣也得到嘉奖,迁天武军都指挥使,领澄州(今广西上林县西)刺史。而《李继隆墓志铭》进一步褒扬李继隆的功劳,称由于宋军在唐河的大捷,辽军不敢再犯。当这一年河北各州包括镇州、邢州(今河北邢台市)及洺州(今河北邯郸市永年区东南)各郡,均以辽军入寇而只得闭城不出,定州却可以"刍荛无废"。[1]

---

[1] 王晓波认为李继隆为保定州不失,不惜放弃易州,而将这支善战的易州静塞骑兵调回定州麾下助守。王氏所论纯为推测,并无确切的证据。据伍伯常的考证,这支易州静塞骑兵的来源,其实属于易州诸寨的部队,而并非守易州的部队。参见王晓波:《宋辽战争考论》,页72;伍伯常:《易州失陷年月考——兼论南宋至清编纂北宋历史的特色》,页4—9。又宋辽双方出动兵力的数字,《长编》《辽史》《宋会要》《宋史》

假如上述的记载属实，辽军在这次南侵就遭到惨败，按伤亡或被俘万人及丢失战马万匹并不是小数目，领军的辽将一定受到严厉的处分。然考诸《辽史》，却找不到任何一个参预端拱元年底南侵的辽将因战败被严惩。虽然在宋辽战争中，双方都习惯夸大自己的胜利，而讳言己方战败。但辽军真的在唐河为李继隆大败，而且伤亡惨重的话，在《辽史》中当有线索可寻。不过，在《辽史·圣宗纪》中我们只看到辽马军司的都头刘赞等三十人，以攻祁州和定州新乐有功而获赏的记载，而没有载什么人因战败受责。[1]另在《辽史·耶律磨鲁古传》中亦记载辽北院大王耶律磨鲁古（？—988）在是年担任先锋伐宋，曾与耶律奴瓜（？—1012后）"破其将李忠吉于定州"。这个定州"李忠吉"，也许就是李继隆的讹称。另外在同书的《耶律奴瓜传》中亦记耶律奴瓜在"（统和）六年，再举，将先锋军，败宋游兵于定

（接上页）各书均不详，惟《李继隆墓志铭》称辽军八万，宋军二万。在《李继隆墓志铭》中所记李继隆的豪语，与《长编》及《宋史》所记大致相同。只是称袁继忠附和他，"跃马从之"，而不是他附和袁出战之议。至于唐河一战的战果，《墓志铭》说李袁大军大破辽军于唐河，追奔数十里，并俘敌以万计。关于太宗不许出战的诏旨，据《宋会要》所记，当ுற守文出守镇州时，太宗吩咐他说："夫用兵者先须料敌，知其强弱，明于动静，赏罚必当。但戢兵清野，此大意也。镇、定、高阳关三处，控扼来往咽喉道路。若是蕃贼不顾前后，容易矜骄，则用兵掩杀，万不失一。假如马一指挥，选取骁勇者，弓箭鎗剑间杂，分作十队。若十指挥即为百队，乃至三、四百队，亦准此例。今于诸班内募愿指挥者，分充押队。若虏敢蹂镇、定而来，不要便杀，但为诈证，连驰以闻。朕当立发驾下精锐向北逐去，度彼事势，偷取蕃号，必然稳便，则分布队伍，纵兵乱杀。若是得胜尽取。若是未捷，各归城寨，此百战百胜之谋也。"然而太宗最后又说："苟随机所见，别有控便，亦不拘此。"留下空间由诸将决定是战是守。故李继隆其实没有违背太宗的诏旨，而只是军中的中使过分谨慎而已。参见《长编》，卷二十九，端拱元年十一月条，页657—658。《宋史》，卷二百五十七《李继隆传》，页8966；卷二百五十九《袁继忠传》，页9005—9006；卷二百七十二《荆嗣传》，页9313。《李继隆墓志铭》，叶二十一下。《宋会要辑稿》，第十六册，《蕃夷一之十三、十四·辽上》，页9718—9719。

[1] 《辽史》，卷十二《圣宗纪三》，页142。

州,为东京统军使,加金紫崇禄大夫"。虽然我们无法证明辽军所谓在定州打败宋军的说法属实,但按照《宋史·荆嗣传》的说法,被李继隆与荆嗣合力打败的辽军,似乎只是耶律休哥的骑兵百余队而已。辽军并未受到重创。[1]

其实,即使在根据宋人记载写成的《宋史》,也不全是宋军打胜的记载。《宋史·田敏传》记李继隆的部队与辽军交锋时,便初战不利。称当辽军攻唐河北,李继隆遣部将逆战,即"为敌所乘,奄至水南"。[2]伍伯常对此条史料的考证,即指出后来称田敏(?—1023后)以百骑奋击辽军,什么"敌惧,退水北,遂引去。又出狼山,袭契丹,至满城,获首级甚众"都不过是夸大之词,只旁证了宋军在反击辽军的兵力有限。[3]事实上,唐河之役后,辽军在宋境留至年底,并在翌年轻松地取得易州等各城。如果李继隆真的重创辽军,辽军就没有这样来去自如了。顺带一谈,李继隆的名字并没有见诸《辽史》。教人不解的是,若李继隆曾在这场战役中重创辽军,辽人没有道理连他的名字都记错成"李敬源"或"李忠吉"。和辽军交手的宋将,从有"杨无敌"之称的杨业(935?—986),到曹彬(931—999)、崔彦进(922—988)、田重进、潘美、米信(928—994)、刘廷让以至杨重进(922—986)和贺令图(948—986),《辽史》都清楚著录他们的名字,而偏偏李继隆的名字,在《辽史》里不是张冠李戴,就是连生死都弄不清楚。[4]从这一点去看, 不得不教人怀疑,李继隆的战功是宋方自行吹嘘的了。

这场《辽史》没有记载的唐河大战,笔者怀疑这是宋方夸大战果的一

---

[1] 《辽史》,卷八十二《耶律磨鲁古传》,页1428;卷八十五《耶律奴瓜传》,页1448。《宋史》,卷二百七十二《荆嗣传》,页9313。

[2] 《宋史》,卷三百二十六《田敏传》,页10533。

[3] 参见伍伯常:《易州失陷年月考——兼论南宋至清编纂北宋历史的特色》,页8及注37。

[4] 参见《辽史》,卷十一《圣宗纪二》,页128—129,134—135;卷八十三《耶律休哥传》,页1433。王晓波:《宋辽战争考论》,页70—71。

场小型反击战。考诸《辽史》的相关记载,辽军的主力一直不在定州一线,前述的辽将耶律磨鲁古和耶律奴瓜进攻定州的部队,只属偏师。也许李继隆的部队在是年十一月曾成功地击退由耶律休哥率领来犯的百余队辽骑,但并没有改变辽方成功夺取涿、易二州大获全胜的事实。辽军这次南犯,战略目标是夺回边上的涿州和易州,对深入宋境的州郡,其实并没有占领的意图。对于宋军重镇的定州和镇州,辽军只派少量军队佯攻,志在牵制该地的守军不敢轻出救援,让辽军能从容地夺取涿州和易州。

事实上,辽军的目标完全达到。讽刺的是,据《宋会要》所记,李继隆以至在镇州的郭守文均上奏太宗吹嘘他们击败辽军,并大获全胜。宋廷收到捷报后,宰臣[赵普(922—992)或吕蒙正(944—1011)]为讨太宗的欢喜,马上率百官诣崇德殿称贺。[1]我们不知道太宗这趟实在被臣下所欺,还是他为激励士气,故意授意或默许李继隆等编造战果。太宗在岐沟关、陈家谷和君子馆三役连遭败北,他需要一场大胜仗挽回面子。同样,李继隆在君子馆一役蒙羞,他也需要一场漂亮的胜仗来雪耻。唐河一战当然是他恢复名誉的良机。他是太宗外戚中最善战的,由他扮演战胜辽军的英雄,确实也维护了太宗用人惟亲的政策。最后值得一提的是,元人修的《宋史·李继隆传》在这里倒实事求是,没有夸大李的战功,只说"一日,契丹骤至,攻满城,至唐河",李继隆"乃与继忠出兵,战数合,击走之",而并没有

---

[1] 据《宋会要》所记,守镇州的郭守文亦报称他与李继隆出精兵背城而阵,"蕃贼尽锐来薄我师,继隆号令将士,一鼓而破之,杀获甚众"。此点记载除不尽不实外,还似有争功之嫌。而据宋人官方纪录所写的《宋史·太宗纪二》更只说"十一月己丑,郭守文破契丹于唐河"。按:李焘已考证唐河之役与郭守文无关。而且辽军并无精锐尽出来攻定州。参《宋会要辑稿》,第十六册,《蕃夷一之十三·辽上》,页9718—9719。《宋史》,卷五《太宗纪二》,页83;卷二百五十九《郭守文传》,页9000。《长编》,卷二十九,端拱元年十一月条,页658。

像《长编》及《宋会要》那样，渲染李大破辽军，并斩首万级，夺马万匹。[1]

二、徐河之战

徐河之战与唐河之战相同，是一场宋军对辽军入侵的反击战。事实证明，辽军在唐河一战后，并没有受到宋人所夸大的重创，仍旧找机会入侵宋境防守薄弱的地方。这场战役双方的争逐点是宋北边前沿的威虏军〔按：威虏军本为易州遂城，太平兴国六年建为威虏军，景德元年（1004）改为广信军，今河北保定市徐水区西遂城〕，据宋人的记载，这场战役本来是辽军乘隙主动攻击护粮至威虏军的宋军，但后来辽军反被宋军出其不意偷袭而败北。

当辽军在端拱二年正月取得易州，并不时入侵宋境时，太宗只好诏文武大臣各陈备边御戎之策。户部郎中张洎（934—997）指出宋军采取消极防御政策之不妥："今河朔郡县，列壁相望，朝廷不以城邑大小，咸浚隍筑垒，分师而守焉。及乎贼众南驰，长驱深入，咸婴城自固，莫敢出战。是汉家郡县，据坚壁，囚天兵，待敌寇之至也。所以犬羊丑类，莞然自得，出入燕赵，若践无人之境。及其因利乘便，攻取城壁，国家常以一邑之众，当戎人一国之师。既众寡不侔，亦败亡相继，其故无他，盖分兵之过也。"他请求："悉聚河朔之兵，于缘边建三大镇，各统十万之众，鼎据而守焉。仍环旧城，广创新寨，俾士马击戎逐寇，便于出入。"张洎稍后再上奏，主张"凡在边境军垒，其甲卒不满三万人以上者，宜从罢废。既省朝廷供给，又免戎狄吞侵。以所管之师外隶缘边大镇，缘边大镇甲兵既聚，士马自强，以守则无易州倾陷之危，以战则有蕃汉力均之势，与夫分兵边邑，坐薪待燃，岂可同

---

1 《宋史》，卷二百五十七《李继隆传》，页8966。

年而语？"张洎主张放弃在前沿的威虏军。[1]身为定州都部署的李继隆并不同意张洎的主张，当太宗一度接受张之意见，下诏废威虏军时，他上奏反对："梁门为北门保障，不可废。"太宗最后听从李继隆的意见，保留威虏军。[2]

张洎与李继隆在防御辽军入侵的策略，以至威虏军存废的问题上谁对谁错，也许都有道理，不宜遽下结论。不过，李继隆在是年七月却面临一次重大考验，他因运送辎重至威虏军而遭辽军在徐河邀击，幸而他麾下的勇将尹继伦（947—996）出奇制胜，才使他渡过这次难关。

据《宋太宗实录》、《长编》及《宋史》的记载，在这年七月，威虏军粮馈不继，太宗命李继隆发镇、定大军一万人护送辎重数千乘前往，他的副将有镇州副都部署、殿前都虞候范廷召。但宋军的行动为耶律休哥谍知，休哥并且亲率精锐三万骑南来邀击。是月二十二日，崇仪使、北面都巡检使尹继伦刚好率领步骑千人巡边塞上，在道上竟遇上辽大军。耶律休哥看不起这支只有千人的宋军，竟不击而过，径向前方进军，志在找寻及攻击李继隆的大军。尹继伦分析形势，耶律休哥的大军不管对李继隆军打胜打败，都会回头扑打他这支小部队，他估计耶律休哥恃锐气攻击李继隆的大军，心中一定轻视尹的小部队，故主张"卷甲衔枚袭其后"，以求死里逃生。尹的部下都同意他的奇袭主张。尹部于是乘夜暗中尾随辽军，一直到达唐河与徐河之间。这时天尚未明，辽军距离李继隆的大军四十五里，而尹的

---

[1] 《长编》，卷三十，端拱二年正月乙未条，页667—668，端拱二年四月戊子条，页684—685；《元丰九域志》，卷二《广信军》，页88。

[2] 按：《李继隆墓志铭》亦记李继隆"在北边日，尝奉诏废威虏军，公上言以亭鄣之设，不可备废。迄今赖之"。又按：张洎曾言，有议者反对废威虏军，说"国家比创此军，以捍蔽定州，此军若废，则北戎立至城下"，疑这个议者就是李继隆。参见《宋史》，卷二百五十七《李继隆传》，页8966；《李继隆墓志铭》，叶二十八上；《长编》，卷三十，端拱二年四月戊子条，页683。

部队这时早在威虏军城北列阵以待。辽军不知尹的部队已在旁窥伺,而下令停止前进,小休进食,俟食毕然后才向李继隆大军发动攻击。尹继伦看准难得时机,趁辽军进食而没有作出战斗准备时发动突袭。辽偏将一人被杀,主帅耶律休哥正在进食,一时措手不及,为宋兵短兵重创其臂,只得乘马落荒而逃。辽军失了主帅,且不知宋军从何而来,因而大溃,自相践踏而死者无数。李继隆的副将范廷召见辽军忽然大乱,乘机挥军追杀,追奔过徐河十余里,据称斩首数千级,并俘获辽军甚众。其后定州副都部署孔守正(939—1004)又败辽军于曹河之斜村。太宗战后论功行赏,授尹继伦洛苑使领长州(今越南南定省)刺史,继续任北边都巡检。太宗后来知尹继伦为辽人所畏,称"当避黑大王",就加尚食使领长州团练使。[1]

除了《宋史·李继隆传》将这次徐河之役的胜利,归功于李继隆外,《宋史》其余各有关纪传,都据实以功劳归于尹继伦。另外《宋史·王杲传》亦称郭守文的大将王杲(939—1002)当时亦刚好督粮至威虏军,当他所部还抵徐河时,尹继伦正与敌厮杀,王杲部适遇辽军于河上,于是加入战斗。他倒没有夸大战功,只报上"杀贼,夺所乘马"。郭守文为他报功,太宗召见他问状,以功补马军都军头。至于《李继隆墓志铭》这回较老实,只

---

[1] 按:《宋史·太宗纪二》将尹继伦打败辽军系于七月二十三日辛丑,则他当在前一天(二十二)遇上辽军。关于宋人所记辽军被杀的大将"皮室相"究竟是谁,《辽史》未有提及,暂未可考。据《宋太宗实录》所载,尹继伦生得"状貌奇伟,面黧黑",辽人因此相戒曰:"当避黑大王。"另据《宋史》尹继伦本传所载,在淳化初年,著作佐郎孙崇谏从辽逃归,太宗询以边事。孙极言徐河之战大挫辽人锐气,辽人每闻尹继伦的名字,就不知所措。太宗才知道徐河之战真正的英雄是尹继伦,于是再将尹升为尚食使,领长州团练使,以激励边将。参见《宋太宗实录》,卷七十八,页189。《长编》,卷三十,端拱二年四月戊午仔,页682—683。《宋史》,卷五《太宗纪二》,页84;卷二百五十七《李继隆传》,页8966;卷二百七十五《孔守正传》,页9371;《尹继伦传》,页9375—9376;卷二百八十九《范廷召传》,页9698。

含糊地说李继隆"又出奇兵,薄西山以邀虏,虏亦引避",并没有大大渲染李在徐河一役的功劳。出于《长编》的《皇宋十朝纲要》亦只将败辽军的功劳归于尹继伦。[1]

《辽史》对是年七月的徐河之役没有具体的记述。《辽史·圣宗纪三》曾记在五月十三日,燕京奏"宋兵至边,时暑未敢与战,且驻易州,俟彼动则进击,退则班师"。辽主从其议。《辽史》又记耶律休哥与萧排押在六月,奏破宋兵于泰州(即宋的保州,按徐河即在保州北面十里)。到七月十五日辽主"遣兵南征",到十九日"劳南征将士"。但跟着就没有记这支南征军战况如何。考诸《辽史·耶律休哥传》和《辽史·萧排押传》,都没有记二人在是年曾南征宋。笔者怀疑《辽史》讳言其败,尤其是耶律休哥为辽的百胜将军,这番因轻敌而败于尹继伦手上,自然讳莫如深。[2]相比唐河之役,宋军在徐河击败辽军的可信性较高。

徐河之役以后的客观事实,乃辽军在太宗之世没有再大举入寇。《辽史·耶律休哥传》说他不再向宋用兵,是因他厌战,"以燕民疲弊,省赋役,

---

[1] 《宋史》李继隆本传称他预先布置尹继伦的伏兵于城外,又将领军追敌于徐河的功劳写上李继隆,显然溢美之嫌。考《东都事略》也将功劳归于李继隆,又说辽军有八万之众,比起《宋史》更有夸大之嫌。参见王称(?—1200后):《东都事略》,收入赵铁寒(1908—1976)主编:《宋史资料萃编第一辑》(台北:文海出版社,1967年1月),卷二十《李继隆传》,叶三上(页351)。《宋史》,卷二百五十七《李继隆传》,页8966;卷二百八十《王杲传》,页9504—9505。《李继隆墓志铭》,叶二十一下。李埴(1161—1238)(撰),燕永成(校正):《皇宋十朝纲要校正》(北京:中华书局,2013年6月),卷二《太宗》,端拱二年七月戊子条,页76。

[2] 《辽史》,卷十二《圣宗纪三》,页145;卷八十三《耶律休哥传》,页1433;卷八十八《萧排押传》,页1475。又据范成大(1126—1193)的记载,从定州北行一百二十里,即至保州;再北行十里,便抵徐河;再过十里,则是曹河。参见范成大(撰),孔凡礼(点校):《范成大笔记六种·揽辔录》(北京:中华书局点校本,2002年9月),页22。

戒成兵无犯宋境,虽马牛逸于北者悉还之。远近向化,边鄙以安"。[1]我们不知耶律休哥是否真的如宋人所记其臂受重创(可能致残),故终其余生都不能领军南犯。不过,宋军能教高梁河(源于今北京城西直门外紫竹院公园,东流至今德胜门外,折东南流斜穿今北京内外城,至今十里河村东南注入古漯水,今永定河前身)一役的辽军英雄耶律休哥受重创,也可算为太宗报当日被耶律休哥所部辽军射伤之仇。宜乎太宗后来厚赏尹继伦。公道而言,李继隆在这次侥幸得来的胜仗中的功劳,多少是因人成事。这次宋军不败反胜,与其说他有多大战功,不若说他运气不错。一代名将的耶律休哥竟然因轻敌而败,既教尹继伦得以成名,也教李继隆在雍熙与端拱年间之军旅生涯得以平安度过。[2]

三、结论

宋人大书特书的唐河及徐河之役,是宋太宗二度伐辽惨败后宋军在定州战区所取得的两场胜仗。不过,比照宋辽双方的记载,唐河之役其实是宋方夸大战果的一场小型反击战,真正取得胜利的,是成功收复易州及涿

---

[1] 《辽史》,卷八十三《耶律休哥传》,页1433。蒋武雄亦怀疑耶律休哥没有参与至道元年(995)正月与四月的子河汊之役与雄州之役,可能是因徐河之役手臂受伤所致。蒋氏并因此论断宋在徐河之战获胜,令耶律休哥不再出现在辽宋战场上,故此影响甚大。参蒋武雄:《耶律休哥与辽宋战争》,页485。

[2] 尹继伦为辽人所畏之事,为太宗所知后,即再将他自长州团练使迁深州(今河北衡水市深州市)团练使兼兵马部署。至道二年(996)八月,太宗以李继隆等伐西夏李继迁(963—1004)无功,马上想到尹继伦,即起用尹为深州防御使充灵庆兵马副部署,辅佐李继隆。可惜他已抱病,虽然力疾乘驿赶赴行营,但抵达不久即病卒,年五十。太宗闻之嗟悼,追录其功,赙赠加等,并遣中使护其丧,归葬京师。参见《宋太宗实录》,卷七十八,页189;《宋史》,卷二百七十五《尹继伦传》,页9376。关于太宗在太平兴国四年高梁河一役中箭受伤及其后遗症的情况,可参见何冠环:《宋太宗箭疾新考》,《香港中文大学中国文化研究所学报》,卷二十(1989年),页33—58。

州的辽军。至于徐河之役，则是辽名将耶律休哥亲统大军，趁着宋军护粮至守军不足及补给困难的威虏军的机会，准备向宋军邀击时，却因临阵轻敌而败于宋将尹继伦之奇兵。唐河及徐河之役的胜利，在相当程度重振宋军的士气，尤其是徐河之役，宋军在劣势下竟然打败并刺伤了辽的无敌将军耶律休哥。端拱以后，宋辽未有大规模的战斗，《辽史》归功于耶律休哥的和平政策。不过，耶律休哥对宋政策的改变，未必与徐河之役之挫败无关。

李继隆是唐河及徐河之役宋军的主帅，他维持一贯作风，临阵随机应变，不盲从太宗的指令。唐河之战虽然只是小胜，但他听从袁继忠正确的意见，不理监军中使的反对，冒着违诏受罚的风险，出战获胜，也是值得肯定的。当然，太宗利用李继隆这次小胜，掩盖丢失易州及涿州的事实，并向人证明他任人惟亲并无不妥，才是唐河之役后宋廷大吹大擂的真正原因。李继隆在徐河之役虽是宋军战区的最高指挥官，但他并未主动策划这一场战斗，这次宋军侥幸得胜，真正的英雄是临危应变极出色的勇将尹继伦，李继隆这次领的功劳，一半是因人成事。敢于随机应变，不盲目遵从主帅命令，是李继隆及其部下的一贯作风，亦为此而李继隆所部的宋军才得以在唐河及徐河之役取得胜利。说李继隆统军有方，也不算夸大其词。

后记

本文原载《中国文化研究所学报》新第十二期（总四十三期）（2003年），页107—120。文字略有修改，并补入一些数据，主要观点并未有改动。顺带一谈，好友顾宏义教授及其学生郑明于最近期曾发表《宋辽徐河之战及其影响》一文［载任仲书编：《辽金史论集》，第十二辑（长春：吉林大学出版社，2012年3月），页151—162］，读者可以参考比较。

附录二

宋故左藏库副使前知隰州军州事李君墓志铭

降授朝奉大夫充宝文阁待制知河南府兼西京留守司公事兼畿内劝农使兼专提举黄河埽岸柱国华亭县开国伯食邑七百户赐紫金鱼袋孙览撰

通直郎前大理评事武骑尉赐绯鱼袋张维清书

宣义郎监知泗州河南东仓王嵎篆

绍圣三年□□户部侍郎拜龙图阁直学士出帅河东。陛辞之日,荐君材力可备边任,由是擢知□□。元符三年余既罢还,相遇于京师。君方壮彊无恙,数月以不起闻。呜呼,其可哀也。君讳宗□□,姓李氏,国朝佐命功臣追封韩王讳处耘者,其高祖也。楚国忠武公赠太师尚书令兼中书令,配享真宗庙廷讳继隆者,其曾祖也。崇国良僖公赠太师尚书令兼中书令讳昭亮者,其祖也。四方馆使荣州团练使赠左金吾卫上将军讳惟贤者,其考也。君之上世,勋旧懿戚,载在国史。门第高华,贤侯相望。少以崇国恩补右侍禁。皇祐中大飨明堂,改左侍禁。宗室相王妻以季女,授西头供奉官,又奏迁东头。

英宗即位,转内殿崇班管勾都进奏院。丁父忧,遗奏迁承制。熙宁元年,勾当法酒库权翰林司举监睦州酒,改供备库副使。君既猒筦库之劳,不乐外官。居二年,以疾告归,闲居奉亲,澹于势利,怡然自得,勾当九龙庙,辟将作监勾当公事。丁母夫人崇安郡君张氏忧,服除。高阳关路安抚使吕公孺奏充雄霸州沿界河巡检都监。故事,任满再留即补郡守。君以所生文安县太君郭氏既老且病,辞之。代还,改文思副使。丁文安君忧。宣仁皇后复土修奉司,起复护役,讫事终丧,勾当翰林司,避亲改管勾在京沟河城壕公事,又改左金吾六军仪仗司,迁左藏库副使权知隰州。满岁为真。

今上即位,巡检京城南面,告谕真定府路,以其年五月二十一日卒于东都宜平里第,享年五十有八。娶德安郡主赵氏,即相王女也,先君八年卒,子男十一人,解、早卒、鼎、西头供奉官、随、左班殿直、革、三班奉职、常、三班借职、谦丰观损涣暎,皆未仕。女十二人,长适左侍禁曹懿文,次名法璃,为左街护国院尼,次适左侍禁赵子明,次适西京进士赵俯,余在室。孙男女七人。勋护军,封陇西郡开国侯,食邑一千三百户,以其年八月二十六日葬于河南府河南县太尉乡偏桥里韩王之茔,次以德安郡主祔。

方荣州府君盛时,蔡君谟过之,君方数岁,君谟一见谓之曰:此儿后当有立,即与王原叔书十六字,命其名字。君起家贵胄,不自骄矜,操尚修洁,喜与四方贤士大夫游。平居论议,欲以功名世其家。宾客造请,延礼慰藉之。尝若不及少时优游里闬。多藏古书画以自娱悦,终日闭开,不交世俗,如无意于仕进者。及其为人所知,出治吏事,则又能蚤夜克勤,经营职务。虽□□以之经怀,故所能至称职有闻。宽裕温恭,敏健济办,奉上接下,无不得其欢心。上官才之多□荐拔。今丞相韩公忠彦,门下侍郎李公清臣,皆其人也。始余元丰中为将作丞,与君同僚,见其□事趋功,不避寒暑,故河东之行,奏与之俱。而君在隰州,御军治民,威爱蔼然,一路推为能吏。朝廷方且知之庶几由此振发,不幸死矣,曾未究其所长也。其子将奠,使来求铭,铭曰:

有宋受命,僭伪削平。佐佑艺祖,韩王是营。忠武烈烈,遹追厥声。畴庸在天,配食庙廷。王之裔孙,继有显闻。逶迤百年,会籍禁门。侯其似之,无念乃勋。端庄而温,敏裕以文。不陨其光,世德克勤。不茹不绿,施于一州。匪寿匪耇,戬于一丘。维兹不泯,庸昭于幽。

附录三

宋故文思副使通远军兵马都监兼在城巡检专管勾买马上护军李公墓志铭

朝散大夫致仕柱国赐紫金鱼袋贾讷撰

朝请郎新差知嘉州军州立兼管勾劝农事飞骑尉赐绯鱼袋借紫李宏书

朝奉郎勾当在京新城里左厢公事所赐绯鱼袋贾若水篆盖

公□□□□□□端，先占籍上党，后徙开封令为开封人。高祖讳处耘，太祖□□□□，天下伏命，扶义功居第一，尝任枢密副使，赠中书令封韩王。曾祖讳继隆，景德中天子悯澶渊□□□□，和有大勋烈，任山南东道节度使同中书门下平章事，赠太师尚书令兼中书令楚国公谥忠武，□□□□□□□具真宗庙廷。祖讳昭亮，嘉祐中人□□□出殿外邦，勤劳王家，□□不□□，昭德军节度使同中书门下平章事，赠太师尚书令兼中书令，□□□谥良僖。考讳惟实，任东头供奉官阁门祇候赠□□□□将军。窃惟明德皇太后事太宗皇帝，慈仁渊懿，闻于中外，明德皇太后则其曾祖姑也。李氏上世丰功伟绩，具在国史，发祥流庆，有自来矣，宜其德□汪洋子孙，蕃衍传之百世而不穷。皇祐中，公以良僖恩补右侍禁，历左侍禁、东西头供奉官、内殿崇班、内殿承制、供备、西京左藏、文思三副使，勋上护军，任河南府渑池县□□□州甲仗、防城库，兴城、凤州水银冶、郑州管城县贾谷山采石场、开封陈留县河口镇酒税、润州□□□州兵马都监。枢密院选才，除通远军兵马都监。公临政简易，不为苛核，恻然常有爱人利物□□□□。甲仗库旧以坐甲兵取送监官，久而为例，公承袭不问。郡将力见捃竟不获免，公恬然不之□□□□。东南之冲，原隰不均。昔之善治水者，乃为三堰，北曰京口，以限江湖。南曰吕城，又南曰奔牛。□□□□□之议者，急目前之利，遂去吕城濬河以等奔牛，故水浅而□舟往来者，不胜其弊。元祐中，□□□□□，复吕城，希以其事委公。公创石磶木沟以节□□□□，河运通行，人赖其利。通远扼熙河□□□青唐款塞为顺。朝廷□□□三州，公数权军事，地迫任重，非敏于剸裁者有所不□□□二十万计□□□□于扰。公自以承勋贤亲旧之后，不敢骄堕，遇事必精审详慎□□□□时称。当世大臣□□□待制王公汾、枢密林公希、丞相章公惇皆深知公之所长，尝力荐□□□不及大用，岂命也。夫公天生孝爱，乐善好学，而尤喜于读史，不逐势利权豪，恬澹自若而常无□□□□之意。同母弟宗裔早世，其子无依，公汲汲赒养不啻若己出。晚节薄于功名，平居常语人曰□□可□□行。买田卜筑，逍遥于万安玉泉之间，将以逸吾终身焉。呜呼！如公之贤不能远以尽其□欲□之志，是可悲也。公尝手记熙宁丙辰中，梦掌祥源宫，后再见于梦者，数矣。逮元祐辛未，公时年□十八。□尝梦敬礼佛像，意以随年数礼之不觉。礼过其数至五十八而遂止。及公之卒，迺合其数，岂公之精神□梦流通而□□所享，与梦符合者耶？是皆不可诬也。故临终之际，神色不乱，衣冠俨然，若有所从，如公者可谓达于死生而能自了然者矣。公以建中靖国元年二月甲午卒于通远之官舍，享年五十八。公娶贾氏，封福昌县君。□□□人，震，东头供奉官，霁，幼亡。女二人长蚤卒，次适供备库副使□□。孙男一人，曰魈，习进士。孙女□人。□□以其年五月丙寅之吉，葬公于河南府河南县太尉乡偏□□先茔之次。其孤以讷与公有葭莩之旧，□□之事泣而请铭，于其请也，既以悲公之死，而又以服

□□□其忍不铭。铭曰：

李氏之兴，世有显人。韩王佐命，□勿枢衡。忠武奋庸，股肱心膂。良傅翊卫，折冲御侮。节旄衮服，相望后先。公不替德，承继绵绵。□□□和，宽裕以降。弗骄弗矜，以简以易。才大德博，屈而不伸。□□□□，势利莫与。寿孰主之，寿与梦契。安于佳城，藏千万世。

附录四

北宋潞州上党李氏外戚将门世系表

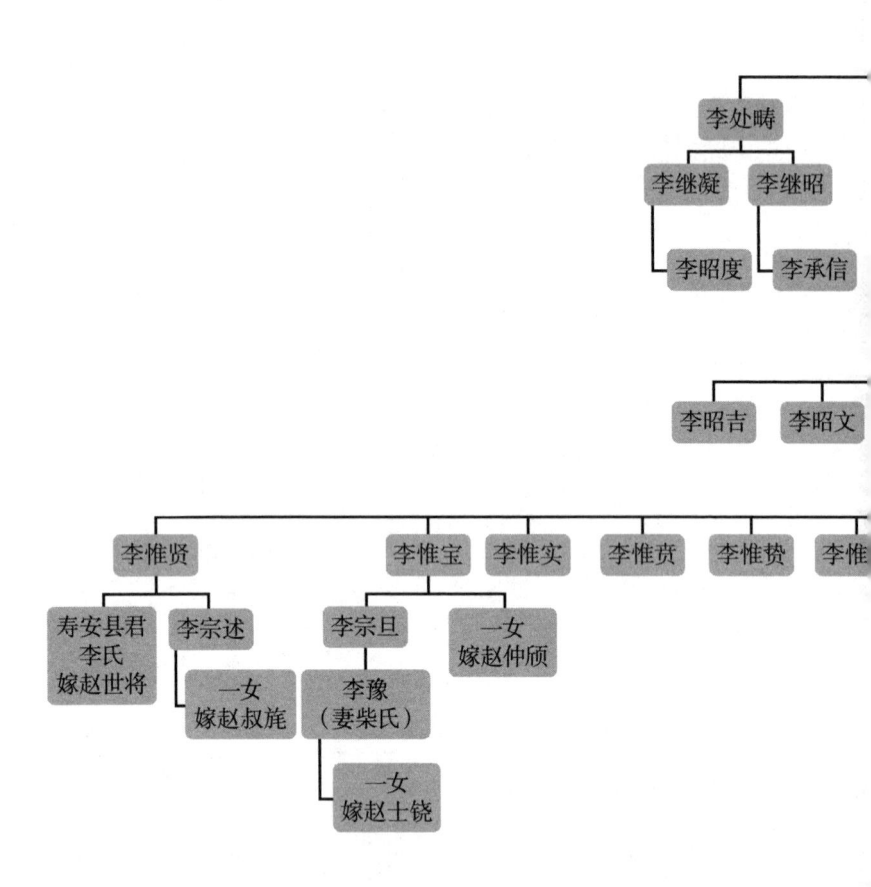

```
                                李处畴
                               /      \
                          李继凝      李继昭
                             |          |
                          李昭度      李承信


                          李昭吉    李昭文


   李惟贤           李惟宝      李惟实   李惟贲   李惟贽   李惟…
   /    \          /      \
寿安县君  李宗述   李宗旦   一女
李氏      |        |       嫁赵仲颀
嫁赵世将  一女     李豫
          嫁赵叔庑 （妻柴氏）
                   |
                  一女
                  嫁赵士铙
```

434 攀龙附凤

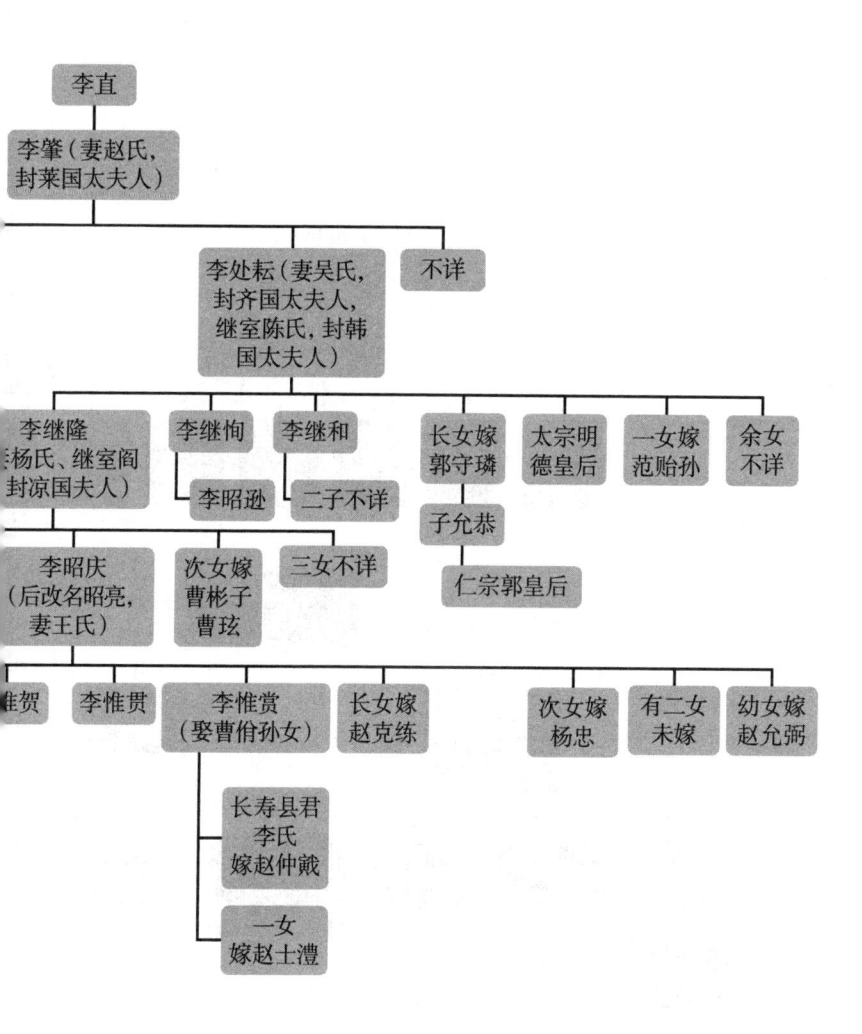

北宋潞州上党李氏外戚将门世系表

```
李直
 │
李肇（妻赵氏，封莱国太夫人）
 ├─────────────────────┬──────────┐
李处耘（妻吴氏，封齐国太夫人，    不详
继室陈氏，封韩国太夫人）
 ├──────┬──────┬──────┬──────┬──────┬──────┐
李继隆   李继恂  李继和  长女嫁  太宗明  一女嫁  余女
（妻杨氏、│      │      郭守璘  德皇后  范贻孙  不详
继室阎氏，李昭逊  二子不详 │
封凉国夫人）              子允恭
 │                        │
 ├──────┬──────┐        仁宗郭皇后
李昭庆   次女嫁  三女不详
（后改名昭亮， 曹彬子
妻王氏）  曹玹
 ├──┬──┬──────┬──────┬──────┬──────┬──────┐
李惟贺 李惟贯 李惟贤 长女嫁  次女嫁  有二女  幼女嫁
            （娶曹佾孙女）赵克练 杨忠   未嫁   赵允弼
             ├──────┐
             长寿县君
             李氏
             嫁赵仲戴
             │
             一女
             嫁赵士澧
```

附录四 ｜ 北宋潞州上党李氏外戚将门世系表

附录五

李惟贤、李惟实后人表

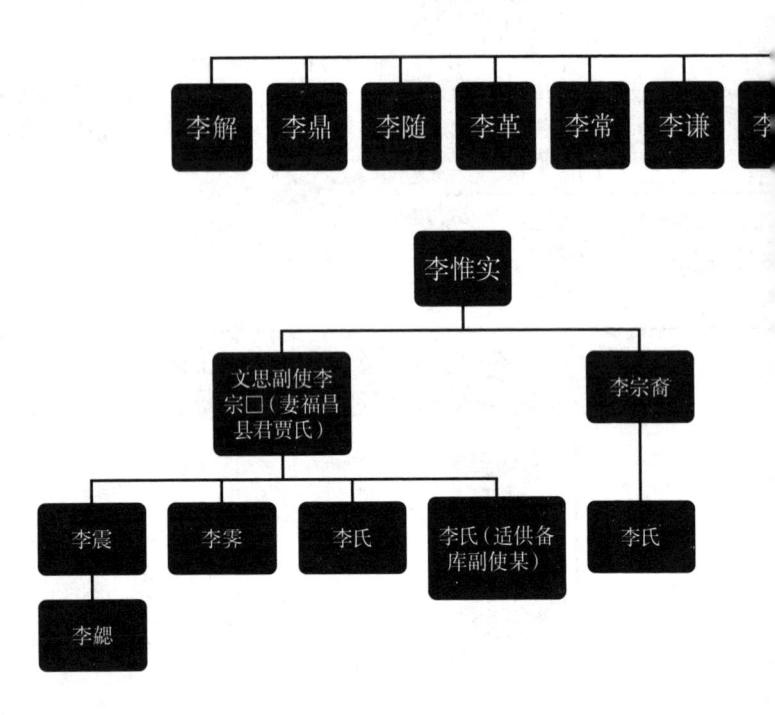

李解　李鼎　李随　李革　李常　李谦　李…

李惟实
├─ 文思副使李宗□（妻福昌县君贾氏）
│   ├─ 李震
│   │   └─ 李鳃
│   ├─ 李霁
│   ├─ 李氏
│   └─ 李氏（适供备库副使某）
└─ 李宗裔
    └─ 李氏

```
                    ┌─────────────────────┐
                    │ 李惟贤              │
                    │ 娶崇安郡君张氏      │
                    │ 文安县太君          │
                    └──────────┬──────────┘
                               │
                    ┌──────────┴──────────┐
                    │ 左藏库使李          │
                    │ 宗□（妻德安        │
                    │ 郡主赵氏）          │
                    └──────────┬──────────┘
  ┌────┬────┬────┬────┬────┬────┬────┬────┬────┐
┌─┴─┐┌─┴─┐┌─┴─┐┌─┴─┐┌─┴─┐┌─┴─┐┌─┴─┐┌─┴─┐┌─┴─┐
│李 ││李 ││李 ││李 ││李氏││尼 ││李氏││李氏││另八女│
│观 ││损 ││涣 ││暌 ││（适左││法 ││（适宗室││适西京││未嫁│
│   ││   ││   ││   ││侍禁曹││璕 ││左侍禁││进士赵││    │
│   ││   ││   ││   ││懿文）││   ││赵子明）││俯   ││    │
└───┘└─┬─┘└───┘└───┘└─────┘└───┘└─────┘└─────┘└────┘
       │
   ┌───┴───┐
   │孙男女 │
   │七人   │
   └───────┘
```

附录五　李惟贤、李惟实后人表　　　　437

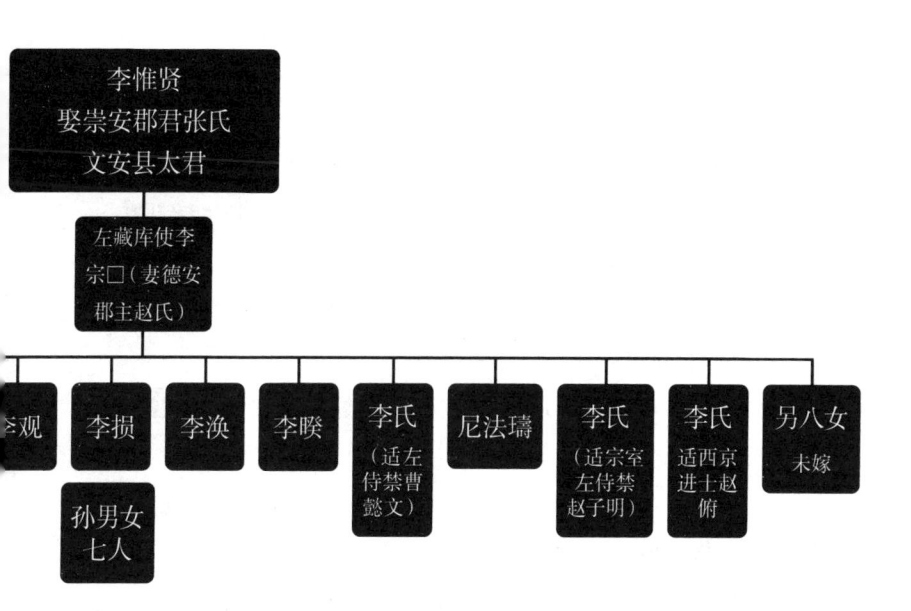

参考书目

(一)史源

(1)徐铉(917—992)(撰),李振中(校注):《徐铉集校注》(北京:中华书局,2018年1月)。

(2)乐史(930—1007)(撰),王文楚等(点校):《太平寰宇记》(北京:中华书局,2007年11月)。

(3)田锡(940—1003)(撰),罗国威(校点):《咸平集》(成都:巴蜀书社,2008年4月)。

(4)柳开(947—1000)(撰),李可凤(点校):《柳开集》(北京:中华书局,2015年11月)。

(5)王禹偁(954—1001):《小畜集》,文渊阁《四库全书》本。

(6)钱若水(960—1003)(撰),燕永成(点校):《宋太宗实录》(兰州:甘肃人民出版社,2005年11月)。

(7)周羽翀(?—962后):《三楚新录》,文渊阁《四库全书》本。

(8)杨亿(974—1020):《武夷新集》,文渊阁《四库全书》本。

(9)夏竦(985—1051):《文庄集》,文渊阁《四库全书》本。

(10)祖士衡(987—1025):《龙学文集》,文渊阁《四库全书》本。

(11)范仲淹(989—1052)(撰),李勇先、王蓉贵(校点):《范仲淹全集》（成都：四川大学出版社，2002年9月）。

（12）包拯（996—1062）（撰），杨国宜（整理）：《包拯集编年校补》（合肥：黄山书社，1989年12月）。

（13）宋庠（996—1066）：《元宪集》，文渊阁《四库全书》本。

（14）曾公亮（999—1078）：《武经总要·后集》（北京：解放军出版社，据明金陵书林唐富春刻本影印，1988年8月）。

（15）梅尧臣（1002—1060）（撰），朱东润（1896—1988）（校注）：《梅尧臣集编年校注》（上海：上海古籍出版社，1980年11月）。

（16）石介（1005—1045）（撰），陈植锷（1947—1994）（点校）：《徂徕石先生文集》（北京：中华书局，1984年7月）。

（17）江休复（1005—1060）（撰），储玲玲（整理）：《江邻几杂志》，收入朱易安、傅璇琮（1933—2016）等（主编）：《全宋笔记》第一编第五册（郑州：大象出版社，2003年10月）。

（18）文彦博（1006—1097）（撰），申利（校注）：《文彦博集校注》（北京：中华书局，2016年2月）。

（19）欧阳修（1007—1072）（撰），李逸安（点校）：《欧阳修全集》（北京：中华书局，2001年3月）。

（20）张方平（1007—1091）（撰），郑涵（点校）：《张方平集》（郑州：中州古籍出版社，1992年10月）。

（21）苏舜钦（1008—1048）（著），傅平骧、胡问陶（校注）：《苏舜钦集编年校注》（成都：巴蜀书社，1991年3月）。

（22）韩琦（1008—1075）（撰），李之亮、徐正英（笺注）：《安阳集编年笺注》（成都：巴蜀书社，2000年10月）

（23）成寻（1011—1081）（著），王丽萍（点校）：《新校参天台五台山记》（上海：上海古籍出版社，2009年11月）。

（24）蔡襄（1012—1067）（著），吴以宁（点校）：《蔡襄集》（上海：上海古籍出版社，1996年8月）。

（25）曾巩（1019—1083）（撰），王瑞来（校证）：《隆平集校证》，（北京：中华书局，2012年7月）。

（26）曾巩（撰），陈杏珍、晁继周（点校）：《曾巩集》，（北京：中华书局，1984年11月）。

（27）司马光（1019—1086）：《资治通鉴》（北京：中华书局点校本，1956年6月）。

（28）司马光（撰），邓广铭（1907—1998）、张希清（校点）：《涑水记闻》，（北京：中华书局，1989年9月）。

（29）司马光（撰），李文泽、霞绍晖（校点）：《司马光集》（成都：四川大学出版社，2010年2月）。

（30）王珪（1019—1085）：《华阳集》，文渊阁《四库全书》本。

（31）苏颂（1021—1101）（撰），王同策等（点校）：《苏魏公集》（北京：中华书局，1988年9月）。

（32）王存（1023—1101）（撰），王文楚（1933—2024）、魏嵩山（点校）：《元丰九域志》（北京：中华书局，1984年12月）。

（33）沈遘（1028—1067）：《西溪集》，文渊阁《四库全书》本。

（34）沈括（1031—1095）：《梦溪笔谈校证》（胡道静校证）（上海：上海古籍出版社，1987年9月）。

（35）王安礼（1034—1095）：《王魏公集》，文渊阁《四库全书》本。

（36）苏轼（1037—1101）（撰），（清）王文诰（1764—？）（辑注），孔凡礼（1923-2010）（点校）：《苏轼诗集》（北京：中华书局，1982年2月）。

（37）苏轼（撰），孔凡礼（1923—2010）（点校）：《苏轼文集》（北京：中华书局，1986年3月）。

(38)苏辙(1039—1112)(撰),曾枣庄、马德富(校点):《栾城集》(上海:上海古籍出版社,1987年3月)。

(39)范祖禹(1041—1098):《范太史集》,文渊阁《四库全书》本。

(40)慕容彦逢(1067—1117):《摛文堂集》,文渊阁《四库全书》本。

(41)程俱(1078—1144)(撰),黄宝华(整理):《麟台故事》(残本),收入朱易安、傅璇琮(主编):《全宋笔记》第二篇第九种(郑州:大象出版社,2006年1月)。

(42)许翰(1055或1056—1133)(撰),刘云军(点校):《许翰集》(保定:河北大大学出版社,2014年7月)。

(43)李攸(?—1134后):《宋朝事实》,《国学基本丛书》本(上海:商务印书馆,1935年4月)。

(44)张扩(?—1147):《东窗集》,文渊阁《四库全书》本。

(45)张嵲(1096—1148):《紫微集》,文渊阁《四库全书》本。

(46)张邦基(?—1148后)(撰),孔凡礼(点校):《墨庄漫录》(与《过庭录》《可书》合本)(北京:中华书局,2002年8月)。

(47)胡铨(1102—1180):《澹庵文集》,文渊阁《四库全书》本。

(48)李焘(1115—1184):《续资治通鉴长编》(北京:中华书局点校本,1979—1995年)。

(49)周麟之(1118—1164):《海陵集》,文渊阁《四库全书》本。

(50)不著撰人(编):《锦绣万花谷·续集》,文渊阁《四库全书》本。

(51)范成大(1126—1193)(撰),孔凡礼(点校):《范成大笔记六种·揽辔录》(北京:中华书局点校本,2002年9月)。

(52)周必大(1126—1204)(撰),王瑞来(点校):《周必大集校证》(上海:上海古籍出版社,2020年11月)。

（53）吕祖谦（1137—1181）（编），齐治平（点校）：《宋文鉴》（北京：中华书局，1992年3月）。

（54）赵汝愚（1140—1196）（编），北京大学中国中古史研究中心（校点整理）：《宋朝诸臣奏议》（上海：上海古籍出版社，1999年12月）。

（55）杜大珪（？—1194后）编：《名臣碑传琬琰之集下》，文渊阁《四库全书》本。

（56）李心传（1166—1243）（撰），辛更儒（点校）：《建炎以来系年要录》（上海：上海古籍出版社，2018年12月）。

（57）王称（？—1200后）：《东都事略》，收入赵铁寒（1908—1976）（主编）：《宋史资料萃编第一辑》（台北：文海出版社，1967年1月）。

（58）彭百川（？—1209后）：《太平治迹统类》（扬州：广陵古籍刻印社影印适园丛书本，1990年12月）。

（59）徐自明（？—1217后）（撰），王瑞来（校补）：《宋宰辅编年录校补》（北京：中华书局，1986年12月）。

（60）林駧（？—1232）：《古今源流至论续集》，文渊阁《四库全书》本。

（61）李埴（1161—1238）（撰），燕永成（校正）：《皇宋十朝纲要校正》（北京：中华书局，2013年6月）。

（62）陈均（1174—1244）（编），许沛藻、金圆、顾吉辰、孙菊园（点校）：《皇宋编年纲目备要》（北京：中华书局，2006年12月）。

（63）佚名（撰），燕永成（整理）：《咸淳遗事》，收入戴建国（主编）：《全宋笔记》，第八编第六册（郑州：大象出版社，2017年7月）。

（64）王应麟（1223—1296）：《玉海》，文渊阁《四库全书》本。

（65）马光祖（修）（？—1269后），周应合（？—1275后）（纂）：《景定建康志》，收入王晓波、李勇先、张保见、庄剑（点校）：《宋元珍稀地方志丛刊·甲编》（成都：四川大学出版社，2007年6月）。

（66）马端临（1254—1323）（著），上海师范大学古籍研究所暨华东师范大学古籍研究所（点校）：《文献通考》（北京：中华书局点校本，2011年9月）。

（67）脱脱（1314—1355）：《宋史》（北京：中华书局点校本，1977年11月）。

（68）脱脱（1314—1355）（纂），刘浦江（1961—2015）等（修订）：《辽史》（北京：中华书局点校修订本，2016年4月）。

（69）顾炎武（1613—1682）：《金石文字记》，文渊阁《四库全书》本。

（70）徐乾学（1631—1694）（编）：《资治通鉴后编》，文渊阁《四库全书》本。

（71）徐松（1781—1848）（辑），刘琳、刁忠民、舒大刚、尹波等（校点）：《宋会要辑稿》（上海：上海古籍出版社，2014年6月）。

（72）孙星衍（1753—1818）、邢澍（1759—1823）：《寰宇访碑录》，《国学基本丛书》本（上海：商务印书馆，1935年7月）。

（73）不著撰人（编），司义祖（校注）：《宋大诏令集》（北京：中华书局，1962年10月）。

（74）河南省文物研究所、河南省洛阳地区文管处（编）：《千唐志斋藏志》，下册（北京：文物出版社，1984年1月）。

（75）北京图书馆金石组（编）：《北京图书馆藏中国历代石刻拓本汇编》（两宋二），第三十八册（郑州：中州古籍出版社，1990年2月）。

（76）傅璇琮等编：《全宋诗》，第九册（北京：北京大学出版社，1992年7月）。

（77）张羽新（主编）：《新中国出土墓志·河南（壹）》（北京：文物出版社，1994年2月）。

（78）向南（杨森，1937—2012）（编）：《辽代石刻文编》（石家庄：河北教育出版社,1995年4月)。

(79)曾枣庄、刘琳(编):《全宋文》(上海:上海辞书出版社,2006年8月)。

(80)赵君平、赵文成(编):《河洛墓刻拾零》(北京:北京图书馆出版社,2007年7月)。

(81)向南、张国庆、李宇峰(辑注):《辽代石刻文续编》(沈阳:辽宁人民出版社,2010年1月)。

(82)西安市长安博物馆(编):《长安新出墓志》(北京:文物出版社,2011年5月)。

(二)专书与论文

(1)程光裕(1920—2019):《宋太宗对辽战争考》(台北:台湾商务印书馆,1972年11月)。

(2)王德毅(1934—2024)、昌彼得(1921—2011)(等编):《宋人传记数据索引》(台北:鼎文书局,1975年12月)。

(3)邓广铭(1907—1998)、程应镠(1916—1994)(主编):《中国历史大辞典·宋史》(上海:上海辞书出版社,1984年12月)。

(4)蒋复璁(1898—1990):《珍帚斋文集》卷三《宋史新探》(台北:台湾商务印书馆,1985年9月)。

(5)张其凡(1949—2016):《赵普评传》(北京:北京出版社,1991年5月)。

(6)"中央研究院"历史语言研究所出版品编辑委员会(编):《中国近世社会文化史论文集》(台北:"中央研究院"历史语言研究所,1992年6月)。

（7）韩茂莉：《宋代农业地理》（太原：山西古籍出版社，1993年8月）。

（8）王天顺（主编）：《西夏战史》（银川：宁夏人民出版社，1993年10月）。

（9）鲁人勇等（编）：《宁夏历史地理考》（银川：宁夏人民出版社，1993年12月）。

（10）张邦炜：《宋代皇亲与政治》（成都：四川人民出版社，1993年12月）。

（11）李国玲（编纂）：《宋人传记数据索引补编》（成都：四川大学出版社，1994年8月）。

（12）李华瑞：《宋代酒的生产和征榷》（保定：河北大学出版社，1995年3月）。

（13）王菡（1951—2017）：《潘美传》（北京：中华工商联合出版社，1995年12月）。

（14）刘静贞：《北宋前期皇帝和他们的权力》（台北：稻乡出版社，1996年4月）。

（15）黄启江：《北宋佛教史论稿》（台北：台湾商务印书馆，1997年4月）。

（16）朱玉龙（编）：《五代十国方镇年表》（北京：中华书局，1997年5月）。

（17）高路加：《高姓群体的历史与传统》（呼和浩特：内蒙古大学出版社，1997年10月）。

（18）张其凡：《宋太宗》（长春：吉林文史出版社，1997年12月）。

（19）黄燕生：《宋仁宗　宋英宗》（长春：吉林文史出版社，1997年12月）。

（20）"中央研究院"历史语言研究所出版品编辑委员会主编：《中国

近世家族与社会学术研讨会论文集》(台北:"中央研究院"历史言语研究所,1998年6月)。

(21)李华瑞:《宋夏关系史》(保定:河北人民出版社,1998年9月)。

(22)李裕民:《宋史新探》(西安:陕西师范大学出版社,1999年1月)。

(23)徐规(1920—2010):《仰素集》(杭州:杭州大学出版社,1999年5月)。

(24)史念海(1912—2001):《黄河流域诸河流的演变与治理》(西安:陕西人民出版社,1999年12月)。

(25)王善军:《宋代宗族和宗族制度研究》(石家庄:河北教育出版社,2000年1月)。

(26)陈峰:《武士的悲哀——北宋崇文抑武现象透析》(西安:陕西人民教育出版社,2000年2月)。

(27)宁志新:《李勣评传》,(西安:三秦出版社,2000年5月)。

(28)蒋维锬:《蔡襄年谱》(厦门:厦门大学出版社,2000年12月)。

(29)陶晋生:《北宋士族:家族·婚姻·生活》(台北:"中央研究院"历史语言研究所专刊之一零二,2001年2月)。

(30)李之亮:《宋河北河东大郡守臣易替考》(成都:巴蜀书社,2001年5月)。

(31)李华瑞:《宋史论集》(保定:河北大学出版社,2001年8月)。

(32)李蔚:《西夏史若干问题探索》(兰州:甘肃文化出版社,2002年6月)。

(33)李一飞:《杨亿年谱》(上海:上海古籍出版社,2002年8月)。

(34)陈植锷(1949—1994)(著)、周秀蓉(整理):《石介事迹著作编年》(北京:中华书局,2003年1月)。

（35）何灏：《宋祁年谱》（四川大学硕士论文，2003年3月）。

（36）王善军：《宋代世家大族：个案与综合之研究》（四川大学博士后论文，2003年5月）。

（37）曾瑞龙（1960—2003）：《经略幽燕（979—987）：宋辽战争军事灾难的战略分析》（香港：中文大学出版社，2003年6月）。

（38）何冠环：《北宋武将研究》（香港：中华书局，2003年6月）。

（39）沈鸿鑫：《梅兰芳周信芳和京剧世界》（上海：汉语大辞典出版社，2004年11月）。

（40）陈峰：《北宋武将群体与相关问题研究》（北京：中华书局，2004年6月）。

（41）邓广铭：《邓广铭全集》（石家庄：河北教育出版社，2005年7月）。

（42）温洁：《宋祁诗文系年及行实考述》（郑州大学硕士论文，2005年5月）。

（43）汤开建：《党项西夏史探微》（台北：允晨文化实业股份有限公司，2005年6月）。

（44）王天顺：《河套史》（北京：人民出版社，2006年1月）。

（45）任立轻：《宋代河内向氏家族研究》（河北大学硕士论文，2006年4月）。

（46）程龙：《北宋西北战区粮食补给地理》（北京：社会科学文献出版社，2006年6月）。

（47）黄宽重：《宋代的家族与社会》（台北：东大图书公司，2006年6月）。

（48）汤开建：《宋金时期安多吐蕃部落史研究》（上海：上海古籍出版社，2007年2月）

（49）张希清、田浩、穆绍珩、刘乡英（主编）：《澶渊之盟新论》（上海：上海人民出版社，2007年3月）。

（50）李昌宪：《中国行政区划通史·宋西夏卷》（上海：复旦大学出版社，2007年8月）。

（51）《法国汉学》丛书编辑委员会（编）：《边臣与疆吏》，《法国汉学》第十二辑（北京：中华书局，2007年12月）。

（52）贾明杰：《宋初名将李继隆研究》（河北大学硕士论文，2008年6月）。

（53）柳立言：《宋代的家庭和法律》（上海：上海古籍出版社，2008年7月）。

（54）李裕民（主编）：《首届全国杨家将历史文化研究会论文集》（北京：科学出版社，2009年1月）。

（55）赵振华：《洛阳古代铭刻文献研究》（西安：三秦出版社，2009年12月）。

（56）赵冬梅：《文武之间：北宋武选官研究》（北京：北京大学出版社，2010年3月）。

（57）曾瑞龙：《北宋种氏将门之形成》（香港：中华书局，2010年5月）。

（58）马运法：《北宋武将王德用家族研究》（西北大学硕士论文，2010年6月）。

（59）陈峰：《宋初军政研究》（北京：中国社会科学出版社，2010年9月）。

（60）王晓波：《宋辽战争论考》（成都：四川大学出版社，2011年4月）。

（61）马天宝：《北宋吴越钱氏后裔——钱惟演研究》（河北大学硕士

论文,2011年6月)。

(62)邱逸:《兵书上的战车:宋代〈孙子兵法〉研究》(香港:中华书局,2012年10月)。

(63)何冠环:《北宋武将研究续编》(新北:花木兰文化事业有限公司,2016年3月)。

(64)龚延明(编著):《宋代官制辞典》(增订本)(北京:中华书局,2017年12月二版)。

(65)何冠环:《宫闱内外:宋代内臣研究》(新北:花木兰文化事业有限公司,2018年3月)。

(66)何冠环:《宋初朋党与太平兴国三年进士》(修订本)(上海:中西书局,2018年6月)。

(67)李裕民:《宋史考论二集》(北京:科学出版社,2022年2月)。

(68)李裕民:《宋人生卒年月日考》(北京:中华书局,2023年4月)。

(69)王章伟:《近世社会的形成:宋代的士族与民间信仰》(成都:四川人民出版社,2024年5月)。

(三)期刊及论文集论文

(1)李锡厚:《试论辽代玉田韩氏家族的历史地位》,《宋辽金史论丛》,第一辑(北京:中华书局,1985年8月),页251—266。

(2)汤开建:《北宋御边名将——曹玮》,《西北民族学院学报》,1986年第2期,页37—43。

(3)张其凡:《庸将负盛名——略论曹彬》,载邓广铭、徐规(主编):《宋史研究论文集》(1984年年会编刊)(杭州:浙江人民出版社,1987年11月),页507—527。

(4)何冠环:《宋太宗箭疾新考》,《中国文化研究所学报》,第二十卷

(1989年),页33—58。

(5)魏奎阁:《萧排押父为萧挞凛考》,载《辽海文物学刊》(沈阳),1991年第2期(总第12期),页83—86。

(6)王育济、白钢:《宋太祖遣使行刺北汉国主考》,《中国史研究》,1992年第4期(总56期),页96—104。

(7)柳立言:《宋初一个武将家族的兴起——真定曹氏》,载"中央研究院"历史语言研究所出版品编辑委员会(编):《中国近世社会文化史论文集》(台北:"中央研究院"历史语言研究所,1992年6月),页55—64。

(8)柳立言:《宋辽澶渊之盟新探》,原载《"中央研究院"历史语言研究所集刊》,第六十一本第三分(1992年3月),现收入宋史座谈会(编辑):《宋史研究集》,第二十三辑(台北:"国立编译馆",1995年2月),页71—189。

(9)杨国宜:《庆历新政时期保州兵变的评价问题》,《安徽师大学报》第21卷(1993年)第3期,页303—310。

(10)伍伯常:《易州失陷年月考——兼论南宋至清编纂北宋历史的特色》,载杨炎廷(编):《宋史论文集——罗球庆老师荣休纪念专辑》(香港:中国史研究会,1994年8月),页1—19。

(11)苏健:《宋中书令李昭亮神道碑调查》,《洛阳大学学报》,第9卷第3期(1994年9月),页50—54。

(12)柳立言:《从御驾亲征看宋太祖的创业与转型》,载《庆祝邓广铭教授九十华诞论文集》(石家庄:河北教育出版社,1997年2月),页151—160。

(13)陈西汀(1920—2002):《杂忆与遐思——周信芳先生导演澶渊之盟回顾》,《中国戏剧》,1997年第9期,页18—21。

(14)罗丰:《五代、宋初灵州与丝绸之路》,《西北民族研究》,1998

年第1期（总第22期），页10—18。

（15）蒋武雄：《耶律休哥与辽宋战争》，原刊《中国历史学会史学集刊》第二十六期（1994年9月），现收入宋史座谈会（编）：《宋史研究集》，第二十八辑（台北："国立编译馆"，1998年8月），页463—498。

（16）杨国宜：《包拯关于辽夏问题的对策》，《安徽师范大学学报》（人文社会科学版），第27卷第1期（1999年2月），页99—102。

（17）刘凤翥、金永田：《辽代韩匡嗣与其家人三墓志铭考释》，《中国文化研究所学报》，新第九期（2000年），页215—236。

（18）方良：《宋真宗和辽国策平议》，载《苏州铁道学院学报》（社会科学版），第17卷第11期（2000年3月），页94—100。

（19）李华瑞：《唐末五代初的食人现象——兼说中国古代食人现象与文化陋俗的关系》，《西北师大学报》（社会科学版），第38卷第1期（2001年1月），页7—12。

（20）何成：《宋代王审琦家族兴盛原因述论》，《甘肃社会科学》2001年6期，页69—71。

（21）刘永明：《试论曹延禄的醮祭活动——道教与民间宗教相结合的典型》，《敦煌学辑刊》，2002年第1期（总第41期），页65—75。

（22）翔之：《定州众春园考》，《文物春秋》，2002年第1期，页27—36。

（23）何天明：《澶渊议和与王继忠》，载《内蒙古社会科学》（汉文版），第23卷第3期（2002年5月），页46—48。

（24）李天鸣：《宋元的弩炮与弩炮部队》，载宋史座谈会（主编）：《宋史研究集》，第三十三辑（台北：兰台出版社，2003年8月），页497—566。

（25）王善军：《宋代真定曹氏家族剖析》，载《历史文化研究》第十九辑，韩国外国语大学历史文化研究所，2003年，页189—209。

（26）程龙：《论北宋西北堡寨的军事功能》，《中国史研究》，2004年第1期，页89—107。

（27）孟宪玉：《萧挞览之死深探》，《乐山师范学院学报》，第19卷第9期（2004年9月），页90—92。

（28）曹家齐：《"嘉祐之治"问题探论》，《学术月刊》，2004年第九期，页60—66。

（29）贾明杰：《上党名将李继隆》，《沧桑》，2006年第4期，页7—8。

（30）袁愈雄：《北宋开梅山与章惇》，《湖南人文科技学院学报》，2006年第5期（总第92期），页106—118。

（31）程龙：《北宋西北沿边屯田的空间分布与发展差异》，《中国农史》，2007年第3期，页57—69。

（32）曹家齐：《赵宋当朝盛世说之造就及其影响——宋朝"祖宗家法与嘉祐之治"新论》，《中国史研究》2007年4期，页69—89。

（33）袁良勇：《宋代功臣配享论述》，《史学月刊》，2007年第5期，页27—32。

（34）杨果、刘广丰：《宋仁宗郭皇后被废案探议》，《史学集刊》，2008年第1期（2008年1月），页56—60。

（35）王玉亭：《从辽代韩知古家族墓志看韩氏家族契丹化的问题》，《北方文物》，2008年第1期，页59—64。

（36）林文勋：《宋王朝边疆民族政策的创新及其历史地位》，《中国边疆史地研究》，第十八卷第四期（2008年12月），页11—23。

（37）王玉亭：《辽代韩德昌及其子嗣职官述略——兼论玉田韩第五代权势问题》，《北方文物》，2009年第3期，页71—75。

（38）陈晓伟：《辽代功臣制度初探》，《辽宁工程技术大学学报》（社会科学版），第11卷第3期（2009年5月），页280—282。

（39）王瑞来：《配享功臣：盖棺未必定论——略说宋朝官方的历史人物评价操作》，《史学集刊》（长春），2011年第5期（2011年9月），页31—41。

（40）王隽：《宋代功臣画像考述》，《河南大学学报》（社会科学版），第51卷第6期（2011年11月），页68—75。

（41）胡坤：《"近代贵盛，鲜有其比"——三代外戚武将宋偓事迹考论》，载姜锡东（主编）：《宋史研究论丛》第十二辑（保定：河北大学出版社，2011年12月），页150—174。

（42）张明华：《北宋宫廷的〈长恨歌〉——宋仁宗的张贵妃宫廷爱情研究》，《咸宁学院学报》，第32卷第1期（2012年1月），页22—26。

（43）顾宏义、郑明：《宋辽徐河之战及其影响》，载任仲书（主编）：《辽金史论集》，第十二辑（长春：吉林大学出版社，2012年3月），页151—162。

（44）何冠环：《宋初开封酒商孙守彬事迹考》，《东方文化》，第51卷第2期（2022年12月），页41—64。

后　记

本书的撰写前后经过十载，真有点十年磨一剑的味道。早在2002年笔者仍在编集《北宋武将研究》一书时，已构想如何进一步探讨北宋出身于将门的外戚问题。收入该书的《宋太祖朝的外戚武将》算是开了一个头。最初的构想是选择北宋最有代表性的几个外戚将门，以家族史的写法进行深入研究。首先想到的，就是潞州上党李氏外戚将门。因为过去研究北宋前期的宋辽、宋夏关系史时，对李继隆、李继和兄弟的战功及事迹已有相当的了解，而过去学术界对李氏父子兄弟之功业研究不多，故此以这一个案作为笔者研究北宋外戚将家的切入点，相信是可行的。研究李氏外戚将门，自然要从它的起家者李处耘开始。2002年11月，笔者获邀参加在广东珠海市举行的纪念陈乐素教授百年诞辰国际学术研讨会，笔者就以李处耘的事迹为题作报告。该文后来刊于2003年2月的《暨南学报》。

李继隆的研究随后开展，但难度甚高，笔者先写出李继隆所参与的宋辽唐河及徐河两役一部分，并在2002年8月在甘肃兰州市举行的宋史研究会第十届年会宣读，该文稍后在2003年的《中国文化研究所学报》刊出。笔者本来打算继续写下去，先完成李继隆在太宗朝的事功部分，没想到在2004年12月获邀参加在河南濮阳市举行的纪念澶渊之盟一千年国际学术研讨会，于是改变计划，先将李继隆在真宗朝，特别是景德元年复出参与景德之役的一段历史写出，作为在该次会议宣读的文章。该文后来在2007年3月出版的论文集刊出。

几经辛苦，太宗朝之李继隆事迹终于在2008年初写成，全文逾六万字，先在同年6月，于家师陶晋生院士执教的台湾东吴大学宋史研究生班上宣读，蒙陶老师指正加以修改，再在同年八月在云南昆明市举行的宋史研究会第十三届年会上宣读，后来在2008年12月的《东吴历史学报》刊出。

在这项研究进行的同时，笔者深感牡丹虽好，尚需绿叶扶持，倘若只研究李氏外戚将门，而没和相类的个案比较，结论就欠缺说服力。笔者于是兵分两路，又开展与李氏同时的几个外戚将门的研究，首先在2006年写成《北宋外戚将门陈州宛丘符氏考论》一文，在2006年8月在上海市举行的宋史研究会第十二届年会宣读，然后在2007年刊于《中国文化研究所学报》。

笔者在2008年底获得香港理工大学校方的批准，从服务多年的通识教育中心调往新成立的中国文化学系。2009年8月朱鸿林教授应聘执掌本系后，笔者除了有较多时间和资源从事研究外，还有较佳的研究气氛，当日独学的寂寞一扫而空。

李继隆的研究完成后，笔者就在2010年撰写李继和事迹的一章，并在同年八月在湖北武汉市举行之宋史研究会第十四届年会中宣读，该文后在2011年12月之《东方文化》刊出。

李氏将门第三代领军人物李昭亮的研究难度不比其父李继隆低。笔者在2010年夏开始搜集资料时，系主任朱鸿林教授建议我以此一研究课题申请香港特区政府之研究资助局的研究拨款（GRF）。在这段期间，笔者暂时转向北宋内臣的研究，而搁下李昭亮的研究。2011年8月获得校方通知，先前申请的李昭亮研究课题获得批准，于是又重回李氏外戚将门研究之门槛。2011年8月因在上海出席宋史研究会理事会议，在上海古籍书店无意中看到2007年出版的《河洛墓刻拾零》，看到开封浚仪石氏外戚将门第三代传人石元孙及其子石宗永妻乳母的墓志铭,结合以前所搜集的资料,再写成《北宋外戚将门开封浚仪石氏第三代传人石元孙事迹考述》,并在2011年12月在广东广州市举行的岭南宋史研究会第二届年会中宣读,并在2012年5月刊于《新亚学报》。是年10月笔者又写成《北宋保州保塞外戚将门刘氏事迹考》一文,于同月在北京举行的第三届中国古文献与传统文化国际学术研讨会上宣读。该文稍作修改后,又蒙《新亚学报》接受,将刊于2013年5月的新一期。笔者希望以陈州宛丘符氏、开封浚仪石氏及保州保塞刘氏这三家外戚将门,与潞州上党李氏互作比较。

2012年5月底,利用获得的研究经费,笔者先往台湾南港"中央研究所"作文献研究,蒙何汉威学长的帮忙,得以在历史语言研究所的傅斯年图书馆阅读相关的文献资料,特别是该馆所藏的族谱资料。其间又蒙家师陶晋生院士指点,自台北故宫博物院访得珍藏的宋人绘画的、有李继隆在图中的《北寨宴射图》,并得到故宫博物院的批准,将此图复制作为本书的插图。同年7月4日,笔者再往洛阳作实地考察,蒙郑州大学淮建利教授的介绍,得到洛阳市旅游局王继东博士的大力帮忙,并请得偃师市文物旅游局文物科李洪普科长亲身带领,得以在偃师市李村镇袁沟村的田间,亲睹李昭亮的神道碑。可惜此行并没有访得新出土的李氏族人的墓铭碑志。大概因经费匮乏,偃师市的文博单位多年来并没有对李昭亮墓作出勘探,故此没能找到相关的墓志。

笔者在2013初最后写成李昭亮部分及李氏第四、五代的事迹的考述。这项研究工作,因陆陆续续进行,中间因其他事情及其他研究的耽搁,花了十多年才能完成,说来真是十年辛苦不寻常!

笔者本来打算将上述提及的几篇外戚将门的研究一并刊于本书,惟同门好友梁伟基博士以为本书篇幅已不少,不宜再附入前述符、石、刘的三篇文章。笔者同意梁兄的高见,俟稍后多写几篇相类的研究文章,然后再编入另书。

笔者本来想以此小书献给生我育我的父、母亲大人,惟先慈何陈惠玲女士却于2011年12月仙去。小子有蓼莪之哀,而伤劬劳未报。现谨以此书敬献给家父何祖胜大人,并以此纪念先慈何陈惠玲大人养育鸿恩。

内子惠玲这十多年来一直给笔者莫大之包容,惠玲放下自己的事业,相夫教女,爱女思齐能有一个愉快而丰足的童年,实内子所赐。在这小书亦谨献上谢忱。

家师陶晋生院士、罗球庆教授多年来之教导,大恩不敢有忘。陈学霖教授多年来一直提拔嘉许,并推荐笔者接替他长期担任的宋史研究会香港区理事,而他主编的《中国文化研究所学报》一直收纳笔者不成熟的文章,实在感激无限,惟痛惜陈教授在2011年6月仙去,此本小书已来不及请他指正。

海外海内前辈师长、挚友良朋、同事同窗这些年来不时和及时的砥砺、关怀与鼓励,实在铭感五内。笔者特别感谢学长兼同事翟志成教授在笔者出版是书的事上给予极宝贵的意见。

笔者的研究助理陈健成兄及同窗挚友苏德之兄为本书初稿的校对及查证史料出处尽心尽力,亦谨致谢忱。

2013年3月17日何冠环谨识于香港理工大学中国文化学系

简体增订本后记

拙作《攀龙附凤：北宋潞州上党李氏外戚将门研究》于2013年5月由香港中华书局出版后，幸获宋史研究同寅厚爱，给予正面评价。先后有李裕民教授、曹家齐教授、何玉红教授及乔东山教授赐予书评，指出不足之处以及尚有可称的地方。[1] 本来某出版社已约好在2021年出版简体字版，却因该社人事变动而不果，近得好友谭徐锋教授推荐，由重庆出版社出版。现据前述学者的意见，以及初版漏引之史料，加以补正，并校正了一些错字。另所引史籍也尽量改用最新出版的点校本。

这一版最大的增订，是增入了第六章"将门末代：从新出土墓志铭补考李昭亮后代事迹"。笔者在今年（2024）七月于洛阳有幸认识了洛阳师范

---

[1] 参见李裕民：《宋代武将研究的杰作——〈攀龙附凤：北宋潞州上党李氏外戚将门研究〉》，《学术论丛》，2013年第6期（总138期），页60—64；现收入李著：《宋史考论二集》（北京：科学出版社，2022年2月），页377—383；曹家齐：《寓个案于整体，发精微于平易——何冠环〈攀龙附凤：北宋潞州上党李氏外戚将门研究〉评介》，《汉学研究》第32卷第1期（2014年3月），页341—347。按：刊于该学报时有所删节，后全文收入曹氏著：《宋史研究杂陈》（北京：中华书局，2018年9月），页291—300；何玉红：《评何冠环〈攀龙附凤：北宋潞州上党李氏外戚将门研究〉》，《中国学术》，总第35辑（北京：商务印书馆，2015年10月），页442—446；乔东山：《评何冠环〈攀龙附凤：北宋潞州上党李氏外戚将门研究〉》，《人文中国学报》，第21期（2015年10月），页603—610。

学院毛阳光教授,蒙他赐告《宋故左藏库副使前知隰州军州事李君墓志铭》《宋故文思副使通远军兵马都监兼在城巡检专管勾买马上护军李公墓志铭》两则李昭亮孙墓志铭在2023年在河南省洛阳市偃师区出土,毛教授数天后还寄来两篇墓志的拓片。笔者随即询问谭徐锋兄,他回复说若笔者能在十月前写好这两则墓志的考述,可以赶及在本已排好的书稿补上。笔者于是连夜据此两篇新出土墓志以及相关文献,考述李昭亮子李惟贤的长子左藏库副使李宗□,和李惟实子文思副使李宗□的事迹,以及他们儿孙的名字和官职,作为上党李氏外戚将门第五、六、七代事迹的补充。而相应修订了李继隆世系表。

又本书的插图,基本沿用旧版的。笔者近日在网上观看第三章提到由周信芳大师编导兼演的新编历史京剧《澶渊之盟》的配像版及复排版,又在网上找到首演版和两个配像版及复排版的资料,[1]李继隆的角色由不同名角演出,兹引述如下,让对麒派京剧及周信芳大师有兴趣的读者参考。

1962年周信芳首演版

导演:

周信芳/李桐森/李仲林

编剧:

陈西汀

主演:

周信芳(饰 寇准)/赵晓岚(饰 萧太后)/汪正华(饰 宋真宗)

孙正阳(饰 王钦若)/李桐森(饰 毕士安)/王正屏(饰 高琼)

李仲林(饰 李继隆)

---

[1] https://www.douban.com/location/drama/30322311/

演出日期：

　　1962年5月19日

演出团体：

　　上海京剧院

演出剧场：

　　武汉汉口人民剧场

1962年周信芳音配像版1版

导演：

　　陈金山/小王桂卿

编剧：

　　陈西汀

主演：

　　周信芳 小王桂卿（饰 寇准 录音配像）/赵晓岚 李莉（饰 萧太后 录音配像）

　　汪正华 何澍（饰 宋真宗 录音配像）/孙正阳（饰 王钦若 录音配像）

　　李桐森 范永亮（饰 毕士安 录音配像）/王正屏 王世杰（饰 高琼 录音配像）

　　李仲林 洪小鹏（饰 李继隆 录音配像）

演出日期：

　　2002年6月

演出团体：

　　上海京剧院

1962年周信芳音配像版2版

导演：

陈金山

编剧：

陈西汀

主演：

周信芳 陈少云（饰 寇准 录音配像）/赵晓岚 李国静（饰 萧太后 录音/配像）

汪正华 何澍（饰 宋真宗 录音配像）/孙正阳 严庆谷（饰 王钦若 录音配像）

李桐森 范永亮（饰 毕士安 录音配像）/王正屏 王世杰（饰 高琼 录音配像）

李仲林 洪小鹏（饰 李继隆 录音配像）

演出日期：

2002年6月

演出团体：

上海京剧院

2018年陈少云复排版

导演：

陈金山

编剧：

陈西汀

主演：

陈少云（饰 寇准）/郭睿玥（饰 萧太后）/蓝天（饰 宋真宗）/王盾

（饰 王钦若）

何澍（饰 毕士安）/董洪松（饰 高琼）/赵宏运（饰 李继隆）

演出日期：

2018年9月20日

演出团体：

上海京剧院

演出剧院：

上海周信芳戏剧空间

2024年10月12日